Introduction to International Relations: Theories and Approaches

(4th Edition)

国际关系学理论与方法

（第四版）

[加] 罗伯特 · 杰克逊 (Robert Jackson)
[丹] 乔格 · 索伦森 (Georg Sørensen) 著

吴 勇 宋德星 译

中国人民大学出版社
· 北京 ·

译者序

《国际关系学理论与方法》是一部非常符合国际关系及相关专业学生需要的读物。该书自1999年初版以来，已经连续三次再版。它不仅流行于整个英语文化圈，还受到世界其他语言环境中的读者的青睐。除了我们的两个中文译本外①，它还有韩文、波兰文、葡萄牙文和意大利文等多个译本。

本书作者把国际关系理论当成一门包含多种理论与方法的演进中的人文类科学来对待，并通过富含哲理与历史洞见的阐释，使该书格外具有人文底蕴。他们将系统透彻的理论阐述、鞭辟入里的事理分析与清新流畅的表述风格、丰富多彩的表达形式融合起来，使该书通俗易懂，非常具有可读性。他们强调理论（国际关系的学术知识）与实践（世界政治中的真实事件与活动）的密切联系，努力揭示特定的国际关系理论是如何影响人们的世界意识与人们对国际问题的看法，从而使该书具有很强的亲和力与现实感。不管讨论何种理论、观点或方法，他们都力求将学术界已取得的最新成果反映出来，使该书的内容特别具有时代性和鲜活感。他们把不同理论之间的分歧、争议与论战看成国际关系理论发展进程中必不可少的"对话"，并对历史上和当前的大论战进

① 我们翻译了该书第二版，并承蒙天津人民出版社的关照，得以在国内出版。此后，原版作者又对该书进行了两次重大修改。呈现给读者的这个中译本是我们应中国人民大学出版社之邀，根据该书最新版（2010年第四版）翻译的。我们对两大出版社都怀有深深的谢意。

行细致入微的分析，从而使该书显得特别的丰润、有趣与耐人寻味。他们还通过互联网向世界各地的读者提供学习资源，既有案例研究、样章、大纲、问题与作业，还有关于理论争议、学术讲座、世界形势与基本术语等的资料或链接。这些对广大读者也特别有帮助。

《国际关系学理论与方法》的作者罗伯特·杰克逊（Robert Jackson）和乔格·索伦森（Georg Sørensen）都是著名的国际关系学家。杰克逊是加拿大学者。作为“国际社会学派”（International Society）的重要学者，他长期从事国际关系理论、国家主权、国家制度演变与后殖民时代非洲政治的研究，并形成了学术专长。索伦森是丹麦国际研究院（DIIS）全委会的主席，也是国际关系学中的自由主义学派的重要成员。其研究领域主要有：民主与民主化、国家属性变化与国际关系转型、全球化与冷战后的世界秩序等。他在这些领域都有独到的研究并形成了学术特长。因此，在一定意义上，该书也是他们长期研究国际关系学科范围内的主要理论和方法的一部学术著作。

该书的内容，按逻辑顺序大致可以分别用“学科”、“理论”和“方法论”这样三个关键词来把握。因此，我们既可以把它们当成探询作者写作意图与构思的窗口或柜台，也可以将其视为讨论本学科基本问题的出发点。

一、学科认知

该书的基本任务是全面介绍和分析国际关系的理论、观念与论战。因此，作者首先要回答的基本问题自然就是：国际关系学（IR）是一个怎样的学科？它的研究范围和重点是什么？是什么因素在推动着该学科的发展？

杰克逊和索伦森指出，IR 应努力理解“安全、自由、秩序、正义和福利等基本价值是如何提供给或未能提供给人们的”。他们认为，人类的这些基本价值存在于我们的日常生活之中，主要是由主权国家和国家体系来提供与保障的。因此，顺理成章地，他们就把主权国家和国家体系看成了国际关系学的核心内容。他们指出，作为人类关系之一的国家和国际体系，与大多数其他人类关系一样，既能为其参与者带来某些好处，也会带来某些害处。国际关系学就是研究这些利害关系的性质和结果的学科。

杰克逊和索伦森认为 IR 研究应该聚焦于人类基本价值，从而就与把国家利益或权力作为研究任务的一般看法拉开了距离。尽管他们并没有否定利益或权力的意思，但当我们阅读了本书第一章后，就不难发现他们至少已经形成了要给权力和利益寻求合法性根据的看法。他们认为，国家与国家体系是以人类基本价值为转移的一种人类制度。换句话来说，能否为人类提供基本价值是国家和国家体系存在的根据。因此，国家利益和国家权力虽然重要，但其合理性则要从人类基本价值出发来加以判断。也就是说，人类基本价值是国家利益的源泉，是确定国家权力运行方向的指南，它们比国家利益和权力要更为根本一些。同时，强调以价值而非规律（或真理）为 IR 的研究任务，也与作者对把本学科建成一门纯粹社会科学的宏大抱负所持的怀疑态度有关。价值和规律的关系非常复杂，但一般说来，规律导向的研究要求主观符合客观而价值导向的研究则要求客观符合主观。因此，强调价值也就是更重视社会世界不同于自然世界的特殊性与人类在建构社会世界中的主体地位和主观能动性。或许，正是出于这样的考虑，杰克逊和索伦森倾向于把国际关系学看成一门人文科学（human science）①，它既不同于一般意义上的传统学问，也不同于严格意义上的社会科学或更具操作性的社会工程学。

但是，他们并没有明确定义价值，而只是说“安全、自由、秩序、正义和福利”是人们希望从国家或通过国家从国际体系那里得到的基本价值。由此，我们只能推论说，这些价值是我们每个人都普遍在意并特别珍视的“事物”。这样的看法，在一定程度上避免了人们围绕价值的主观性、抽象性、信仰性、伦理性与差异性的无休止争论，让人们对“价值”这个一般被视为“主观”、“应然”并涉及“伦理判断”的概念有了更为“实在”的认识，并能帮我们更容易地“捕捉到”这些国际关系中的基本价值。

杰克逊和索伦森还在本书中引入了关于IR学科范围的争论。他们指出，对这个问题有两种极端的观点：一种是把学术焦点只放在国家和国家间关系上；另一种则拿国际关系学去框全世界所有与人类相关的事物。在他们看来，前者抓住了问题的关键，因为尽管国家和国家体系在世界政治中的核心地位已经开始动摇，但在事实上它们仍然是国际关系学术分析和讨论的中心；而且即便就是那些试图超越或突破国家范围的新理论，也常常还把它们视为研究的起点。然而，他们也注意到：活跃在世界政治舞台上的行为体是多元的，国家只不过是其中最重要的一员；国家和国家体系与世界上的其他事物（政治、经济、科学、技术、教育、文化等）一起在变化，并处于复杂的双向互动之中。于是，他们认为，国际关系学不能局限于国家间的政治关系，不能只解释“战争与和平”、“合作与冲突”、“富裕与贫穷”等传统主题，它还应该讨论经济相互依赖、人权、环境、性别不平等以及恐怖主义等问题。有鉴于此，在学科的称谓上他们既没有采用“国际政治学”（International Politics），也没有选择“世界政治学”（World Politics），而是继续沿用了“国际关系学”（IR）这一名称。

IR的学科范围与重点是一个见仁见智的问题。它是随着制约国际关系学思考的种种复杂因素的变化而变化的。本书作者特别重视的因素有三个：一是现实世界发生的实际变化所产生的新议题；二是同一传统之内以及不同传统之间学者们的争论；三是其他领域学者的影响，特别是他们在方法论争鸣上的影响。他们指出，这三大因素始终处在一个不断发展的过程之中，因此没有学者可以宣称自己的国际关系学思考是完美的。正如他们所言：“历史不会止步不前，知识的探索永无止境，总会有新的议题要面对，总会有新的方法可资利用，总会有新的洞见出现，总会有新生代学者在继续探索。”

① 如杰克逊在其近期的巨著《全球契约：国家世界中的人类行为》（Robert Jackson，*The Global Covenant：Human Conduct in a World of States*，Oxford：Oxford University Press，2000）中就对这一立场作了比较充分的阐述。他力图依靠从外交与军事历史、国际法研究和国际政治理论中汲取的丰富营养来建立作为人文科学的世界政治学的方法论基础与分析要素。

二、理论阐释

自IR在第一次世界大战后期成为一门学科以来，特别是在经历了行为主义革命之后，国际关系理论得到了很大的发展。基于不同学科背景的种种国际关系理论和理论派别不断涌现，已经丰富得有点让人眼花缭乱，以至于人们有时都很难搞清楚某些理论是不是理论或是不是国际关系理论。杰克逊和索伦森说，他们只聚焦于那些“最重要的理论”。那么，什么是理论？什么是最好的理论？哪些理论又是“最重要的理论”？作者又将怎样阐释他们认为重要的国际关系理论呢？

杰克逊和索伦森认为，在系统思考世界的过程中，理论是必不可少的。他们指出：“我们有必要熟悉理论，因为事实是不会自己说话的……理论告诉我们哪些事实重要，哪些事实不重要，也就是说理论能塑造我们对世界的看法。”他们进而指出，“什么是最好的理论”是一个有些天真的问题，但确定最佳理论的标准却是很有意义的。在他们看来，最好的理论应该具备这样五个标准：连贯性（应该前后一致，也就是没有内在的矛盾），清晰性（应该以清楚明了的方式来陈述），公允性（不应被置于纯粹的主观评价之上），重要性（应该与大量重要的问题有关联），深刻性（应当能够尽可能多地解释和理解它声称要考虑的现象）。

杰克逊和索伦森并没有为种种国际关系理论排出顺序，却“描绘”了一张最重要的国际关系理论的“图谱”。在这张图谱中，占据最核心位置的是已经确立起公认的学术地位并继续发挥着重要作用的理论，如现实主义、自由主义、国际社会理论、国际政治经济学和建构主义等。处在边缘地位的是那些在IR发展进程中发挥过重要作用的理论（如与行为主义关系密切的理论和与外交政策分析有关的理论），近年来崭露头角的理论（如批判理论、后现代主义与规范理论等后实证主义理论），以及对正在改变着国际关系理论焦点的议题（如恐怖主义、宗教冲突、环境问题、战争与和平的新样式等）的最新探讨。此外，我们还能在图谱的缝隙和边角中看到许多次要理论与观点的身影。

从杰克逊和索伦森的国际关系理论架构来看，他们恐怕已经形成了对IR学科格局、理论格局与发展态势的新判断。首先，他们的理论图谱显示了西方国际关系理论的“多极化”景象，或更确切地说是“一超多强”的景象。美国的理论仍然是主角，但已经不再具有独霸的地位。尽管这个图谱还没有“北约首脑聚会”那样的热闹景象，但至少已呈现出了“北美与西欧对话”的宏大场面。其次，他们的理论图谱显示了西方国际关系理论“多元化”发展的基本趋势。在20世纪的大部分时间里，总是有一种思考国际关系的支配性理论：两次世界大战期间是理想主义；在第二次世界大战之后很长的一段时间里是现实主义。但到了冷战后期，局面就已经开始改变了。那时，尽管新现实主义的影响如日中天，但在其光芒不济的地方，新自由主义、国际社会学派与国际政治经济学纷纷崛起，并开始大踏步地进入国际关系学主流理论的殿堂。冷战结束以来，前述四大主流理论仍然保持了“与时俱进”的强劲势头，但同时又有一批理论应运而生，其中建构主义已越来越被认为是国际关系主流理论之一。因此，“多元化”已经越发成为一种现实，而不仅仅是一些国际关系理论家的愿景。最后，国际关系学科已经从一门美国学科、西方学科发展成为一门真正的世界意义上的学科。一批国际关系理论方面的“第三世界国家”正在从“边缘地带”崛起，并已开始进入理论创新的阶段。因此，国际关系理论在世界意义上的“多元化”或“多极化”虽然还有待时日，但已经为时不远了。

但问题是，为什么有些理论得到了强调，而有些理论却被忽略了？对此，两位作者并没有给予正面的回答。我们认为，个中的缘由至少有以下这些。第一，杰克逊和索伦森认为，国际关系学是一门荷载着人类基本价值的人文学科或人文科学。因此，凡是重视人类基本价值的理论就是重要的，而那些公开宣称“价值无涉”或没有明确价值前提的理论自然也就不那么重要了。第二，杰克逊和索伦森认为，主权国家与国际体系是国际关系学科的历史核心问题。因此，国家与国家体系就应该是国际关系理论的研究重点。那么，他们对那些未能在国家间关系层次上（特别是在国际体系层次上）作出系统阐释的理论的忽略，也就不足为怪了。第三，杰克逊和索伦森认为，IR是一门充满活力的不断演进的学科。因此，那些在国际关系思想演进中发挥了重大与深远影响的理论，自然也就是最重要的理论，而那些在IR大论战中表现平平的理论，或没有深究国际关系发展进程中具有重大意义的实质性议题的理论，或虽然轰动一时却已开始失去解释力的理论，也就不那么重要了。第四，正如杰克逊和索伦森所指出的那样，“在人们考虑将一个理论置于另一个之前时，他们的价值取向和政治偏好也会发挥某种作用”。比如，与其他国际关系理论书籍比较起来，本书对国际社会理论与自由主义理论的介绍、分析和评价似乎要更充分、更透彻与更到位一些。这与两位作者的学术立场与研究取向有干系吗？我们不能完全肯定地说“有”。但是，考虑到杰克逊是著名的国际社会学者，索伦森是重要的自由主义理论家，我们又不能说“没有”。我们只能“假设”说，这可能不完全是一种巧合。他们即使要力求公允（他们确实是这样做的），但也难免会自觉或不自觉地受到他们各自的理论传统、学术专长和价值偏好的影响。

那么，作者又将如何阐释和评价他们认为重要的国际关系理论呢？杰克逊与索伦森指出，国际关系思想不能以“对”或“错”的标准来衡量，因为它们都只代表着关于世界政治的不同见解。“从每一种都只抓住了国际关系中的一个维度或者一个方面来说，它们都是不完整的。每种观点本身都不是完整的国际关系学，但它们在国际关系学理论中却都发挥着不可或缺的作用”。联系到他们自己，他们更形象地指出，“学者们更像是拿着不同地图和无限制车票的旅行者。本书就是未完成的国际关系学游记中的一种。我们知道旅行的起点在哪里，我们也知道迄今为止主要的参观站点，但我们并不那么肯定国际关系学将从这里走向何方。因为，老的和新的旅行者还将一路争论：什么是最佳的路径和合适的参观地点”。由此看来，各种不同的理论传统、学派与方法都有其存在的合理性。既然如此，它们之间的“对话”（包括争议、论战与交流）就不仅是必然的、自然的，而且也是很有必要的。

在国际关系思想史上，最先发现不同理论的对话价值并率先垂范的国际关系学家大概是英国学派的主要创始人马丁·怀特（Martin Wight）。他认为，国际关系学中的经典理论（现实主义、理性主义与革命主义）从来就不是彼此孤立的，相反，在它们之间存在着永不停息与意义重大的“对话”（dialogue）。因此，国际关系研究需要“听到”至少这三种不同的声音。① 可能是有感于怀特的教导与示范，杰克逊与索伦森在本书中充分地展示了他们致力于对话的能力与艺术。他们首先沿着怀特的思路，把国际关系传统思想的演进理解为对话的历史；然后又把国际关系的学科发展理解为大论战、大对话与大交流的过程。不仅如此，他们在具体介绍某种主要的国际关系理论与方法时，也把其他理论与方法的批评意见尽量地体现在其中，从而构成了对话的局面。就是在论述国际事件与重要议题时，他们也尽量从每一种理论的视角来加以探讨，从而不仅让人们能“听到”不同的声音，也能“看出”各种理论的理解力与解释力。

但是，我们不能由此得出结论说，他们的理论阐释是完全客观或价值中立的。只要稍加留意，我们就会发现：以民主促进世界和平并以民主促进世界发展，是他们的基本政治信念和学术立场。和平和发展是当今世界的主题，也是各国人民的关注焦点。学者们立足于某种政治理念（比如民主）并以某种政治制度为范本（比如西方的自由民主制）来讨论世界和平与发展，这在学术上是可行的，甚至也是可取的。但是，单一理念和（或）单一模式是否契合（或在多大程度上契合）复杂多样与变幻不居的世界政治现实？它们是否能够（或在什么意义上可以）有助于世界的和平与发展？像这样的问题，还很难说已经形成了正确或固定的答案，因此，我们仍然有必要不断地对其进行批判性的追问、反思与讨论。

三、方法论探讨

《国际关系学理论与方法》有比较丰富的方法论内容。作者在对每种理论进行评介时，在分析主要理论派别之间的论战和每个理论派别的内部争议时，都涉及了方法论。但是，他们对方法论的专门讨论则大都集中在本书的第二章（对行为主义的讨论）和第十一章（方法论争鸣）之中。要透彻地掌握某种理论，就必须明了其在方法论上的基本预设并考察其在前沿问题上的判断力和（或）解释力。

但凡要提出一个理论、写一篇论文甚或讨论一个问题，都离不开方法，比如人们运用得非常普遍的分析与综合。分析就是把考察的对象或研究的问题解开、打散或拆分出来以探明对象的构成与特质，或把握问题的线索和成因的一种研究方法。综合就是合成，即把一个事物的不同的部分或发展片段结合成一个整体，以便把握事物的总体状况、普遍性质或基本趋势的一种研究方法。

国际关系学中的许多理论，特别是本书重点考察的那些“普遍理论”（general

① M. Wight (1991). *International Theory*: *The Three Traditions*, ed. G. Wight and B. Porter. Leicester: Leicester University Press. 7-8.

theories）或大理论（grand theories），都既是分析性的也是综合性的。它们都要“把人类分成部分，注意每个部分的属性，考察各个部分之间的关系，并描述由这些关系所构成的模式”①。这其中的每一个步骤，都包含作为理论主干的实质性问题，隐藏着微妙的意识形态问题，当然也肯定会涉及似乎更深奥一些的方法论问题。本书的作者并没有专门讨论意识形态问题②，但他们承认，在包括IR在内的大部分学科中，都存在着两种最根本的争论：一种是关于实质性问题（亦即事实问题）的争论；另一种则是关于方法论的争论，也就是关于内含在我们的研究之中的概念性和哲学性问题的争论。他们指出，实质性问题，也包含着概念性问题，如“战争”、“民主”、“和平”、“全球化”和“发展”的含义问题。他们因此认为，“方法论问题潜藏于国际关系学者所研究的几乎一切问题之中”；国际关系学的一些最重要的问题在性质上就是关于方法论的。

就学科层次的大理论而言，实质性问题大体上有：我们要研究作为整体的人类世界的哪个方面或哪些方面？我们为什么只考察这个方面或这些方面？它或它们可以被细分为哪些部分？每个部分的属性如何？为什么我们对某些属性更感兴趣？各个部分有着怎样的关系？哪些关系是重要的？我们为什么认为这些关系更为重要？如此等等。理论的实质性方面就是要把我们在探讨诸如此类问题时形成的概念、见解和看法按照连贯的思路系统地陈述出来。

由于我们考察的是人类社会，而作为理论者的我们自己又身处其中，这就难免会在自觉和不自觉间将我们的价值观念与意识形态倾向以明确或隐晦的形式传输到我们的理论之中。有的理论家甚至断言，“所有关于社会的理论，在根子上，都是意识形态的”③。其他的理论家或许远没有那么肯定或不情愿那么肯定，但他们可能也不会否定国际关系学中早期的乌托邦自由主义以及后来形成的共和自由主义、批判理论、规范理论、女权主义、环境主义、解放理论与人权理论等都确实“是意识形态的”；或者他们至少要承认，这些理论的确都具有鲜明的意识形态立场。至于其他那些更为公允一些的理论，如新现实主义、新自由主义、国际社会理论和国际政治经济学的某些理论，也都与某种或某些意识形态传统保持着比较明确的关联。即便是那些以“价值无涉”自诩的科学理论，也很难说就完全与意识形态无关。在这些理论中，意识形态因素还是存在的，只是其存在方式要更隐蔽、更微妙，也更难辨别一些罢了。

当我们继续追问究竟应该如何观察、界定、衡量与比较事物时，我们就进入了方法论和方法的领地。杰克逊和索伦森认为，方法论既涉及本体论也包括认识论。他们指出：“国际关系学的根本方法论分歧关乎社会世界的性质（本体论）与我们的知识之于社会世界的关系（认识论）。”在他们看来，本体论产生于下述问题：“是否存在

① Michael Banks (1985), "The Inter-Paradigm Debate," in Margot Light and A. J. R. Groom (eds.). Frances Pinter (Publisher) Limited. 8.

② 本书中与此关系密切的内容是关于国际关系学研究中应否有道德或伦理之地位的讨论。参见本书第二章对行为主义和传统主义的论述，以及第十一章对行为主义与经典主义论战的阐释。

③ Michael Banks (1985), "The Inter-Paradigm Debate," in Margot Light and A. J. R. Groom (eds.). Frances Pinter (Publisher) Limited. 9.

一个客观的（objective）、'外在'（out there）的现实？或者世界是否仅仅是经验的世界，即人类主观（subjective）缔造的世界？"认识论则产生于这样一个问题，即"我们以何种方式才能获得关于世界的知识？"他们进而指出，在方法论上存在着两种相互对立的极端立场。在本体论层面，有极端客观主义和极端主观主义的对立。前者认为，国际关系从根本上说是一种事物、一个客体、一个"外在之物"，或者至少也存在着某种客观性或"诸多的主观间的一致性"①；后者则认为，国际关系从根本上说是一种观念，或是一套关于人们应该如何组织起来并建立政治联系的共享的观念：它是由语言、思想和概念所构成的。

相应地，但并非必然如此地②，在认识论层面，也就有解释国际关系与理解国际关系这两种主张的尖锐对立。前者认为，既然国际关系是客观的外在之物，那么用科学的方法对它进行"解释"（explaining）就不仅是可能的、合意的，也是理所当然的；科学解释的任务就是要探索国际关系发展的客观规律，并"在可以核实的经验假设的基础上"把国际关系学建设成为一门"站得住脚的社会科学"。但后者却认为，既然国际关系是由我们的语言、思想和概念构成的观念领域，我们就不能把它当成外在之物并站在它的外面"像医生解剖尸体一样地"来对它进行科学解释；相反，我们应该置身其中（或想象性地置身其中）并对其进行"理解"（understand）和"阐释"（interpret）。根据这种观点，世界政治中的历史、法律和道义等问题，除非加以曲解，否则是不可能用科学术语来表达的。因此，这一立场的拥护者坚持认为，国际关系学是一门广义的人文学科，它不是也永远不会成为一门严格意义上的科学或狭义上的技术性学科。

有两位英国学者曾经写过一部以《解释与理解国际关系》为题的专著。他们在该书的第一段中这样写道："社会科学是在两个智识传统上繁荣起来的。一个建立在16世纪以来辉煌崛起的自然科学的基础之上；另一个植根于19世纪的历史观念与置身其中的历史撰写。"一个名曰"解释"，它要我们"把人类领域当作自然界的一部分"并"试图以自然科学的方式来解释"其作用原理。另一个名曰"理解"，它让"我们去理解事件的意义，这是一种与任何自然规律所具有之意义都有些区别的意义"。"对国际关系研究而言，这两个传统都是丰饶的。"③

杰克逊和索伦森在本书中只对方法论进行了必要的理论探讨，但他们并没有就方法论谈方法论。他们侧重考察的问题有：在IR发展进程中，围绕方法论而展开的论战是如何形成和发展起来的？论战各方在方法论和具体研究方法上都有哪些长处与短处？论战与对话是如何促进IR的学科发展、学术繁荣以及对实质性问题的认识的？从他们的考察中，我们可以形成以下基本认识。

第一，方法论问题是IR学科建设与学术发展的必然产物。他们指出，在20世纪

---

① M. Nicholson (1996), "The Continued Significance of Positivism," in Smith *et al*. (1996: 131).

② 如建构主义在本体论上持主观主义的立场，认为社会与政治的世界是人们的一种主观构造，但在认识论上则主张要解释国际关系。批判理论则正好相反，它在本体论上持客观主义的立场，而在认识论上则主张要理解国际关系。

③ Martin Hollis and Steve Smith (1990). *Explaining and Understanding International Relations*. Clarendon Press. 1.

前期，国际关系研究主要是由非学术性的评论家来主导的，并不涉及方法论，就连现实主义对理想主义的批判也基本上如此。方法论问题上升为主要问题，是与美国政治科学在20世纪五六十年代所发生的“行为主义革命”联系在一起的。在这之后，IR学科范围内发生了两次关于方法论的论战：一次是行为主义与传统主义之间的论战；另一次是仍在继续的实证主义与后实证主义之间的论战。第二次论战，可以看成第一次论战的继续，因为实证主义是在行为主义方法论的深刻影响下发展起来的，而后实证主义则非常充分地汲取了传统主义的营养。

第二，方法论问题并不神秘，就IR的主流理论而言，方法论主要体现在这些理论的基本预设或假定之中，当然也贯穿于他们的理论表述之中。作者在分析和介绍每一种重要理论时，都对其基本预设与实质内容的关系有非常明确的交代。方法论，如同理论本身一样，只是我们“知识道路上的一件工具”。它是理论家探索新知、建立理论时的一种基本工具，也是人们学习、掌握与运用理论时的一种指南。但是，方法论本身，也包括具体的研究方法，恐怕都不是目的。一种好的理论，必是一个在实质性问题的理解或解释上有实质性贡献的理论。但是，一种好的理论，却未必就是那种在方法论上几近完美，但在实质性问题的认识上仅聊胜于无的“豪华”理论。

第三，方法论的论战似乎并没有分出胜负。行为主义与传统主义的论战以平局收场；实证主义和后实证主义争论也还难见分晓。为什么会如此呢？首先，论战中的每一方都坚持住了自己的基本立场，并在论战中或通过论战强化了各自的优长之处。正如一位学者在评论行为主义与传统主义的论战时指出的那样，它们“是学术连续体的不同终端而不是完全不同的游戏……每一种努力都能丰富和充实对方，又都能抑制每种方法的过分之处”①。其次，论战中的双方在对待学术研究上有着共同的追求。它们都把学术研究视为需要缜密思考的严肃之事，都强调学术上的公允与超然，都反感给学术研究戴上意识形态面具，都肩负着对国际关系知识探求的使命。传统主义的代表人物布尔（Hedley Bull）曾经这样说过：“我相信，政治学研究中不带偏颇与好恶的传统，就如同一棵脆弱的植株。它要是真有，也仅限于为数甚少的几个国度；而且，即使在这里，它也处在风雨飘摇之中。其幸存靠的是一种执著，一种并非政治的而是智识与学术的执著，即一种把它视为具有自身道德与自身选择等次的独特的人类活动来加以探究的执著。”② 某些更具有科学抱负的行为主义者和实证主义者，肯定不会认同布尔言论中的相对主义成分，也不一定同意政治活动是一种研究者“置身其中”的人类活动，更不会在乎他那种颇有些悲情的“抒怀”。但是，他们肯定会同意布尔关于学术研究“有自身道德与自身选择等次”的观点，也必定会赞成他关于学术研究需要“执著”且需要“不带偏颇与好恶”的主要见解。最后，正如本书作者强调的那样，“在争辩达到白热化时，争议者都倾向于划清界限并强调双方的不同点；而烟消云散之后，双方又都会发出强调共识领域的更为温和的声音”。论战中的双方都在“力争”，但是他们有时也能“求和”。同时，论战的每一方的内部也是有争议的。

① R. B. Finnegan (1972), “International Relations: The Disputed Search for Method,” *Review of Politic*. 64.

② H. Bull (1975), “New Directions in the Theory of International Relations,” *International Studies*. 14: 284.

如果我们说不清楚“和而不同”是不是争议者共同的出发点，那么我们至少可以看得明白，那就是他们通过论战而“赢得”的一种大结局。

那么，我们究竟应该在方法论上持怎样一种态度，或者说我们应该在对立的方法论之间作出怎样的选择呢？杰克逊和索伦森并没有告诉我们哪一条路才是我们应该走的“康庄大道”，但他们指出在方法论上存在“对抗主义者”和“合作主义者”之分。

所谓“对抗主义者”，就是那些认为在两种对立的本体论和认识论上必须作出非此即彼选择的“一元论者”。在方法论论战中对立的双方都有一些持极端立场的学者。他们认为，对立的方法论是完全不相容的，“就像黑夜之中通过的两条船”。因此，人们唯有坚持极端的立场才可以在智识上保持连贯性。这一立场在当前的方法论论战中也有所反映。在本体论方面，某些极端的实证主义者把包括国际关系在内的社会的与政治的世界视为外在的客观实在；而某些极端的后实证主义者则认为现实是人的主观构造。在认识论方面，某些极端的后实证主义者认为，对社会与政治世界给出一种令人满意的解释是可能的，另一些后实证主义者则对此表示反对。在方法论“一元论者”看来，要把对立的本体论和对立的认识论结合起来是不可能的，因为它们是关于国际关系世界的“相互排斥的假设”。

然而，一些国际关系学者却竭力避免在方法论上采取极端的立场。杰克逊和索伦森把这些人称为“合作主义者”。这些人认为，“不同的方法论只不过是我们从复杂的国际关系世界中搜集洞见的一个本质上相同的方案的不同版本而已”。因此，国际关系学者无须在主观主义和客观主义之间、在解释和理解之间作出痛苦的选择。也就是说，他们可以采取中间路线，可以用“既是……也是”来取代“不是……就是”。

“合作主义者”早有人在。在本书作者看来，摩根索或许就是一个例子。在研究外交政策的道德困境时，他可能属于传统主义的阵营；而当探索普遍的“政治规律”时，他似乎又站到了行为主义的阵营。而且，“合作主义者”也大有人在。在每次论战中，双方阵营内都有一些持“温和”立场的人。比如，行为主义者 H. 尤劳（H. Eulau）就曾这样说过：“行为主义信念是对经典传统的一种延伸”，把行为主义理念看成“对经典传统的反叛”是一个“错误”①。但近来，想在对立的方法论上寻求调和的人似乎还在增加。在杰克逊和索伦森看来，这样的人“试图从历史的角度明白地承认国际关系就是人类关系的一个领域，但同时又尝试用一般的模式来解释而不仅仅是理解世界政治”。

更何况，在方法论问题上还有不少持“条条道路通罗马”立场的“多元论者”。英国著名学者巴里·布赞（Barry Buzan）的一段关于他本人“学派属性”的表白，就颇能说明一些问题。他说：“关于学派，我认为我难以被塞进任何一个学派。我深受新现实主义的影响，并依然认为它是一个非常好的出发点，但并不是一个停下来的好地方。一般来说，我喜欢结构方法，无论是物质的还是社会的，但这是一种个人偏好，而不是思想上的信奉。从这一点上说，我一生是一个理论上的多元论者，乐于思

① H. Eulau (1963). *The Behavioral Persuasion in Politics*. New York: Random House. 32.

考任何一种能对眼前的问题提供深入探索的方法。我不认为理论流派之间有不可通约性。这就是为什么英国学派对我富有吸引力的原因所在。我采用多种学派的方法（新现实主义学派、英国学派、哥本哈根学派），但难以肯定我属于其中的任何一个。”①本书作者之一的索伦森，在理论上是一位“一元论者”（他是共和自由主义的坚决捍卫者），但在方法论上却是一位“多元论者”。他同布赞一样，也强调要在不同的方法论之间寻找一致性，以寻求在实质性议题探究上的突破。在他看来，“国际关系理论不应过多地涉及时下的认识论和本体论争议，因为多元主义在这里被认为是健康的。多元主义认为，一种立场不能也不应该胜过其他所有的立场。因此，实质性议题，即研究什么与为什么研究，才应该是关注的焦点”②。

四、翻译感言

国际关系学作为一个学科已经是世界性的了，但围绕国际关系理论而展开的对话却仍然以美欧学者之间或美国和西欧之间的对话为主。这种局面是应该改变的，也是必须改变的。在这个方面，其他国家和地区的国际关系学者，特别是中国学者，应该而且必须作出自己的贡献。

改革开放以来，特别是20世纪90年代以来，中国以前所未有的规模和速度全方位地走向世界、融入世界，在世界政治与经济的大舞台上经风雨、见世面，在促进世界和平与发展的人类共同事业中发挥着越来越突出的作用，大国的责任意识也随之增强。与此同时，随着全球化进程的加快、冷战的结束及世界各国和人民之间相互联系与相互依赖的加强，世界也以前所未有的速度和规模走向中国、融入中国。这样的历史际遇，已经使中国与外部世界在利益依存、基本价值取向和根本战略关切上的共同点多了起来，有些方面甚至都已经变得越发难以区隔。因此，当今中国的国际关系研究需要一种全球意识与世界气度，需要紧跟时代的步伐，深入探讨中国与世界互动关系中的重大议题和具体问题，需要自觉地进行国际关系理论建设，以便从总体上进行深刻而系统的理论构建与阐释，也需要加强国际关系理论的学科建设、教材体系建设与人才培养观念及模式的革新。在这些方面，自主创新是根本，其重要性无论如何强调都不过分；已经和正在开展的严肃、认真的艰难探索，无论如何评价都不过分。但是，在任何时候与任何情况下，批判性地借鉴国外已有的成果，特别是那些富含创新的学术成果，都必定是很有必要与大有助益的。

学术著作的翻译是一种特殊的“对话”形式，一种身处不同文化环境中的学人之间的相互沟通与交流。但是，它又不同于面对面的直接沟通或讨论，而是一种由翻译

① ［英］巴里·布赞、理查德·利特尔：《世界历史中的国际体系》，北京，高等教育出版社，2004。见该书主译刘德斌为该书写的“译者序”。

② Georg Sørensen（2001）. *Changes in Statehood*：*The Transformation of International Relations*. London：Palgrave. 4.

者启动的基于文本并透过文本的“笔谈”。于是，翻译质量的好坏，与处于被动地位的原作者并没有什么直接的关系，它几乎完全要取决于处在“对话”另一端点的主动者，也就是译者。说得具体一些，它取决于译者的跨文化文本转换能力、理解与解读的基本功，以及语言和文字的运用水平。也就是说，这不是一个只要译者尽心竭力就能办好的事情。为了保证翻译质量，我们首先将整本书分成大体相当的两段分别翻译，然后又进行了交叉修译，最后才完成了统一定稿。① 但是，由于我们的“对话”能力和水平有限，这个译本必定还存在这样或那样的问题，因此由衷地欢迎来自各方面的批评和指正。

本书属于吴勇教授承担的国家教育质量工程项目“国际关系学理论双语示范课程”建设方面的内容。因此，我们的翻译活动既得益于该项目的资助，也得益于燕山大学有关领导和教务处负责人的大力支持。在翻译过程中，我们还得到了中国人民大学出版社有关领导的关心、鼓励和本书责任编辑极为专业与有效的指导和帮助。此外，我们两人所在学校（燕山大学和南京国际关系学院）的同事们和我们指导的学生们也给予了我们非常必要和及时的协助。我们对以上单位和个人的鼓励与支持心存感激。最后，我们要特别感谢本书2008年版（根据该书2003年版译出，天津人民出版社2008年版）推出后给我们提供过许多宝贵建议的学者、编审和读者们。

吴勇　宋德星

2012年10月

① 需要特别说明的是，《国际关系学理论与方法》一书原版采用的是哈佛注释体系（Harvard system），也称“作者—日期注释法”（author-date method）。依据该法，每个引文，无论是直接引用还是间接引用，都需在行文中和参考文献中分别加以标注。在行文中，作者只需用小括弧标注被引用文献的作者和日期（如果同一位作者在同一年有两篇/部或以上论著被引用，则需用在年份后加小写字母a，b，c，d的方式来加以区分）。在全书的参考文献（PEFERENCES）中，作者才需给出被引用文献的作者姓名、发表或出版日期、论著名称、期刊或出版社信息等。为了方便读者查阅被引用文献，我们保持了原版的注释方法，对注释的关键信息一概未加以翻译和处理。

献给我们的学生

致谢

本书第四版的修订得益于第三版读者所做的大有益处的评论。受他们鼓励，我们保持了原书的基本目标和总体安排：言简意赅并通俗易懂地介绍主要的国际关系学理论和方法。我们还听从读者的建议，扩大了社会建构主义的篇幅（第六章），并改写了外交政策（第九章）、当下国际关系中的关键议题（第十章）和方法论（第十一章）的内容，以使其更加清晰易懂。所有的章节都根据当前的国际事件和本学科中正在进行的争论而做了适时的修改。本书的支持性网站也都得到了改进和充实。这些网络链接，既包括了关于理论争论的参考资料，也列出了特定地理位置的世界形势信息，从而为学生提供了一种理论如何说明现实世界的视角。此外，新版附上了网络地图资源的链接，在正文后还添加了关键术语集注（见“专业术语”部分）。

我们要感谢好多人的支持和鼓励。牛津大学出版社的蒂姆·巴顿（Tim Barton）从一开始就热忱地支持这一项目。几位匿名的评阅人为本书的再版和修订提出了建设性的建议。许多的同事都提供了意见或给予了鼓励。他们是：威尔·拜恩（Will Bain），德里克·比奇（Derek Beach），迈克尔·科根（Michael Corgan），肯尼思·格拉博（Kenneth Glarbo），汉斯·亨里克·霍姆（Hans Henrik Holm），卡尔·霍尔斯蒂（Kal Holsti），彼得·维戈·杰克布森（Peter Viggo Jakobsen），布莱恩·乔布（Brain Job），克努德·埃里克·约根森（Knud Erik Jørgensen），安尼·梅蒂·谢尔（Anne Mette Kjær），托尼·布雷姆斯·昆德森（Tonny Brems Knudsen），门迪·莫扎法瑞（Mehdi Mozaffari），利斯洛特·奥德高（Liselotte Odgaard），约恩·迪厄·彼德森（Jϕrgen Dige Pedersen），托马斯·佩德森（Thomas Pedersen），尼古拉·彼得森（Nikolaj Petersen），珍尼弗·杰克逊·普里斯（Jennifer Jackson Preece），梅蒂·斯卡克（Mette Skak），萨松·索费尔（Sasson Sofer），马克·察赫尔（Mark Zacher）以及克莱门斯·斯塔布·厄斯特高（Clemens Stubbe Østergaard）。

露丝·安德森（Ruth Anderson）、克莱尔·布鲁尔（Claire Brewer）和凯瑟琳·佩奇（Catherine Page）作为第四版的责任编辑给予了我们很大帮助。安妮特·安德森（Annette Andersen）和约恩娜·谢尔（Jonna Kjæar）以她们一贯的效率和准时再次处理了文书工作。马丁·B. 卡斯坦森（Martin B. Carstensen）不仅出色地搜索和编排了本书的网站链接，还为每章编写了国际关系学文献概述。彼得·麦古尼（Peter McGuire）帮助设置了插图。

我们要特别感谢就第三版给予我们有益评论的读者们，包括 11 位匿名评审人。我们力图按照他们提出的许多卓越建议来改进本书，同时又无损先前版本中被他们大多数人赞赏有加的原有目标和品质。我们坚信，无论是导师还是学生都会发现第四版已经为达成这一目标尽了力。

最后，我们要再次感谢我们的夫人和孩子们，是他们的支持使得我们能够不懈地致力于撰写本书。凭借此书，我们就能够与世界上任何地方的读者进行交流，而不论他们是在北美或欧洲，还是世界上任何一个把国际关系作为一门学科来传授和研究的地方。

于奥尔胡斯和波士顿

2009 年 3 月

关于这本书

当今世界，几乎所有人都生活在那些被分割开来的领土共同体（即我们所称之国家）的疆界之内。大约60亿人不是此国就是彼国的公民或国民。5亿多人生活在西欧、北美、澳大利亚、新西兰和日本这类发达国家或地区，他们经常把基本的安全和福利当成想当然的事情，这是因为这些东西是由国家来保障的，有时甚至是由国家来直接提供的。但生活在亚洲、非洲、前苏联地区的发展中国家的几十亿人口，却不能自然而然地享受到基本的安全和福利。防御、治安、法律实施和其他维护最低安全所需的公民条件均得不到保障。对多数人来说，预备足够的粮食、清洁的用水、住处和相关的社会经济必需品，是每天都得面对的挑战。国际关系学，作为一门学科，力图理解的是：安全、自由、秩序、正义和福利等基本价值是怎么提供给或未能提供给人们的。

书里有什么？

首先也是最重要的，本书是作为学科的国际关系学的理论导引。什么是“学科”？学科是知识的一个分支，旨在对某一对象进行系统的理解。就像社会科学中常有的情形那样，国际关系学中也没有把握对象的最好方法。但是，我们可以借用已经形成的一些重要的理论和理论传统：现实主义、自由主义、国际社会学派、社会建构主义和国际政治经济学。它们以各种有趣而又重要的方式相互作用和重叠着。我们将在以下各章中对此进行探讨。然而，每一种理论或理论传统都以其独特的方法来探究国际关系学。例如，现实主义关注安全这一基本价值，因为在现实主义者看来，战争在主权国家体系中总是可能的。另一方面，自由主义者却认为国际关系可以是合作的而不仅仅是冲突的。这一信念是基于这样一种思想，即现代的、自由的国家能给全世界绝大多数人带来进步和机遇。

我们将在后面各章中一一阐释国际关系学中最重要的理论和理论传统，在这里就没有必要赘述了。但是，写一个简明的读者指南则可能会有所帮助。本书到底要为读者奉献些什么呢？我们可以将要点归纳如下：

- 第四版介绍了本学科必备的分析工具——国际关系学的理论与方法。一些理论已经被证明比其他理论更具有经久的重要性。在本书的主要章节里，我们将聚焦于这些被我们称之为“已经确立了的”或“主要的理论”传统。它们是：现实主义、自由主义、国际社会学派和国际政治经济学（IPE）的重要理论。此外，我们用一章专门介绍了一种主要的新理路：社会建构主义；还用另一章介绍了涉及外交政策分析的种种理论。最后，我们评介了那些近年来已经引起了人们重视的“后实证主义”理论。
- 本书忠实地阐释了有关的理论，既强调了它们的长处，也凸显了它们的弱点。不同理论之间的争议要点都得到了透彻的讨论。本书还阐明了主要的理论争鸣是如何相互关联的以及这些论战是如何构造国际关系学这一学科的。
- 本书特别强调了“国际关系理论”（或关于国际关系的学术知识）和“国际关系实践”（或真实世界的事件和世界政治活动）之间的联系。理论的重要性，不仅在于它们本身是理论，而且也在于它们对实践的指导作用。本书仔细解释了某一特定的理论是如何组织和深化我们的世界观的。我们经常假定“剑”比“笔”更有威力，但实际上是“笔”——即指导我们的观念和假设——在左右着“剑”的使用方式。

学习导引

为了帮助读者迅速把握国际关系这门学科，本书各章都做了如下的特别安排：

- 概述：每章的开头都有对要点的简明概括。
- 关键点：每章的结尾都列出了从该章梳理出来的关键点。
- 练习题：每章都附有一定数量的可供讨论和写作之用的练习题。
- 阅读指南：每章都附有关于本章主题的简明的拓展性阅读指南。
- 网络链接：每章都提供了相关的网络链接以备参考之用。各章提及的网络链接加上额外的相关链接都能在本书的辅助网站中找到。网址为：www.oup.co.uk/best.textbooks/politics/jacksonsorensen4e/
- 专业术语：关键术语在正文中是以粗体字标明了的；之后，它们又被列入了书尾的“专业术语”中。
- 辅助网站：这些网站中含有每章用到的案例研究、附加的练习题，网络链接包括通向特定国家、地区和重要国际组织的链接。

每一章我们都力图达到这样一个目标：使学生能够将国际关系学作为一门演进中的学科来学习并获得相关的知识。尽管我们知道本书主要是为人们学习本学科基础课程而撰写的，但我们同样相信书中包含的大量信息和分析也能为人们学习高级课程提供帮助。我们的目的，就是使学生在学习国际关系时能进步得更快。

目　录

第一章

为什么要研究国际关系？

概　述

本章介绍了国际关系学（或简称 IR）的历史和社会基础，其目的是强调国际关系在我们日常生活中的现实状况，并将其与国际关系的学术研究联系起来。本章聚焦于国际关系学这一学科的历史核心主题，即现代主权国家和国家体系（the state system）的国际关系，并以此来建立国际关系现实与学术研究之间的联系。本章讨论的主要问题有三个：国际关系在日常生活中的重要性，以及国家得以存续的主要价值；国家体系和世界经济演化的历史线索；当代国家世界（world of states）的变化。

日常生活中的国际关系

IR（international relations）是国际关系学这一学科的简称。我们学习它的主要理由是基于这样一个现实，即全世界所有人都分处于各个领土政治共同体或独立国家之中。这种状态深刻地影响着人们的生活方式。一个独立国家（state）可以被定义为：一块轮廓分明并以边界隔离开来的领土，它具有常住人口，处于在宪政上与其他所有政府分离开来的最高政府的管辖之下，也即一个主权国家（a sovereign state）。这些国家还一起形成了一个全球规模的国际体系。现在，世界上已有大约200个独立国家。除了极个别例外，地球上的每个人不仅生活在其中的某个国家，而且也是该国的公民，还很少有人同时具有两个或两个以上国家的公民身份。因此，地球上的每一个男人、女人或儿童，事实上都和一个特定的国家结合在一起而且经由那个国家而与国家体系发生关系。这个体系以非常重要的方式影响着他们的生活，尽管人们也许并没有完全意识到这一点。

国家间彼此独立，至少在法律上如此：它们拥有主权。但这并不意味着它们彼此孤立或相互隔离。相反，它们彼此毗连、相互影响，因此必须找到彼此共存和共处的方式。换句话说，它们构成了一个国家体系这一国际关系学的主题。而且，国家通常还置身于国际市场，不能不同别的国家发生关系，其政府的政策和居民的财富与福利都会受到国际市场的影响。完全的孤立通常并不是一种选择。当国家因本国政府或外国势力而陷于孤立并与国家体系中断联系之时，其人民通常会遭殃。近来，缅甸（正式地称为缅联邦）、利比亚、朝鲜、伊拉克和伊朗就处于这样的情形。与大多数其他社会体系一样，国家体系既能为其参与者带来某些好处，也会带来某些害处。国际关系学就是研究这些国际关系的性质和结果的学科。

国家体系是一种地球上组织政治生活的独特方式，具有深远的历史根基。在世界上不同地区的不同时间和地方都曾出现过国家体系，例如，古印度、古希腊和文艺复兴时期的意大利（Watson，1992）。但是，传统的国际关系学通常只追溯到欧洲现代社会的早期（16世纪和17世纪），当时，在领土毗连基础之上的主权国家已初步成型。18世纪以来，这些独立国家间的关系就已经被称为“国际关系”了。在19世纪和20世纪，国家体系已经囊括了地球上所有的版图。国家的世界，基本上是一个领土的世界：是世界上有人类居住之地域的政治组织方法；是基于在法律上相互独立的类型众多的政府而建立的一种独特形式的领土性政治组织。南极洲是仅有的一块广袤而无国家的土地，它是由世界上的国家来协商管理（consortium of states）的。现今，国际关系学是从不同的学术视角来研究全球国家体系的，本书将讨论该体系中最重要的那些方面。

为了弄清楚国际关系学的重要性，我们就必须明白，国家之内的生活基本上都涉及什么？这意味着什么？有多么重要？我们应该怎样看待它？本书集中讨论这些问题，尤其是最后一个问题。以下各章探讨的都是对这些基本问题的不同回答，本章考察的则是国际关系学的历史核心主题：国家体系的演化和变化中的当代国家世界。

作为特定国家的居民，对自己的日常生活进行考察，看看我们通常希望从国家那里得到什么，这对我们着手回应上述问题会很有帮助。通常来说，我们指望国家维护的基本的社会价值至少有五种：安全、自由、秩序、正义和福利。这些社会价值对人类福祉如此重要，以至于必须通过某种方式来加以维护或保障。它们可以通过诸如家庭、宗族、种族或宗教等社会组织而不是国家来确保。但在现代社会，人们却常常将国家看成这方面的主导性机构，并指望它来保障这些基本价值。例如，人们通常相信国家应该而且必将兑现其安全价值，包括保护其居民不受来自内部和外部的威胁。这是国家最基本的利益或关切点。然而，独立国家的存在本身又妨害了安全价值：我们生活在由许多国家构成的世界里，几乎所有的国家都拥有一定程度的武装。可见，国家既能保障又能威胁人们的安全，国家体系中的这种自相矛盾的情形通常被称为“安全困境”（security dilemma）。换言之，就像其他的人类组织一样，国家既会引发问题，又能提供解决问题的办法。

大多数国家看起来都是友好的、没有威胁的与爱好和平的。但是，个别国家却可能怀有敌意并具有好战性，而且又没有一个世界政府来约束它们。由此，提出了国家体系中一个基本的却由来已久的问题：国家安全（national security）。为了应对这个问题，大多数国家拥有武装力量。军事力量通常被认为是国家之间共存共处、不被威胁或征服的必要条件。在国家体系的历史上，没有武装的国家是极其少见的。这是国家体系的一个基本事实，我们绝不可视而不见。为了增强国家安全，许多国家同其他国家建立了联盟。为了防止大国（great power）以威吓、强制或滥用武力为基础取得支配一切的霸权地位，建构和保持军事力量的平衡也是非常有必要的。安全，显然是国际关系中最基本的价值之一。国际关系学中的现实主义理论（Morgenthau，1960），就是以这种视角研究世界政治的典型，它是基于这样一种假设，即：国家间关系的世界能够被最恰当地描述为这样一个世界，在这里，拥有军事力量的国家是相互竞争的对手，并且周期性地进行着彼此间的战争。

人们通常指望国家维护的第二个基本价值是自由，包括个人的自由和国家的自由或独立。人们接纳国家并承受来自政府的负担（例如纳税的责任或服兵役的义务）的一个基本原因就在于国家的自由或独立是国家存续的条件。国家无自由，我们焉能有自由？对此，千百万捷克、波兰、丹麦、挪威、比利时、荷兰和法国的公民，以及在第二次世界大战期间被纳粹德国入侵和占领的其他国家的公民，都是非常清楚的。即使我们的国家自由了，而我们个人仍不自由，但此时至少我们的自由问题却仍然掌握在我们自己手中。战争威胁自由，有时甚至会践踏自由。和平则能够孕育自由。和平还会使进步性的国际变化（即创造一个更好的世界）成为可能。和平和进步性变化，显然属于国际关系中最基本的价值。国际关系学中的自由主义理论（Claude，1971）就是以这种方法研究世界政治的典型。它基于这样一种假设，即国际关系的世界能够最恰当地被描述为这样一个世界，国家间通过彼此合作来维护和平、自由并追求进步性的变化。

人们通常指望国家维护的第三个和第四个基本价值是秩序与正义。在建立和维护国际秩序方面国家间有着共同利益，这样就能在稳定性、确定性和可预期性的基础上共存与互动。为此目的，国家需要遵守国际法，履行条约义务，遵守国际法律秩序中的规章、公约和惯例；国家也要遵守公认的外交惯例和支持国际组织。只有大多数国家在大部分时间里普遍满足这些期望，国际法、外交关系和国际组织才能够存在并成功地发挥作用。国家还需要维护人权。现行的国际人权法律框架，是第二次世界大战结束以来发展起来的。它非常详尽，是一个关于公民的、政治的、社会的和经济的法律框架。秩序和正义，显然属于国际关系中最基本的价值。国际关系学中的国际社会学派（Hedley Bull，1995）就是以这种方法研究世界政治的典型。它基于这样一种假设，即：国际关系的世界可以最恰当地被描述为这样一个世界，在这个世界里国家是负责任的社会行为体，而且在维持国际秩序和促进国际正义方面有共同利益。

人们通常指望国家去维护的最后一个基本价值是人民的社会经济财富和福利。人们希望他们的政府采取适当的政策以实现高就业、低通货膨胀、稳定的投资环境、不间断的商贸活动等。由于各国的国民经济很少相互孤立，大多数人还希望国家能以提高或者至少可以保持国民生活水准的方式来对国际经济环境作出反应。

现今，国家对国际经济的依赖日益加深，都试图制定和实施能确保国际经济稳定的经济政策，一般包括：能从容应对国际市场、别国经济行为、外国投资、外汇汇率、国际贸易、国际运输和通信的政策，以及其他各种能影响国家财富和福利的国际经济政策。经济的相互依赖，亦即国家间在经济上的高度相互依赖，是当今国家体系的显著特征。一些人认为这是件好事，可以在总体上促进自主性并增加财富，因为相互依赖能够通过扩大全球市场来增加参与机会、促进合作与专业化并提高效率和生产率。另一些人则认为这是件坏事，会加剧总体上的不平等，因为相互依赖允许富国、强国或拥有金融和技术优势的国家控制那些没有这些优势的穷国与弱国。还有一些人认为：保护主义更适合经济相互依赖，可以看成应对使世界经济陷入周期性混乱的金融和经济危机的最佳手段。但不管怎么说，财富和福利显然属于国际关系中最基本的价值。国际关系学中的国际政治经济学（IPE）理论（Robert Gilpin，1987），就是以此种方法研究世界政治的典型。它基于这样一种假设，即：国际关系的世界基本上可以最恰当地被描述为一个社会经济世界，而不仅仅是政治的和军事的世界。

在平常，人们大都不会把这些基本价值（安全、自由、秩序，以及正义和财富）放在心上，只是在出现问题时才会想到它们——例如，在战争或经济萧条时期，以及当事态开始超出某一个国家的控制的时候。在这种急于了解真相的情形之下，人们对更广阔的生活环境的意识才会被唤醒，而在平时这个环境却只不过是一个沉寂与模糊的背景而已。在危急关头，我们多半能一下子就意识到那些曾经被等闲视之的基本价值对我们的日常生活是多么重要。当外国势力发出战争威胁或国际恐怖主义者对我们的国家或盟国采取敌对行动时，我们就会意识到国家安全的重要性；当和平不再有保障时，我们就会意识到民族独立和公民自由的重要性；当有些国家，特别是超级大国滥用、擅用、诋毁或无视国际法，抑或践踏人权时，我们就会意识到国际秩序和正义的重要性；当外国或国际投资者玩弄经济把戏，从而使我们的生活水准降低时，我们就会意识到国家的繁荣和个人的社会经济福利的重要性。

在20世纪的某些紧要关头，人们对这些重要价值的认识进一步强化了。第一次世界大战使大多数人异常清楚地意识到了大国之间的现代机械化战争对于人们的生命和生活条件的破坏是多么巨大，降低大国之间发生战争的风险是多么重要（见网络链接1.09）。这种认识导致了国际关系学思想的第一次大发展，人们试图找到一个有效的法律制度，如国际联盟盟约，来防止大国间的战争（见网络链接1.10）。

第二次世界大战不仅强化了人们对大国之间战争危险的现实的认识，还揭示了防止任何一个大国失去控制是多么重要，以及采纳绥靖政策是多么不明智。英法在第二次世界大战前对纳粹德国奉行的绥靖政策，就曾对包括德国人在内的所有人都造成了灾难性的后果。

在第二次世界大战结束后的某些紧要关头，人们也增强了对这些价值重要性的认识。1962 年的古巴导弹危机使大多数人认识到核战争的危险性。发生在 20 世纪五六十年代的亚非反殖民主义运动以及冷战结束后前苏联和前南斯拉夫的分裂主义运动，使人们清楚地认识到继续坚持民族自决原则和政治独立是多么重要。海湾战争（1990—1991 年）和巴尔干冲突——特别是波斯尼亚（1992—1995 年）和科索沃（1999 年）冲突，使人们认识到国际秩序和尊重人权的重要性。对纽约和华盛顿的袭击（2001 年）使美国与其他国家的许多人清醒地认识到国际恐怖主义的危害（见网络链接 1.16）。

经济大萧条使世界上大多数人深切地体会到，本国与别国的市场情况是如何负面地影响着、有时甚至破坏着他们的经济生活（见网络链接 1.11）。石油输出国组织（the OPEC cartel）突然提高石油价格，从而引发了 20 世纪 70 年代和 80 年代早期的全球性通货膨胀。这使人们认识到了全球经济的相互联系是如何威胁着世界上任何地方的国家和个人的财产的。例如，20 世纪 70 年代的石油动荡使无数的美国、欧洲、日本和其他国家的驾车者十分清楚地认识到，中东和其他地区的主要石油生产国的经济政策能够导致油泵中的汽油价格突然上涨，从而降低他们的生活标准。21 世纪初的全球金融危机让人们再次想起了大萧条的教训，并在极大程度上强调了它是一个全球性的事件而不仅仅是一次西方的危机。

长期以来都有这样一个基本假设，即生活在组织得当、管理良好的国家比生活在国家之外或根本没有国家的状态中要好得多。例如，犹太人花了长达半个多世纪的时间来建立自己的国家（以色列）以保障他们的安全。只要国家和国家体系在设法维持前面提到的核心价值，这个基本假设就成立。发达国家，尤其是西欧各国、北美、日本、澳大利亚、新西兰和其他一些国家，大致属于这种情况。这是那些把国家体系看成现代生活中有价值的核心制度的更为传统的国际关系理论得以产生的根据所在。本书所讨论的传统国际关系学倾向于支持这一观点。这些理论都承认这些基本价值意义重大，即使它们对于哪一种价值更重要意见不一。例如，现实主义者强调安全和秩序的重要性，自由主义者强调自由和正义的重要性，国际政治经济学者强调经济平等和财富的重要性（见表 1—1）。

表 1—1　　国际关系学的价值和理论

焦点	理论
● 安全 权力政治、冲突和战争	● 现实主义
● 自由 合作、和平与进步	● 自由主义
● 秩序和正义 共享的利益、规则和制度	● 国际社会理论
● 福利 财富、贫穷和平等	● 国际政治经济学理论

但是，如果国家未能维持这些价值，那么人们对国家体系就很容易产生反方向的理解：国家不是维持基本的社会条件和价值，而是加以损毁。不能保障任何这些价值的国家毕竟不在少数。许多非西方国家，尤其是非洲撒哈拉以南的国家，就属于这种情形。在这些国度中，无数的男人、妇女和儿童处于困境，这使人们对国家体系的可信度或许甚至其合法性都产生了疑问。由此而提出的一个相应的假设是：国际体系滋长或者至少容忍了人们的苦难。为了使世界各地所有的人们而不仅仅是发达国家的人们都过上好日子，我们就应该变革这种体系。这是更具有批判性的国际关系学产生的依据，它认为国家和国家体系是好处不多、问题不少的制度。本书后面要讨论的那些另谋出路的国际关系学新理论就趋向于采取批判性的观点（见表1—2）。

表1—2 **关于国家的观点**

传统的观点	新的观点
国家是有价值的组织：它们能提供安全、自由、秩序、正义和福利	国家和国家体系带来的问题比它们解决的更多
人们从国家体系中获益	世界上大部分人口从国家体系中蒙难比获益要多

总而言之，国家和国家体系是建立在领土基础之上的社会组织，其存在的基本目的是建立、维持和捍卫基本的社会条件与价值，尤其是安全、自由、秩序、正义和福利。这些就是国家存在的主要理由。许多国家，无疑所有的发达国家，都至少能使这些条件和价值维持在最低标准而且常常还能达到更高的水平。的确，在过去的几个世纪里它们成功地做到了这一点，标准也随之持续提高，而且现在比以往任何时候都要高。这些国家为整个世界设定了国际标准。然而，许多国家和大多数不发达国家并没能达到最低标准。于是，它们在当代国家体系中的存在就引起了严重的问题，这不仅关系到它们自身，也关系到国家体系（国家是其重要组成部分）。这个问题已经激起了大体上支持现有的国家体系的传统国际关系学理论家和基本上反对它的激进理论家之间的论战。

国家体系的历史梗概

国家和国家体系是现代政治生活的基本特征，因此人们很容易地就假设它们是永久性的：它们一直存在着并将永远存在下去。其实，这一假定是错误的。强调国家体系作为一个历史性的制度是重要的。它并非由上帝规定，也非由自然决定，而是由一些人在一定时间内塑造成形的一个社会组织（见相关链接1—1）。与其他所有社会组织一样，国家体系既有益处又有弊端，而且其利弊还在不断地变化着。尽管国家体系中的很多事物确实有利于改善生活状况，但这并不是说国家体系是人类生存所必需的。

相关链接 1—1

罗马帝国

罗马在意大利的中心地带开始发展成为一个城邦……经过几个世纪，这座城市扩展了它的权威，并将其行政方法首先带到了意大利，然后是西地中海沿岸，最后几乎覆盖了整个希腊语世界，发展成了一个规模空前的帝国，比以前在这片土地上存在过的任何城市都要大……这个独一无二的惊人的成果以及它所引起的文化变化奠定了欧洲文明的基础……罗马帮助塑造了欧洲以及当时的国家实践和国家观念，并帮助塑造了关于国际法尤其是人们对帝国和皇权本质的看法。

Watson（1992：94）

人类并不一直就生活在主权国家之中。在人类的大部分历史中，人们用不同的方式来组织其政治生活，最常见的就是政治帝国，例如罗马帝国或奥斯曼（旧土耳其）帝国。在将来，世界也并非一定要组成国家体系。最终，人们也许会放弃主权国家属性并抛弃这种制度。在历史进程中，人类已经抛弃了多种政治生活的组织方式，包括城邦、封建主义和殖民主义等。设想一个比国家和国家体系更好或者更先进的全球性政治组织形式最终会被采纳，也并非异想天开。一些在后面的章节中将被论及的国际关系学者认为，与国家间相互依赖的增强（即全球化）相关联的国际转型早就开始了。但是，国家体系在相当长的一段时期内仍然是世界政治的中心制度，而且会保持下去。尽管世界政治变幻不拘，但国家和国家体系却一直在不断地适应着过去的重大变化。不过，没有人敢断定这种适应将来还会继续下去。关于现在和将来的国际变化问题，我们将在本章后面讨论。

主权国家首先建立于 16 世纪的西欧，在此之前并没有可以确认的主权国家。但是，在过去的三四百年内，越来越多的人的政治生活都是由国家和国家体系来整合的，也就是说它们已经被人们普遍认可了。今天，这种体系已经遍及全球。主权国家时代与现时代的多种事物（如权力扩张、繁荣、知识、科学、技术、文化、都市化、公民权、自由、平等和权利等），是并行不悖的。这可能是一种巧合，但当我们想起国家和国家体系在塑造前述的五个人类的基本价值中所起的重要作用时，这种巧合好像又不太可能了。当然，国家是现代生活的成因还是结果，以及是否能在后现代占有一席之地，这些还很难说。关于现在和将来的国际变化问题，我们将在本章后面讨论。

然而，我们都知道国家体系与现代性在历史上紧密相连。事实上，它们是完全同步的：在现代初期，领土毗邻的国家体系开始在欧洲出现。自此以来，国家体系即使不是现代性的决定性的特征，也一直是其核心之一。虽然主权国家出现在欧洲，但它在 18 世纪末已扩展到北美，19 世纪初扩展到南美。现代性在向全世界扩展的同时，国家体系也随之扩展。反过来也一样，国家体系扩展了现代性，因为它本身就是现代的。其扩展只是在它覆盖了全球之后才放缓了下来。例如，非洲撒哈拉以南地区，直到 19 世纪末还与不断扩展的西方国家体系保持隔绝状态，直到 20 世纪中期它才成为独立的区域性国家体系。现代性的结束是否会带来国家体系的终结，这是一个重要问题，但我们也只能将它放到后面来加以讨论。

当然，有证据表明类似主权国家的政治体系在现时代之前就已经存在。显然，它们之间存在着这样或那样的联系。在这种更加一般的意义上，国际关系的起源隐藏于历史的深处，只可追思，难以定论。但是，从理论上说，当人们开始在陆地上定居并组成以领土为基础的分离的政治共同体的时候，就有了国际关系。最早的例子可以追溯到5 000多年前（见表1—3）。

表1—3 **城邦和帝国**

公元前500—前100年	希腊城邦（古希腊）
公元前200—公元500年	罗马帝国
公元306—1453年 公元500—1500年 公元1299—1923年	东正教基督世界：拜占庭帝国、君士坦丁堡 天主教基督世界：罗马教皇 奥斯曼（旧土耳其）帝国，伊斯坦布尔（君士坦丁堡）
历史上的其他帝国	波斯、印度（莫卧儿）、中国

每一个政治团体都面临着与其毗邻团体共存这样一个无法回避的问题，因为毗邻团体就在隔壁，既不能忽视，也难以规避。政治团体还得处理好与它们虽相距甚远却又能对它们施加影响的团体之间的关系。如果没有某种形式的边境或边界，那么地理上的相近性就可以被称为政治上的亲近区（a zone of political proximity）。哪里有团体接触，哪里就一定会不时有抗衡、争议、威胁、恫吓、干涉、入侵、征服以及其他敌对性和战争性的相互作用。但有的时候（或许在大部分时间），它也包含着相互尊重、合作、贸易、和解、对话和类似的友好与和平的关系。外交，这一自治政治共同体之间交流的非常重要的形式，有其古老的渊源。有历史记载的出现在古代政治共同体之间的正式协议可以追溯到公元前1390年，而准外交活动的最早记录则可以追溯到公元前653年（Barber，1979：8-9）。在这里，我们看到了国际关系学经典问题的原型：战争与和平，冲突与合作；也看到了现实主义和自由主义所强调的国际关系的不同方面。

这些发生在独立的政治团体间的关系构成了国际关系的核心问题。在由许多彼此分离却又相互联系的集体自我（collective selves）组成的领土世界中，我们的集体自我和他人的集体自我之间有着根本性的区别，而这就是国际关系学核心问题的根据之所在。在这里，我们可以给“国家体系”下一个初步的定义：它指的是在政治上组织起来的人类团体之间的关系，这些团体占有不同领土，不屈从于任何更高的权威或权力，享有并行使着彼此的独立权。国际关系就是这类独立团体之间的关系。

国家体系的第一个相对明确的历史形态出现在古希腊（公元前500—前100年），当时以希腊（Hellas）著称于世（见网络链接1.01）。古希腊并不是当今意义上的民族国家，而是一个城邦体系（Martin Wight，1977；Watson，1992）。雅典是最庞大和最著名的城邦，但也有许多其他的城邦，例如斯巴达（Sparta）与科林斯（Corinth），它们共同构成了西方历史上的第一个国家体系。希腊城邦之间存在着广泛而复杂的关系。但是，古希腊城邦并不是拥有广阔领土的现代主权国家。它们的人口和领土规模都要比大多数现代国家小得多。在古希腊，城市间的关系有其独特的传统和惯例，但缺少外交制度，更没有可与现代国际法和国际组织相媲美的东西。古希腊国家体系基于一种共享的语言和一个共同的宗教——希腊文化——这一点尤为重要。

古希腊的国家体系最终被更强大的邻近帝国所毁灭，不久以后，希腊人也成为罗马帝国的属民。罗马人通过不断的征服，占领和统治了大部分欧洲以及中东与北非的大部分地区，建立了一个庞大的帝国（见网络链接 1.02）。在其巅峰期，罗马帝国的疆土从西北方向的英格兰北部（罗马不列颠）与莱茵河下游地区，扩展到了东南方向的大马士革和耶路撒冷，囊括了整个地中海并到达了北非。罗马人不得不处理其占领区中众多的政治共同体之间的关系，其做法是迫使它们归顺，而不是予以承认。在罗马帝国的统治下，不存在国际关系或准国际关系，各个政治共同体不是屈服就是反抗，别无选择。最后，罗马帝国周边地区的共同体开始造反，罗马军队无法平息，只得退却，而且罗马城也数度被“野蛮”部落入侵和毁坏。于是，罗马帝国在经历了若干世纪的政治上的成功和存续之后，最终走向了灭亡。

罗马帝国崩溃后，帝国这种政治组织形式又在信仰基督教的欧洲盛行了几个世纪（见图 1—1）。罗马在欧洲的两个主要继承者也是帝国：西欧的中世纪（天主教）帝国，它以罗马（基督教）为基地；东欧和近东的拜占庭（东正教）帝国，它以君士坦丁堡（即现在的伊斯坦布尔）为中心。拜占庭帝国自称是基督化了的罗马帝国的延续。因此，在大部分时间里，欧洲中世纪的基督教世界（500—1500 年）在地理上被划分为两个政治—宗教帝国。在更远的地方还有其他的政治体系和帝国，北非和中东是伊斯兰文明的世界，这种文明在七世纪初发源于阿拉伯半岛（见网络链接 1.18）。在今天的伊朗和印度也有一些帝国。最古老的帝国出现在中国，以若干朝代的形式大约存在了 4 000 年，直到 20 世纪初才结束。中世纪是一个帝国之间相互联系和相互冲突并存的帝国时代（见网络链接 1.03，1.04 和 1.05）。不过帝国间的联系最多也只是断断续续的：通信缓慢而且交通不便。结果，那个时期的大多数帝国都是一个个以自我为中心的世界。

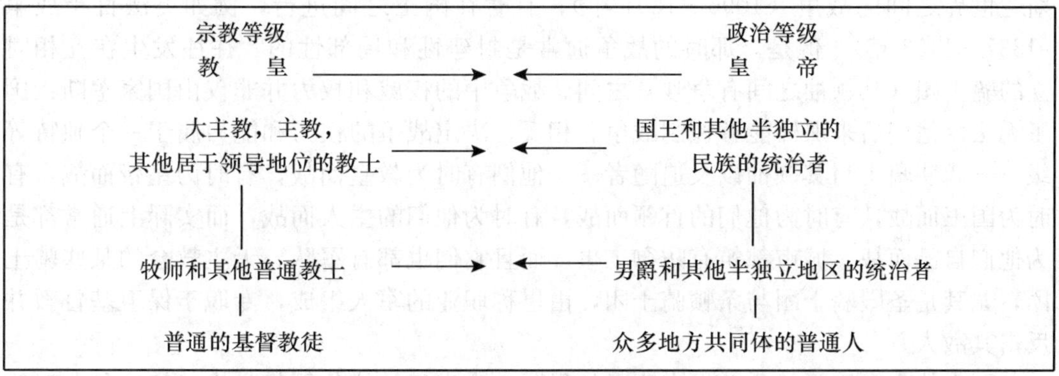

图 1—1　中世纪欧洲的基督教联合体

那么，我们能否说中世纪的西欧就有了“国际关系”呢？这很难说，因为正如前文所述，中世纪的基督教世界更像是帝国而不是国家体系。国家是存在的，但并不是现代意义上的独立或主权国家，它们没有以边界明确地划定领土。中世纪的世界不是一张地理拼图——上面用不同的颜色明显区分出各个不同的国家，相反，它只是一张以不同线条和颜色（亮度各异的阴影和色彩）合成的复杂难辨的混合图。权力与权威是建立在宗教和政治的双重基础之上的：在拉丁基督教世界，教皇和君主是两个相互平行和彼此联系的等级体系的首领，一个是宗教的，一个是政治的。国王和其他统治者都隶属于那些更高的权威及其法律，并非完全独立。大多数时候，地方统治者可以或多或少地不受国王法律的限制：它们是半自治的，但同样也不是完全独立的。事实上，像我们今天所熟知的领土上的政治独立在中世纪的欧洲并不存在（见图1—2）。

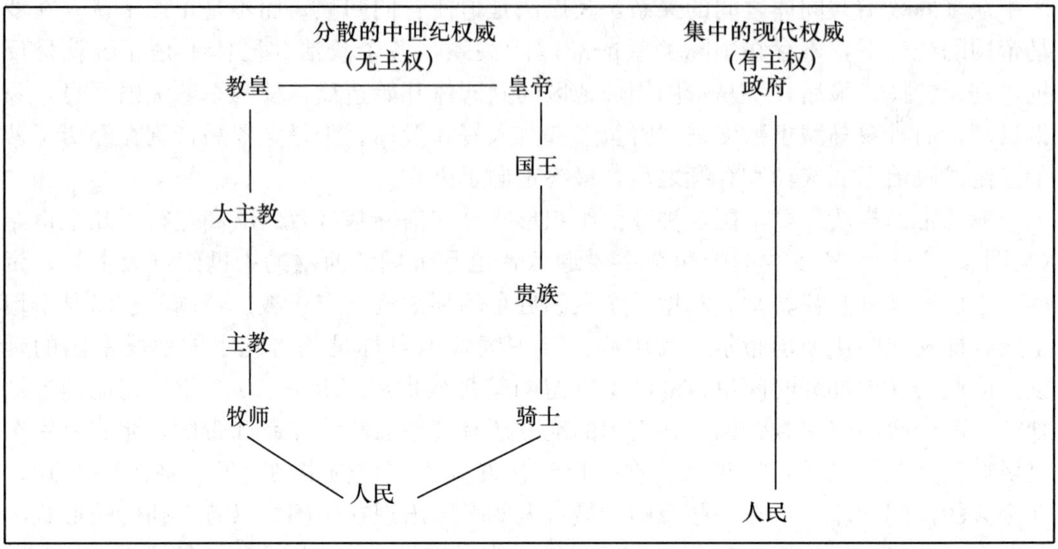

图1—2　中世纪权威和现代权威

中世纪也是充满混乱、骚动、冲突和暴力的时代，这是领土性政治组织界限不明和控制不力的结果。战争，有时在不同的宗教文明之间进行，例如基督教十字军和伊斯兰世界之间的战争（1096—1291年）；有时在国王之间进行，例如英法百年战争（1337—1453年）。但是，那时的战争通常是封建性和局部性的，往往发生在互相对立的骑士团（其领袖之间有争吵）之间。战争中的权威和权力并非仅由国家垄断：国王无法像他们后来那样能够控制战争。相反，决定战争的权力和能力属于一个独特等级——武装骑士与其领袖以及追随者——他们有时为教皇而战，有时为皇帝而战，有时为国王而战，有时为他们的首领而战，有时为他们的主人而战，而实际上通常都是为他们自己而战。城市都筑有防御工事，而且它们也都有军队。天主教会的某些骑士团，尤其是圣殿骑士团与条顿骑士团，由堪称职业的军人组成，专职于保卫基督教并反击其敌人。

国内战争和国际战争并没有明显的界限。中世纪的战争更像是为了解决是非对错而展开的争斗，如捍卫信念的战争、解决王室遗产冲突的战争、惩罚逃犯的战争、追讨债务的战争等（Howard，1976：ch.1）。这些战争很少是为了获得排他性的领土控制权或者是为国家的或民族的利益而进行的。在中世纪的欧洲，不存在排他性的领土控制，也没有清晰的国家或国家利益（national interest）观念。

在中世纪，与主权国家属性相关联的价值有着不同的安排。造成这种差异的关键是，没有一个像主权国家一样的政治组织包揽所有这些价值。那么，高程度的政治与法律的领土性社会的一体化形式的出现仍然有待时日。

相反，那些价值是由在社会生活的不同层次中发挥作用的各种组织来负责的。安全，由地方统治者以及负责城堡和城镇防御的骑士来提供。自由，不是个人或民族的自由，而只是封建主与其追随者和依附者的自由，或者是筑有堡垒之城市或乡镇的自由。秩序，是皇帝的责任，但是他强化秩序的能力却非常有限，而且中世纪的欧洲还不时受到发生于各社会阶层的动荡和纷争的扰乱。政治和宗教的统治者皆有提供正义的责任，然而那是互不相干与很不平等的正义。那些处于政治和宗教等级高层的人要比在底层的人更容易获得正义。不同阶层的人有不同的法律和法庭，有不同的权利和义务。那时，也没有警察，因此正义通常是人们自己以复仇或者报复的形式来实现的。教皇不仅通过其由主教和教士构成的等级制度来统治教会，还负责监督国王和其他半独立的民族统治者之间的政治纷争。教士通常是国王和其他世俗统治者的高级顾问。国王有时也以“宗教信仰捍卫者”自居，如英格兰的亨利八世。武装骑士常常把他们自己视为基督战士，而圣殿骑士与条顿骑士就是基督的战士。福利与安全联系在一起，而且以地方统治者和普通人之间的封建关系为基础，那些统治者通过提供保护来换取当地农民的劳务、粮食、其他资源和产品。农民并不能如其所愿地自由选择居住地，他们难以摆脱封建领主的束缚。这些封建领主要么是贵族，要么是教士，要么兼而有之。

从中世纪到现代社会的政治变革包括了哪些基本方面呢？扼要答之，这一转变最终要将上述价值的提供固化到一个唯一的组织框架之中，即由一个统一与独立的社会组织——主权国家来提供。在现代早期，欧洲的统治者冲破了基督教联合体（Christendom）的宗教—政治权威的笼罩，并摆脱了对男爵和其他地方封建主的军事力量的依赖。国王使男爵臣服于自己，并拒绝了皇帝和教皇的权威。他们平息内乱，抵御外患，成为最高王权的捍卫者。这种王权后来演变成了国家主权。农民开始摆脱对地方封建统治者的依赖，逐渐成为国王治下的臣民，经过漫长的历程：他们最终变成了“人民”。

一言以蔽之，权力和权威被集中于一点：国王与他的政府。现在，国王统治的领土有明确的边界，以抵御外界的侵扰。国王成为一国之中所有国民的最高权威，不必再通过中间权威和统治者来发挥作用。这种根本的政治变革标志着现代的开始。

现代国家兴起的一个的主要结果是对战争手段的垄断（见相关链接 1—2）。国王首先建立国内秩序，并且成为国内唯一的权力中心。以前掌握自己军队的男爵和骑士现在也听命于国王。许多国王为了满足扩张领土的野心或由于惧怕邻近统治者的侵略和征服而对外虎视眈眈。于是，国际竞争在所难免，且常常引起战争和以牺牲别国为代价的扩张。欧洲新国家体系中的许多国家，如西班牙、法国、奥地利、英国、丹麦、瑞典、荷兰、普鲁士、波兰、俄国等，都曾频繁地处于战争之中。一些战争是由新教改革（Protestant Reformation）引起的，这场变革在 16、17 世纪的欧洲基督教徒中造成了深刻的分化。但是，其他战争以及不断增多的绝大多数战争则纯粹是由武装起来的独立国家的存在本身所激发的，这些国家的统治者把战争当做维护利益、实现野心与领土扩张（如果可能的话）的手段。战争成为解决主权国家间冲突的一项重要的国际制度（见相关链接 1—3）。

相关链接 1—2

> **三十年战争（1618—1648 年）**
>
> 以波希米亚的新教贵族反抗西班牙权威为开端，此次战争迅速升级，并最终牵扯进了所有的问题……宗教宽容问题是此次冲突的根源……但是到了 17 世纪 30 年代，战争演变成了一场涉及各种王朝利益、宗教利益和国家利益的利益关系复杂的大赌局……第一场欧洲大陆战争开始了。
>
> Holsti（1991：26-28）

相关链接 1—3

> **《威斯特伐利亚和约》（1648 年）**
>
> 《威斯特伐利亚和约》宣布了主权国家联合体（commonwealth of sovereign states）的合法化。它标志着国家（the stato）在掌控内部事务和对外独立上的胜利。这反映了一般国王（统治者）——特别是德意志国王（无论属于新教还是天主教）对于（神圣罗马或哈布斯堡）帝国的热望。《威斯特伐利亚和约》厘定了关于新的国家社会（society of states）的许多规则和政治准则……人们认为和约为全欧洲提供了一部根本性与全面性的宪章。
>
> Watson（1992：186）

因此，遍及欧洲的领土独立国家的建立，是从中世纪到现代的政治变革的基本内涵。国家攻夺领土并将其变为国家财产，虏获领土上的居民并使其变成属民及后来的公民。在许多国家，事实上是大部分国家，基督教教会也受控于国家。现代国家中没有半独立领土或人民或机构存在的空间。在现代国际体系中，领土被合并、统一和集中于一个主权政府之下。领土上的居民忠诚于该政府，并有义务遵守法律。主教与男爵、商人和贵族也一样不能例外。所有机构现在也都从属于国家权力和公法。在通行的世界领土拼图上，每一色块都处在某一特定国家的完全独立的管辖范围之内。整个欧洲以至地球上的所有领土最终都以那种形式被独立的政府瓜分了。一般说来，三十年战争（1618—1648 年）和结束这场战争的《威斯特伐利亚和约》通常被认为是中世纪结束的终点和现代国际体系形成的起点（见网络链接 1.06）。

从 17 世纪中期开始，那些拥有自己单独的领土、独立的政府和政治属民的国家，才被看成欧洲唯一合法的政治体系。这个新兴的国家体系有许多非常显著的特征，可总结如下。第一，它由彼此毗邻的国家组成，其合法性与独立性是相互承认的。第二，国家间的这种承认没有超出欧洲国家体系的范围。非欧洲国家的政治体系并不是该国家体系的成员，它们通常被认为在政治上处于次要地位，而且其中的大多数最终也都遵从了欧洲帝国的统治。第三，国际法和外交惯例被适用于欧洲国家间的关系。换句话说，它们都得把遵守国际游戏规则当成本分。第四，成员国之间存在着均势，其目的是防止任何一个国家摆脱控制并能成功地获得霸权（hegemony），因为霸权实际上会导致帝国在欧洲大陆上的重建。

在欧洲，几个国家做了数次重要的尝试，企图将其政治霸权强加于整个大陆。哈布斯堡帝国（奥地利）在三十年战争（1618—1648 年）中企图称霸，但被法国和瑞典联军阻止。法国国王路易十四（1661—1714 年）企图称霸，但最终被英荷奥联军阻止。拿破仑（1795—1815 年）企图称霸，但被英国、俄国、普鲁士和奥地利四国阻止。后拿破仑时期大国间的均势（欧洲协调）在 1815—1914 年的大部分时间里得到了维持。希特勒（1939—1945年）治下的德国企图称霸，被美国、苏联与英国阻止。在过去的350年里，欧洲国际体系一直努力抗拒着世界政治历史的主要发展趋势，即强国总是企图迫使弱国臣服于它们的政治意图以便建立帝国。美国，这个冷战结束后仅存的超级大国是否正在成为全球霸主呢？直到本书写作之时，该问题也难有定论（见网络链接1.08）。

全球国家体系与世界经济

然而，欧洲人在欧洲抵制帝国的同时，却又通过对世界上其他地区的大部分非欧洲政治共同体的控制，建立起了庞大的海外帝国和世界经济。不能支配彼此的西方国家，却成功地在政治和经济上主宰了世界上其他大部分地区。欧洲人向外控制非欧洲世界的进程开始于现代之初的16世纪，而欧洲国家体系也正好在这个时候形成。这一过程一直持续到20世纪中期，直到最后一个非欧洲民族最终摆脱西方的殖民统治并获得政治独立为止。西方国家不能支配彼此，却有能力支配其他几乎任何实体，这一事实对于现代国际体系的成形是至关重要的。西方世界的全球性优越地位与无上权威对于我们理解国际关系学是非常重要的，即使在今天也是如此。

欧洲的现代史是一部主权国家间政治经济冲突与战争的历史。国家发动战争，战争产生和消灭国家（Tilly，1992）。欧洲国家的对抗不仅在欧洲展开，还扩展到欧洲野心和权力所能触及的任何地方，并最终波及整个世界。为了渗透和控制世界上有军事价值与经济意义的其他地区，欧洲国家间展开了激烈的竞争。它们认为它们有充分的权利这样做。非西方民族享有权利争取独立和自决的思想是很久以后才出现的。结果，通过武力征服、贸易控制或政治兼并，欧洲国家控制了庞大的非欧洲领土和人口。

西方的帝国扩张首次使全球经济（Parry，1966）与全球政治（Bull and Watson，1984）的形成和运作成为可能。1500年左右，西方世界对非西方世界的贸易扩张开始了；与此同时，现代国家本身也在欧洲出现。这种扩张凭借的是装配着大量武器的远洋帆船，欧洲人既用它运输货物，也用它来投放军事与政治力量。

凭借这些手段，欧洲国家将它们的权力延伸至欧洲之外很远的地方。它们通过开采银矿和其他贵重金属、毛皮贸易、农产品（大部分由大种植园的奴隶生产）贸易，逐渐将美洲大陆纳入世界贸易体系之中。大约在同一时期，它们又将南亚与东南亚的岛屿和大陆部分变成了殖民地或对其实施了控制。在西班牙、葡萄牙、荷兰、英国和法国扩张其海上帝国的同时，俄国人也在陆地上进行着扩张。到18世纪末，以毛皮贸易为基础的沙俄帝国已经穿过西伯利亚，进入阿拉斯加，沿着北美西海岸南下直至北加利福尼亚。在19世纪，西方列强逼迫中国和日本对外通商，尽管它们在政治上尚未沦为殖民地。欧洲国家还在世界上欧洲之外的大片土地上安置移民；后来，欧洲移民控制了这些地区并建立了独立的国家，这些地区又逐渐转变成了国家体系的成员。美国、拉丁美洲诸国、加拿大、澳大利亚、新西兰，以及很久之后的南非，都属于这种类型。中东和热带非洲，是世界上最后被欧洲人殖民地化的区域。

关于欧洲国家推行政治经济帝国主义（imperialism）时期的国家体系，以下几个基本要点很能说明问题，是我们应该记住的（见网络链接 1.07）。第一，欧洲国家同非欧洲政治体系结成了权宜性质的联盟。例如，英、法就同北美不同的印第安“部落”（即民族）结成过联盟。第二，欧洲国家几乎征服和奴役了其能力所及的所有非西方政治体系并使其附属于各自的帝国。第三，那些幅员辽阔的庞大帝国成为欧洲国家基本财富和力量的来源达几个世纪之久。因此，欧洲的发展在很大程度上取决于对欧洲以外广大领土的控制以及对其自然和人力资源的掠夺。第四，一些海外殖民地落入了欧洲移民的掌握之中，而且许多新的“移民国家”（settler states）最终都被接纳为国家体系的成员。18 世纪末，反对大英帝国的美国革命取得了成功。这场革命最先撞开了国家体系的大门，并发起了由欧洲国家体系向西方国家体系转变的冲锋。最后，纵观从 16 世纪到 20 世纪初的西方帝国主义时代，西方国家并没有兴趣和愿望在主权（sovereignty）平等的基础上把非西方政治体系纳入国家体系之中（见相关链接 1—4）。那样的事情，在很大程度上是第二次世界大战结束后才开始出现的（见网络链接 1.15）。

相关链接 1—4

麦金利总统论在非律宾的美帝国主义（1899 年）

当我意识到菲律宾（西班牙殖民地）已经落入我们手中时（美军击败西班牙的结果）……我并不知道要做些什么……直到一天深夜我才明白应该这样做……（1）我们不能把它们归还给西班牙——那是懦弱的，也是不光彩的；（2）我们不能把它们移交给法国或德国——我们在东方的商业竞争对手——那是赔本的生意，也是很丢脸的；（3）我们也不能任由它们自己——它们不适合于自治，那里很快就会出现比西班牙治下还要糟糕的无政府状态和暴政；（4）我们别无他法，只得接管它们……（并）将菲律宾群岛纳入美国的版图。

Bridges et al.（1969：184）

国家体系全球化的第一个阶段是通过吸纳那些未能被西方殖民地化了的非西方国家来实现的（见相关链接 1—5）。并非所有的非西方国家都落入了西方帝国主义的政治控制。但是，那些逃脱了被殖民地化厄运的国家，却仍然不得不接受西方国家体系的规则。奥斯曼帝国（土耳其）就是一个例证：1854 年的巴黎条约迫使它接受了这些规则；另一个实例是日本，它在 19 世纪末默认了这些规则。日本迅速取得了现代国家的组织内容和宪政形式，并在 20 世纪初成为一个大国，它通过在军事上（日俄战争，1904—1905 年）击败另一个大国——俄国而彰显了这一地位。在 19 世纪和 20 世纪初，中国也被迫接受了西方国家体系的规则。但是，直到 1945 年，中国才被承认为一个大国。国家体系全球化的第二个阶段是通过西方帝国统治下的殖民地人民的反殖民主义斗争实现的。在这场斗争中，当地的政治领袖根据欧洲和美国的自决思想提出了非殖民地化和独立的政治主张（见网络链接 1.16）。赫德利·布尔所说的“反抗西方”成为第二次世界大战后国家体系急剧扩张的主要手段（Bull and Watson, 1984）。在短短的 20 年里，从 1947 年印度和巴基斯坦独立开始，亚非的绝大多数殖民地都变成了独立的国家和联合国的成员国（见相关链接 1—6）。

相关链接 1—5

1945 年胡志明主席的越南共和国独立宣言

“人皆生而平等，都享有造物主赋予的某些不可剥夺的权利，包括生命、自由和追求幸福的权利。”……地球上所有的民族生而平等，所有民族都有生存、幸福和自由的权利……我们临时政府的成员，代表越南全体人民，在此宣读并重申我们的宣言：中止与法兰西民族的一切关系，废除法兰西人从我们的祖国非法获取的一切特权……我们坚信联盟国家将不会拒绝承认越南的独立，它们在德黑兰和旧金山已经认可了自决和地位平等的原则……基于这些理由，我们……向全世界宣布越南享有自由和独立的权利。

Bridges et al.（1969：311–312）

欧洲在第三世界的非殖民地化（decolonization），使联合国的成员国从 1945 年的 50 个增加到 1970 年的 160 多个，增长了 2 倍多。1945 年，世界上 70%的人口成为独立国家的居民和属民，其国家也因此代表他们进入了国家体系。到 1995 年，这个百分比达到了 100%。欧洲对其外部地区的政治和经济控制的延伸，最终表现为国家体系的扩展，该体系在 20 世纪后半期完全具有了全球规模。国家体系全球化的最后一个阶段，是冷战后期苏联的解体以及随之而来的南斯拉夫和捷克斯洛伐克的分裂。这一变化使联合国的成员国数量在 20 世纪末扩展到了近 200 个。今天，不管人们是否意识到，国家体系都已经成为影响地球上每一个人生活的全球性制度（global institution）。这就意味着现在的国际关系学比以往任何时候都更是一个普世性的学科，也意味着 21 世纪初的世界政治必须容纳数量很大的各类不同的国家。与以往相比，它们在文化、宗教、语言、意识形态、政府形式、军事力量、高级技术、经济发展水平等方面，都存在着很大差异。这是国家体系的一个根本性变化，也是对国际关系学者理论水平的一个根本性挑战。

相关链接 1—6

国家体系的全球扩张

17 世纪的欧洲（欧洲体系）
18 世纪加上北美（西方体系）
19 世纪加上南美、奥斯曼帝国、日本（全球化中的体系）
20 世纪加上亚洲、非洲、加勒比海、太平洋（全球体系）

国际关系学与变化中的当代国家世界

在国际关系学研究中，很多重要问题都与主权国家属性（sovereign statehood）的理论和实践相关，这里提到的主权国家是世界政治中的历史性核心制度。但是，还有许多其他重要的问题。这导致了对国际关系学的适当范围的持续争论。一种极端的观点是把学术焦点只放在国家和国家间关系上。另一种极端的观点是，国际关系学几乎包括全世界与人类相关的一切事物。如果我们希望对国际关系学有一个均衡合理和全面系统的认识，那么研究这些不同的看法就显得十分重要。

我们把众多的国际关系理论同国家和国家体系联系在一起，因为这是该学科公认的历史核心。即使那些试图超越国家范围的理论家也常常将其视为起点：国家体系是传统的和新的观点的共同立论基础。后面各章我们将探讨各种国际关系学传统是如何努力把握其与主权国家的关系的。我们应该如何看待国家，这是一个有争议的问题，不同的国际关系学理论有不同的解答方法。在最后几章，我们将介绍当下有关国家未来的论战。国家在世界政治中重要的核心地位是否正在发生改变，这是当代国际关系学中一个非常重要的问题。但事实是，国家与国家体系仍然是国际关系学学术分析和讨论的中心。

当然，我们也必须注意到这样一个事实：主权国家是一个有争议的理论概念。当问及“什么是国家?”和“什么是国家体系?”时，根据采用的理论方法可以有不同的回答：现实主义者的答案不同于自由主义者的，而他们的答案又都不同于国际社会理论和国际政治经济学理论所给出的答案。严格地说，没有一个答案是正确的或错误的，因为事实是：国家是一个多面的且有些混沌的实体。国家的概念不尽相同，人们对国家的范围和目的也未形成共识。因此，国家体系并不是一个容易理解的对象，人们可以通过不同的方法和不同的侧重点来理解它。

不过，也存在一些很有帮助的简化方法。比如，设想国家有两个不同的维度，每一个维度又分成两大类。第一个维度是作为政府的国家区别于作为国度（country）的国家。从内部来看，国家就是全民族的（national）政府：它是这个国度中最高的统治权威，它拥有对内主权。这是国家的对内（internal）方面。与国家的内部方面相关的主要问题是国家—社会（state-society）的关系：政府如何统治国内社会，即其权力手段与合法性的来源如何；怎样处理构成国内社会的个人和团体的需求与关切；如何管理国民经济；政府的国内政策是什么；等等。

然而，从国际角度来看，国家就不仅仅是一个政府：它是一块有人居住的领土，还有一个国民政府和一个国内社会。换句话说，它是一个国度。从这个角度看，政府和国内社会共同构成了国家。如果一个国家是主权国家，其政治上的独立一般都会得到承认。这就是国家的对外（external）方面，其主要问题涉及国家间（interstate）关系：各个国家的政府和社会如何彼此联系与相处；这些国家间关系的基础是什么；某些特定国家的外交政策是什么；国家构成的国际组织是什么；来自不同国家的人们是如何相互影响和彼此间从事交易的；等等。

由此，我们来看国家的第二个维度，这里是把主权国家属性的对外方面分成了两个大的范畴。第一个范畴是从国家同其他国家的关系上把它看成一个形式上的（formal）或法律上的机构。也就是说，国家是在宪政上独立于所有外国的一个实体，它被大多数外国承认具有主权或独立，享有国际组织的成员资格并拥有种种国际权利和责任。我们把这一范畴称为“司法意义上的”国家属性（‘juridical’ statehood）。宪政独立和承认，是司法国家属性的基本要素。宪政独立表明，任何外国都不得宣称或拥有对于一个国家的法律权威。承认就是对这种独立事实的公证。这就为国家的国际社会成员资格，包括联合国的成员资格，铺平了道路。缺乏宪政独立和承认，也就否认了这种资格。并非所有国度都是独立的和被承认是独立的，例如魁北克就只是加拿大的一个省，它要想成为独立国家，就必须从加拿大分离出来并得到现存的主权国家的承认。到目前为止，对于魁北克来说，最重要的是首先得到加拿大的承认，其次是得到美国的承认（见表1—4）（见网络链接1.31与1.32）。

表1—4 国家属性的外部维度

作为国度的国家：	实质上、经验上的国家属性：
领土、政府、社会	法律上、司法上的国家属性
其他国家的承认	政治制度、经济基础、民族统一

属于主权国家的国度，总是比未被承认却又坚信会被承认的“国度”（如魁北克）要少得多。这是因为，人们普遍认为独立虽在政治上很有价值，但是领土却是限定的，因而是稀缺的。现存已是主权国家的国度通常都不愿看到新的国度出现，因为这将引起分裂：现存国家会失去领土并因而失去人口、资源、权力和地位等。如果分裂成为可以被接受的惯例并成为频繁发生的事情，就会损坏国际稳定的基础。如果当前处于从属地位却又有潜力独立的国度纷纷联合起来要求承认其主权属性，那么分裂就会成为动摇国家体系的危险先例。因此，也许总有人在敲国家主权的大门，但守门人却极不情愿打开大门让他们进来，因为那样做将会使现存的国家体系破裂，尤其是在已不存在多少重要的殖民地且世界上整个有人居住的领土都已被纳入全球国家体系的现在，更是如此。因此，司法国家属性是由现存的主权国家来谨慎地加以配给的。

第二个范畴是把国家看成一个实质上的（substantial）政治—经济组织（见图1—3）。这一范畴与国家的发展程度有关，即国家（是否）已经建立有效的政治制度、坚实的经济基础与实质性的民族凝聚力（也就是民众的团结与对国家的支持）。我们可以把第二个范畴称为“经验意义上的”国家属性（‘empirical’ statehood）。一些国家非常强大，某种意义上是因为它们有较高水平的经验意义上的国家属性。大多数西方国家都属于这种情况，其中许多是小国家，如瑞典、荷兰和卢森堡。因此，拥有较高经验意义上的国家属性的强国（strong state），应该同军事意义上的大国（strong power）概念区分开来。许多强国在军事上并不强大，丹麦就是一个例证。一些军事意义上的大国，如俄罗斯，却并不是强国。加拿大是一个例外，它是一个高度发达的国家，拥有一个有效的民主政府，但其国家属性却有一个弱点：受到魁北克省脱离的威胁。另一方面，美国既是一个强国，又是一个大国：事实上，它是地球上最强大的国家。

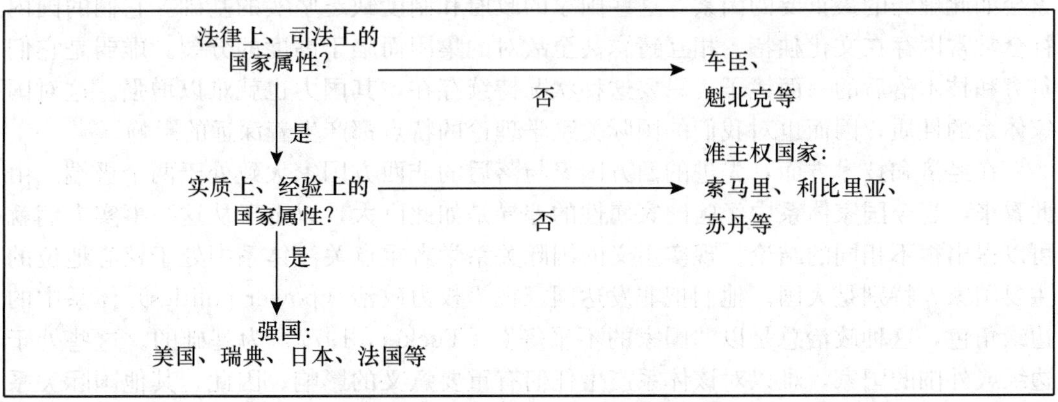

图1—3 全球国家体系中的国家类型

了解经验国家属性和司法国家属性之间的区别是非常重要的，因为它有助于抓住世界上现有的近 200 个独立平等国家间的巨大差异。国家在其政治制度的合法性、政府组织的有效性、经济财富和生产率、政治影响和地位、民族统一等方面存在着很大的差别。并不是所有的国家都有一个有效的政府。一些国家，包括大国和小国，是坚强有力的组织：它们是强国（strong state）。西方的大多数国家在一定程度上均属此类（见表 1—5）。太平洋上一些小岛国，小到根本无力拥有一个政府。另一些国家可能拥有相当大的领土面积或人口数量，抑或二者兼而有之，例如，尼日利亚或刚果（以前的扎伊尔）。但是，它们是如此贫穷、如此低效与腐败，以至于几乎不能像一个有效的政府那样来运转。大多数国家，尤其是非西方世界的国家，经验国家属性的程度很低。它们的制度不健全，经济基础脆弱、不发达，几乎谈不上什么民族统一。我们可以把这些国家称为“准国家”（quasi-state）：它们有司法国家属性，但经验国家属性却严重不足（Jackson，1990）。如果我们要归纳在这里作出的各种区分的话，就有了相关链接 1—7 所显示的全球国家体系的图景。

表 1—5　强国/弱国——大国/小国

	大国	小国
强国	美国、法国、英国、日本	丹麦、瑞士、新西兰、新加坡
弱国	俄罗斯、巴基斯坦	索马里、利比里亚、乍得，等等

相关链接 1—7

全球国家体系

- 5 个大国：美国、俄罗斯、中国、英国、法国
- 大约 30 个高实质性国家：分布于欧洲、日本、北美
- 大约 75 个中实质性国家：分布于亚洲和拉丁美洲
- 大约 90 个低实质性准国家：分布于非洲、亚洲、加勒比海地区、太平洋地区
- 大量的未被承认的、潜伏于现存国家中的领土性政治体系

经济不发达，是我们明了第三世界存在如此众多的准国家的最重要的前提之一。贫穷，以及随之而来的在投资、基础设施（公路、学校、医院等）、现代技术、受过培训与教育的人和其他社会经济财产或资源方面的不足，是帮助我们理解为何这些国家会如此虚弱的最重要的因素。这些国家的政府和制度缺乏坚实的基础。它们的国内社会常常因存在文化独特、相互猜忌甚至敌对的集团而陷于高度的分裂。虚弱是它们贫穷和技术落后的一面镜子，只要这种状况持续存在，其国力也就难以增强。这对国家体系的性质，因而也对我们的国际关系学理论的特点都产生着深远的影响。

在经济和技术方面，先进的西方国家与落后的非西方国家大致处于两个极端。由此看来，当今国家体系中经验国家属性的差异是如此巨大，以至于从这一事实人们就可以得出很不相同的结论。现实主义的国际关系学者重点关注体系中处于核心地位的主要国家，特别是大国。他们把非发达国家视为权力政治（power politics）体系中的边缘角色，这种政治总是以“国家的不平等”（Tucker，1977）为基础的。这些处于边缘或外围的国家，难以对该体系产生任何有重要意义的影响。因此，其他国际关系学者，通常是自由主义者和国际社会学者，就把那些准国家的逆境视为国家体系中的

一个根本问题，认为它不仅引发了国际秩序问题，还导致了国际自由和国际正义问题。

一些国际政治经济学的学者，通常是马克思主义者，把边缘国家的不发达以及在全球经济中处于核心和边缘的国家间的不平等关系，作为其解释现代国际体系理论的一个关键要素（Immanuel Wallerstein，1974）。他们考察第三世界或南方国家的贫穷与美国、欧洲和其他北方国家的富裕之间的国际关联性，并把国际经济视为一个总体性的“世界体系”（world system），指出在这个体系中处于核心地位的发达资本主义国家，是通过牺牲处于边缘地位的不发达的弱小国家的利益而兴盛起来的。根据这些学者的观点，法律平等和政治独立——我们所指的司法国家属性——只不过是一个修饰过的门面而已，它遮掩的只不过是不发达国家的极端脆弱以及富裕的西方资本主义国家对前者的控制与掠夺而已（见表1—6）。

表1—6　国家体系的局内者与局外者

先前的国家体系	现在的国家体系
局内者的小核心，皆为强国	实际上，所有国家都被承认为局内者，拥有形式上或司法上的国家属性
许多局外者：殖民地、附属国等	局外者之间的巨大差异：有些是强国，有些是虚弱的准国家

不发达国家确实以令人震惊的方式鲜明地揭示了当今世界政治中在经验意义上的深刻不平等。但正是由于它们具有表明其国家体系成员地位的司法国家属性，这一问题才显得如此尖锐。因为它凸显了这样一个事实，即：一些国家（发达国家）的人口几乎在所有方面都享受到远比其他国家（不发达国家）的人口好得多的生活条件。不发达国家与发达国家属于同一个全球国家体系，这一事实所产生的问题不同于它们属于完全没有关联的体系（即全球国家体系建立之前的情形）所带来的问题。当涉及同一个国际体系的成员时，我们就能更为清晰地看出安全、自由、进步、秩序与正义、财富与财产间的联系性，因为同一体系内部（inside）适用的是相同的一般标准和预期。因此，如果一些国家由于不发达而没能达到共同的标准或预期，那么这就不仅是一个国内问题或其他人的问题，而且会成为一个国际问题。这是从过去到现在的一个重要变化。在过去，大多数非西方政治体系要么处于国家体系外部（outside），根据不同的标准运作，要么就是西方帝国主义列强的殖民地，西方列强对其殖民地负责，但采取的却是国内政策而非外交政策。

这些进展提醒我们，国家世界是一个充满活力、不断变化的世界，而绝不是一个静止不变的世界。与人类关系的其他领域的情形一样，国际关系中也没有什么是能够经久不变的。国际关系是随其他事物（政治、经济、科学、技术、教育、文化以及其他）一起变化的。技术革新就是一个很明显的例证，它从一开始就对国际关系的形成产生了深远的影响，而且仍将以无法预料的重要方式继续发挥塑造作用。几个世纪以来，新的或改进的军事技术对于均势、军备竞赛、帝国主义和殖民主义、军事联盟、战争的性质等诸多其他方面都产生了深远的影响。经济增长能够使更多财富被用于军事预算并因此为发展一支数量更多、装备更精良、作战更有效的军队奠定了基础。科学发现使新技术的出现成为可能。这些新技术，如运输技术和信息技术，已经把世界越来越紧密地联系在一起，并使国家的边界变得越来越具有可渗透性。扫除文盲、开展大众教育和扩展高等教育，使政府能够提升国力并将其活动扩展到更专业的社会和经济领域。

当然，发展教育可能有碍于提升政府能力与扩展政府活动，因为受过高等教育的人不愿被别人告知应该想什么或做什么。不断变化的文化价值和观念，不仅影响了某些国家的外交政策，还使国际关系的形态和方向发生了变化。例如，由西方国家的学者首先提出的反种族主义和反帝国主义意识形态，就最终破坏了西方在亚洲与非洲的海外帝国。这些观念使人们为殖民主义所做的伦理辩护日益困难直至完全失效，并进而促成了非殖民化进程的到来。

社会变化影响国际关系的事例不胜枚举。然而，我们所举之例应该已经足以说明社会变化对国家和国家体系的影响。无疑这种影响是双向的。同时，国家体系也对社会、经济、科学、技术、教育、文化和其他方面产生着影响。例如，曾有人无可辩驳地指出，欧洲国家体系的发展，是促使欧洲大陆在现代领先于其他大陆的决定性因素。独立的欧洲国家在其国家体系内的竞争——军事竞争、经济竞争、科技竞争——大大地推动了这些国家领先于没有被这种程度的竞争刺激过的非欧洲政治体系。对此，一位学者作了如此的论证："欧洲国家……被真实的或潜在的竞争者所包围。如果一个国家的政府管理松弛，它就会削弱自己的声望和安全……国家体系是抵御经济和技术停滞的保障"（Jones，1981：104－126）。因此，我们不应该得出这样的结论，即：国家体系只对变迁作出反应。事实上，它也是变化的原因。

社会变迁的事实引出了一个更具根本性的问题。在某些方面，难道我们不应该期望国家变化得如此之大，以至于它们不再是我们这里正在讨论的国家了吗（见网络链接 1.21，1.25，1.26 与 1.27）？比如，倘若经济全球化继续发展并使世界成为统一的市场和生产地，那么国家体系会过时吗？我们不要忘了下面这些或许能绕过国家的活动：国际贸易和投资的持续增长，多国商业活动的不断扩展，非政府组织活动的扩大，地区性与全球性沟通的日益增加，互联网的发展，运输网络的扩展与无限延伸，旅行和旅游业的迅猛发展，大规模的人类迁徙，日积月累的环境污染，贸易共同体的发展，科技的全球扩展，政府规模的不断缩小，私有化的加速以及导致跨越国界的相互依赖不断增强的其他活动。

或者，我们还会这样来发问，即：主权国家和国家体系能否找到办法来适应这些社会变化？就像它们在过去的 350 年里不断地适应了当时其他的重要变化那样？一些过去发生的变化同样是非常重要的：17 世纪的科学革命，18 世纪的启蒙运动，几个世纪以来的西方和非西方文明的碰撞，西方帝国主义和殖民主义的滋长，18 世纪和 19 世纪的工业革命，19 世纪和 20 世纪民族主义的崛起与传播（见网络链接 1.30），20 世纪反殖民主义革命和非殖民化运动，大众教育的兴起，福利国家的发展，等等。它们都是当代国际关系学研究中的一些最重要的问题，也是我们思索国家体系的未来时所应该牢记的。

结　论

国家体系是人类造就的历史制度。不过，世人并非一直都生活在主权国家里。从大部分有记载的人类历史来看，人们曾经生活在各种不同的政治组织之中。在中世纪，政治权威混乱而分散，人们大都得依靠很多不同的权威，有些是政治的，有些是宗教的。从当地统治者和领主到远在国都的国王，从教区的牧师到远在罗马的教皇，他们有着各种各样的责任和权力。在现代国家中，权威集中于一个具有至高地位的合法政府，人民则生活在该政府制定的标准化的法律之下。沿着合理的和民族的路线，现代国家在政治权威和权力的组织化方面已经走过了漫漫的发展之路。

国家体系的最初形态是欧洲国家体系。在西方的帝国主义时代，欧洲人与美洲人在政治上或经济上，或同时在这两方面控制着世界上的其余地区。只是因为第二次世界大战后亚、非的反殖民主义运动的勃兴，国家体系才演变成一种全球性的制度。国家体系的全球化极大地增强了其成员国的多样化，因而也增强了体系自身的差异性。最重要的不同是拥有高度的经验国家属性的强国与虚弱的准国家之间的差异，后者虽然有形式上的主权，却几乎没有实质上的国家属性。换而言之，去殖民地化运动扩大和加深了国家体系内富裕的北方与贫穷的南方之间的裂痕，也就是在政治和经济上控制着国家体系的、居于中心地位的发达国家与影响力有限的、居于边缘地位的不发达国家之间的裂痕。

人们通常期望国家维护安全、自由、秩序、正义和福利这些基本价值。国际关系学理论的主要旨趣，就在于国家在这些价值的保障上有所作为与无所作为的方式。在历史上，国家体系是由许多高度武装的国家组成的，包括那些常常是军事上的对手并时而彼此打仗的少数大国。国家作为战争机器的这一现实，凸显了安全的价值。国际关系学中的现实主义传统就是以此为出发点的。只要国家不结束军备竞赛，现实主义理论就依然有其坚实的历史根据。或许，随着冷战结束而出现的一些征兆，正在改变着这一点。例如，大国已经大幅度地削减了它们的军事预算，并缩小了陆军、海军和空军的规模。然而，尽管它们使军队现代化了，它们却一点也不考虑非军事化的可能性。这预示着现实主义在未来一定时期内仍然会是一种有解释力的国际关系理论。

然而，在大多数时间里，国家都能够出于互利而彼此合作，这种合作或多或少已是日常性的了，并不夹杂过多的政治戏剧色彩。国家从事外交关系，开展商贸活动，支持国际市场，加强科技交流，并为国外投资者、商人、旅游者、旅行家敞开国门。它们携起手来共同应对从环境污染到毒品走私的各种共同问题，并为此而致力于双边和多边协定。简言之，国家是依照互惠规范来互相交往的。国际关系学中的自由主义传统正是基于这样的思想，即：现代国家能够以平静和常规的方式为国际自由与进步作出战略性的贡献。

在国家体系中，国家是如何维护秩序和正义的呢？这主要是通过规则和国际法的规范，也通过国际组织和外交活动。自 1945 年以来，国际社会的这些要素已经被大大扩充了。国际关系学中的国际社会传统强调的就是这类国际关系的重要性。最后，国家体系也是一个社会经济体系；财富和福利是大多数国家所关注的核心问题，这个事实是国际关系学中的国际政治经济学理论的起点。国际政治经济学理论家也在讨论西方的扩张以及第三世界最终融入国家体系所带来的结果。这个过程究竟是把现代化和进步带给了第三世界，还是把不平等、不发达和灾难带给了它？这个问题还引发了更大的问题，即：国家体系到底值不值得维持和捍卫，或者它是否应该被另一个体系所取代？国际关系学理论在这个问题上意见不一，但是国际关系学是基于这样一种信念的，即：主权国家及其发展，对于理解人类生活中的基本价值是如何提供或未能提供给世界人民的问题，是至关重要的。

下面的章节将会更详细地介绍国际关系学的理论传统。鉴于本章关注的是国家与国家体系的实际发展历程，下一章将重点论述作为学科的国际关系学是如何演进的。

关键点

- 我们应该学习国际关系学的主要理由是基于这样一个事实，即：全世界的人都生活在独立国家之中。这些国家一起形成了一个全球国家体系。
- 人们期待国家维护的核心价值是安全、自由、秩序、正义和福利。
- 主权国家体系出现在 16 世纪的欧洲，当时正值现代的开端。中世纪的政治权威是分散的；现代政治权威是集中的，属于政府和国家元首。
- 国家体系首先出现在欧洲，现在已遍及全球。全球国家体系包括极为不同的国家类型：大国和小国；强国、实质性国家和虚弱的准国家。
- 国家体系的扩展与世界市场和全球经济的建立相互联系。一些第三世界国家因融入全球经济而获利；另一些国家却仍旧贫穷和不发达。
- 经济全球化与其他的发展对主权国家提出了挑战。我们不能确切地知道国家体系现在是否正在变得过时，或者国家是否会找到适应新挑战的方法。

练习题

- 什么是国家？我们为什么接受它们？什么是国家体系？
- 独立国家和现代国家体系是何时出现的？中世纪的政治权威体系与现代政治权威体系之间的差异何在？
- 现代国家和国家体系为什么出现在欧洲而不是在别处？
- 我们指望国家维护的若干核心价值：安全、自由、秩序、正义和福利。国家满足我们的期望了吗？
- 融入全球经济对第三世界国家有何影响？
- 我们应该试图维持主权国家体系吗？为什么应该？或为什么不应该？

● 试解释强国、实质性国家、虚弱的准国家之间，以及大国和小国之间的主要区别。为什么国家体系中存在着这种多样性？

阅读指南

Bull, H., and Watson, A. (eds.) (1984). *The Expansion of International Society*. Oxford: Clarendon Press.

Darwin, J. (2007). *After Tamerlane: The Global History of Empire*. London: Allen Lane.

Osiander, A. (1994). *The States System of Europe, 1640 – 1990*. Oxford: Clarendon Press.

Wallerstein, I. (1974). *The Modern World System*, i. New York: Academic Press.

Watson, A. (1992). *The Evolution of International Society*. London: Routledge.

网络链接

读者可在与本书配套的在线资源中心找到本章提到过的网络链接和附加链接。

www.oxfordtextbooks.co.uk/orc/jackson_sorensen4e/

第二章

作为学科的国际关系学

概 述

本章介绍了国际关系学（IR）从第一次世界大战前后开始成为一门学科以来的思想演进历程。不同的理论方法是它们各自时代的产物。国际关系学理论所阐述的是当时被认为是最重要的一些国际关系问题。那些已经确立起来的传统依然还关注着具有恒久意义的国际问题，即：战争与和平，冲突与合作，富裕与贫穷，发达与不发达的问题。在本章中，我们将着重讨论四个已确立起来的国际关系学传统，它们是现实主义（realism）、自由主义（liberalism）、国际社会学派（International Society）和国际政治经济学（IPE）。此外，我们还将介绍一些新近出现的、对既有理论传统构成了挑战的其他观点。

引 言

国际关系学的传统内核，与主权国家属性在更大的国家体系或国家社会背景下的发展和变化方面的问题密切相关。聚焦于国家和国家间关系，有助于解释为什么战争与和平问题是传统的国际关系学的中心问题。然而，当代国际关系学不仅涉及国家间的政治关系，还涉及许多其他的主题：经济的相互依赖、人权、跨国公司、国际组织、环境、性别不平等、发展与恐怖主义等。有鉴于此，一些学者倾向于称其为"国际问题研究"或"世界政治学"。我们将继续使用"国际关系学"这一名称，不过我们对它的表述却足可以涵盖范围广阔的议题。

国际关系学有四种主要的理论传统：现实主义、自由主义、国际社会学派和国际政治经济学。此外，还有一些近年来崭露头角的、更加多样化的其他观点，其中最重要的是社会建构主义。本书的主要目的就是介绍和讨论所有这些理论。在本章中，我们将国际关系学看做一门演进中的学科。国际关系学思想经历了各不相同的发展阶段，并以学派之间的具体论战为特征。在 20 世纪的大部分时间里，总是有一种思考国际关系学的支配性方式，但同时又存在着对这种方式的重大挑战。本章的主要内容就是介绍这些论战与对话。

国际关系学中有许多不同的理论派别。人们可以用多种方法对其进行分类；我们所说的"主要理论传统"并不是一个客观实体。如果你让四位国际关系学家共处一室，你就会很容易地得到十种不同的划分理论的方法，并看到他们为哪种理论应该首先入围而争论不休。尽管如此，我们还是得把理论分成几个大的种类。不把国际关系学思想发展演进的主要脉络描绘出来，我们就将深陷于大量的个人著述之中，并被引向不同的、有时甚至是令人困惑不解的方向。但是，读者也应该一直留意选择与分类，包括本书所提供的分类。分类，是人们为获得梗概性与清晰性的认识而创造的分析工具；它们不是那些可以被人们视为理所当然的客观真理。

当然，国际关系学也受到了其他学科的影响，如哲学、历史学、法学、社会学和经济学。国际关系学思想也是对现实世界的历史和当代发展变化的反映。两次世界大战、东西方冷战、西方国家之间出现的密切的经济合作、南北方之间持续存在的发展鸿沟，这些事例都是刺激了 20 世纪的国际关系研究的真实世界中的事件和存在的问题。而且，我们可以肯定，将来发生的事件与插曲也将激发出新的国际关系学思想。冷战的结束已经说明了这一点，时下它正激励着对国际关系学思想的多种创新。2001 年 9 月 11 日发生的恐怖主义袭击是对国际关系学思想最新的重要挑战（见图 2—1）。

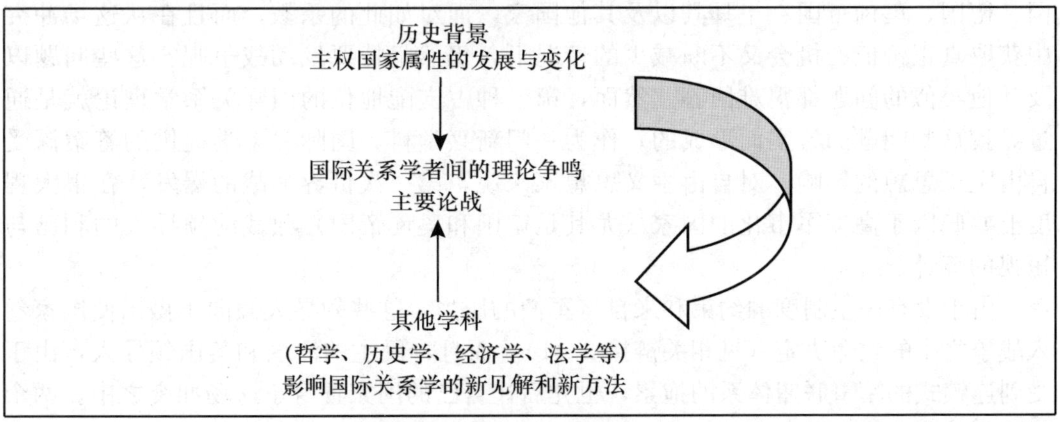

图 2—1　国际关系学思想的发展

自第一次世界大战后期国际关系学发展成为一门学科以来，已经出现了三次大论战，现在我们正处在第四次大论战的初期。第一次大论战是乌托邦自由主义和现实主义之间的论战；第二次是传统方法与行为主义（behaviouralism）之间的论战；第三次是新现实主义或新自由主义与新马克思主义（neo-Marxism）之间的论战。当前出现的第四次论战是在已经确立的理论传统和后实证主义（post-positivist）方法之间展开的。我们将在本章中回顾这些主要论战，因为它们向我们展示了一幅国际关系学作为学科在20世纪的演变图谱。为了全面理解国际关系学这门不断演变与充满活力的学科，为了看清其演进的方向，我们需要熟悉这幅图谱。

乌托邦自由主义：早期的国际关系学研究

对于国际关系学作为一门独立学科的建立，酿成千万人伤亡的第一次世界大战（1914—1918年）起到了决定性的作用；正是绝不能允许如此大规模的人类灾难再次发生这一人同此心、心同此理的决心，促成了它的问世。避免重复相同的灾难性错误的这种愿望，需要人们认真解决发生在现代工业国家机械化军队之间的全面战争问题，这种战争已具备了造成人类大毁灭的能力。对数以百万计的人来说，这种战争是一种毁灭性的经历，尤其是那些年轻的士兵，他们应征入伍，死于战争者以百万计，特别是在西线战场的战壕里。一些战斗会造成上万有时上十万甚或更多的伤亡。发生在1916年7月至8月间著名的索姆河战役（法国）就造成了如此大规模的伤亡，它因此被称为“绞肉机”（Gilbert，1995：258）。对所有伤亡和破坏的辩解都已经变得越来越苍白了，因为战争爆发的年头在增加，也因为战争的伤亡人数上升到了史无前例的水平，还因为这场战争之目的毫无理性可言。当第一次听说这场战争的浩劫时，一位与世无争的人曾经这样说道：“无数人死于非命。欧洲疯了。世界疯了。”（Gilbert，1995：257）。这句话已成为我们对第一次世界大战的历史印象（见网络链接2.01）。

那么，首先要问的是，为什么会爆发这样一场战争呢？为什么英国、法国、俄国、德国、奥匈帝国、土耳其以及其他国家，面对如此的杀戮，而且在从这场冲突中获取真正价值的机会又不断减少的情况下，仍然坚持要发动战争呢？这些问题以及其他类似的问题都很难回答。然而，第一种占支配地位的国际关系学理论就是通过寻找这些问题的答案而形成的。作为一门新兴学科，国际关系学提供的答案深受自由主义思想的影响。对自由主义思想家来说，第一次世界大战的爆发，在很大程度上要归因于高度军事化的国家（尤其是德国和奥匈帝国）独裁的领导人的利己与短视的算计。

由于没有民主制度的约束和来自将军们的压力，这些领导人倾向于做出使国家卷入战争之中的致命决定（见相关链接2—1）。而且，民主的法国和英国领导人，由于受到连锁式的军事联盟体系的拖累，也先后让自己的国家置身于这场冲突之中。两个联盟都意在维护和平，然而一旦任何（any）大国或联盟卷入战争，所有（all）欧洲国家就都不得不跟着参战。当德国和奥匈帝国与塞尔维亚兵戎相见时，俄国就责无旁贷地站在了塞尔维亚一边，而英、法由于受制于条约，也就不得不支持俄国。在当时的自由主义思想家看来，要避免这类灾难的再次发生，就必须对“陈旧的”均势理论和联盟体系进行彻底的改革（见相关链接 2—2）。

相关链接 2—1

领导人的错觉与战争

我坚信，在坠入无底深渊的过程中，政治家和将军们的感觉是极为关键的。自我形象或多或少的扭曲，使所有参与者都深受其苦。他们倾向于认为自己是光荣的、高尚的和纯真的，而他们的对手则是穷凶极恶的。所有处于灾难边缘的国家都希望其潜在的对手的情况糟糕透了。他们认为自己的选择受到了必需或者“命运”的限制，而对手却可以有许多不同的选择。换位思考的完全缺失比比皆是；没有人能够从别人的角度来设身处地地看待形势。两边的领导人的性格都被傲慢、愚蠢、粗心或者软弱所严重地玷污了。

Stossinger（1993：21-23）。

相关链接 2—2

使民主安存于世界

现在，我们已经看清那些揭去了虚伪面纱的实情，因而乐于为世界的最终和平与世界人民（包括德意志人民在内）的解放而战；为无论是大国还是小国之权利而战；也为人们到处都有选择自己的生活方式和皈依方式之特别待遇而战。必须使民主安存于世界。我们没有任何自私的目的可以追求。我们不想征服别人，也不想支配别人。我们不为自己索取赔款，不为我们将要付出的自愿牺牲寻求物质上的补偿。我们只不过是人类权利的一个捍卫者。一旦这些权利已经获得，而各国之诚意和自由也能够使这些权利尽可能地得到保障的时候，我们就心满意足了。

伍德罗·威尔逊（Woodrow Wilson）1917 年《请求宣战的国会演说》，转引自 Vasquez（1996：35-40）。

为什么早期的国际关系学会受到自由主义的影响？这是个很大的问题，但在寻找答案时，有几个要点我们还是应该记住的。美国最终在 1917 年参战，其军事介入决定性地影响了战争的结局：它确保了民主联盟（美国、英国、法国）的胜利和独裁的轴心国（德国、奥匈帝国、土耳其）的失败。当时的美国总统伍德罗·威尔逊是一名大学的政治学教授，他把自己的使命看成向欧洲和世界其他地方推广自由民主价值。他坚信只有这样才能阻止另一场大战的爆发。简言之，自由主义思维方式得到当时国际体系中最强大的国家在政治上的坚定支持。国际关系学学科也在美国和英国这两个主要的自由民主国家中得到了最初的也是最为强劲的发展。自由主义思想家对于如何避免将来的大灾难已经形成了一些明确的思想和坚定的信念。例如，通过改革国际体系并同时改革独裁国家的国内结构来避免灾难。

威尔逊总统所怀有的“使民主安存于世界”的愿景，极大地吸引了普通民众。这一愿景体现在他于 1918 年 1 月的国会演说中所提出的“十四点计划”之中（见网络链接 2.02）。他还因此获得了 1919 年的诺贝尔和平奖。他的思想也影响了巴黎和会，此次会议决定结束敌对局面，并努力在自由国际主义的基础上构建新的国际秩序。威尔逊的和平计划呼吁中止秘密外交：条约必须公开接受公众的监督；允许公海通航自由，并取消贸易壁垒；军备应该裁减到“维持国内安全的最低限度”；关于殖民地与领土的要求，应该根据民族自决的原则来应对；最后，“为了大小国家都能够保证政治独立和领土完整，必须成立一个具有特定盟约的普遍性的国家间联盟”（Vasquez，1996：40）。后面的这一点，也就是威尔逊呼吁要建立的国际联盟（见网络链接2.05），这一组织是在1919年的巴黎和会上宣告成立的。

在威尔逊关于建立一个更加和平的世界的思想中，有两个要点是值得特别强调的（Brown，1997：24）。第一点关系到他的促进民主和民族自决的思想，该思想蕴涵了自由的信念，即民主政府现在不会、将来也不会彼此开战。威尔逊希望，自由民主在欧洲的发展可以终结独裁和好战的领导人，并以和平的政府取而代之。因此，自由民主制应该得到大力的支持。威尔逊计划中的第二个要点涉及一个国际组织的成立，这个组织将会把国家间关系建立在比历史上的欧洲协调与均势这一现实主义观念牢靠得多的制度基础之上。国际关系应该由一系列共同的国际法规范来调节，而不是相反。实质上，这就是威尔逊的国际联盟概念。国际制度能够促进国家间的和平与合作的观点，是自由主义思想一个最基本的要素，因而也是有关自由民主制与和平之间关系的一种思想。我们将在第四章具体论述这两个思想。

威尔逊的理想主义可以总结如下。它是这样一种信念，即通过建立一个以理性与明智的方式设计出来的国际组织，就有可能结束战争并获得近乎永久的和平。这一主张并不是说，取缔国家、政治家、外交人员、武装力量以及其他导致国际冲突的成分和工具是可能的。相反，它只是说，让国家和政治家遵守特定的国际组织、国际制度和国际法，从而使之温顺起来，是可能的。自由理想主义者提出的论点是：传统的权力政治——所谓的“现实政治”——是“丛林”，也就是说，这是一个凶猛野兽肆意横行并由强悍与狡猾者当道的地方；而在国际联盟之下，野兽都被关进了受到国际组织约束的笼子里，也就是被关进了某种“动物园”。威尔逊关于建立国际组织以保证永久和平的自由主义信仰，显然会让人联想到最著名的经典自由主义国际关系理论家伊曼纽尔·康德（Immanuel Kant）在其《永久和平论》（*Perpetual Peace*）的专论中所表达的思想。

诺曼·安吉尔（Norman Angell）是当时另一位杰出的自由理想主义者（见网络链接2.06）。1919年，他出版了《大幻想》（*The Great Illusion*）一书。这个幻想，就是许多政治家仍然相信战争是有利可图的；获胜能够给战胜国带来好处。安吉尔辩驳说，事实恰恰相反：在当代，征服领土不仅代价高昂，还会造成政治上的不和，因为它会使国际商贸陷入严重的混乱。安吉尔提出的基本观点成为后来关于现代化和经济相互依赖的自由主义思想的先驱。现代化要求国家能满足日益增长的“从‘外部’获取本国不足的资源——信贷、发明、市场或物资”的要求（Navari，1989：345）。而日益增强的相互依赖，又会反过来影响国家间关系的变化。于是，战争和武力的使用变得越来越不重要，国际法的发展也迎合了建立一个调节高层次相互依赖的框架的需要。总之，现代化和相互依赖是一个变革与进步的过程，这个过程将使发动战争和使用武力变得越来越不合时宜。

威尔逊和安吉尔的思想（见网络链接2.06），是以人类和人类社会的自由观念为基础的：人类是理性的，当他们将理智运用于国际关系时，就能够建立起使各方都受益的各类组织；公众舆论是一种建设性的力量；在国家间的交往中，应该抛弃秘密外交而代之以受到公众监督的公开外交，从而确保条约的明智性和公平性。这些思想在20世纪20年代取得了一些成功：国际联盟真建立了起来；大国也采取了进一步的行动以保证彼此的和平意愿。1928年的《白里安-凯洛格公约》使此类努力到达了顶峰，实际上所有的国家都在该条约上签了字。该条约是废除战争的国际公约，它确定只有在极端的情形下不得不自卫时，战争才可以被认为是正当的。简而言之，自由主义思想在国际关系学科的早期占据了支配地位，这些思想在20世纪20年代的国际关系中取得了一些成功。

那么，为什么我们倾向于用一个贬义词“乌托邦自由主义”来指代这些思想？难道这些自由言论只不过是充满美好愿望的幻象吗？从20世纪二三十年代的政治与经济的发展中，我们可以找到一个表面上还说得过去的答案。随着法西斯和纳粹独裁政权在意大利、德国与西班牙的形成，自由民主制遭受了沉重的打击。独裁主义也在中、东欧的许多新独立的国家如波兰、匈牙利、罗马尼亚和南斯拉夫盛行了起来，这些国家的产生是第一次世界大战和巴黎和会的结果，而且还事先就被认为是会成为民主国家的。由此看来，威尔逊所希望的民主文明的扩展并没有出现；而在很大程度上实际发生的事情却正好是，那类被威尔逊认为是挑起战端的国家，即独裁、专制与军国主义的国家，扩散开了。

国际联盟，从来就没有像自由主义者所希望的那样，成为能够限制强大而又有好战倾向的国家的强有力的国际组织。德国和俄国一开始并没有在《凡尔赛和约》上签字，它们与国际联盟的关系也一直很紧张。德国在1926年加入了国际联盟，但在1933年就离开了。日本也是在那个时候退出了国际联盟，当时它正在入侵中国东北。苏联在1934年才终于加入了国际联盟，但又因1940年同芬兰开战而被驱逐了出去。不过，当时的国际联盟已经形同虚设。虽然英法一开始就是国际联盟的成员，但它们并不把国际联盟视为一个重要的国际机构，而且拒绝根据国际联盟的准则来制定自己的外交政策。然而，最糟糕的是美国参议院拒绝批准国联公约（见相关链接2—3）。孤立主义在美国外交政策中由来已久，而且许多美国政治家都是孤立主义者（即使威尔逊总统本人不是）。他们不想使自己的国家卷入纠缠不清与阴暗暧昧的欧洲事务中去。因此，令威尔逊懊恼不已的是，国际体系中最强大的国家——他自己的国家——居然没有加入国际联盟。由于许多重要国家（包括最重要的美国）游离于国际联盟之外，而在该组织中的两个大国又都缺乏履行义务的诚意，所以国际联盟从未得到过威尔逊蓝图中所描绘的那种核心地位。

相关链接 2—3

国际联盟

国际联盟（1920—1946年）有三个主要机构：行政院（15个会员国，其中法国、英国和苏联为常任理事国），每年集会三次；成员国代表大会（所有会员国），每年召开一次会议；秘书处。所有决定都必须经过全体投票同意才能通过。国际联盟的深层哲学理念是集体安全原则，意思是国际社会有责任干预国际冲突，这也意味着争议各方应当就各自的苦楚向国际联盟提出申诉。（联盟）盟约的中心条款是第16条，它授权联盟对不顺从的国家实行经济或军事制裁。尽管如此，但实质上，是否有违约行为以及是否要采取制裁行动，却仍然有待每个会员国来决定。

Evans and Newnham（1992：176）

诺曼·安吉尔顺利推进现代化和相互依存的夙愿也由于20世纪30年代的残酷现实而破灭了。1929年10月华尔街股市的崩溃标志着西方国家严重的经济危机的开始，这场危机持续到了第二次世界大战，而且引来了严厉的经济保护主义措施。世界贸易急剧萎缩，发达国家的工业产值急剧下降到了几年以前的1/3（见图2—2）。具有讽刺意味的是，和安吉尔的憧憬相反，每个国家都只顾自己，每个国家都尽最大努力来保护本国利益，而且只要有必要，就不惜损害他国的利益。这与其说是“动物园”，还不如说是“丛林”。这就为更不抱希望与更为悲观的国际关系理论的出现准备好了历史舞台（见网络链接2.08）。

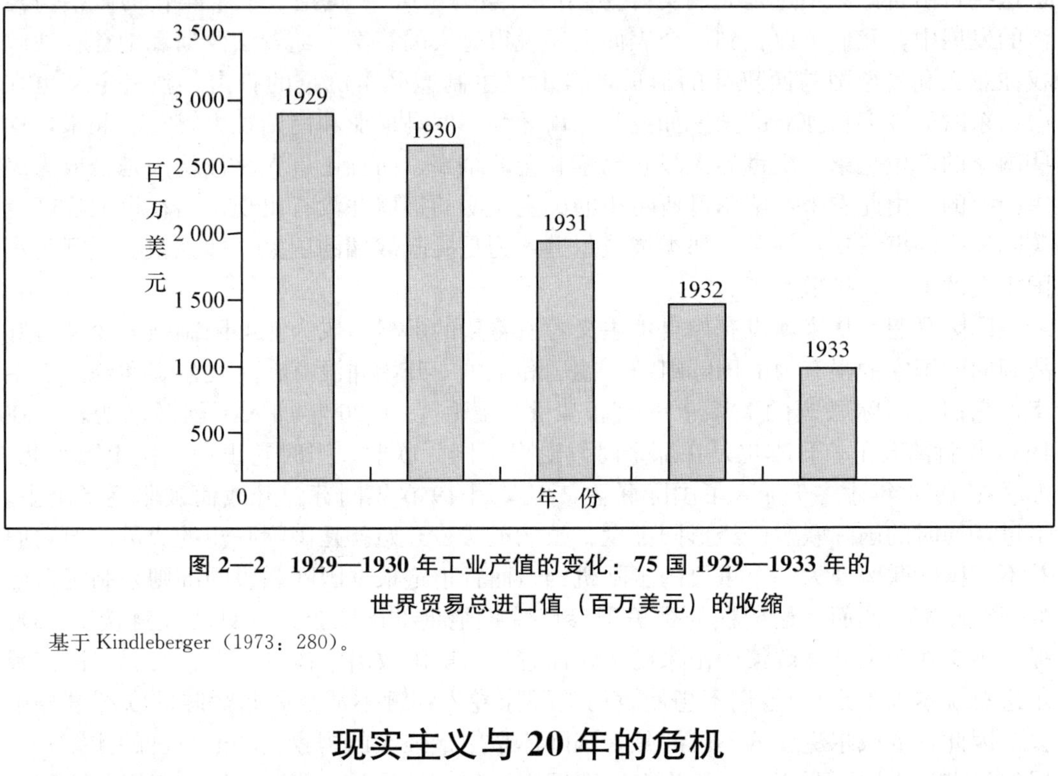

图2—2 1929—1930年工业产值的变化：75国1929—1933年的世界贸易总进口值（百万美元）的收缩

基于Kindleberger（1973：280）。

现实主义与20年的危机

对20世纪30年代的国际关系来说，自由理想主义并不是一种明智的指导思想。相互依赖并没有催生和平与合作；面对德国、意大利和日本的极权当局所引发的扩张主义权力政治，国际联盟却显得无可奈何。于是，国际关系学界开始使用修昔底德（Thucydides）、马基雅弗利（Niccolo Machiavelli）和霍布斯（Thomas Hobbes）的经典现实主义语言，即一种以权力为核心的语法和词汇。

对自由理想主义进行最全面与最深入批判的，是一位英国国际关系学者E. H. 卡尔（E. H. Carr）。在《20年危机》（*The Twenty Year's Crisis*）（1964［1939］）一书中，卡尔指出，自由主义的国际关系学思想家从根本上误读了历史事实并误解了国际关系的本质。他们错误地相信，国际关系能够以国家和民族之间的利益和谐为基础。而在卡尔看来，正确的起点却恰好相反：我们应该假设在国家之间和民族之间存在着深刻的利益冲突。一些民族和国家的境况要比别的民族和国家更好一些，它们试图保持和维护它们的特权地位。而那些失败者和“无权者”则要起来抗争以改变其处境。国际关系，从根本上说，就是关于这些冲突的利益和渴求的。这也就是为什么国际关系学所涉及的冲突要多于合作的原因。卡尔敏锐地给自由主义的立场贴上了“乌托邦”的标签，以区别于他为他自己所标明的“现实主义的”立场。因此，这也就暗示着他的方法是对国际关系的更冷静与更正确的分析（见网络链接 2.10 和 2.11）。

这一时期另一个非常重要的现实主义观点，是由一位德国学者提出来的。他为了躲避德国纳粹政权的迫害，于 20 世纪 30 年代逃到了美国，他就是汉斯·J. 摩根索（Hans J. Morgenthau）。与其他欧洲移民学者不同，摩根索把现实主义带到了美国并获得了巨大的成功。他的《国家间政治——寻求权力与和平的斗争》（*Politics among Nations*：*The Struggle for Power and Peace*）于 1948 年第一次出版。这本书在自此之后的几十年里，一直是美国最具影响力的国际关系学著作（Morgenthau，1960）。此外，还有一些同样沿着现实主义路线来写作的著作家，其中最重要的有莱因霍尔德·尼布尔（Reinhold Niebuhr）、乔治·凯南（George Kennan）和阿诺德·沃尔夫斯（Arnold Wolfers）。但是，摩根索最清晰地概括了现实主义的核心主张，并因而在国际关系学者和他们的学生中赢得了最广泛的声誉（见网络链接 2.12）。

对摩根索而言，人性是国际关系的基础。人类是自利与逐权的，而这就很容易导致攻击。在 20 世纪 30 年代晚期，要找出支持这一观点的证据并不困难。希特勒的德国、墨索里尼的意大利和日本军国主义都在明目张胆地奉行旨在制造冲突而非合作的攻击性的外交政策。为获取生存空间（lebensraum）而展开军事斗争，建立一个更大与更强的德意志，就是希特勒政治纲领的核心。而且，具有讽刺意味的是，从自由主义角度看，希特勒和墨索里尼都受到了大众的广泛支持，尽管事实上他们是独裁的甚至是残暴的领导人。即使是希特勒政治计划中最恐怖的部分——灭绝犹太人的政策——也得到了大众的同样支持（Goldhagen，1996）。

为什么国际关系会是如此自私自利和具有攻击性的呢？通过观察 20 世纪 30 年代法西斯的兴起，爱因斯坦在给弗洛伊德的信中指出，必定存在着一种“憎恨和破坏的人类欲望”（Ebenstein，1951：802-804）。弗洛伊德确认，这种攻击性冲动确实是存在的，并对驯顺它的可能性表示了深深的怀疑（见相关链接 2—4）。

相关链接 2—4

弗洛伊德给爱因斯坦的回信

弗洛伊德在（给爱因斯坦的）回信中引用了他自己的论著。弗洛伊德解释说，从父母对孩子、组织对个人以及国家对社会的纪律强制中，我们可以看出压制的必要性。由此，弗洛伊德进而推论：人们需要一个世界政府把必要的原则强加在无政府的国际体系之上，否则就会很危险。对此，爱因斯坦也同意。然而，当爱因斯坦已经成为统一世界的联邦主义（United World Federalists）和其他致力于建立世界政府之团体的支持者时，弗洛伊德却还在怀疑人类是否有足够的能力克服他们自己对于国家和宗教团体的非理性眷恋。因此，这位精神分析学的鼻祖，对于从根本上削弱战争在世界政治中的作用，一直保持着深深的悲观态度。

Brown（1994：10-11）

另一种可能的解释依据的是基督教。据《圣经》所言，自从亚当和夏娃被赶出天堂后，人类就被赋予了原罪与邪念。历史上的第一次谋杀就是该隐出于纯粹的嫉妒而杀死了他的兄弟亚伯。人性十足恶——这就是现实主义的分析起点。

现实主义观点中的第二要义涉及国际关系的性质。“国际政治，和其他所有的政治一样，都是权力斗争。不论国际政治的最终目的是什么，权力始终是最直接的目的”（Morgenthau，1960：29）。世界政府是没有的，有的却是主权体系与武装国家的彼此虎视眈眈。世界政治是一种国际无政府状态。看起来，20 世纪三四十年代的情形与这一立场是相吻合的。国际关系是寻求权力与生存的斗争。对权力的追求的确是德国、意大利和日本外交政策的特征。相应地，第二次世界大战期间的同盟国一方，可以说也在进行着同样的斗争。用卡尔的术语来说，英国、法国和美国是“有权者”（haves），作为满足于现状的大国，它们想要维持它们已经拥有的一切；而德国、意大利和日本则是“无权者”（have-nots）。因此，根据现实主义思想，“无权者”试图通过使用武力来变更国际均势，就是再自然不过的了。

根据现实主义的分析，对于这种尝试的唯一恰当的反应便是：建立可以与之抗衡的力量并明智地利用此种力量来保卫国家和遏制潜在的侵略者。换句话说，保持有效的均势是维持和平和防止战争的唯一手段。这种国际政治观否认把“丛林”重组为“动物园”的可能性，认为最强大的动物是绝不会允许自己被捕获并被关进笼子里的。第一次世界大战之后的德国就被当成了最好的例子。国际联盟并没有能把德国关进笼子里，它又发动了一场世界战争。人们只是在付出了无数的伤亡、英勇的牺牲和巨大的物质资源的消耗之后，才最终挫败了来自纳粹德国、意大利法西斯和日本帝国主义的挑战。如果在德国、意大利和日本刚刚发出战争叫嚣之时，英国、法国和美国就立即采取了基于均势原则的现实主义外交政策，那么所有这一切或许都是可以避免的。它们开展的谈判与外交活动，是绝不能给世界政治以安全和生存的。

现实主义观点的第三要义是历史循环观。与认为向更好的方向发生质变是可能的乐观的自由主义看法相反，现实主义强调连续性和重复性，认为每一代新人都容易重复前一代人已经犯过的错误。在这种情况下，任何的变化都非常不可能。只要主权国家是政治组织的支配形态，权力政治就会继续，而国家就不得不去关心自己的安全并做好战争的准备。如此说来，第二次世界大战并不是什么离奇的事情，第一次世界大战也不是。当存在稳定的均势时，主权国家就能够彼此间维持长时间的和平与安全。但是，这种脆弱的均势时随时会被打破，而战争也就会接踵而来。当然，打破均势的原因是很多的。一些现实主义者认为，1919 年的巴黎和会就已经埋下了第二次世界大战的种子，因为和平条约把苛刻的条件强加给了德国。但是，德国国内情势的发展、希特勒的上台以及其他许多因素，也是与那场战争的爆发紧密相关的。

总之，卡尔和摩根索的经典现实主义把悲观的人性论与存在于国际无政府状态下国家之间的权力政治观念结合了起来。他们看不出那种情形下发生改变的前景：对于经典现实主义者来说，无政府国际体系下的独立国家是国际关系的永久性特征。看起来，经典现实主义的分析远比自由的乐观主义能更好地抓住 20 世纪 30 年代的欧洲政治和 40 年代的世界政治的实质。1945 年以后，当国际关系形成了东西方对抗或冷战的局面时，现实主义似乎又成了理解正在发展着的事态的最好方法。

20 世纪 20 年代的乌托邦自由主义与 20 世纪 30 至 50 年代的现实主义之间的论战，代表了第一次国际关系学大论战中的两个争议的立场（见图 2—3）。

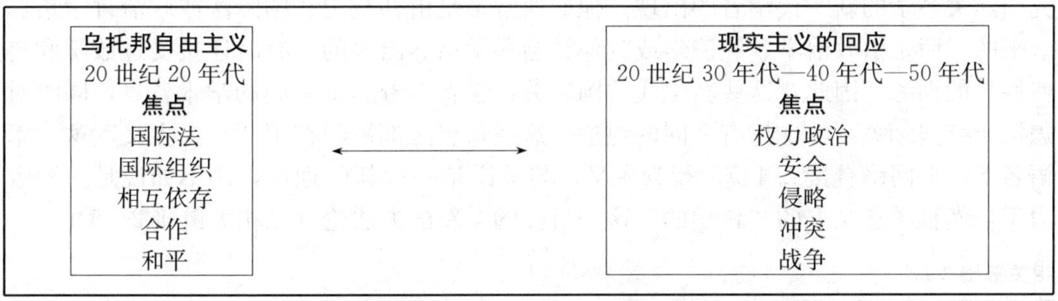

图 2—3　第一次国际关系学大论战

显然，卡尔、摩根索和其他现实主义者在第一次大论战中获得了明显的胜利。现实主义不仅成为学者们而且还成为政治家和外交家们思考国际关系的主流方式。摩根索在 1948 年出版的书中对现实主义所做的概括，也成了 20 世纪五六十年代国际关系学的标准导论。但是，强调自由主义并没有消失也是非常重要的。许多自由主义者勉强承认，现实主义在 20 世纪三四十年代确实是更好的国际关系向导，但是他们又把这个年代看做极端与反常的历史时期。当然，自由主义者强烈地反对人性“十足地恶”这一深沉而又悲观的现实主义思想（Martin Wight，1991：25）；而且，正像我们将在第四章中所看到的那样，他们也有一些针对这种人性效果的强有力的反证据。最后，战争后时期发挥作用的，不仅仅有美国和苏联及其政治军事联盟之间为权力与生存而进行的斗争，也有合作和国际机构（如联合国及其下属的许多特殊的组织）。尽管现实主义赢得了第一次论战，但在该学科内仍然存在着与之竞争的理论，它们拒不承认自己会永远处于下风。

国际关系学中的行为主义呼声

国际关系学的第二次大论战涉及方法论。为了弄清楚这次论战是如何出现的，我们有必要知道这样的事实，即第一代国际关系学者或者是历史学家，或者是有学术背景的律师，或者是前外交家，或者是记者。他们常常用人本主义和历史的方法去研究国际关系学，这种方法根源于哲学、历史学和法学，其特征是“最重要的是对判断力的明确依赖”（Hedley Bull，1969）。把判断置于国际关系学的中心地位，意在强调这一学科的规范性特点。判断之核心，是一些深奥难懂的道德问题。这些问题（如核武器的部署和正当使用及对独立国家的军事干涉等），是涉足其中的任何政治家、外交家或其他人都无法回避的。这是因为在人类交往中部署和使用武力尤其是军事力量，始终必须被证明是正当的，这样一来也就不能完全脱离规范的考虑。这种研究国际关系学的方法通常被称为传统的或经典的方法。

第二次世界大战后，国际关系学学科得到了迅速扩展。这种情况在美国尤为显著。在那里，政府机构和私人基金会愿意扶持“科学的”国际关系学研究，而这样的研究又可以从国家利益的角度找出依据。这种扶持导致了采用严密的方法论进路来研究国际关系学的新一代学者的出现。他们通常不是由外交史、国际法或政治哲学培养起来的，而是由政治学、经济学或其他社会科学培养出来的，有时还接受过数学和自然科学的训练。因此，这些新生代的国际关系学者有着非常不同的学术背景，同时对怎样研究国际关系学也持有不同的想法。这些新想法都被归在了“行为主义”这一术语名下（见网络链接 2.14）。行为主义，与其说是一种新的理论，还不如说是一种致力于自然科学意义上的“科学的”这一目标的全新的方法论（见相关链接 2—5）。

相关链接 2—5

行为主义对科学的见解

一旦调研者掌握了现有的知识，并按其目的加以组织，他就为“意味深长的不知”找到了借口：“这就是我所知道的；难道还有什么我所不知道的是值得去知道的吗？”一旦一个领域被选定来进行调研，问题就应该提得越清楚越好，而且如果把数学工具同分类学方案谨慎地结合起来，定量方法就会被证实是有效的。无论是考察国际关系的整个领域，还是它的任何部分，我们都会看到许多截然不同的因素……（我们）很想知道在 A 和 B 或 B 和 C 之间是否存在着任何重要的联系。通过一个我们不得不称之为的“直觉”的过程，我们会察觉到在两个或更多的因素之间可能存在着至今尚未料想到或未被确知的相互关系。到此时，我们就掌握了提出一个假设所需要的、能够以可测量的符号来加以表达的要素。这个假设一经证实，就既是解释性的，又是预测性的。

Dougherty and Pfaltzgraff（1971：36-37）

正如科学家能够提出客观与可以检验的“规律”来解释物质世界一样，国际关系学中的行为主义者的抱负是要用类似的方法来解释国际关系的世界。其主要的任务是搜集有关国际关系的经验数据，而且特别喜欢那些可用于量度、分类、归纳和最终能用来验证假设之合理性的大量数据。换句话说，这就是要科学地解释行为的模式。所以，行为主义不是什么新的国际关系学理论，它是一种研究国际关系学的新方法。为了发现反复出现的行为模式（即国际关系的“规律”），行为主义对可观察的事实、可测量的数据（可精确计算的）和数据的搜集尤其在意。在行为主义者看来，价值是独立于事实的。与事实不同，价值不能被科学地加以阐述。所以，行为主义者倾向于研究事实而忽略价值。行为主义者所主张的科学程式如相关链接 2—6 所示。

相关链接 2—6

行为主义的科学步骤

假说必须通过验证才能成立。这就要求做验证性的实验，或以其他方式来搜集经验数据……对数据搜集的结果要仔细地考察、记录和分析，然后才能对该假设进行放弃、调整与重定，或确定其已经被证实。调研结果公布后，还应邀请其他人重复、确定或否定这一知识探索的过程。大致上，这就是我们通常所指的“科学方法”。

Dougherty and Pfaltzgraff（1971：37）

我们在前面简要地描述了国际关系学的两种方法论，即传统方法和行为主义方法，它们显然是不同的方法。传统方法是整体方法，它承认人类世界的复杂性，把国际关系看做人类世界的一部分，并试图通过置身其中（inside）来用人文主义去理解它。这包括想象性地进入政治家的角色，试着去了解他们在外交政策上的道德困境并鉴别所涉及的基本价值取向，例如安全、秩序、自由和正义。用传统方法来研究国际关系学，要求学者们理解外交的历史与实践，国际法的历史和作用，关于主权国家的政治理论，如此等等。从这个意义上说，国际关系学是一门广义的人文学科，它不是也永远不会是一门严格意义上的科学的或狭义的技术性学科。

另一种方法即行为主义则认为，国际关系学研究中没有道德或伦理的位置，因为这涉及种种价值，而价值是无法进行客观研究即科学研究的。因此，行为主义提出了一个至今仍在讨论的基本问题，即：我们能对国际关系（和一般的社会世界，即人类关系的世界）的科学规律作出简明的陈述吗？批评者强调，他们所发现的这种方法的主要错误，就是把人类关系当成了与自然界同属一类的外部现象，以至于理论家是站在对象的外部（outside）像解剖学家解剖尸体一样来解析对象的。反行为主义者坚持认为，从事人类事务研究的理论家作为人类是不能完全从人际关系中解脱出来的：他或她一直都置身于对象的内部（inside）（Hollis and Smith，1990；Jackson，2000）。学者们可以努力做到不偏不倚或道义中立，但他们永远不可能完全成功。一些学者想要调和这两种方法：他们试图从历史的角度明白地承认国际关系就是人类关系的一个领域，但同时又尝试用一般的模式来解释而不仅仅是理解世界政治。摩根索或许就是一个例子。在研究外交政策的道德困境时，他属于传统主义的阵营；可他也提出过被认为可以适用于所有时间和地点的一般"政治规律"，这时似乎又应该把他归入行为主义的阵营。

行为主义者并没有在第二次大论战中获胜，但传统主义者也没有（见图 2—4）。经过了几年激烈的论战后，第二次大论战才逐渐平息了下来。一个折中的结果出现了，它被描述为"是学术连续体的不同终端而不是完全不同的游戏……每一种努力都能丰富和充实对方，又都能抑制每种方法的过分之处"（Finnegan，1972：64）。然而，行为主义还是对国际关系学产生了持久的影响。这主要是因为第二次世界大战后美国学者在该学科中的主导地位，他们大都支持行为主义的定量与科学抱负。他们在把两个超级大国（尤其是美国）的作用设定为国际体系的主要研究议程方面也走在了前面。这就为深受行为主义方法论影响的对现实主义和自由主义的新表述铺平了道路。这些新的表述——新现实主义（neorealism）和新自由主义（neoliberalism）——导致了第一次大论战在新的历史和方法论条件下的重演。

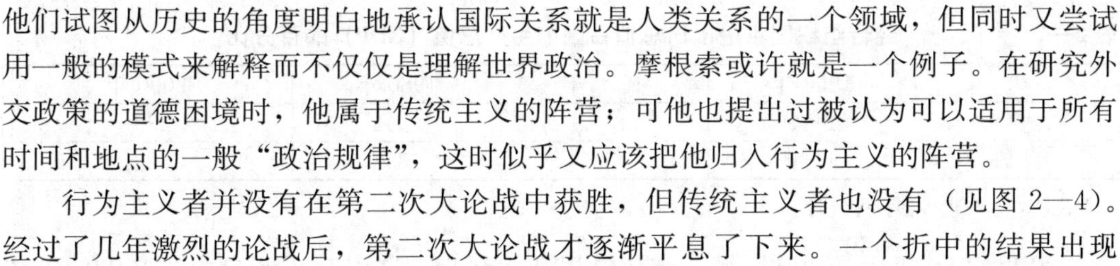

图 2—4　第二次国际关系学大论战

新自由主义：制度和相互依赖

由于赢得第一次大论战，现实主义保持住了国际关系学主导性理论方法的地位。关于方法论的第二次论战，也并没有立即改变这一情况。1945 年以后，国际关系的重中之重是美国和苏联之间的冷战斗争。东西方的敌对本身，就使对世界的现实主义解释变得容易了起来。

然而，在 20 世纪 50 至 70 年代，国际关系所涉及的大量的贸易与投资、旅行与通信以及类似的问题，在西方自由民主国家之间的关系中却特别地突出（见表 2—1）。这些关系，为自由主义者形成一种可以取代现实主义思路，同时又能避免早期自由主义过度的乌托邦色彩的新尝试奠定了基础。我们将用"新自由主义"来表示这一更新了的自由主义方法。新自由主义者在进步与变化的可能性问题上与旧自由主义思想保持了一致，却断绝了同理想主义的关系。他们还努力阐明理论并应用了科学的新方法。简言之，自由主义与现实主义之间的论战还在继续，但它现在已刻上了后 1945 年时代的国际背景和行为主义方法论信仰的烙印。

表 2—1　　经合组织国家进出口总值占国内生产总值（GDP）的百分比

	1960 年	1970 年	1980 年	2000 年
进口	11%	13%	19%	23%
出口	11%	13%	18%	22%

说明：基于世界银行的统计。

20 世纪 50 年代，西欧区域一体化进程开始起步，这引起了新自由主义者的关注和联想。关于"一体化"，我们指的是一种特别紧密的国际合作形式。早期的一体化理论家研究某些功能性的跨国界活动（贸易、投资等）是怎样有助于长期的互利合作的，另一些新自由主义理论家则研究了一体化是如何滋养自身的，即一个交易领域的合作是如何为其他领域的合作铺平道路的（Haas，1958；Keohane and Nye，1975）（见网络链接 2.21）。在 20 世纪五六十年代，西欧和日本发展成为大众消费的福利国家，如美国在第二次世界大战前就已经达到的那样。这一发展，需要更高水平的贸易、通信、文化交流和其他的跨国界的联系与交易。

这就为强调这些不断扩展的跨国界活动之影响的新自由主义思想的分支——社会自由主义（sociological liberalism）提供了基础。20 世纪 50 年代，卡尔·多伊奇（Karl Deutsch）及其同人认为，这种相互联系的活动不仅有助于在不同国家的人们中间创造共同价值观与身份，还通过使战争成本不断增加并进而使其变得越来越不可能，来为不同国家之间和平与合作的关系铺平道路。此外，他们也力图科学地评估一体化现象（Deutsch et al.，1957）。

20 世纪 70 年代，罗伯特·基欧汉（Robert Keohane）和约瑟夫·奈（Joseph Nye）进一步发展了这些思想。他们认为西方国家（包括日本）间的关系以复合相互依赖为特征：除了政府间的政治关系外，还有许多形式的社会联系，包括商业公司间的跨国联系。“问题的等级缺失”也是存在的，即军事安全在国际关系研究议程中已不再占据支配地位。军事力量不再被用作外交政策的一种手段（Keohane and Nye，1977：25）。复合相互依赖描绘了一幅同现实主义国际关系图景完全不同的画面。在西方民主国家里，除国家之外还有其他的行为体；暴力冲突显然也不在它们的国际议程之中。我们可以把这种形式的新自由主义称为相互依赖自由主义（interdependence liberalism）。罗伯特·基欧汉和约瑟夫·奈（1977）就是这一思想的主要贡献者（见网络链接 2.22）。

当相互依赖程度达到很高水平的时候，国家通常会建立国际制度来处理共同的问题。这些制度能够通过提供信息和降低成本来促进跨越国界的合作。它们可以是正式的国际组织，例如世界贸易组织（WTO）、欧洲联盟（EU）和经济合作与发展组织（OECD）；或者，它们也可以是处理共同事务或议题的不那么正式的协议，通常被称为规制（regimes），例如关于航运、航空、通信或环境方面的协议。我们把这种形式的新自由主义称为制度自由主义（institutional liberalism）。罗伯特·基欧汉（Robert Keohane，1989a）和奥兰·扬（Oran Young，1986）是这一思想的主要贡献者。

第四个也是最后的一个是新自由主义的分支——共和自由主义（republican liberalism）。它拾起了早期自由主义思想已阐发过的一个论题，即自由民主国家能够促进和平，因为它们彼此之间不会发生战争。这一看法得到了冷战后民主化在世界上（特别是在前苏联的东欧卫星国）的迅速扩展的强力支持。这种民主和平理论的一个颇具影响力的版本，是由迈克尔·多伊尔（Michael Doyle，1983）提供的。多伊尔发现，民主的和平有三大支柱：第一是民主国家间和平的冲突解决方式；第二是民主国家中共同的价值，即共同的道德基础；最后是民主国家间的经济合作。共和自由主义者一般都乐观地认为，自由民主国家间一定会出现一个稳步扩大的“和平区”（Zone of Peace），尽管这一过程会不时遇到挫折（见网络链接 2.25 与 2.26）。

这些不同的新自由主义派别，在为更加和平与合作的国际关系提供一套总体上一致的论据方面是相互声援的（见表 2—2）。因此，它们也就构成了对国际关系学现实主义分析的一种挑战。在 20 世纪 70 年代，国际关系学者普遍有这样一种感觉，即新自由主义正在渐渐成为这一学科中具有主导地位的理论方法。但是，肯尼思·沃尔兹（Kenneth Waltz，1979）对现实主义的重新阐释又使天平向着现实主义方向倾斜了。新自由主义思维，以工业化自由民主国家间的关系为例来推论一个更加合作和相互依赖的世界，是颇有说服力的。然而，东西方对峙，在 20 世纪七八十年代的国际关系中却仍然是一个不容辩驳的特征。对现实主义的新反思正是得益于这一历史事实的启示。

表 2—2　　新自由主义：进步与合作

社会自由主义	跨国界流动，共同的价值
相互依赖自由主义	交易激发合作
制度自由主义	国际制度、规制
共和自由主义	自由民主国家彼此和平相处

新现实主义：两极与对峙

肯尼思·沃尔兹在其1979年出版的《国际政治理论》一书中开辟了新的天地。在行为主义的科学抱负的鼓舞下，该书提出了一种根本不同的现实主义理论。他的理论通常被称为“新现实主义”（neorealism），我们也将使用这个说法。沃尔兹试图把已取得了科学合法性的国际关系学简约为“类似规律的陈述”（law-like statements）。于是，他以对治国伦理或外交政策之道德困境漠不关心的方式，断然与传统的现实主义分道扬镳了。而这种道德关切，在摩根索的现实主义著作中却表现得非常明显（见网络链接2.29与2.30）。

沃尔兹关注的焦点是国际体系的“结构”（structure）以及此结构对国际关系所产生的影响。结构的概念可以定义如下。第一，沃尔兹指出，国际体系是一个无政府状态，世界性的政府是没有的。第二，国际体系是由相似的单元组成的：每个国家，不论大小，都得履行一系列类似的政府职能，如国土防御、税收和经济调节。但是，国家在一个方面是不同的，而且往往是非常不同的。这个方面就是权力，沃尔兹把它称为相对能力（relative capabilities）。于是，沃尔兹用非常少的几个要素就描绘了一幅简洁而抽象的国际体系图景。这样一来，国际关系就是一种由国家所构成的无政府状态，这些国家只在一个非常重要的方面有差异，即它们的相对实力不同。在沃尔兹看来，无政府状态很可能会持久存在，因为国家都想保留其自主权。

第二次世界大战后出现的国际体系被两个超级大国美国和苏联所主宰，也就是说，它是一个两极体系（见网络链接2.31）。苏联的解体导致了一个不同的国际体系，该体系由几个大国组成，不过美国仍然是其中的主导性国家，也就是说它正在向一个多极体系演进。沃尔兹并不声称，这些少量的关于国际体系结构的信息就能够解释国际政治的所有方面。但是，他相信它们能解释“不多的几个重大的问题”（Kenneth Waltz，1986：322－347）。这些问题是什么呢？第一，大国总是倾向于彼此间的均衡。随着苏联的消失，美国支配了这个体系。但是，“均势理论会引导人们作出这样的预言，即其他国家……将设法制衡美国的权力”（Kenneth Waltz，1993：52）。第二，小国和弱国为了最大限度地维护自己的自主权，将倾向于与大国结成同盟。在作出这些论断时，沃尔兹就与认为人性“本恶”并将其视为引发冲突与对抗之根源的传统现实主义观点断然决裂了。对沃尔兹来说，国家是追逐权力和有安全意识的，但这并不出于人的本性，而是国际体系的结构迫使它们那样。

最后的这一点也是重要的，因为它是新现实主义反击新自由主义的基础。新现实主义并不否认国家间相互合作的一切可能性。但是，他们坚持认为，相互合作的国家会一直努力使其相对实力最大化并保持其自主权。换句话说，正因为存在着相互合作，例如工业化自由民主国家间的关系（如美国和日本之间的关系），才不能说新自由主义的观点已经被证明了。我们将在第四章详细介绍这一论战。在这里，我们仅注意这样一个事实，即新现实主义在20世纪80年代成功地把新自由主义推向了守势。

在这一发展中，理论观点是重要的，但历史事件也发挥了重要的作用。20 世纪 80 年代，美苏之间的对峙达到了一个新的水平。美国总统罗纳德·里根（Ronald Reagan）把苏联称为“邪恶的帝国”，而且在那种敌对的国际环境下超级大国间的军备竞赛也白热化了。大概就在此时，美国也感受到了不断增长着的来自日本的竞争压力与某种程度上的来自欧洲的压力。尽管自由民主国家间的武装冲突肯定不在议程里，但在西方民主国家间却存在着“贸易战”和其他的争端，这些争端似乎印证了新现实主义关于自利的国家之间相互竞争的假设，即这些国家从根本上来说只关注彼此之间对应的权力地位。

在 20 世纪 80 年代，一些新现实主义者和新自由主义者开始彼此接近，并倾向于共享同一个基本上是新现实主义的分析起点，即：国家是国际社会无政府状态下的主要行为体，它们始终关心的是自己利益的最大化（Baldwin，1993）。新自由主义者仍然坚持：制度、相互依赖和民主引起了远比新现实主义者所预料之合作要彻底得多的合作。但是，新现实主义和新自由主义的许多看法已经不再那么针锋相对了。在方法论上，新现实主义者和新自由主义者之间相同的地方甚至更多。他们都强烈支持由行为主义者发起的科学计划，尽管共和自由主义在这方面有部分的例外。

正如前面所指出的，新现实主义和新自由主义之间的论战可以看成国际关系学第一次大论战的继续。但是，和早期不同的是，这次论战导致了大部分新自由主义者接受了大部分新现实主义的假设并把其作为分析的起点。来自新自由主义阵营的罗伯特·基欧汉（Robert Keohane，1986）试图综合新现实主义和新自由主义的观点。来自新现实主义阵营的巴里·布赞等人（Barry Buzan et al.，1993）也做过类似的尝试。但是，这两大传统仍没有被完全整合。一些新现实主义者［例如米尔斯海默（John Mearsheimer，1991；1995b）］和新自由主义者［例如罗西瑙（James Rosenau，1990）］远不能彼此和解，并毫无例外地支持自己一方的论战。因此，论战仍在继续（见网络链接 2.33）。

国际社会学派：英国学派

美国的国际关系学者都强烈地感受到了来自行为主义者的挑战。接受这种挑战的新现实主义者和新自由主义者也主要来自美国的学术团体。如前所述，在 20 世纪五六十年代，美国学术界已完全主导着蓬勃发展但仍然年轻的国际关系学学科。斯坦利·霍夫曼（Stanley Hoffmann）曾指出，国际关系学科是“在美国出生并在美国成长起来的”，他还分析了这一事实对国际关系思考和理论化可能产生的后果（Hoffmann，1977：41－59）。其中最重要的就是，即使美国学者不再风华依旧，他们也依然能在国际关系学领域占据主导地位。20 世纪七八十年代，国际关系学议程充满了新自由主义和新现实主义之间的论战。但冷战后的 90 年代，美国在国际关系学领域的支配地位已经不再那么显著了，欧洲和其他地方的国际关系学者变得更加自信，也不那么愿意接受主要由美国学者拟定的研究议程。

在英国，有一个国际关系学派在整个冷战时期都一直存在着，它在两个重要方面有所不同。一方面，它抗拒行为主义的挑战，强调基于人类理解、判断、规范和历史的传统方法的重要性；另一方面，它又反对在严格的现实主义和严格的自由主义国际关系观点之间作任何硬性的区分。我们所说的这个国际关系学派有时也被称作“英国学派”。但是，这种称谓太过狭隘，它忽视了这样一个事实，即：该学派的好几位主要代表人物并非英国人，有的甚至也不是在英国出生的，他们来自澳大利亚、加拿大和南非。有鉴于此，我们将使用它的另一个名字：国际社会学派。20 世纪的两位最重要的国际社会学者是马丁·怀特和赫德利·布尔（见网络链接 2.34 和 2.35）。

国际社会学者承认权力在国际事务中的重要性。他们也聚焦于国家以及国家体系。但是，他们反对狭隘现实主义关于世界政治是一种霍布斯式的自然状态的观点，在这种状态中根本没有任何国际规范可言。他们把国家看成威权国家（Machtstaat）与宪政国家（Rechtsstaat）的结合体，就是说权力和法律二者都是国际关系的重要特征。从没有世界政府这一意义上讲，的确存在着国际无政府状态。但是，国际无政府状态是一种社会的状态，而不是反社会的状态；也就是说，世界政治是一个“无政府的社会”（Hedley Bull，1995）（见相关链接 2—7）。国际社会学者还承认个人的重要性，其中一些人甚至认为个人比国家更重要。然而，与同时代的许多自由主义者不同的是，国际社会学者倾向于把政府间组织（IGOs）和非政府间组织（NGOs）视为世界政治的边缘特征而非核心特征。他们强调国家关系的重要性，对跨国关系则持轻描淡写的态度。

相关链接 2—7

> **国际社会**
>
> 当一群国家意识到某种共同利益与共同价值构成一个社会时，即当它们以为自己会受到与其他国家关系中的一整套共同规则的约束并在共同制度的运作中分担着责任时，就存在一个国家的社会（或国际社会）。我的论点是：社会因素在现代国际体系中一直存在着并将继续存在下去。
>
> Bull（1995：13，39）

国际社会学者发现，现实主义者正确地指出了权力和国家利益的重要性。但是，如果我们顺着现实主义者的观点来推导其逻辑结论，那么国家就只会全神贯注于玩弄权力政治这一棘手的游戏；在纯粹的无政府状态下，任何的相互信任都是不会有的。这种观点显然是误导性的。战争是有的，但国家却并不总是全神贯注于彼此的权力，也不会把这种权力完全视为威胁。另外，如果我们把自由理想主义的观点引向极端，就意味着：国家间的所有关系都受控于出自完美世界的以相互尊重与法治为基础的共同准则。这种观点显然也是误导性的。当然，大多数国家在大部分时间里是可以被指望去遵守共同规则和规范的，从这个意义上看，国家间的关系构成了国际社会。但是，这些规则和规范本身还不足以保证国际和谐与合作；权力以及均势在无政府社会中仍然是非常重要的。

联合国体制就充分表明，权力与法律这两个因素是如何共存于国际社会的（见网络链接 2.36 和 2.37）。安理会就是针对国家间的权力不平等的现实成立的。美国、中国、俄罗斯、英国与法国这些大国是仅有的具有否决权的常任理事国，这就直截了当地承认了世界政治中权力不平等的现实。不管怎样，五个大国都拥有实际上的否决权，因此就很难强迫它们去做任何它们不情愿做的事情。这就是国际社会中的“现实主义的权力和不平等要素”。与安理会形成对照的是，联合国大会是根据国际平等原则建立起来的：每个成员国在法律上都彼此平等；各个国家都有一个投票权；是多数国家而不是最强大的国家占据压倒性的地位。这就是国际社会中理性主义的“共同规则和规范”的因素。最后，联合国也为个人在国际事务中的重要性提供了证据。从《世界人权宣言》（1948 年）公布伊始，联合国就大力促进国际人权法律的发展，到现在已确立起一套详尽的人道主义法律框架。它对基本的公民、政治、社会、经济和文化的权利都作了明确的规定，以促成一个在当代世界能够被普遍认可的人类生存标准。这就是国际社会中的世界主义和社会连带主义的要素。

对国际社会学者来说，国际关系研究并不是只从这些要素中挑选其一而摒弃其余的。他们并不寻求建立与检验以建构国际关系学之科学规律为目的的假说，也不试图对国际关系进行科学的解释，而是尽力去理解它与阐释它。因此，国际社会学者采取的是一种以更加宽广的历史、法律与哲学的路径来研究国际关系的方式。国际关系学是关于识别与探索所有这些要素的复杂存在以及它们给国家领导人造成的规范问题的学问。权力和国家利益是至关重要的，规范和制度也是同样重要的。国家是重要的，但人类同样也是重要的。政治家对他们（或她们）的国家和人民负有民族责任，对坚持和遵从国际法与尊重他国的权利负有国际责任，对捍卫整个世界人权负有人道主义责任。但是，如同 20 世纪 90 年代发生在波斯尼亚、索马里与波斯湾的危机所清晰地表明的那样，以一种正当的方式履行这些责任并不是一件容易的事情（Jackson，2000）。

总之，国际社会学派是一种能够告诉我们权力与法律并存的主权国家世界的某些情况的一种方法。审慎的伦理和国家的利益，要求政治家在主张其责任时也要主张其遵守国际规则和程序的义务。世界政治既是一个国家的世界，也是一个人类的世界，使二者的需求一致起来常常是困难的。表 2—3 对国际社会学派的基本要素作了归纳。

表 2—3　　国际社会学派（英国学派）

方法论焦点	国际体系的基本要素
● 理解	1. 权力、国家利益（现实主义要素）
● 判断	2. 规则、程序、国际法（自由主义要素）
● 价值	3. 普遍人权、全人类的世界（世界主义要素）
● 规范与历史知识	
理论家置身对象之中	

国际社会学派发起的挑战并不能算作一种新的论战，而应该被看做第一次论战的延伸和对第二次论战中行为主义者表面胜利的否定。国际社会学派建立在经典现实主义和自由主义的观点之上，它提出了有别于它们的方法并以此使二者得以融会与扩展。国际社会学派还通过摒弃现实主义和自由主义的尖锐分歧为第一次大论战补充了一种不同的视角。尽管国际社会学者并没有直接参与这次论战，但他们的方法清楚地

显示出现实主义和自由主义的界限过于分明：过去的世界并没有像论战中所暗示的那样要在权力或者法律之间进行非此即彼的选择。至于传统主义和行为主义之间的第二次大论战，国际社会学者确实参加了，他们坚决反对行为主义方法并坚持了传统主义方法（Hedley Bull，1969）。国际社会学者确实看不到用自然科学模式来建构国际关系学“规律”的任何可能性。对他们来说，这种计划是有缺陷的，即它是建立在对国际关系特性的刻意误读基础之上的。对国际社会学者来说，国际关系学完全属于人类关系的领域，因此是一门规范性的学科，不能从非规范的角度来达到对它的完全理解。国际关系学是关于理解的，而不是关于解释的；它包含了判断的运用，即：要把自己放在政治人物所处的位置上，以更好地理解他们在处理外交政策时所面对的困境。国际社会学说还为人们提供了一个新的视角去研究当时国际关系学议程中十分突出的人权和人道主义干涉问题。

总而言之，国际社会学者强调国际社会中现实主义和自由主义要素的并存性。国际社会中既有冲突，也有合作；既有国家，也有个人。这些不同的要素不能被简化与抽象为一种只强调其中一种解释性变量（如权力）的单一理论。那样不仅会使对世界政治的见解变得太过于简单，而且还会歪曲现实。国际社会学者主张采用人文主义的方法，这种方法承认所有这些要素的共存性，以及用整体与历史的方法来研究产生于复杂情境中的问题和困境的必要性。

国际政治经济学（IPE）

国际关系的学术争论，主要是关于国际政治的，经济事务则被置于次要的地位。更何况，第三世界的弱国也几乎没有进入讨论的范围。正如我们在第一章中所提到的，第二次世界大战后的数十年是一个非殖民化的时期。随着旧的殖民大国放弃了它们的控制，先前的殖民地获得了政治上的独立，一大批“新的”国家便出现在了地图上。许多“新的”国家在经济上是虚弱的，它们居于全球经济等级的底端并构成了“第三世界”。20 世纪 70 年代，第三世界国家开始迫切地要求改变国际体系，以提高自己相对于发达国家的经济地位。大约就在这个时候，作为对第三世界经济不发达问题的理论化尝试的新马克思主义问世了。

这成为了国际关系学中围绕国际贫富问题而展开的第三次大论战的基础，也就是关于国际政治经济学（IPE）之争论的基础。IPE 基本上是关于谁可以从国际经济和政治体系中得到什么的理论学说（见网络链接 2.41 和 2.42）。第三次论战，是以新马克思主义批判资本主义世界经济的形式出现的，但同时又穿插着自由主义 IPE 和现实主义 IPE 对国际关系中的经济与政治之关系问题的反应（见图 2—5）。

新马克思主义试图以卡尔·马克思首先形成的分析工具来研究第三世界的状况。马克思是 19 世纪著名的政治经济学家，他集中考察的是欧洲的资本主义。他认为，资产阶级或资本家阶级利用它们的经济权力来剥削和压迫无产阶级或工人阶级。新马克思主义者把这种分析扩展到了对第三世界的研究中。他们指出，由富裕的资本主义

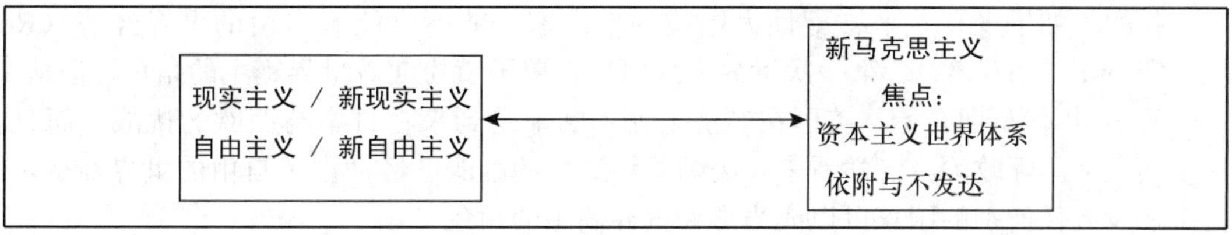

图 2—5　国际关系学的第三次大论战

国家所控制的全球资本主义经济，是用来掠取世界穷国的财富的。“依附”，是新马克思主义者的核心概念。他们声称，第三世界国家的贫穷并不是由天生的落后或不发达引起的，而是因为第一世界的富裕国家不愿意让第三世界国家得到充分的发展。第三世界国家不得不接受不平等交换：为了参与全球资本主义经济，它们不仅必须以极低的价格出卖原材料，还得以高价购买制成品。与之形成鲜明对比的是，富国可以低价购买、高价出售。对新马克思主义者来说，这种状况是由富裕的资本主义国家强加给贫穷国家的。这一点是至关重要的。

安德烈·贡德·弗兰克（Andre Gunder Frank）宣称，不等价交换和少数人以多数人的利益为代价对剩余价值的侵吞是资本主义固有的特性（Frank，1967）。只要资本主义体系存在，第三世界就将处于不发达的状态。伊曼纽尔·沃勒斯坦（Immanuel Wallerstein：1974；1983）也持有类似的观点。他研究了资本主义世界体系自 16 世纪出现以来的整个发展过程。沃勒斯坦（见网络链接 2.45）承认，有的第三世界国家在全球资本主义等级结构中有“上升”的可能性。但是，他又指出只有很少的国家能够如此，因为等级的顶部并没有为所有的国家准备出位置。资本主义是一个以富人剥削穷人为基础的等级结构，除非（或直到）它被另一种制度所取代，它都将依然如故。

自由主义的 IPE 观点是非常不同的，也可以说几乎正好相反。自由主义的 IPE 学者指出，人类的繁荣是能够通过资本主义在全球范围内超越主权国家边界的自由扩张以及这些边界重要性的降低来实现的。自由主义者的观点源自亚当·斯密（Adam Smith，1723—1790）和其他古典自由主义经济学家的分析。他们认为，自由市场、私有财产和个人自由能够为参与其中的每个人创造出足以自立之经济进步的基础。只有在符合个人利益的条件下，人们才会在自由市场上进行交换。“要是单个家庭总能有办法直接生产自己所需要的东西，它就没有必要进行交换；除非它可以从交换中获益。因此，只有当双方都能从交换中获益时，交换才会发生。”（Friedman，1962：13-14）可见，马克思主义的 IPE 把国际资本主义看成发达国家剥削第三世界的工具；自由主义的 IPE 则把国际资本主义视为对所有国家（不论其发展水平如何）都有利的进步性变化的工具（见网络链接 2.46）。

现实主义的 IPE 则又不同于前两者。这种政治经济学可以上溯到 19 世纪的德国经济学家弗里德里希·李斯特（Friedrich List）的思想。这种思想的基础是：经济活动应该为建立一个强大的国家与维护国家利益服务。因此，财富应由国家来控制和管理。这种国家主义的 IPE 信条，经常被人称为“重商主义”（mercantilism）或“经济民族主义”。对重商主义者来说，创造财富是国家权力增长的必要前提。因此，财富是实现国家安全和社会福利的手段。而且，自由市场的顺利运行也是以政治权力为依托的。如果没有一个支配性大国或霸权国家，就不可能有自由的世界经济（Robert Gilpin，1987：72）。第一次世界大战以后，美国就扮演着世界霸主的角色。但从20世纪70年代早期开始，美国在经济上就不断地受到来自日本与西欧的挑战。而且在现实主义国际政治经济学看来，美国领导地位的削弱已经冲击了自由的世界经济，因为还没有任何别的国家可以充当那种世界霸主的角色。

IPE的这些不同观点，也显露在了近些年来它对三个重要而又相互关联的议题的分析上。第一个议题涉及经济全球化（globalization），也就是国家间各种经济关系的扩展与强化。难道经济全球化会侵蚀国家界限并使民族经济从属于全球经济，从而削弱“民族的”经济吗？第二个议题关系到经济全球化进程中谁赢谁输的问题。第三个议题涉及我们应该如何看待经济与政治的相对重要性。难道全球经济关系最终是由那些制定了经济行为体必须遵守的经济规则框架的国家来控制的吗？或者说政治家要越来越听任那些已脱离其实际控制的难以名状的市场力量的摆布吗？许多这类问题，在根子上都涉及国家主权问题：全球经济力量正在使国家主权变得过时吗（见网络链接2.51和2.52）？如我们将在第八章看到的那样，国际政治经济学的三种理路对这些问题分别拿出了非常不同的答案。

简言之，第三次大论战使国际关系学学科变得更加复杂了。这不仅是因为它把研究领域从政治和军事议题引向了经济和社会的议题，还因为它引出了第三世界国家特有的社会经济问题。这次论战与前述的前两次论战不同，它使国际关系学的学术研究议题明显扩大，包括了社会经济福利问题和政治军事安全问题。虽然现实主义和自由主义传统都对国际政治经济学有独到的见解，但这些见解都受到了新马克思主义的抨击。这三种观点尖锐交锋，互不相让：它们在国际政治经济学的概念和价值方面存在着根本的分歧。在这个意义上，我们确实有第三次论战。论战最初的重点虽然是南北关系，但最终它还是把涉及国际关系所有领域的国际政治经济学问题都囊括了进来。就像我们会在第八章看到的那样，第三次论战中并没有出现明显的赢家。

不同的声音：国际关系学中的新观点

前述的几次大论战涉及的主要是该学科中已经确立起来的理论传统：现实主义、自由主义、国际社会理论和国际政治经济学（IPE）理论。目前，国际关系学第四次论战正在进行之中，它包括了另辟蹊径的其他观点对已有理论传统的种种批判，这些观点有时也被称作后实证主义（Smith et al.，1996）（见相关链接2—8）。

相关链接2—8

后实证主义方法

近几年来，现实主义受到了从不同立场出发的一派又一派学者的若干强有力的抨击……参与这次挑战的主要有四个派别。第一个来自批判理论。第二个的思想成分……是在历史社会学的总名义下发展起来的……第三个派别由女权主义作者构成。最后，还有那些打算对国际关系进行后现代解读的作者们。

Smith（1995：24-25）

在国际关系学领域，一直有很多“不同的声音”：一些哲学家和学者反对已经确立的看法，并试图用其他观点来取而代之。近几年这种声音已经越来越多了。

两种因素可以解释这种发展情形。冷战的结束以某种根本性的方式改变了国际议事议程。由两个相互竞争的超级大国主宰的东西方之间泾渭分明的冲突，已经被世界政治中大量出现的形形色色的问题取代了。这些问题可以列举为：国家的分裂与解体，内战，恐怖主义，民主化，少数民族，人道主义干涉，种族清洗，大规模移民，难民问题，环境安全，如此等等。有越来越多的国际关系学者表达对冷战方法在国际关系学研究中的主导地位的不满，肯尼思·沃尔兹的新现实主义就是一例。不过，现在的很多学者也不赞同沃尔兹的观点。他们认为，复杂的国际关系世界不能被压缩成关于国际体系和均势的几个近似规律的说明。于是，他们又转而加入了由国际社会学者如赫德利·布尔（Hedley Bull，1969）发起的反行为主义批判。许多学者还批判了沃尔兹新现实主义保守的政治观，指出在新现实主义中并没有多少有助于变革和建立一个更美好的世界所需要的东西（见网络链接 2.56）。

总之，在国际关系学中存在着关于方法论议题（也就是如何研究国际关系）（见网络链接 2.54）和实质性议题（也就是哪些议题应该被当成国际关系研究中最重要的问题）（见图 2—6）的新论战。我们计划用三章来呈现这些论战。

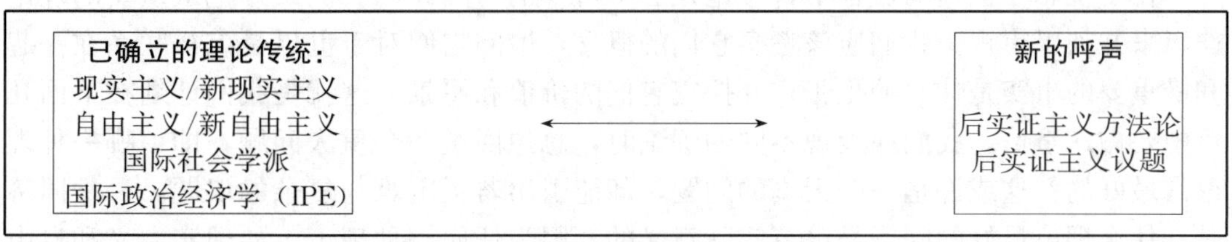

图 2—6　第四次大论战

第六章介绍了社会建构主义。建构主义者声称，新现实主义和新自由主义是“物质主义”理论；它们聚焦于物质权力，如军事力量和经济能力。建构主义者辩驳说，国际体系是由观念而非物质力量构成的。该章陈述了建构主义的国际关系理论。第十章讨论了当下国际关系中的关键议题：国际恐怖主义、国际关系中的宗教问题、环境问题以及战争与和平的新模式。它们对如下问题形成了大相径庭的答案：在冷战已经结束且国际关系学对超级大国竞争和核安全问题的现实主义专注也随之而去的今天，什么是世界政治中最重要的议题或关切呢？最后，第十一章专注于方法论的讨论。我们考察了后实证主义国际关系学中几种不同的方法论派别。这些不同的方法论是关于同一个问题的不同答案：如果行为主义方法论（如其在新现实主义和新自由主义中的应用）被废弃了的话，应该用什么来取而代之呢？各种派别都不约而同地批判行为主义者要系统提出国际关系科学规律的尝试；但在最好用什么来取代将要摈弃的方法的问题上，却又众说纷纭。

这里提到的社会建构主义与非传统议题以及方法论有些共同之处：它们都宣称已确立起来的国际关系学传统已经不能适应冷战后世界政治的变化。因此，这些新方法都应该被看成试图为国际关系学科指出新路，以使其更适合新千年之初的国际关系现实的“新声音”。简言之，许多学者认为，第四次国际关系学论战，即以已确立的国际关系学传统为一方而以这些“新声音”为另一方的论战，是在 20 世纪 90 年代拉开帷幕的。

何种理论？

这一章介绍的是国际关系学中主要的理论传统。我们有必要熟悉理论，因为事实是不会自己说话的。我们总是有意无意地通过某组特定的透镜来观察世界，我们或许可以把这些透镜当成理论。第三世界是正在发展还是依然不发达？冷战结束以后，世界是变得更安全还是更危险了？当今各国更倾向于彼此间的合作还是竞争？单靠事实本身是不足以回答这些问题的，我们需要理论的帮助。理论告诉我们哪些事实重要、哪些事实不重要，也就是说理论能塑造我们对世界的看法。理论以某些价值为基础，通常也包括我们想要世界如何的愿景。例如，早期自由主义的国际关系学思考，就是在永不重蹈第一次世界大战之灾难的决心的驱动下形成的。自由主义者希望，新的国际组织的创立将可以培育出一个更为和平与更为合作的世界。

在系统思考世界的过程中，理论是必不可少的。因此，我们最好把最重要的理论摆出来并加以审视。我们应该考察它们的概念，追问它们对于世界是怎样联系在一起和最重要的事实是什么的主张，并探究它们的价值和愿景。这就是我们计划在下面几章中要做的事情。我们在展现不同的理论时，总想回避一个重大问题，即：哪一种理论是最好的？这或许是一个天真的问题，却能引出若干困难与复杂的议题。一种回答是：什么理论最好的问题是没有实际意义的，因为任何一种理论，如现实主义和自由主义，就像由不同的人所玩的不同的游戏（Rosenau，1967；也见 Smith，1997）。如果只有一种游戏，比如网球，我们就可以通过比赛轻而易举地发现胜利者；但如果超过了一种游戏，比如既有网球又有羽毛球，那么羽毛球运动员是不会因为在场的网球运动员说网球是最好的运动而放弃打羽毛球的。也许，最吸引我们的理论就像是我们最喜欢看或玩的游戏一样。

关于最好的理论这个问题的另一种回答是：纵使理论在很多方面不同，但给它们排个序还是有意思的。这就好像从参加不同比赛的选手中挑出年度最佳运动员是有意思的一样。那么，确定最佳理论的标准是什么呢？我们或许会想到这样几个有关的标准：

- 连贯性：理论应该是前后一致的，也就是没有内在的矛盾。
- 阐释的清晰性：理论应该以清楚明了的方式来陈述。
- 不偏不倚：理论不应被置于纯粹的主观评价之上。虽然没有哪种理论是价值中立的，但理论就应该力求其在规范前提与价值方面的公正性。
- 范围：理论应该与大量重要的问题有关联。例如，关于美国在海湾战争中如何决策的理论，就是一种范围狭窄的理论；而关于外交政策制定的一般理论，则是一种范围宽广的理论。

● 深度：理论应当能够尽可能多地解释和理解它声称要考虑的现象。例如，如果一种欧洲一体化理论只能解释一体化进程中的某些现象，那么它的深度就是有限的；但是，如果它能解释这一进程中的绝大部分现象，那么它就是很有深度的。

我们还可以拿出另外可能的标准（见第十一章），但必须强调的是，能够从这些评判标准中作出选择的客观办法是没有的。而且很明显，有些标准可能还带有对某类理论有利而对另一些不利之偏颇。这个问题并没有简单的回答。更为复杂的是，在人们考虑将一种理论置于另一种之前时，他们的价值取向和政治偏好也会发挥某种作用。

作为作者，我们有义务把我们认为最重要的理论以一种既能张扬每种理论的优长之处，又能指出其薄弱之处的方式来展示给大家。本书的目的并不是要把读者引向我们认为最好的某一种理论，而是要说明几种重要理论的来龙去脉，以便读者能够从各种可能性中做出他或她自己深思熟虑的选择。

结　论

上述理论传统与新理论是当代国际关系学的主要理论工具和关切。我们发现，国际关系学科是怎样通过各种不同的理论方法之间的一系列论战而逐步发展起来的。我们注意到，这些论战并不是在“光荣孤立”中进行的，它们深受历史事件和当今重大的政治与经济问题的塑造和影响。它们也受到其他学术领域中方法论发展的影响。所有这些因素都在表 2—1 中作过归纳。

在国际关系学中，没有哪一种理论观点是明确的赢家。现在，我们所概述过的主要理论传统和新观点都在本学科中得到了积极的应用。这说明，为了反映非常复杂的历史和当代现实的各个侧面，不同的观点都是必不可少的。世界政治并非由某个单一的议题或冲突所主宰；相反，它是由各种不同的议题与冲突所决定和影响的。国际关系学术的多元主义色彩也反映着不同学者的个人偏好：他们常常会更喜好某一种特定的理论。这不仅与他们个人的价值观和世界观有很大的关系，而且与国际关系中发生的事件、与理解这些事件和插曲所需的东西也有很大的关系。

关键点

● 国际关系学的演变经历了不同的阶段，各个阶段都以学派之间的特定论战为标志。第一次大论战发生在乌托邦自由主义与现实主义之间；第二次论战是关于方法论的，发生在传统方法与行为主义之间；第三次论战发生在新现实主义/新自由主义与新马克思主义之间；刚刚兴起的第四次论战发生在已确立的传统与种种后实证主义之间。

● 现实主义赢得了第一次大论战。在冷战时期，现实主义成为思考国际关系的主导方式。不仅在学者中是这样，而且在政治家、外交家和所谓的“普通人”中也一样。摩根索（Morgenthau，1960）对现实主义的总括，在20世纪五六十年代成为国际关系学的标准导论。

- 第二次大论战是关于方法论的。论战的双方是传统主义者与行为主义者。前者试图理解人类事务这一复杂的社会世界及其价值基础，例如秩序、自由和正义。后者即行为主义则发现，在国际关系学中没有道德或伦理的位置。行为主义要像物理、化学等“硬”科学那样，通过分类、测量和解释来发现一般规律。行为主义者似乎取得了一时的胜利，但最终结果却是双方都未能成为赢家。今天，这两种类型的方法都还在本学科中使用着。冷战结束后，研究国际关系学的传统的规范方法又得到了复兴。
- 20世纪六七十年代，新自由主义对现实主义发起了挑战。它认为，相互依赖、一体化和民主正在改变着国际关系学。但新现实主义回应说，无政府状态和均势仍然是国际关系学的核心。
- 国际社会学派学者坚持认为，国际关系学既包括冲突这一“现实主义”要素，又包括合作这一“自由主义”要素，并指出这些要素不能被压缩到一个单一的理论综合之中。他们还强调了人权和世界政治中的其他世界主义特征，并捍卫了研究国际关系学的传统方法。
- 第三次论战的特征是：新马克思主义对已确立起来的现实主义/新现实主义和自由主义/新自由主义立场的抨击。这次论战所涉及的是国际政治经济学（IPE）。它使国际关系学学科的情况变得更加复杂，因为它把学科的范围扩展到了经济问题领域，并引入了第三世界国家的独特问题。第三次论战没有明显的赢家。在国际政治经济学范围内，主要争论方之间的讨论仍然在继续。
- 国际关系学的第四次论战正在进行。它指的是另辟蹊径的新观点对已确立之传统的抨击。这些新观点有时被统称为“后实证主义转向”。这次论战既提出了方法论问题（即**如何**研究一个议题），又提出了实质性问题（即**哪些**议题应该被认为是最重要的）。这些观点中的一些对新现实主义和新自由主义的科学主张也持反对意见。

练习题

- 辨别国际关系学中的大论战。为什么绵延不绝的论战中常常没有明显的赢家？
- 在国际关系学中，哪些是已确立起来的理论传统？它们怎样才可以被看成“已确立起来”？
- 为什么早期的国际关系学深受自由主义的影响？
- 从长期来看，现实主义是国际关系学中主导性的理论传统。这是为什么？
- 为什么学者们都有其偏爱的理论？你自己的理论偏好是什么？

阅读指南

Angell, N. (1909). *The Great Illusion*. London: Weidenfeid & Nicolson.

Carr, E. H. (1964). *The Twenty Years' Crisis*. New York: Harper & Row.

Dunne, T., Kurki, M., and S. Smith (eds) (2008). *International Relations Theories: Discipline and Diversity*. Oxford: Oxford University Press.

Jackson, R. (2005). *Classical and Modern Thought on International Relations: From Anarchy to Cosmopolis*. New York: Palgrave Macmillan.

Kahler, M. (1997). "Inventing International Relations: International Relations Theory after 1945," in M. Doyle and G. J. Ikenberry (eds), *New Thinking in International Relations Theory*, Boulder, CO: Westview, 20-54.

Knutsen, T. L. (1997). *A History of International Relations Theory*. Manchester: Manchester University Press.

Nye, J. S. (2009). *Understanding International Conflicts: An Introduction to Theory and History*. Harlow: Pearson Higher Education/Longman with foreword by Robert O. Keohane.

Rengger, N. (2006) "Theorizing World Politics for a New Century," *International Affairs*, 82/3: 427-430.

Schmidt, B. C. (1998). *The Political Discourse of Anarchy: A Disciplinary History of International Relations*. Albany: SUNY Press.

Vasquez, J. A. (1996). *Classics of International Relations*, *3rd edn*. Upper Saddle River, NJ: Prentice-Hall.

网络链接

读者可在与本书配套的在线资源中心找到本章提到过的网络链接和附加链接。

www.oxfordtextbooks.co.uk/orc/jackson_sorensen4e/

第三章

现实主义

概 述

本章将简要介绍国际关系学中的现实主义传统。书中注意到了存在于现实主义思想中的经典方法与当代方法的重要区分。经典和新经典现实主义者都既强调现实主义的规范方面，也强调其经验方面；而大多数当代现实主义者却追求对世界政治结构与过程的社会科学分析，他们倾向于忽略的正好是规范和价值。本章把经典的和当代的现实主义思想内容放在一起来讨论。它既要审视现实主义者之间关于北约东扩是否明智的争论，也要回顾对现实主义学说的两个批判：一个是国际社会学派的批判，另一个是解放理论的批判；在结尾部分，还要评估现实主义传统作为国际关系学研究要点的发展前景。

引言：现实主义的要素

现实主义的基本观点和假设是：（1）对于人类本性持悲观的看法；（2）确信国际关系必然是冲突性的，并且相信国际冲突最终是要靠战争来解决的；（3）高度关注国家安全与国家生存这些价值；（4）深刻地怀疑在国际政治中能够取得可与国内政治生活中相媲美的进步（见网络链接 3.01 与 3.02）。这些观点和假设，无论在过去还是现在，都为绝大多数主要的现实主义国际关系学家指明了思想的航向。

在现实主义思想中，人类的特征是：在其彼此竞争的关系中，他们压倒性地关注自身的安宁。他们渴望驾驶员的位子，不愿意被人利用，所以在与他人的关系（包括与其他国家的国际关系）中总是力求有个“界限”。至少在这一点上，人类，无论是哪里的，都被认为是基本相同的。因此，渴望享有与他人相比较的优势并避免被他人主宰，是人类的普遍愿望。这种悲观的人性论，在摩根索（Morgenthau，1965；1985）的国际关系学中有非常明显的体现。摩根索可能是 20 世纪最权威的现实主义思想家，他认为男人和女人都有“获得权力的欲望”，而这在政治尤其是国际政治中又特别地明显。“政治是人们争夺权力的一种斗争。无论其最终之目的为何，权力都是其最直接的目标。获取、维护和展示权力的方式，决定着政治行动的方法。”（Morgenthau，1965：195）

修昔底德、马基雅弗利、霍布斯和所有真正的经典现实主义者，都在某种程度上或多或少地持有这种观点。他们相信，获取与占有权力以及扩张和使用权力，是政治活动的中心事务。因此，他们把国际政治描绘成——唯此为大的——“权力政治”，一个充斥着国家间的竞争、冲突和战争的角斗场。在这里，国家一遍又一遍地上演着以捍卫国家利益和确保国家继续生存为基调的相同的闹剧。

因此，现实主义者持有这样一个核心假设，即世界政治存在并运行于一种国际无政府状态下；也就是说，世界政治是一个没有更高的总领一切之权威、没有世界政府的体系。国家是世界政治中最主要的行为体，国际关系主要就是国家间的关系。世界政治中的其他行为体——个人、国际组织、非政府组织等——是次要的或无足轻重的。外交政策的要点，是在世界政治中谋划和维护本国的利益。但是，国家间是不平等的，在它们之间存在着国际权力的等级结构。世界政治中最重要的国家是大国。国际关系，在现实主义者看来，主要就是大国之间为统治和安全而展开的斗争。

现实主义的核心规范就是国家安全和国家生存，也就是现实主义学说和现实主义外交政策所追求的那些价值。国家对于其公民的美好生活来说是必要的：如果一个国家没有手段和条件来确保安全并促进福利，那么，用托马斯·霍布斯（Thomas Hobbes，1946：82）那段著名的话来说，人类的生活就必定是“孤独、贫穷、龌龊、野蛮与短促的”。所以，国家不仅被看成其领土与人口的保卫者，还被看成其人民特有与珍视之生活方式的保护者。在评判外交政策时，国家利益是最终的裁决者。人类的社会和道义因素的作用是以国家为限的，并没有扩展到国际关系领域。国际关系领域是一个充斥着国家间的骚动、倾轧与冲突的政治角斗场，在这里强国支配着其他所有的国家。

所有的国家都必须追求自身的国家利益这个事实，意味着永远都不能完全依赖其他的国家和政府。所有的国际协议，都取决于缔约国遵守它们的意愿，因此都是临时性的和有条件的。当国际义务与自身利益发生冲突之时，所有国家都必定准备以牺牲前者来换取后者。这就使国家之间的条约和其他协议、公约、惯例、规则、法律等统统都成了一种权宜性安排，当它们与国家的重大利益发生冲突时，就不仅可能而且肯定会被抛在一边。在独立国家间，没有道德这个词本身意义上的国际职责，即对相互义务的保证。如前所述，政治家们唯一的根本的责任就是促进和维护国家利益。这在马基雅弗利的名著《君主论》中阐述得再直白不过了（见相关链接 3—3）。

这就是说，与作为国内政治生活突出特征的发展相比，世界政治是不可能有进步性变化的。这也意味着，由于前述之世界政治的根本事实永远不会改变，现实主义国际关系学就被当成不仅在特定时期有效，而且一直都有效的理论。这个信念，在任何情况下，都是绝大多数现实主义者主张和坚持的。

在现实主义国际关系学中，经典现实主义（classical realism）和当代现实主义之间存在着重要的区别。经典现实主义是研究国际关系的"传统"方法之一，比第二章与第十一章介绍的 20 世纪五六十年代的行为主义革命要早很多。在方法上，它基本是规范性的，其关注点是国家安全和国家生存这些核心的政治价值。经典现实主义者存在于不同的历史时期，从古希腊一直延续到现在。另外，当代现实主义，正如其名称所显示的那样，是近来才产生的国际关系学说。它的方法基本上是科学的，其关注点则是国际关系的体系和结构。它主要源于美国（尽管并非全然如此）。的确，在美国这个拥有世界上最大数量的国际关系学者的国度里，现实主义曾经是或许现在仍然是最主要的国际关系学理论。这一事实本身就足以说明，当代现实主义是一种特别重要的国际关系学理论。

经典现实主义

什么是经典现实主义？谁是主要的经典现实主义者？他们的主要思想和论点是什么？这一节我们将简要考察历史上的三位杰出的经典现实主义者的国际思想。他们分别是：(1) 古希腊历史学家修昔底德；(2) 文艺复兴时期意大利的政治理论家马基雅弗利；(3) 17 世纪英国的政治哲学家和法哲学家托马斯·霍布斯。在下一节，我们将专门介绍 20 世纪的德裔美籍国际关系学家汉斯·J. 摩根索的新经典现实主义思想。

修昔底德

在修昔底德看来，我们所称之国际关系，就是那些发生在古希腊城邦（它们共同构成了被称为 Hellas 的文化—语言文明）之间，以及古希腊与其邻近的非希腊帝国（如马其顿和波斯）之间的不可避免的竞争与冲突（见网络链接 3.04 与 3.05）。无论是古希腊城邦，还是其非希腊邻国，都没有任何意义上的平等（见相关链接 3—1）。其实，它们在实质上就是不平等的：一些是"大国"，如雅典、斯巴达、波斯帝国；多数是实力比较弱小的国家，像爱琴海沿岸的小岛国。这种不平等被看成必然的与正常的。因此，修昔底德式的现实主义的典型特征，就在于其自然主义的品格。亚里士多德说，"人是政治动物"。修昔底德声称，实际上政治动物在统治他人与保卫自己的权力和能力上是非常不平等的。所有的国家，无论大小，都必须适应既有的权力不平等这一现实，并依此行动。假如国家那样做了，它们就能幸存甚至还可能会昌盛起来。假如国家不那样做，它们就将使自己陷入危险甚至灭亡的境地。古代的历史充满了大大小小的城邦和帝国被毁灭的例子。

相关链接 3—1

古希腊的国际关系

希腊人建立了希腊联盟……并将其置于斯巴达和雅典的领导之下。尽管在波斯战争时期（公元前 492—前 477 年）希腊人显示了团结的姿态，但联盟成员之间却一直存在着严重的冲突。这往往是由较小的城邦对雅典帝国主义及其扩张的恐惧引起的。因此，在希腊战胜波斯以后，雅典的竞争对手就在斯巴达的领导下建立了一个针对雅典的组织，即伯罗奔尼撒同盟。这是一个旨在防止雅典进一步扩张的复杂的联盟和集体安全体系……发生在科林斯和雅典之间的一场激烈的贸易与海上霸权竞争，最终导致了两大军事联盟之间的伯罗奔尼撒战争。

Holsti（1988：38-39）

鉴于此，修昔底德强调了政治家实施外交政策时在选择方面的有限性和在机动范围方面的局限性。他进而指出，决策都有其后果：在任何最终决策做出之前，决策者都应该把可能的结果（无论利弊）考虑清楚。与此同时，修昔底德也指出了执行外交政策过程中奉行小心与审慎之伦理原则的重要性，这是因为：国际的世界是极不平等的；外交政策的选择是受限制的；且危险始终与机会并存。深谋远虑、审慎、小心与判断力，是经典现实主义政治伦理的特征，但由此引起的如何将其从私人道德和正义原则中分离出来的问题，却让修昔底德和其他大多数的经典现实主义者深感头疼。不过，假如一个国家和它的政府希望生存下去并繁荣起来，它们最好还是别把国际关系的上述基本政治箴言给忘了。

修昔底德在对伯罗奔尼撒战争（公元前 431—前 404）的著名研究中提到，公元前 416 年雅典（强国）与米洛斯（弱国）正处于冲突之中。当时，修昔底德曾经使自己的现实主义哲学变成了雅典领导人在与米洛斯领导人对话中使用的语言（Thucydides，1972：407）。米洛斯人呼吁正义原则，这对他们来说就意味着其作为一个独立国家之荣誉与尊严应该得到强大雅典的尊重。但是，在修昔底德看来，正义是国际关系的一种特殊形式，它并不是要公平地对待所有的国家，而是要让国家都明白自己所处之适当位置并适应权力不平等这一自然现实。因此，修昔底德让雅典人按相关链接 3—2 所列的话来回复米洛斯人的呼吁（见相关链接 3—2）。

相关链接 3—2

修昔底德论强国与弱国

正义之标准，取决于用在强制方面的权力（是否）平等，而在事实上也是强者做他们有权力去做的事情，弱者则接受他们不得不接受的东西……这是一条平安法则，即站在与自己相称的位置上，顺从地对待比自己强的，并温和地对待比自己弱的。那么，当我们准备在会议上拂袖而去时，是一定会反复考虑这一点的；而你们也应该使它经常回荡在你们的脑海之中——因为你们正讨论着自己国家的命运，你们（毕竟）只有一个国家，而它的前途究竟是光明的还是黯淡的就取决于你们即将要作出的一个决定。

Thucydides（1972：406）

这大概是经典现实主义者把国际关系理解为“基本上是独立国家间的一种无政府状态”的最著名的一个例子。在这种状态下，国家除了按照权力政治的实践和原则来行事之外，就再也没有别的选择；安全和生存是最首要的价值，战争则是最后的仲裁者。

马基雅弗利

根据马基雅弗利的政治教导，权力（狮子）和欺骗（狐狸）是行使外交政策的两种基本手段（Machiavelli，1984：66）。至高无上的政治价值是民族的自由，即独立。统治者的主要责任是追求优势、维护本国利益，从而确保国家的生存。这需要力量：假如一个国家不强大，它就等于公开邀请别的国家来掠夺；统治者必须是一头雄狮。这也需要狡猾与残忍（假如在追求自身利益时有必要的话）：统治者也必须是一只狐狸。假如统治者不机敏、不诡诈、不老练，就会错过那种能给他们自己和他们的国家带来巨大优势与利益的机会。更重要的是，他们不会注意到那种如果不防范就将给他们自身、他们的政权乃至国家带来伤害和毁灭的威胁或危险。政治家无论男女，都必须既是狮子又是狐狸（Machiavelli，1984：66），这就是马基雅弗利现实主义理论的核心所在。可见，经典现实主义国际关系学主要就是一种生存理论（Martin Wight，1966）。

马基雅弗利最重要的假设是：世界是一个充斥着危险的地方（见网络链接 3.06）。但是，基于相同的口吻也可以说，世界是一个充满机遇的地方。假如任何人希望在这样一个世界中存活下来，他或她就必须时刻警惕着危险，必须预料到危险，还必须采取措施以防患于未然。假如他们希望发达、使自己富裕起来并沐浴在他们所积累的权力和财富的光辉之下，他们就得抓住并利用好眼前的机会，而且要比他们的竞争对手或敌人做得更迅捷、更熟练也更无情（如果需要的话）。因此，外交政策的实施不过是这样一种手段或“马基雅弗利式的”活动，即一种基于对自己与敌人以及竞争者之间实力和利益对比的明智推算的活动。

相关链接 3—3

马基雅弗利论君主的职责

一位君主……不能总是在意那些被人视为善的东西。为了保存国家，他不得不经常放弃诺言、无视仁慈、违反人道并忤逆宗教。因此，他有必要保持一颗善变之心，以便他自己能随着财富风向的转移和［政治］事务的变化而采取行动……只要有可能，他就不应该把善置于脑后；但是在不得已时，他也应该知道如何去作恶。

Machiavelli（1984：59-60）

这种睿智的见解，在一些典型的马基雅弗利式的现实主义治国箴言中是有反映的。这些箴言是：当心正在发生的事情，别等到事情已经来临；预料出别人的动机与举动，别等到他们已经行动；动则必先于他人。审慎的国家领导人总能采取主动以避免来自他或她的邻国的各种威胁。对于发动一场先发制人的战争或采取类似的主动，他或她应该是有准备的。现实主义的国家领导人，在任何政治形势下都不会放过机会，他们总能为利用机会而整装待发。

总之，在马基雅弗利看来，负责任的国家领导人是没有必要按照基督教的道德原则来行事的。这些原则包括：爱你的邻居，要平和，避免除了自卫或追求正义事业之外的战争；要仁慈，要与他人分享你的财富，做事必秉持良好的信誉；等等。马基雅弗利把这些道德箴言看成对政治的高度不负责任。他指出，假如政治领导者按照基督教的道德来行动，他们就必定会遇到麻烦并失去一切；不仅如此，他们还会把其治国所依靠的平民的财产、自由甚至性命也一并葬送掉。这里的含意是清楚的，假如统治者不知道或不尊重权力政治的箴言，他或她对国家的治理就注定要失败，而且还要捎带上完全依赖其治国的平民的安全和福利。换句话说，政治责任和通常的个人道德完全是两条道上跑的车。国家的安全和生存是基本的也是压倒一切的价值，外交政策必须听命于这种价值。

马基雅弗利的现实主义著述，有时也被描绘成“在一个完全混乱和道德败坏的世界里如何走向发达的指南”（Forde，1992：64）。但是，这个看法是误导性的，因为它没有注意到统治者的责任不仅在于他们自己或他们个人的政权，也在于他们的国家和平民。这正如马基雅弗利在思考佛罗伦萨时所提出的“共和国”所暗示的那样。这就是马基雅弗利现实主义中的公民道德层面：统治者不得不既是狮子又是狐狸，因为他们的人民是依靠他们来求得生存和繁荣的。这种人民对其统治者的依靠，特别是对他或她的外交政策智慧的依靠，可以归因于这样一个事实，即：他们的命运是交织于同一个国家的。这不仅是马基雅弗利现实主义的规范核心，也大体上是经典现实主义的。

霍布斯与安全困境

托马斯·霍布斯认为，假如我们想象人们生活在主权国家创立和组建之前的“自然状态”（state of nature）之下，我们就能够获得关于政治生活的基本洞见。他把文明前状态称为自然状态。对于霍布斯（1946：82）来说，自然状态是一个对人类极端不利的环境，那里永远存在着“所有人反抗所有人”的“战争状态”。在自然状态下，每个男人、女人和孩子都会受到其他人的威胁，生活就是不断地冒险，没有人可以在任何合理的时间段内对自己的安全与生存抱有什么信心。人们长期生活在对彼此的恐惧之中。霍布斯对文明前状态的特征作了如相关链接 3—4 所示之描述。很显然，只要有可能，人们就必须及早从这种难以忍受的环境中逃离出来。这不仅是合意的，也是极为紧要的（见网络链接 3.07）。

相关链接 3—4

霍布斯论自然状态

在这种状态下，没有勤劳的位置，因为劳动成果是保不住的。相应地，这里也就没有人世间的文化，没有航海，没有对可以从海外进口的商品的使用；没有宽敞的建筑……没有艺术；没有文字；没有社会。最糟糕的是，这里有持续不断的恐惧和惨遭横死的危险。于是，人类的生活就是孤独、贫穷、龌龊、野蛮与生命短促的。

Hobbes（1946：82）

霍布斯相信，有一条从自然状态逃离出来并进入人类文明状态的道路，那就是创立和维持主权国家。逃离的方式是人们把对彼此的恐惧转化为相互间的合作，从而达成一个能确保彼此安全的协议。在这里，人们一反常态地进行政治性的合作，因为他们害怕受到邻居的伤害或杀戮，就是说“对死亡的恐惧教化了”他们（Oakeshott，1975：36）。正是他们的相互恐惧和不安全感驱使他们走出了自然状态，即一切人反对一切人的战争状态。换句话说，推动他们建立主权国家的主要动力，与其说是理智（智慧），还不如说是激情（情绪）。随着和平与秩序的深入人心，他们欣然联合起来，共同创立了一个有主权政府的国家。这个政府拥有绝对的权威和令人信服的权力来保护他们免受内乱和外敌威胁之苦。在这种文明状态下，即在和平与秩序的状态下，受国家保护的男人和女人都有机会在相对安全的条件下张扬自我，也就是说，他们不再生活在伤害和死亡的经常威胁之下。由于获得了安全与和平，他们就有了走向繁荣的自由。正如霍布斯所说，他们能够追求并享受“幸福”，即快乐与安康（见表3—1）。

表3—1　　三位经典现实主义者的基本价值

修昔底德	马基雅弗利	霍布斯
● 政治命运	● 政治机敏	● 政治意愿
● 必然性与安全	● 机遇和安全	● 安全困境
● 政治生存	● 政治生存	● 政治生存
● 平安	● 公民道德	● 和平与幸福

然而，这种旨在解决人类自然状态的国家主义办法，也会自发地带来严重的政治问题。人们为摆脱可怕的自然状态而建立主权国家，但这一活动同时又导致了国家间的自然状态，并引起了世界政治里经常被提到的“安全困境”。也就是说，通过创立国家来实现个人安全和国内安全，必然伴随着根源于国际体系之无政府状态的国家和国际的不安全。

由于没有建立一个全球国家或世界政府的可能性，人们如果要像逃离个人安全困境那样逃离国际安全困境，是不可能的。与原始自然状态下的个人不同的是，主权国家不愿意放弃独立来换取全球安全保障。这是因为，国家间的国际自然状态（international state of nature）并不像原始自然状态那样的危险或具有威胁性。由国家来提供安全，要比由个人自己来提供更为容易；国家能动员由大量人口合成的集体力量；国家能以可信和持续的方式来武装自己并保卫自己免受外国的安全威胁。个人是脆弱的，因为有时他们不得不放松警惕，例如，他们不得不睡觉。但是，国家从不睡觉：当一些公民入睡时，其他公民却瞪着眼睛并小心提防着。假如国家能够尽到其保卫人民的责任，那么国际自然状态甚至还可以被看成一个好的现象，因为它能给予一群特定的人以脱离另一群人的自由。换句话说，基于主权国家的国际无政府状态，是一个能给予各种群体以自由的体系。但是，就其主要的方面而论，国际自然状态毕竟是一个有着现实或潜在战争的状态；主权国家间并没有永恒的或有保障的和平。为解决国家间达不成协议和不愿意苟同的难题，作为最后手段的战争就是必然选择了。

霍布斯的经典现实主义观点，为国际法也为军事力量预留了空间。国家间能彼此缔结条约，从而为它们的关系提供了法律基础：国际法就是通过提供有利于所有国家的协议和规则框架来缓解国际自然状态的。但是，国际法是由国家创立的，而且只有在遵守它符合国家的安全利益与生存利益之时，它才会被国家遵守；否则它就会被忘掉。像马基雅弗利和修昔底德一样，对于霍布斯来说，安全和生存是根本性的重要价值。但是，霍布斯式的现实主义的核心价值却是国内和平，即在主权国家框架之内的和平，因为只有国内和平才能够为人们提供享受舒适的机会。可见，出于为本国臣民和公民提供安全的目的，国家应该为进行战争而被组织和武装起来。和平，即那种在国家体系中生发的舒适（国际和平），是一种危险的幻觉。

论述到这里，我们就能简要地总结出这些经典现实主义者基本上相同的观点了。首先，他们都同意，人类状况是一种必须加以重视和应对的不安全与冲突的状态。其次，他们都赞同，有一部分政治知识或智慧是可以用来处理安全问题的，而且他们都试图找出解决问题的关键。最后，他们都认为，没有摆脱这种人类状态（这是人类生活的一个永恒特征）的最终途径。换句话说，虽然存在这部分政治智慧——它可以用政治箴言的形式来界定和表述，但政治问题（包括国际政治问题）并没有永恒或最终的解决方案。国家之间不可能有持久的和平。这一冷静的甚至没有希望的见解，就是20世纪最主要的新经典现实主义代表人物汉斯·J. 摩根索的国际关系理论的核心。

摩根索的新经典现实主义

在摩根索（Morgenthau，1965）看来，人是天然的政治动物，他们一出生就开始追求权力并享受权力成果。摩根索赞同权力欲（animus dominandi），即人类对权力的“渴望”（Morgenthau，1965：192）。对权力的热切渴望支配着人们不仅追求相对优势，也追求安全的政治空间，以便在其中维护自己并享受免遭他人政治支配的自由。这就是权力欲的安全方面。而使安全得以确定和享有的最终政治空间，当然就是独立国家了。超出国家的安全是不可能的（见网络链接 3.08 和 3.09）。

人类的权力欲不可避免地会引起彼此间的冲突。权力政治就是这样产生的，它不仅是摩根索现实主义的核心，也是所有经典和新经典现实主义国际关系见解的核心（见相关链接 3—5 与 3—6）。“政治是人们争夺权力的斗争。无论其最终目的是什么，权力都是它的直接目标。获取、维护和展示权力的方式决定着政治活动的手段”（Morgenthau，1965：195）。在这里，摩根索显然与马基雅弗利和霍布斯形成了共鸣。如果人们想要拥有不受外国人干涉或控制的政治空间，他们就得为达到这个目的而动用和配置他们的权力。也就是说，他们必须把自己组织起来，建立一个强有力与高效率的国家，以此来捍卫他们自己的利益。但是，引起国际冲突（其最终形式为战争）的，就是这个无政府的国家体系（见相关链接 3—7）。

国家间的争斗，导致了在人类关系中的武力威胁或武力使用的正当性问题（见相关链接 3—5）。这样，我们就触及了经典和新经典现实主义的主要规范原则。摩根索继承了修昔底德和马基雅弗利的传统，认为道德不仅有私人领域之道德，还有另一种

相关链接 3—5

摩根索论政治道德
现实主义坚持认为，普遍的道德标准不能以抽象的通用公式应用于国家行为；只有经过具体时间和空间的过滤，它们才能被应用。个人可以对自己说："即便天塌地陷，也要伸张正义"（*fiat justitia*，*pereat mundus*）；但是，国家却没有权利以它所看护之国民的名义来说这样的话。
Morgenthau（1985：12）

与之相去甚远的公共领域之道德。政治伦理为一些私人道德所不能容忍的行为留下了空间。摩根索批评了那些认为有必要把政治伦理与私人伦理一致起来的理论家和实践者（如美国总统伍德罗·威尔逊等）。例如，在1917年对美国国会的一次著名的演说中，威尔逊总统就曾经说过，他觉察到我们正处在"一个时代的开端。在这个时代，我们将坚决要求：文明国家个人之间所遵守的行为标准和犯错误之后的责任标准，在各个国家及其政府之间也应该得到同样的遵守"（Morgenthau，1965：180）。

相关链接 3—6

尼克松总统论均势（1970年）
我们必须记住，在世界历史上我们唯一享有长期和平的时期，就是存在均势的时期。当一个国家开始不知收敛地寻求比其潜在的竞争者强大得多的优势时，战争的危险就上升了。所以，我信奉一个美国在其中（足够）强大的世界。我认为，如果我们有强大而又健康的美国、欧洲、苏联、中国与日本，它们既能相互制衡又不至于彼此打压，即处在均衡之中的话，这个世界就会是一个更为安全与美好的世界。
转引自 Kissinger（1994：705）。

摩根索认为，这种看法不仅是鲁莽的，也是不负责任的：它不仅在理智上是错误的，在道德上也是站不住脚的。这是明显的理智错误，因为它未能意识到政治所在之公共领域与私人领域（或家庭生活）之间的重要差异。在经典现实主义者看来，这种差异是根本性的。就像前面提到过的马基雅弗利的看法那样，假如一个统治者按照基督教的私人伦理来行动，他或她很快就会遇到麻烦，因为他或她不能指望其政治对手也按相同的基督教方式行事。因此，统治者按照私人伦理行事，就会出台鲁莽和不负责任的外交政策；而所有依靠这种政策的人，则都将承受它所造成的灾难。

相关链接 3—7

尼克松总统论美国的国家利益（1970年）
我们的目的……是以健全的外交政策来支撑我们的长远利益。政策，越是以对我们和他人的利益之现实评估为依据，我们在世界上的作用也就能发挥得越充分。我们不介入世界，是因为我们承担了（不介入的）义务；我们承担义务，则是因为我们已经介入了。我们的义务必须由我们的利益来塑造，而不是相反。
转引自 Kissinger（1994：711-712）。

极端地说，这样的政策一定是鲁莽的，而且会因鲁莽而造成道德上的失败，因为政治领导人对他们的国家和人民的安全与福利负有非常沉重的责任。他们不应该将自己的人民置于不必要的危险和苦难之中。有时，例如在危机期间或有紧急情况时，他

们有必要执行与参与按照私人道德来说是明显错误的外交政策或国际活动，如间谍、撒谎、欺骗、偷窃、阴谋等。如果按照私人道德来衡量，那么这里列举的几项活动（类似的活动还很多），往最好处说是令人疑虑的，而往最坏处说则是邪恶的。有时，为追求民族利益，他们不得不践踏人权，例如在战争时期。有时，为了更大的善，他们就得牺牲较小的善，或在两恶中择其轻者。对现实主义者来说，这种悲剧性的情势事实上是国际政治的一个确定性的特征，特别是在战争期间。在这里，摩根索重申了他对治国艺术之道德折中本质的洞见。这一点，古希腊哲学家柏拉图（Plato，1974：82，121）也注意到了，他的说法是“高尚的谎言”：“我们的统治者为了其臣民的利益，大概会不得不说相当多的谎话并搞相当多的欺骗吧。”

因此，对摩根索而言，治国方略的核心就是明智地承认，政治伦理与个人伦理是不同的，前者不能也不应被简约为后者；高效而又负责任的治国方略的关键，是接受权力政治这一现实并知道如何才能把它用得最好。这就涉及马基雅弗利主张的那种治国方略，以及霍布斯力荐之保卫国家和民族利益的行为（见表 3—2）。

这里还涉及了与负责任的治国方略有关的独特的政治伦理。有责任心的政治家不仅要有君主般的权宜行动自由，在采取行动时还必须充分了解：在对外事务中动用政治权力，会不可避免地涉及道德困境以及在道德上有污点的（有时甚至是罪恶的）行为。他们一旦有了这样的意识，即有时必须用政治目的（比如说在战争时期保卫民族利益）来正当化道德上有问题或有罪恶的手段（比如说瞄准和轰炸城市），就领悟了情境伦理（situational ethics）和“政治智慧”的那些指令：审慎、稳健、精明、刚毅、勇敢等。这些就是政治伦理的基本道德。它们并不排除罪恶行为；相反，它们强调了国际伦理的悲剧方面：它们承认了国际政治中道德困境的不可避免性，即为了防止更大的邪恶，有时就必须采取邪恶的行动。

表 3—2　　摩根索的新经典现实主义治国理念

人类本性	政治状况	政治操守
（基本情形）	（手段和处境）	（目标和价值）
● 权力欲	● 权力政治	● 政治伦理（审慎等）
● 自利	● 政治权力	● 人类需要（安全等）
	● 政治环境	● 国家利益
	● 政治技巧	● 均势

摩根索（Morgenthau，1985：4-17）把他的国际关系学理论浓缩为“政治现实主义六原则”。作为本节的结论，我们将其简要地重述于下。

● 政治根源于永恒不变的人类本性，它基本上是自我本位的、自尊自爱的与自私自利的。

● 政治是“一个自主的行为领域”，因而不能被简约为经济学（如马克思主义者所倾向的），或被简约为伦理学（如康德式的或自由主义的学者所倾向的）。国家领导人应该根据政治智慧的指令来行动。

● 自利是人类状态的一个基本事实：所有人在其自身安全与生存方面都有着最起码的利益。政治就是一个表现那些迟早一定会引起冲突的利益的舞台。国际政治是相互冲突的国家利益的角斗场。但是，利益并不是固定的：世事无常，利益会随着时间和空间而不断变化。现实主义就是反映不断变化着的政治现实的学说。

● 国际关系的伦理是一种政治伦理或情境伦理，它与私人道德有很大的区别。政治领袖没有同样的自由去做作为私人的公民所能做的事情。这是因为，政治领袖所肩负的责任比作为私人的公民的责任要重大得多：领袖要对依靠他或她的人民（当然，是他或她本国的人民）负责（responsible to）；领袖要为他们的安全和福利负责（responsible for）。负责任的国家领导人，不应该力求（笼统的）最好，而应该力求在环境许可的特定日子里做得最好。这种政治选择之受控境况，就是现实主义伦理的规范核心。

● 因此，现实主义者反对这种观点，即个别的国家——甚至是伟大的民主国家，如美国——可以把它们的意识形态强加给其他国家，并可以运用其力量来进行替天行道般的征讨，以实现其目的。现实主义者之所以反对，是因为他们把那种行为看成威胁国际和平与安全的危险举动，并认为那样做最终会引火烧身，威胁到征讨国本身。

● 治国是一种审慎而又平实的活动，从事这种活动要求对人类自身的诸多局限和不完善有深刻的认识。这种对人类的悲观认知，即把他们看成他们本身的样子而不是把他们看成我们所希望的样子，是一条潜藏在国际政治深处的令人不愿相信却又不得不面对的真理。

谢林与战略现实主义

经典和新经典现实主义者——包括修昔底德、马基雅弗利、霍布斯和摩根索——对国际关系学进行了规范分析和经验分析。在他们看来，权力不仅是政治生活的事实，也是一个政治责任的问题。确实，权力和责任是不能分割的概念。例如，均势不仅是一个经验表述，即说明世界政治必将像此概念所宣称的那样来运行，也是一个基本价值：就大国领导人而言，它是负责任的治国方略的一个正当目标和指南。换句话说，对于经典现实主义者来说，均势是一个合意的制度和一件值得为之努力的好事，因为它能防止任何一个大国对世界进行霸权统治；它能维护国际和平与安全这些基本价值。

自20世纪五六十年代以来，一种新的现实主义方法出现了。作为行为主义革命的一个产物，它力图把国际关系学变成一种实证主义的社会科学。当代的许多现实主义者都在寻求对世界政治的经验分析。但是，他们却抑制了对世界政治的规范分析，因为这被认为是主观的，因而也是不科学的。这种研究世界政治价值的态度，一方面划清了经典和新经典现实主义的根本界限，另一方面也划清了当代战略现实主义与新现实主义的根本界限。在这一节，我们将以托马斯·谢林（Thomas Schelling，1980，1996）的思想为例来考察战略现实主义（strategic realism）。谢林并不很在意现实主义的规范方面，尽管他确实注意到了它在背景中的存在。在下一节，我们将转到与肯尼思·沃尔兹（Kenneth Waltz，1979）关联最大的新现实主义。沃尔兹趋向于忽略现实主义的规范方面。

战略现实主义主要聚焦于外交政策的决策过程。当国家领导人面对基本的外交和军事问题时，假如他们希望获得成功的话，就必须战略地（即工具性地）思考问题。而谢林（Thomas Schelling，1980，1996）要做的，就是为战略思考提供分析工具。他把外交和外交政策，特别是大国、尤其是美国的外交和外交政策，视为理性—工具性的（rational-instrumental）活动，并认为通过运用一种被称为“博弈论”的逻辑分析方式，这些活动就可以得到更为深入的理解。他对自己的思想作了如相关链接 3—8 所示之归纳（见网络链接 3.11，3.12 和 3.13）。

相关链接 3—8

谢林论外交

外交就是一种交易。它所寻求的结果，虽然对每一方来说都不够理想，但对双方而言却又都比用其他方法所能得到的要好一些……交易可以是有礼貌的或是粗鲁的；可以实施威胁或变动价码；可以接受现状或无视所有的权力与特权；可以假装不信赖而非信赖。但是……必须有某种共同的利益，哪怕仅仅是对相互损害的避免，以及一种把另一方对更有利之结果的需要当成本方也可以接受的意识。一个国家即便拥有足够的军事力量，也不见得就不需要交易。

Schelling（1980：168）

谢林使用的核心概念是“威胁”。他的分析集中在政治家如何才能理性地应对核战争的威胁和危险上。例如，在谢林（Thomas Schelling，1980：6-7）关于核威慑的著作中，他就提出过重要的看法：

> ［核］威胁……的效能，或许取决于潜在之敌能有什么样的备用手段，假如它不像落入陷阱的狮子那样来反应，就一定还留有某些尚能凭借的逃生手段。于是，我们开始意识到了全面报复的威胁……淘汰不那么起作用的行动方针，迫使它在两种极端之间作出选择……［并且］还可以诱使它率先发起攻击。

这是战略现实主义的一个很好的例子。战略现实主义主要关注如何明智地使用权力以使我们的军事对手做我们所希望的事；更重要的是，要避免它做我们所担心的事。1963 年肯尼迪总统所作的声明（见相关链接 3—9），还给出了高度武装的核大国之间也需要进行交易的一个例子。

对于谢林来说，外交政策活动在技术上是工具性的，因此也就不受道德选择的约束。它主要关心的不是什么是好的或什么是对的，而是这样的问题，即：究竟需要些什么，我们的政策才能取得成功？这类问题与马基雅弗利在前面提出的那些问题是很相像的。谢林（Thomas Schelling，1980）凭借敏锐的洞察力，鉴别与剖析了种种理性选择的机制、战略和步骤。这些如果能被主要大国采用，就不仅可以促成合作，还可以在一个由核武装国家构成的充满冲突的世界上避免灾难。但是，谢林并没有像马基雅弗利那样把他的工具性分析建立在某种政治伦理或者公民道德的基础之上。外交政策中极为重要的规范性价值被视为理所当然的事。这一点，一方面显示了经典和新

相关链接 3—9

肯尼迪总统论美苏关系（1963 年）

在［美国和苏联］人民中间有许多特性是相同的，没有人能比我们两国更憎恶战争的了。在主要的世界大国中，我们彼此之间从未有过战争，这几乎是独一无二的。

今天，如果全面战争再度爆发的话——不管它会怎么样——我们两个国家都必将成为主要的目标。两个最强的大国，却又是大浩劫中（处境）最危险的两个国家。这是一个讽刺，但又是确凿的事实……我们双方都卷入了一个险恶的循环之中：一方之疑虑将导致另一方之疑虑；新的武器将引出抵消它的武器。简言之，美国及其盟友与苏联及其盟友这两边，在实现公正、真实之和平与停止军备竞赛方面，具有深层次的共同利益。

那么，就不要让分歧蒙住我们的眼睛吧；就让我们把注意力转向我们的共同利益，并转向那些能化解分歧的手段吧。而且，即使我们现在还难以消除我们的分歧，我们也至少可以使多样性安存于这个世界。

转引自 Kegley and Wittkopf（1991：56）。

经典现实主义之间的重要区别，另一方面又显示了当代战略现实主义与新现实主义之间的区别。

对于一个像美国这样的大国而言，外交政策的决定性工具之一就是武装力量。而战略现实主义与众不同的关注点之一，也正是外交政策中的武力使用问题。谢林在对这个问题的思考上贡献颇多。他注意到（Thomas Schelling，1996：169-170），暴力与胁迫力之间有重要的区别，即“在夺取你想要的和让人给你想要的之间”的区别。他进而说道“当使用暴力能获得成功，而保留具有伤害性的权力也能如此时，则保留权力才是最大的成功。正是这种伤害的威胁……能使一些人屈服或顺从”。他又补充说，为了使我们的胁迫工具富有成效，“我们需要知道对手珍视什么与害怕什么”，我们还需要清晰地传递给他“什么将［使他］遭受暴力打击之苦，什么又会使暴力引而不发”的理念。

谢林接着提出了一个根本的现实主义观点：为了使胁迫有效，就“要求我们的利益与我们对手的［利益］并不是绝对相反……胁迫要求找到交易（机会）”。胁迫，是一种将对手引入交易关系并使其做我们想让其做的事情而又不需要强制（即使用暴力）的方法。强制，通常要困难得多，低效得多，也危险得多（见网络链接 3.15 和 3.16）。在相关链接 3—10 中，谢林（Thomas Schelling，1996：181）概括了他对现代暴力外交的分析。

相关链接 3—10

谢林论外交与暴力

把权力用于伤害在战争中并不新鲜，但是……现代技术……增强了把战争与战争威胁作为影响而非毁灭，作为胁迫和威慑而非征服与抵抗，作为交易和暗示……之手段的重要性……战争看起来已不再仅仅是一种力量角逐。战争与战争边缘（行动）更是关乎勇气和冒险、痛苦和忍耐的一种较量……战争威胁总是潜伏在国际外交的背后……军事战略再也不会被认为是……关于军事胜利的科学。它现在几乎就等于（如果不高于的话）胁迫、恐吓与威慑的艺术……军事战略……已经成为一种暴力外交。

Schelling（1996：168，82）

显然，马基雅弗利和谢林的现实主义理论有着惊人的相似之处。然而，与马基雅弗利不同，谢林（Thomas Schelling，1980）的战略现实主义向来不探究外交政策伦理，它只预设基本的对外目标，但并不加以评论。尽管他的论点涉及了外交政策的规范方面以及在一个由超级核大国组成的危险的世界上推行明智战略的正当性，但这些大都是暗含在字里行间的。谢林相当爽快地道出了战略现实主义内核中的“肮脏”与“敲诈勒索”之处。但是，他既没有探究为什么这样的外交会被称为“肮脏”的或“敲诈勒索”的，也没说明这种外交能否被正当化。在这个重要的方面，谢林的现实主义与马基雅弗利的现实主义是根本不同的（见表3—3）。

表3—3　　现实主义的治国方略：工具现实主义和战略现实主义

	马基雅弗利之复兴治国方略	谢林之核治国方略
模式	工具现实主义	战略现实主义
手段	力量和狡诈 机会主义和运气	才智、勇气和冒险 胁迫的逻辑与艺术
目标	安全和生存	安全和生存
价值	公民道德	价值中立；非劝导性的

因此，战略现实主义预设了价值判断并带着规范性的意味。但是，与经典现实主义不同，它并没有去考察或探究它们。例如，谢林（Thomas Schelling，1980：4）很清楚地意识到，理性行为不仅受清醒的收益计算的驱使，而且也受“清晰的与内在一致的价值体系”的推动。但是，除了明确行为是与价值（比如至关紧要的国家利益）相关联的以外，谢林并没有对价值体系的作用进行清晰的探讨。核战略所涉及的特定价值之特点和操作方法（modus operandi）——威胁、互不信任、承诺、报复，等等——并没有被探究。他认为价值是给定的并把价值当成工具来对待。换句话说，谢林提出的外交决策者应当（ought）如何行为的那些根本点并没有被探讨、阐明甚或被提出来。他提供的是一种战略分析，而不是一种国际关系学的规范理论。这也是国际关系学中许多当代现实主义理论的一个特征。

至此，我们就可以总结经典或新经典现实主义与当代现实主义之间的根本差异了。这也正是谢林与马基雅弗利截然不同的地方。对于马基雅弗利来说，民族的生存和繁荣是至关重要的。国家领导人的责任就是要创造出合意的政治状态，而这种状态是需要由公民的（即政治的）道德来加以支撑的。经典现实主义者明白，基本价值在世界政治中是关系重大的。因此，他们毫不隐讳地关注这些价值，并提出了一种政治的与伦理的国际关系学理论。当代现实主义者对这些价值大都保持沉默，并且有一种把它们或多或少地视为理所当然的意思。他们既不对这些价值发表评论，也不打算将它们纳入其现实主义的国际关系理论之中。他们非常轻视政治目的，因而大都把自己的分析局限在政治的结构与过程方面。这从我们对当代新现实主义的简明分析中就可以看得出来。

沃尔兹与新现实主义

肯尼思·沃尔兹（Kenneth Waltz，1979）无疑是最主要的当代新现实主义思想家（见表3—4）。他把经典和新经典现实主义的一些要素，例如独立国家是在国际无政府体系内存在并发挥作用的，当成了他自己的出发点。但是，由于他忽视它们对规范的关注，并试图提出科学的国际关系理论，他又离开了现实主义的传统（见网络链接3.18）。与摩根索（Morgenthau，1985）不同，沃尔兹既不考虑人类本性，也不理会治国伦理（ethics of statecraft）。沃尔兹的《国际政治理论》（Kenneth Waltz，1979）试图提出一种对国际政治体系的科学解释。他的解释方法深受经济学实证主义模式的影响（见第十一章）。一种国际关系的科学理论，可以引导我们以某种可预言的方式来料想国家将如何行为。在沃尔兹看来，最好的国际关系理论就是以体系中的结构、结构中的互动单元以及体系的持续和变化为研究焦点的理论。在经典现实主义看来，国家领导人及其国际决策和行为是关注的焦点。相反，在新现实主义看来，外在于行为体的体系结构，特别是权力的相对分布，才是主要的分析焦点；相对来说，行为体并不重要，因为结构能迫使它们以某种方式来行为。结构或多或少地决定着行为（见相关链接3—11）。

表3—4　　沃尔兹的新现实主义理论：结构和结果

国际结构 （国家单元与国家间关系）	国际结果 （国家竞争的效应）
国际无政府状态	均势
作为“相似单元”的国家	国际循环与重复
不平衡的国家能力	国际冲突，战争
大国关系	国际变化

根据沃尔兹的新现实主义理论，国际关系的基本特征就是存在于国家之间的无政府状态下的分权结构。国家在所有基本功能方面都是相似的，也就是说，尽管它们有不同的文化或意识形态或制度或历史，它们都必须承担某些相同的基本任务。所有国家都必须征税，推行外交政策，如此等等。国家之间的显著区别，仅在于其相去甚远的能力差异。用沃尔兹自己的话来说，国际体系中的国家单元“主要是以它们完成相似任务之能力的或大或小来区分的……体系结构是随着单元之能力分布在整个体系中的变化而变化的”（Kenneth Waltz，1979：97）。换句话说，当有大国兴起与衰落而均势也发生相应的转变之时，国际变化就出现了。这种变化的典型方式就是大国之间的战争。

相关链接3—11

沃尔兹论结构的重要性

利益，无论是统治者的利益还是后来的国家利益，都为行动提供了原动力；政策的必然性，产生于国家之间不受约束的竞争；基于这些必然性来进行算计，就能找到最符合国家利益的政策；成功是检验政策的最终标准，但成功是由国家之保存和强化来界定的……结构的限制性因素所能解释的，就是这些方法被反复使用的缘由，尽管其用法会因国因人而有所不同。

Waltz（1979：117）

如上所言，大国在决定国际体系结构的变化方面是极为重要的。国家之间能够形成均势，但在无政府体系内战争的可能性也总是存在的。沃尔兹区分了两极体系（如存在于美苏冷战时期的体系）与多极体系（如存在于冷战爆发之前和结束之后的体系）。沃尔兹相信，两极体系更加稳定，因而比多极体系更能保障和平与安全。“（世界上）只有两个大国，因而我们可以指望它们都以维护体系的方式来行为”（Kenneth Waltz，1979：204）。这是因为，它们在维护这个体系的同时也在维护着自己。由此看来，冷战时期是一个国际稳定与国际和平的时期（见相关链接 3—12）。

相关链接 3—12

约翰·加迪斯对于冷战期间长期的两极和平的描述

1. 战后的两极体系如实地反映了第二次世界大战之后军事权力归于何处之事实……

2. 1945 年以后的两极结构很简单，不需要复杂的领导体制来维持……

3. 由于结构相对简单，在这种两极体系下的联盟比 19 世纪以及 1919—1939 年期间的联盟更趋于稳定。令人吃惊的是，北大西洋公约组织存续的时间与第一次世界大战以前最稳定的联盟（德国和奥匈帝国的联盟）一样的长久；它几乎是法俄同盟寿命的两倍，同时肯定比两次大战之间的任何煞费苦心的结盟都要更加持久……

总之，虽然未经任何人的设计……但战后时代的国家都碰巧进入了这样一种国际关系的体系之中。这是因为，这个体系是以权力现实为基础的，有维护秩序的功用——即便说不上是正义的，也比人们所预期的要好。

Gaddis（1987：221-222）

如上所示，沃尔兹是以经典和新经典现实主义为出发点，来提出他的某些核心思想和假设的。例如，他采纳了国际无政府状态的概念并把注意力排他性地集中于国家。他也很在意无政府的国家体系的中心活动：权力政治。他假定国家的根本关切点是安全与生存；他还假定大国冲突的主要问题是战争，大国间的国际关系的主要任务是和平与安全。

但是，沃尔兹在一些基本方面却背离了经典和新经典现实主义，这使他的方法不同于比如摩根索的方法。他没有像摩根索那样对人性展开讨论，甚至连谢林那样清楚的人性假定也未提出过。他把注意力集中于体系的结构，而并不在意创造体系或操纵体系的人类。国家领导人是国家体系的结构及其决定论逻辑的囚徒。他们在实施外交政策时，必须听命于这种结构逻辑。沃尔兹的理论中没有为独立于体系结构的外交政策制定留下空间。沃尔兹关于国家领导人在实施外交政策中的作用的意象，差不多就是一种机械的意象，在其中领导人的选择取决于他们所面对的国际结构的种种限制。

与谢林的战略现实主义不同，沃尔兹的新现实主义并没有为面临世界政治实际问题的国家领导人提供明确的政策指导。沃尔兹大概认为他们几乎或根本就没有选择，因为他们都必须在国际结构的限度内作为。沃尔兹（Kenneth Waltz，1979：194-210）确实提到过“国际事务管理”方面的问题。但是，在他的讨论中，关于结构如何限制外交政策的内容，要远远多于谢林所熟知的外交政策的逻辑与艺术。谢林在论述中启用了一个概念：情境选择（situated choice），即领导人根据其所处之场景和环境所作的理性选择。这种选择可能会受到环境的严格限制，它可能做得很机智或很愚蠢，可能做得很巧妙或很拙劣，但它毕竟也是一种选择。沃尔兹的新现实主义为治国方略和外交所提供的余地要少得多。从根子上讲，沃尔兹关于结构决定政策的论点是一种决定论。在这个重要的方面，它背离了以治国方略政治学和伦理学（Morgenthau，1985）为焦点的经典现实主义与新经典现实主义。

然而，就在沃尔兹新现实主义文本的深处（偶尔也在表面上），却存在着对国际政治的伦理方面的认同。这与经典现实主义的国际关系学实际上是吻合的。沃尔兹所使用的核心概念有其规范的一面。例如，他运用了国家主权的概念："说一个国家是主权国家，就意味着由它自己来决定如何应对其内部和外部的问题。"（Kenneth Waltz，1979：96）于是，国家主权意味着处于能够做决定的位置，即一种通常用"独立"（主权国家被假定是独立于其他主权国家的）这个概念来表示的地位。但是，什么是独立？沃尔兹（Kenneth Waltz，1979：88）说，每个国家在形式上"都与其他国家平等。没有任何国家有权利发号施令；也没有任何国家必须唯命是从"。但是，把独立说成一种"权利"，也就注意到了一种已经被认可了的规范（norm）。在这里，规范就是"平等"的国家主权，因为说国家在形式或法律上是相互平等的，就不仅是在作一个经验陈述，也是在作一个规范陈述。对于沃尔兹来说，国家一律平等只是形式上和法律上的；它们在实质上或内容上是不平等的，而且往往还是深刻的不平等。可用来解释国际关系的，正是国家之间的权力差异。沃尔兹还认定，人们值得为国家而斗争。这暗含着国家安全与生存那样的价值。但是，不同于经典与新经典现实主义，沃尔兹并没有明确地讨论那些价值，而只是把它们视为当然。

沃尔兹（Kenneth Waltz，1979：113）也运用国家利益这一概念。他指出，"每个国家都要策划它认为能最好地服务于其利益的行动方略"。对于经典现实主义者来说，国家利益是负责任的外交政策的基本指针：它是一个必须由国家领导人维护和促进的道德观念。然而，在沃尔兹看来，国家利益好像发挥着一种自动信号的作用，它指示着国家领导人什么时候动和往哪里动。这里的不同是：摩根索认为，国家领导人有义务参照国家利益所确定的指导方针来推行外交政策，如果他们做不到，就会受到谴责；沃尔兹的新现实主义理论则假设他们总会或多或少自动地那么去做。因此，摩根索把国家看成受领导人指引的组织：领导人的外交政策是否成功，取决于他们的决策是否机敏与睿智；沃尔兹则认为国家只不过是对非人格的约束作出反应并任凭国际体系摆布的结构。

类似地，沃尔兹也指出，国际体系是由大国来管理的（Kenneth Waltz，1979：195）。经典和新经典现实主义认为，大国应当管理这个体系；如果大国管理不当，即当它们不能维持国际秩序时，它们就会受到指责。大国必须是肩负伟大责任的国家。这个观点，不仅是传统现实主义的理念，也是国际社会理路的核心观念（见第五章）。大国，根据沃尔兹的理解，"在其所处之体系内有重大的利害关系"，因此，对它们而言，管理体系不仅是可能的，也是"值得"的。这再清楚不过地表明，沃尔兹是看重国际秩序的。同样清楚的是，他确信国际秩序在两极体系中要比在多极体系中更容易实现。这也就显露了他的规范价值。在这里，我们碰到了新现实主义与经典或新经典现实主义间的一个根本区别。沃尔兹把它当成给定的、必定的；摩根索和经典现实主义者却把它看做评判大国外交政策的一个重要规范。

正是在这一点上，新现实主义的独特之处显现了出来。沃尔兹想为国际政治提供一种科学的解释（explanation），这是从经典和新经典现实主义的政治与道德理论出发迈出的一大步。但是，他既不能避免规范的关切，又不能逃避作出含蓄的规范假设。他的整个理论就建立在传统现实主义的那种规范基础之上。因此，尽管他并不直截了当地提及价值或伦理并回避规范理论，但他所使用的基本假设和概念以及他所关注的基本国际议题却都是规范性的。在这个方面，他的新现实主义与经典和新经典现实主义的距离，并不像他所声称的科学理论所暗示的那样巨大。这足以提醒人们：科学的解释也会频繁地涉及规范和价值（见第九章）。

新现实主义的稳定理论

战略现实主义（Thomas Schelling，1980；1996）和新现实主义（Kenneth Waltz，1979），都与冷战有内在的联系。这两种不同寻常的国际关系学理论，都是对这一特殊的（如果不是独一无二的）历史局面的反映。由于受国际关系学中行为主义革命（见第二章和第十一章）的强烈影响，这两个理论都曾尝试用科学方法来解答美苏冲突所带来的理论和实践问题。谢林想要展示的是，一种基于博弈论的战略概念何以能被用来透视两个超级大国之间的核对抗；而沃尔兹想要展示的是，结构分析何以能解释冷战（见网络链接 3.20）期间由美苏对抗导致的“长期和平”（Gaddis，1987）。因此，冷战的结束提出了这样一个重要的问题：这些形成于现代国际关系史上可以被当做一个例外的时期的现实主义理论难道还有什么发展前途吗？在这一节，我们将结合新现实主义来讨论这个问题。

约翰·米尔斯海默（John Mearsheimer，1993）在一篇曾引起广泛争议的论文中，拾起了沃尔兹（Kenneth Waltz，1979）的新现实主义论点，并用它来分析过去和未来。他断言，新现实主义在实质上仍然具有解释国际关系的能力：新现实主义是一种除冷战以外还能适用于其他历史情形的普遍理论。他还认为，新现实主义能被用来预测超越了冷战的国际关系史进程。

米尔斯海默的论述，是建立在沃尔兹（Kenneth Waltz，1979：161-193）关于两极体系比多极体系更为稳定（在上一节有简要论述）的论点基础之上的（见网络链接 3.22）。这两种结构被认为可能是独立国家间主要的结构性权力安排。如前所述，沃尔兹声称两极体系优于多极体系是因为它们更加稳定，因而也更加和平与安全。可以用来说明两极体系更加稳定与和平的基本理由有三：第一，大国冲突的数量更少，这就降低了大国战争的可能性；第二，两极体系更容易发挥威慑体制的效力，因为涉及的大国更少了；第三，错误估算和意外事故的机会更低，因为只有两个大国主宰着这个体系。这也就是说，能够扣动扳机的手指头更少了。简言之，两个对抗中的超级大国都能够全神贯注地始终盯住对方。但如果大国很多，像 1945 年以前的世界和尚无定论的 1990 年之后的世界，那么就会出现分心和迷惑（John Mearsheimer，1993：149-150）。

米尔斯海默（John Mearsheimer，1993：141）提出的问题是：如果两极体系被多极体系所取代，将会发生什么？这种根本性的体系变化将如何影响冷战后欧洲和平的机会与战争的危险呢？米尔斯海默回答如下：

> 假如这一幕上演……欧洲出现重大危机和战争的前景将可能显著地增加。没有超级大国存在的欧洲在下个十年中可能不会像本世纪头45年那样充满暴力，但在实质上肯定比过去的45年更加倾向于暴力（John Mearsheimer，1993：142）。

这种悲观结论的依据是什么呢？米尔斯海默（Mearsheimer，1993：142－143）说，军事权力的分布和性质是战争与和平的主要源泉。他特别指出，1945—1990年间的“长期和平”的产生有三个根本性的重要条件：欧洲军事权力的两极体系；美苏之间在军事上的大致均衡；两个相互竞争的超级大国都有令人震撼的核武库这一现实。超级大国从欧洲核心地带一撤出，就会出现一个由五个主要大国（德国、法国、英国、俄罗斯，或许还有意大利）和许多小国构成的多极体系。这个体系将“倾向于不稳定”的。“超级大国的离开，也会使现在部署在中欧的大的核武库随之撤出。这无异于把这些武器曾经在欧洲政治中发挥的绥靖效用给消除了。”（John Mearsheimer，1993：143）

于是，在米尔斯海默（John Mearsheimer，1993：187）看来，美苏之间的冷战“是将一个在历史上充满暴力的区域转变为一个非常和平的地带的主要原因”（见表3—5）。米尔斯海默论证说：两极冷战秩序的崩溃和多极欧洲的产生不仅会造成很不尽如人意的转变，即把欧洲拖回到无政府状态和不稳定的痛苦老路之上，甚至还有使国际冲突、危机和可能的战争死灰复燃的危险。他提出了如下非常有争议的论点：

> 西方在维护欧洲的和平方面有利益。那么，它在维护冷战秩序方面就有利益，因而在继续冷战对抗方面也有利益。导致这种对抗走向终结的发展是危险的。

为了得出结论，我们应该注意：自冷战结束以来，米尔斯海默的论点在一些地区看上去得到了事件的证实，而在另一些地区好像又被事件所否定了。他的假设好像被前南斯拉夫（克罗地亚、波斯尼亚和黑塞哥维那、科索沃）以及前苏联（阿塞拜疆、亚美尼亚、格鲁吉亚、摩尔多瓦，以及俄罗斯本身——在车臣）爆发的冲突与战争所证实了。在那些地方，两极体系再也不能强加和平，因为那个体系已经被容易引发冲突和不稳定的多极体系取代了。

表3—5　　米尔斯海默的新现实主义稳定理论

稳定的两极体系的条件	不稳定的多极体系的条件
● 冷战期间的欧洲	● 1945年以前和1990年以后的欧洲
● 两个超级大国	● 几个大国
● 超级大国的大致平衡	● 不平衡与均势的转变
● 核威慑	● 常规军事竞争
● 征服是困难的	● 征服不那么困难也更具诱惑性
● 超级大国有规矩	● 大国无规矩并有冒险倾向

然而，值得指出的是，这些地方都位于中欧这个核心地带以外，而这里才是新现实主义关于后冷战时代不稳定的论点所适用的最主要的地区。20世纪50年代末以来，欧洲的这个部分已经出现了某些完全不同的情况。这也给米尔斯海默关于两极的假设提出了问题：以德法合作为核心的欧洲民族国家的一体化发展成为欧洲联盟；它们在过去几十年里已经在欧洲的核心地带创造了实质性与持久性的和平。换句话说，欧洲联盟展示了欧洲大国和小国之间的一种和平与繁荣的国际关系。这一事实，如果没有否定，也至少考验了新现实主义关于两极产生稳定与多极引发不稳定的假设。

米尔斯海默的论点也提出了现实主义应该如何理解后冷战时代这个重大问题。关于冷战后的大国关系，有两场大的论战已经提供了深刻的见解。第一场论战有关北约(the North Atlantic Treaty Organization，NATO)的东扩，即它把东欧国家——其中的大多数是冷战结束后不复存在的由苏联支配的华约（Warsaw Pact）的前成员国——吸收进来。第二场论战关系到美国在国际体系中的至上地位，以及这是否会刺激别的国家形成一个反对美国主宰的新均势。此后的两节将讨论这些问题。

冷战后的现实主义：北约东扩问题

1995年，北大西洋公约组织进行了一项关于北约扩大到东欧的研究（见网络链接3.24)。研究结论是：冷战的结束为增进整个欧洲—大西洋（不只是西欧和北美）地区的安全和稳定提供了独一无二的机会。该研究进而推定：扩大将推进东欧的民主改革。其应有之义包括：建立“对军队的文官控制与民主控制”，在联盟的新老成员之间培育“合作、协商与共识建构关系的风范和习惯”，并“推进邻国间的友好关系”。它还将增强“在防务计划与军事预算方面的透明度”，从而建立有关国家间的信任，并“将强化日益紧密的欧洲一体化与合作的总趋势”。该研究总结说，扩大将增强联盟为欧洲与国际安全作贡献的能力，而且也将加强与扩展跨大西洋伙伴关系（见相关链接3—13)。

相关链接3—13

支持北约东扩

如果能够在威慑、确保以及外交联系之间保持适度平衡的话，北约东扩就能给所有欧洲国家带来更大的安全。支持北约东扩的最有力的论据是：下一场战争可能缘起于中欧国家对安全之不协调的追求而非俄罗斯无缘无故的敌对行为。中欧国家对于它们未来安全的担忧并不是毫无道理的。反对北约东扩的人们贬低甚至无视这些恐惧可能造成的后果。北约东扩成功的关键，是要推行一种既能调和所有中欧国家的外交政策又能确保其安全的外交方略。

Ball (1998：67)

自1949年成立以来，北约已由12个创始成员国扩大到了2005年的26个成员国。北约的12个创始国是比利时、加拿大、丹麦、法国、冰岛、意大利、卢森堡、荷兰、挪威、葡萄牙、英国与美国。北约的第一轮扩大发生于1952年，当时它吸收了希腊和土耳其，从而将其范围扩展到了东南欧并与中东接壤。三年之后，在1955

年，联邦德国成为北约的第15个成员国。1982年，西班牙加入，成为北约的第16个成员国。这些扩大并没有引起争议，因为它们被看成北约为对抗和遏制苏联及其组建之华沙条约组织（见网络链接3.25）的一种自我努力。

根据北约的条约，扩大仍处于进行之中。该条约的第10款宣称，成员资格将向任何“能够促进本条约的原则并能够为北大西洋地区的安全作贡献的欧洲国家”开放。后冷战时代又见证了新的北约向东欧的扩张。在1997年的马德里联盟首脑会议上，捷克共和国、匈牙利与波兰应邀开始入盟谈判，并于1999年3月12日成为加入北约的首批前华约成员国。2004年3月，保加利亚、爱沙尼亚、拉脱维亚、立陶宛、罗马尼亚、斯洛伐克与斯洛文尼亚七个国家又加入了联盟。看北约的架势，像2005年那样的扩大“或许并非最后一次”，就在那时，北约已在考虑阿尔巴尼亚、克罗地亚和马其顿三国的成员资格问题，并为它们提供协助“以达到北约的标准并为将来可能的成员资格做准备”。与先前在冷战时期的扩大不同，北约把前苏联势力与控制范围的东欧地区囊括进来，这不仅在俄罗斯而且在美国和西欧都引起了争议。

北约的扩大在某些方面是一个技术含量很高的话题，涉及如何装备、部署与把不同国家的军事力量整合成一个有效的军事联盟的复杂问题（见网络链接3.27与3.28）。但是，争论的核心却是关于军事战略的问题及其最终涉及的最高层次的国际政治问题。归根结底，关于北约东扩的争论有两种对立的论点，两种论点都显示了现实主义的意见和关切。这场争论表明，现实主义内部可以有论战，这也意味着本书所讨论的每一种国际关系理论内部也一样。下面，我们就来概述论战双方的观点（见网络链接3.29与3.30）。

那些赞成北约东扩到东欧（Ball，1998：52-67）的人声称，东扩的“主要目标”是更大的区域安全。他们的论点基于这样一种主张，即北约东扩可以威慑俄罗斯，使它无意于或不敢通过领土变更来收回失去的领土或威逼其邻国。东扩，通过为北约的东欧新成员国以及这个地区的非北约成员国（比如乌克兰）提供保证（reassurance），也有助于这个地区的和平与稳定。如果北约向东扩展，俄罗斯就将不得不考虑这样一个战略事实，即它对其邻国的任何威胁使用武力或使用武力的行为都将招致这个联盟的反应。只要北约在这个地区，俄罗斯就将不得不停止任何这类威胁或行动并考虑其后果。它不能胁迫其弱小的邻国，如波罗的海的各共和国（立陶宛、拉脱维亚与爱沙尼亚）。

支持者还说，北约东扩也会给俄罗斯带来利益。例如，它会抑制俄罗斯的东欧邻邦如波兰，利用俄罗斯任何弱点来激发地区的不稳定举动。换句话说，它将把那些对俄罗斯充满历史疑虑、恐惧甚至是敌意的东欧国家置于西欧的积极控制之下。它也会阻止东欧国家在联盟之外寻求安全。那么，假如那些国家都变成了北约的成员国，它们就不必再为自身的安全担心。它们既不会受可能引起区域不稳定之民族主义或沙文主义的教唆；也不会试图去发展和装备核武器。它们既不会试图在它们中间形成联盟，从而使建立一个区域性安全共同体的任务复杂化，也不会促使一个统一的德国在这一区域扮演更加独立的安全角色。假如北约能够看管住这个区域，任一东欧国家独行其是并成为其余国家之问题的这一风险就将会被避免。而且，区域军备竞赛的风险，即使不会被消除，也会被降低，因为北约能够确保那些武器装备与联盟的总体防御目标相一致。

支持者论证说，北约东扩将会在很大程度上先发制人地防止俄罗斯为了自身安全而采取任何冷战意义上的计划和行动，即如一位美国国务院高官所说的那样“一个错误——把［俄罗斯］的安全确立在损害别人安全的基础之上”（Strobe Talbott，quoted by Ball，1998：60）。相反，由于北约的出现，俄罗斯与西方国家之间将出现更多的合作机会而非竞争性的安全筹划。俄罗斯在安全上的单边主义将会减少；协商将会增加。在协商与一致的气氛中比在对抗和怀疑的气氛中，俄罗斯和北约达成降低东欧军备水平的协议的可能性将会大很多。简言之，如果北约不扩大的话，东欧地区的安全以及该地区以远的国际秩序和稳定都可能会更糟，即可能更无确定性、更具刺激性、更无可预见性、更具火药味，说到底，会更具危险性。

反对北约东扩的人也表达了他们认为是非常重要的几点忧虑（见相关链接 3—14）。1997 年 7 月，在一封致美国总统克林顿的公开信上，一个由 50 名杰出人士组成的团体就曾联名反对北约扩张。这些人包括前美国参议院议员、前政府的内阁成员、大使、军备控制专家、外交政策专家。他们直截了当地指出：“美国当前领导的北约扩张计划……是一项具有重大的历史性错误的政策”（McGwire，1998：23，42）。他们的消极估计有四个基本论据。

相关链接 3—14

反对北约东扩

俄罗斯的极端民族主义者弗拉基米尔·日里诺夫斯基（Vladimir Zhirinovsky）星期六说，如果任何东欧国家试图加入北约，那么东欧就将变成另一次世界大战的战场。日里诺夫斯基说：“我们的邻国必须明白，如果它们让北约的士兵逼近俄罗斯的边境，那么俄罗斯就将把北约与那些置世界于战争边缘的国家一同毁掉。”

尽管没有人走得像煽动者日里诺夫斯基那样远，但许多俄罗斯领导人，包括鲍里斯·叶利钦（Boris Yeltsin）总统，都强烈地反对北约所主张的东扩。

美联社：1996 年 2 月 11 日。

第一，北约东扩将把“整个冷战后安排”置于令人怀疑的境地（McGwire，1998：23）。这是因为，它将威胁到俄罗斯。它不仅会戏剧性地伤害那样一批俄罗斯政治家和官员：他们赞成与美国建立更为亲密与更为合作的关系；他们要引导俄罗斯的民主改革以使其政治制度与西方的制度更为紧密地匹配起来。俄罗斯已经对北约东扩的前景表达了深切的关注。假如它的关切被忽视了，那么俄罗斯人就会形成西方不严肃对待俄罗斯并蔑视其基本安全利益的印象。扩张还会损坏北约所自诩的形象——一个纯粹防御性的与爱好和平的联盟。它会激起许多俄罗斯政治家的对抗情绪，并给那些反对与美国协商以裁减核武器和其他战略性武器的人打气撑腰。它会增强包括共产党人在内的那些反对俄罗斯民主改革的政党和政治家的力量。简言之，北约扩大到属于前苏联势力范围的东欧地区，可能会使俄罗斯所有反对本国与西方（特别是美国）发生更密切合作的民族主义者和排外性政治势力联合起来。一个真实而又令人深为忧虑的可能性是，它会再次引起东西方之间的冷战对垒。

第二，北约东扩会在那些加入北约的前苏联卫星国（波兰、捷克共和国、斯洛伐克、匈牙利）和留在北约之外的前苏联卫星国之间划一道新的、深刻的裂痕。这会降低那些没有被包含在北约之内的国家的安全：它们只得自己保卫自己，或许也会寻求其他安全联盟的保护。其结果不会是和平，而是更大的不稳定。

第三，从北约内部来看，扩大会从最根本上削弱该联盟的可信性：其无条件地保卫所有成员不受攻击的诺言。根据这个观点，当该联盟东扩时，它保卫其成员国安全与独立的能力将会下降；而且如果它实施东扩引发了与俄罗斯发生全面战争的风险，那么它保卫成员国的政治意愿也会随之下降。这个观点所考虑的重要因素是，那些即将成为北约成员国的国家，有的在地理上太临近俄罗斯；有的对俄罗斯怀有强烈的历史怨恨和憎恶情绪；有的国内存在俄罗斯少数民族的问题；有的仍保持着不稳定和不发达的政府体制。换句话说，那些国家处境尴尬，具有不幸的历史记忆，并缺乏成为联盟可靠成员的政治基础。“北约可能会掉入中欧［成员］国家的陷阱”（Ball，1998：49）。

第四，北约东扩到那些本来就更不稳定且更难以防御的欧洲区域，可能还会危及美国对该联盟的许诺。那是因为，在美国的政治文化中的孤立主义始终潜存着，有时还很活跃。这可能是该联盟最致命的弱点，因为美国过去一直是而且将来还会是北约作为一个成功的防御性军事组织的政治和军事的关键。北约的扩张可能会极大地鼓舞美国的孤立主义，而这将给国际和平与安全以致命的一击。

这场重要历史性争论对冷战后的现实主义究竟意味着什么呢？它清晰地揭示了国际关系学者经常搞不清楚的一个基本点，即：现实主义者之间可以就外交政策的重要议题形成重大分歧。两种观点的价值取向基本上都是现实主义的：它们都关注国家安全、地区稳定与国际和平等；它们都使用工具性的语言，如“危险”、“风险”、“不确定性”、“威胁”、“能力”、“可信性”、“威慑”、“恐惧”、“确保”与“信赖”。他们都清楚地从战略现实主义的角度来理解国际关系，其主要目的都是利用外交政策和军事力量去捍卫国家利益与加强国际秩序。

在这种联系上，支持北约扩大的现实主义者和反对北约扩大的现实主义者，都将治国方略理解为涉及负责任地运用权力的一种活动。他们都在用相同的一般现实主义的治国伦理论说，而他们的不同之处也只在这里出现。他们都关注相同的价值，都使用相同的语言，但他们在是否要提出东扩政策以及环境是否有利于执行该政策的问题上所形成的判断（judgements）与估计（assessments）却各不相同。一方视东扩为促进基本的现实主义价值，另一方则认为东扩将损坏同样的价值。支持北约东扩的人将其看成一个必须抓住的机遇；反对者则把它看成一场必须避免的风险。因此，尽管双方对于风险和机会有不同的估计，但双方都对冒险有高度的警觉，都关心安全与稳定这些基本价值。

就此而论，关于北约东扩到东欧的争论所揭示的是经典和新经典现实主义者所强调的负责任的治国方略以及政治道德，比如审慎和判断。负责任的治国方略和政治道德是一种道德关切，而要理解这样的关切，就需要进行规范性研究。新现实主义聚焦于排斥规范性分析（也就是对价值和规范的研究）的科学解释，因此也就把握不了这一要领。这充分表明，经典与新经典现实主义相对于国际关系学中的新现实主义有一个重要的优势，那就是它们具有探究包含基本价值问题的外交政策议题的能力。例如，倘若安全与稳定是世界政治中具有根本性的重要价值，那么北约是应该（should）东扩还是原封不动呢？这是一个涉及政治判断的规范性问题，因此实践家和观察家双方就有可能会对此形成真诚的分歧，却不能找到科学的或客观的答案。在探讨这类价值问题上的无能为力，正是新现实主义作为国际关系学方法的明显局限所在。

霸权与均势

冷战的结束，提出了现实主义作为一种国际关系理论的可应用性问题：与先前相比，它是更缺少还是更具有解释力了呢？环境的变化致使其他理论如自由主义更适合这种情势了吗？它们呼吁现实主义理论做出任何的修改了吗？对于这类问题的不同反应都是可能的。这将部分地取决于理论家如何阅读这种新的情势。国际体系在全球化和非国家行为体的基础上正在变成一个更为统一的世界，在其中民族—国家行为体已不如过去重要了吗？这是自由主义国际关系理论的一个特色命题。由于苏联的解体与美国作为唯一超级大国的出现，国际关系变成了一个更为霸权的世界了吗（见网络链接 3.21）？这是现实主义国际关系理论的一个特色命题。现实主义国际关系理论还提出了一个问题：美国在后冷战时代的国际体系中的首要地位与均势是如何关联的？美国究竟是要捍卫和维持均势，还是要克服均势并建立它自己在世界政治中的无上地位？

对于这些问题，现实主义内部是有争论的，约翰·米尔斯海默（John Mearsheimer，2001）的论点就是主要的一种。与别的现实主义者一样，米尔斯海默认为，国家是国际政治中的主要行为体，在均势主导下国家也是不可或缺的（见网络链接 3.23）。而且，争论中的权力也就是军事力量：现实主义者对于暴力的使用，对于武装力量在政治与军事上的种种使用法（威慑、核武器、战争与武力干涉等），都倾注了大量的心血。一如本章先前指出的，这些在汉斯·J. 摩根索、托马斯·谢林、肯尼思·沃尔兹等人的现实主义理论中也都是屡见不鲜的。

但在好些方面，米尔斯海默也不同于这些现实主义者。与摩根索不同，但与沃尔兹相似，他认为国家的行为如果不是由国际关系体系的无政府结构决定的，也是由其构造的。在摩根索看来，这种行为受人类本性和政治家在一个无政府的世界上寻求国家安全与生存的审慎伦理的支配。米尔斯海默也不同于被他描绘为“防御性现实主义者”的沃尔兹。“防御性现实主义者”承认国家为了安全和生存必须也确实在寻求权力，但他们相信过度的权力会产生反作用，因为它将刺激其他国家建立敌对联盟。对沃尔兹来说，追求超过安全和生存需要的过度的权力是不明智的。米尔斯海默把沃尔兹的理论说成“防御性现实主义”（defensive realism）。

米尔斯海默同意沃尔兹关于无政府状态迫使国家进行权力竞争的观点。但他认为，国家是追求霸权的，因此，说到底，它们要比沃尔兹所描绘的更具有进取性。一个如美国那样的国家的目标是要支配整个体系，因为只有靠这种方式它才能完全放心：其他国家或国家的组合连想都不会想对美国开战。例如，在西半球，美国长期以来就是最强大的国家。任何其他国家——加拿大、墨西哥、巴西——甚至连想都不会想要威胁或以军队来对抗美国。所有主要国家都在为这种理想的境界而奋斗。但是，这个星球对于全球霸权而言还是太大了。大洋构成了巨大的障碍。没有哪个国家具备必要的权力。于是，米尔斯海默推论，国家只能成为它们所在之世界区域的霸权者。

然而，（既有的）区域霸权可以保证在世界上的任何部分都没有别的区域霸权。它们能够防止一个同等的竞争者出现和存在。根据米尔斯海默，这就是美国试图要确保的。这是因为，一个同等的竞争者或许要介入一个区域霸权的势力和控制范围。自1823年门罗主义（Monroe Doctrine）提出以来，美国在差不多200年的时间里都尽力保证了没有任何大国对西半球进行军事干涉。作为20世纪大部分时间里的大国，美国付出了极大的努力以确保无论在欧洲还是在东亚都没有区域霸权。这两个地区都有其他主要国家或大国且可能出现潜在的同等竞争者：欧洲的德国与东亚的中国。美国在第一次世界大战中阻击了德意志帝国，在第二次世界大战中阻击了纳粹德国，在冷战中遏制了苏联。这是因为，如果任何那些国家获得了在欧洲的霸权，它们就会腾出手来干预西半球并对美国的安全形成可能的威胁。

根据米尔斯海默，所有的国家都想成为区域霸权。他认为，德国将成为欧洲的支配国，而中国很可能崛起为亚洲的潜在霸权。例如，他的理论引导人们相信，中国最终要支配东亚。按照同一种理论，如果那种情况发生，人们就会预见到美国将起而遏止或削弱中国在东亚的权力。的确，如果中国成为同等的竞争者，就可以预期美国将在一个很长的时期里遏止中国的影响力并防止中国介入与美国国家利益攸关的其他世界区域。这就是为什么米尔斯海默把他的理论称为“进攻性现实主义”（offensive realism）的原因。这一理论立基于大国“总在寻找机会以获取对于其对手的权力并以霸权作为它们的最终目标”的假设（John Mearsheimer，2001：29）。与其他现实主义者一样，米尔斯海默相信他的论点在所有的地点和时间都可以普遍应用。在国际体系中，民族国家之间总是存在着为了权力和支配权而进行的斗争。冲突从未停息过，权力冲突现在有，永远都会有。而且，没有人能拿出什么办法来防止它。这就是为什么他的书名为《大国政治的悲剧》的原因。

米尔斯海默的进攻性现实主义理论受到了来自许多方面的批评。一些批评者打着自由主义国际关系理论家的旗号，说他冒犯了自由主义关于民主国家更不可能彼此发动战争的理论。他的进攻性现实主义因为不能解释大国间的和平变革与合作关系（如英美之间在整个过去的世纪或更长时间的关系）而遭到质疑。批评者还指出，其理论不能解释国际社会中如欧洲联盟这样的涉及国家主权共享的现象。不过，我们只是有选择地关注了来自现实主义内部的批评。至少，有一个潜在的区域霸权——德国已经包括在了欧洲统一进程之中。米尔斯海默可能会解释说，这是由于美国在欧洲的军事存在限制了德国的军事扩张。但是，就在他的理论之内，人们也可以发问：苏联解体已经十几年了且没有任何国家试图支配这个区域，那么美国军队为什么还要继续留在欧洲呢？

像摩根索这样的现实主义者大概也会批评米尔斯海默的论点，说它忽略了治理国家的责任，并给人以国家是冲突性的权力机器（它的行为就其管理与错误管理而言都与人类无关）的印象。大国的行为中没有任何的莽撞、误解或过失，只有权力、冲突、战争、霸权和征服等。对机械模式的相同批评也可以针对沃尔兹的防御性理论。一种相关的批评说，这种理论在经验的认知和敏锐方面存在短缺。米尔斯海默也没有看到西欧国家较之东亚国家在当前和未来的权力关系中的重大区别。在这里，有人指出："他与亨利·基辛格这位名气更大的现实主义者意见不合。基辛格在他的著作《美国需要外交政策吗?》中令人信服地论证说：在可以预见的将来，西欧民族国家彼此挑起战端或发起对美国的战争几乎或根本就是不可能的，但战争却更有可能出现在亚洲国家之间或美国和亚洲大国之间"（见网络链接 3.31）。这又引发了一个更为一般的批评，即批评他以一个单因素理论（这里指"进攻性现实主义"）来排他性地解释通常很复杂的过程的历史偶然性与变化时所导致的局限和歪曲。米尔斯海默的进攻性现实主义理论遭到批评还因为：它没有注意到与其命题相反的历史经验；或者换句话说，它在试图解释大国间关系与均势时，不够开放与折中。不过，折中主义意味着将你的观点敞开在你的理论所不能预测的因素和力量面前。折中主义最终也要将理论转换为历史。这就是现实主义理论所不满意的。与沃尔兹一样，米尔斯海默想提供能够满足与科学哲学的标准一致的"科学"理论概念要求的解释。在这一点上，他们究竟做得如何呢？这仍然还在争论之中。

对现实主义的两大批判

20 世纪后半期，现实主义在国际关系学中的主导地位（特别是在美国），引出了对其核心假设和论点进行抨击的许多文献（见网络链接 3.32）。如第二章所示，现实主义本身在 20 世纪四五十年代卓越的学术地位，就是通过对两次世界大战期间的自由理想主义的有效批判获得的。当代的新现实主义与当代的自由主义又卷入了一场新的论战。我们在第四章中将对此加以研究。在这里，我们的讨论只限于对现实主义的两种重要的批判：国际社会学派的批判与解放理论的批判。

国际社会传统（见第五章）从两个切入点批评了现实主义。第一，它把现实主义看成一种单维的国际关系学理论，认为它的关注面过于狭窄。第二，它断言现实主义没能认识到国际政治是不同的国际关系学声音和视角之间的对话。但是，国际社会传统并没有对国际关系学中的现实主义思想展开全面的批判。相反，国际社会学者承认经典和新经典现实主义提供了一种观察世界政治的重要视角。他们同意人类的本性中存在着自利和好斗的倾向。在他们的分析视野中，国家也处于支配地位。他们都以国际关系是无政府状态的这一见解来进行推理。他们都同意权力是重要的，并认为国际关系在很大程度上就是权力政治。他们也同意国际关系理论在某些基本方面就是一种关于安全与生存的理论的说法，并承认国家利益是世界政治中的一种重要价值。总之，国际社会学者把现实主义的好些要素都纳入了他们自己的方法之中。

但是，他们并不认为现实主义抓住了国际关系的所有方面，甚或其中最重要的那些方面。他们指出，现实主义忽视、无视或者贬低了国际生活中的许多重要方面。它低估了人性中的合作倾向。它看不到国际关系所构成的是一个无政府社会（anarchical society），而只是将其视为无政府体系。国家不仅仅处于冲突之中，它们也享有共同的利益并遵守着赋予彼此权利和义务的共同规则。现实主义忽视国家以外的其他重要行为体，例如人类和非政府组织。现实主义者对国家间关系受国际法制约这一点的认识不到位，对国际政治具有进步性（即合作能胜于竞争）这一点的认识也不到位。国际社会学者承认国家利益作为一种价值的重要性，但他们却拒不接受它是世界政治中唯一重要的价值这一观点。

马丁·怀特（Martin Wight，1991），是国际社会方法的一位主要代表。他着重指出，国际政治学的特点就是三个重要哲学/思想体系间的一种历史性对话。这三种体系就是现实主义（马基雅弗利）、理性主义（格劳秀斯）与革命主义（康德）。在马丁·怀特看来，要获得对国际关系学的整体性的理解，就必须领会这三种基本规范视角之间的辩证关系（见第五章）。

至少有一位杰出的新经典现实主义者似乎与马丁·怀特有着共识。在一项纪念性的外交研究中，美国学者与政治家亨利·基辛格（Henry Kissinger，1994：29-55）探讨了存在于外交理论与实践中的悲观现实主义和乐观自由主义外交政策观之间经久不息的对话。例如，基辛格就曾通过对美国共和党总统西奥多·罗斯福（Theodore Roosevelt）与20世纪早期的民主党总统伍德罗·威尔逊的外交政策的对照而觉察到了这种对话。罗斯福是一个“老练的均势分析家”，威尔逊则是“普世性的世界组织——国际联盟愿景的首创者”。这两种视角都历史性地塑造过美国的外交政策。现实主义与自由主义间的这种对话并不局限于过去和现在的美国外交政策；它在英国外交政策史中也屡见不鲜。基辛格对比了19世纪英国保守党首相本杰明·迪斯雷利（Benjamin Disraeli）谨慎实用的外交政策和他的自由党对手威廉·格莱斯顿（William Gladstone）源于道德和干涉主义的外交政策。基辛格暗示，这两种视角在美国外交政策和英国外交政策中都获得了正统的位置，任何一种视角都不应该被忽视。于是，在这里，基辛格含蓄地批评了现实主义：它倾向于忽视或至少贬低世界事务中的自由和民主的声音。

那么，我们有理由发问，基辛格是否真的就应该归类于现实主义者呢？他是国际社会学派的一个秘密成员吗？我们相信，对于第一个问题的正确回答是“是”，而对于后一个问题的回答则是“否”。基辛格应该被看做一位新经典现实主义者。尽管他把美国外交政策中威尔逊的声音和英国外交政策中格莱斯顿的声音描绘成正统的与重要的，但是从他冗长的分析中却足可以看出他所偏爱的是罗斯福和迪斯雷利所显露的现实主义外交观。基辛格对他们深表认同，认为他们所揭示的就是美国和英国的任何成功的外交政策的基础。

于是，国际社会学者可能受到批判，说他们不能承认：尽管在世界政治中自由主义的声音是重要的，但现实主义的声音则总是位列第一的。这是因为现实主义是考察战争这一国际关系学的核心问题的最好视角。在现实主义者看来，在困难的时期，比如在战争时期，国家必须作出艰难的选择；而对此，现实主义者能够比其他国际关系学者和实践家都看得更明白。经典和新经典现实主义者指出，自由主义者倾向于以这样的假设来推理，即外交政策选择事实上并不那么困难，也没那么危险：他们不愧是和平、繁荣和安逸时代的第一流的理论家。对于现实主义者来说，由此引出的问题就是：当时运不济之时，我们又应该怎么办呢？假如我们遵循自由主义的教诲，我们就不能形成足以应对挑战的强度适宜的选择，并因而将我们自己以及那些依赖我们的政策和行动的人们统统置于危险的境地。换句话说，在危机时期，即当不得不作出艰难选择且这些选择又必须满足某些标准时，现实主义就总能受到人们的倚重。

对现实主义的另一种批判，即国际关系学的解放主义理论（emancipatory theory）的批判，是很不相同的。由于现实主义已经是如此显赫的国际关系理论，解放主义理论家便集中精力对现实主义的假设和论点展开了一场在他们看来是彻头彻尾的批判。他们对现实主义的批判，旨在为他们重新概念化整个国际关系学铺路搭桥，也是其全球人类解放计划的一个中心环节。与早期的马克思主义者相呼应，解放主义理论家认为，国际关系理论应该努力正确地领会男人和女人是怎样成为现有国际结构之囚徒的。国际关系学者应该指明人们如何才能从国家以及当代世界政治其他结构形态中获得解放。这些结构具有压迫人的功能，因而将妨碍人们得到其原本就应该享有的繁荣。可见，解放主义理论的中心目的就是：变革现实主义的以国家为中心和以权力为焦点的国际政治结构；而其目标就是人类的解放与完善。那么，国际关系学之解放主义理论家的作用就在于确定用以指导人类解放实践的正确理论。

肯·布斯（Ken Booth）曾对现实主义进行过解放主义理论的批判。他的批判（Ken Booth，1991：313-326）就是从为人熟知的现实主义关于“威斯特伐利亚体系”的观点开始的。他指出，这个体系就如同“游戏”，一场由外交官和士兵代表政治家们玩的“游戏”；而国家学会玩的“安全游戏”，就是“权力政治：由威胁生出反威胁，由联盟生出反联盟，如此等等”。由此，在国际关系学中就出现了“现实主义的知识霸权”：一种基于现存国家之安全与生存的保守的或“维持现状”的理论；一种以军事威胁（有时是核威胁）概念为思想内核的聚焦于战略思考的现实主义思想。换句话说，被布斯所特别批判的，是战略现实主义以及与此相关的思想家，如前面论及之托马斯·谢林（Thomas Schlling，1980）。

布斯宣称，现实主义的权力政治游戏和军事战略（包括核战略）现在已过时了，因为现在的安全是那些出现混乱而且屡遭失败的国家内部的一个地区性问题。它已不再是国家安全和国家防务的首要问题。现在之安全，比以往任何时候都同时既是世界性的，又是当地性的，即它既是人类的个体问题（例如对失败国家的公民而言），又是全球共同体的人类整体问题（例如面对生态威胁或者核毁灭时）。安全不仅在外延上不同，而且在内涵上也不同。解放，就是要让人类（作为个体和群体）从那些阻碍他们成就其自由选择之事业的自然与人为的桎梏中摆脱出来。战争和以战争相威胁就是那些桎梏之一；此外，还有贫穷、教育水平低下、政治压迫等。安全和解放是同一枚硬币的两面。解放，而不是权力和秩序，才能产生真正的安全（Ken Booth，1991：

319)。这个论点，暗含着康德式的“绝对命令”（categorical imperative)，即这样一种道德观念：“我们应当把人民当做目的而非手段；国家则应该被当做手段而非目的”(Ken Booth，1991：319)。换句话说，人民总是处于第一位的；国家则仅仅是一件权宜的器物或工具，如果它不再有用，就应当被抛弃。

安德鲁·林克莱特（Andrew Linklater，1989）以相似的口吻反驳了国际关系学的现实主义的观点，但却换成了另一种解放主义视角（见相关链接3—15)。布斯和林克莱特都声称，在国际关系学者的引导下，世界政治可以沿着世界联合主义的路线来建设。不仅如此，他们还声称这一社会运动正在脱离基于国家和权力政治的无政府社会，并朝着全球人类安全的普世主义观念行进。对于国际关系学来说，其重要性是不言自明的：现实主义作为一种研究国际关系的理论工具正在变得过时；其作为一种世界政治的实践态度也日渐显得多余。

相关链接3—15

林克莱特之全球政治解放愿景

这是一种新的世界政治架构，它基于：

1.“全球性法律政治体系”的建立（它能超越国家并“为全体人类提供保护”)；
2. 自利性与竞争性的消退（此二性公然维系着国家并孕育着国际冲突与最终之战争)；
3. 人类慷慨行为的兴起与普及（它能穿透国家的边界并普达于天下之人)；
4. 作为当然结果的人类共同体的形成（所有人都应首先效忠于它)。

Linklater（1989：199)

我们能想到的现实主义者对于此类解放主义理论之批判的回应，包含下面的一些意见。林克莱特和布斯对独立国家之死以及无政府国家体系之死的宣告，就像那个出了名的关于马克·吐温之死的错误宣布一样，是太早了些。现在，全世界难以数计的人们仍然坚定地把国家作为他们所偏爱的政治组织形式。我们只需回想一下，民族自决和国家政治独立，对欧洲殖民主义终结期间的亚洲、非洲和中东人民以及苏联帝国终结期间的东欧人民的巨大吸引力，就不难明白这一点。当国家出现分裂之时——冷战结束时的南斯拉夫就是如此——分裂的部分都要蜕变成新的（或旧的）国家——例如，斯洛文尼亚、克罗地亚、波斯尼亚。用历史的眼光来看，即20世纪末或20世纪初发生的所有这些重大运动都是趋向于主权国家的。安全仍然主要是以国家和国家体系为基础，而不是以全球政治与法律组织为基础：这样的实体根本不存在；也无任何征兆显示它将出现在可以预见的将来。那些把安全寄托于其他社会组织（比如家庭或者氏族）的地方，就像不时出现在非洲和世界其他地区的情形那样，都是当地的国家未能发挥作为安全组织的作用的地方。那里的人们正在恶劣环境中挣扎。他们自己的国家辜负了他们，但是这并不意味着他们已经不要国家了。他们想要的是许多其他国家的人民早已经拥有了的：一个属于他们自己的发达和民主的国家。他们所不想要的才正好是像林克莱特所描绘的那种“全球法律与政治体系”——那个体系，与他们所刚刚摆脱的西方殖民主义体系实在是很难区分开来。

此外，让人们注意大国经久不衰的重要性也是很有必要的。现实主义者强调大国在世界政治中的核心地位，认为大国关系塑造着国际关系并影响着绝大多数其他国家的外交政策。这就是现实主义者要把注意力集中在大国身上的原因。人们几乎没理由怀疑美国、中国、日本、俄罗斯、德国、法国、英国、印度和其他几个核心国家会继续扮演其在世界政治中的领导角色，也没理由怀疑世界人民将首先依靠那些国家而非其他国家来维持国际和平与安全。除它们外，再没有任何别的国家能够提供这一基本服务。

研究前景与项目

现实主义是一种理论，首先是关于在国际无政府状态下主权国家的安全问题，其次是关于国际秩序的问题。现实主义的核心规范是国家生存与民族安全。假如世界政治继续建立在独立国家的基础之上并主要由少数几个强大国家来决定最重大的国际事件，那么看起来很明显的就是：现实主义将继续作为一种重要的国际关系理论而存在下去。唯一能够使它过时的历史性变革，是一种以放弃主权国家与无政府的国家体系为内容的世界历史转型。但是，这种转型在可预计的将来好像还很难出现。

本章讨论了现实主义各个主要派别，并划清了以经典（和新经典）现实主义为一方与以当代战略现实主义和新现实主义为另一方之间的界限。那么，哪一个现实主义派别包含着最有前途的研究要点呢？约翰·米尔斯海默（1993）说，新现实主义是一种普遍性的理论，它既适用于冷战也适用于此外的其他历史场景。他指出，新现实主义也能被用来推测冷战后的国际历史进程。我们已经注意到，新现实主义陈述了关于国际体系之权力分配与主要大国之权力均衡的许多重大问题。然而，我们也强调了新现实主义理论存在的某些局限，特别是它在分析冷战结束后的西欧合作与一体化方面的不足。一些新现实主义者认为，随着新现实主义分析方法的进一步完善，研究这类合作就不可能有太大的困难（如见 Grieco，1997）。而一种更为怀疑的观点认为，新现实主义（也包括战略现实主义）的出现是与东西方冲突这一特殊的历史环境密不可分的。这一历史环境具有两个特性：（1）有一个基于两个敌对的超级大国（美国和苏联）的两极体系，每一方都毫不留情地反对另一方，并准备冒着核战争的风险来推进各自的意识形态；（2）核武器以及将其投送到地球上任意地点的手段，都有了长足的发展。

随着冷战的结束，苏联消失了，两极体系已让位于多个大国并存的体系。现在，美国是唯一的超级大国（尽管可以存疑）。当然，核武器也仍然存在着，但核扩散的危险却比原来更大了。在 1998 年，印度和巴基斯坦都试验了核武器装置并以此将南亚次大陆变成了一个公开的核区域。在 2002 年，它们更逼近了战争的边缘。这引起了世界对核冲突的普遍焦虑，并促使美国和欧盟一些成员国采取联合外交努力以缓和这一局势。但是，还没哪一个拥有核武器的主要大国——包括俄罗斯和中国——显示出任何恢复核威慑之冷战体系的意愿。

我们相信，核问题是为新经典现实主义留下的最有前途的研究要点。我们曾试图通过介绍北约东扩的论战来强调，在进行外交政策议题的探讨时，对重要价值问题的讨论是多么有必要。在指出新冷战危险这个方面，新现实主义者是对的；但是，可以用来集中分析国家领导人会不会做出可能导致新冷战的艰难选择的，却是经典现实主义。在北约扩大的论战中，有一点是很清楚的，那就是支持扩大和反对扩大的现实主义者都想要避免第二次冷战。对此，他们双方都很在意，尽管他们在北约扩大究竟是会减低还是会增强那种风险的问题上得出了相反的结论。他们的论战是新经典现实主义者之间存在真诚相异的一个好例证。

从这个角度看，未来的现实主义研究要点将建立在汉斯·J. 摩根索而非谢林或沃尔兹或米尔斯海默的成果基础上。它将论述冷战后国家体系的重要议题，而这些议题是视野更为狭窄的战略现实主义与新现实主义所难以充分把握的。在其中，有四个是关键议题：(1) 随着苏联解体和俄罗斯在世界政治中分量的下降（与其前身苏联相比），美国成为世界政治中难逢对手的大国；(2) 外围"无赖国家"（rogue states，如伊拉克）造成的威胁：它们足以威胁地区和平与安全，但尚不能威胁全球均势；(3)"失败国家"（failed states）带来的问题和大国在一个主权国家的世界中保护人权的责任；(4) 国际恐怖主义行为所引发的安全危机，特别是 2001 年 9 月 11 日对纽约和华盛顿的恐怖袭击，其对公民个人安全的威胁甚至要大于对国家安全或国际和平与安全的威胁。

因此，对冷战后的现实主义而言，一个尚能说得过去的研究战略似乎应把理解一个在国际体系中难逢对手而又仁慈的首要大国的作用所必须面临的几个基本问题包括进来。这些问题是：全球和平与安全之守护；与处于国家体系边缘的"无赖国家"与"失败国家"之间的纠葛；保护公民特别是西方国家的公民，使其免遭国际恐怖主义的危害。

关键点

- 现实主义者通常对人性持悲观的看法。他们怀疑在国际政治中出现的进步可以与国内政治生活中的进步相媲美。他们据以推理的核心假设是：世界政治存在着由主权国家构成的国际无政府状态。现实主义者把国际关系看成基本上是竞争性的，并认为国际冲突最终将通过战争来解决。

- 现实主义者相信，权力的目标、权力的手段和权力的运用，是政治活动的中心事务。因此，国际政治就被描绘成了"权力政治"；外交政策的实施，也就成了一种基于对本国权力、利益与其对手和竞争者的权力、利益之精明算计的工具性活动。

- 现实主义者高度重视国家安全、国家生存以及国际秩序与稳定这些价值。他们通常认为，在守道德的（moral）这个词的本义上，即在相互义务的遵守上，独立国家间是没有国际责任可言的。对经典和新经典现实主义者来说，存在于私人领域的道德与存在于公共领域的道德是非常不同的。政治伦理允许一些为私人道德所不能容忍的行为的出现。

- 现实主义者很强调均势的重要性，认为它既是一个可以用来考察世界政治运转方式的经验性概念，又是一个规范性概念：从大国领导者的角度看，它是负责任的治国方略的正当目标和指南。它能促进和平与安全这些基本价值。

● 许多当代现实主义者都试图展开对世界政治的经验分析，但他们对世界政治的规范分析却都退避三舍，因为他们认为那注定是主观的，因而也是不科学的。这种态度表明了以经典和新经典现实主义者为一方与以当代战略现实主义者和新现实主义者为另一方之间的根本区别。

● 谢林努力为战略性思维提供分析工具。他把国家（特别是大国，尤其是美国）的外交和外交政策视为理性与工具性的活动，并认为运用一种被称为“博弈论”的数学分析方法就可以更为深刻地理解这类活动。胁迫，是一种将对手引入交易关系并使其做我们想让其做的事情而又不需要强迫（即使用暴力）的方法。而强迫，除更为危险外，通常也是困难得多与低效得多的。

● 新现实主义企图科学地解释国际关系。其解释涉及不平等的国家能力与国家体系的无政府结构，但其重点则在于那些其相互关系足以决定国际政治之最重要的“输出”的大国。一种科学的国际关系理论能引导我们以某种可预见的方式来预期国家的行为。沃尔兹和米尔斯海默相信，两极体系更为稳定，因而也就能够比多级体系更好地为和平与安全提供保障。根据这种观点，冷战就是一个国际稳定与和平的时期。

● 国际社会传统从两个切入点批评了现实主义。第一，它把现实主义看成一种单维的国际关系学理论，认为它的关注面过于狭窄。第二，它断言现实主义没能认识到国际政治是不同的国际关系学声音和视角之间的对话。解放主义理论声称权力政治过时了，因为现在的安全既是那些出现混乱而且屡遭失败的国家内部的一个的地区性问题，同时也是事关任何地方的人们（无论国籍为何）的一个世界性问题。它已不再是国家安全和国家防务的唯一的甚至首要的问题。

练习题

● 现实主义者对超越民族国家界限的人类进步与合作问题持悲观态度，你能为这种悲观态度提供什么理由？这些理由都是好的理由吗？

● 为什么现实主义者如此强调安全？那样做有道理吗？安全在世界政治中究竟有多重要？

● 辨别汉斯·J. 摩根索的新经典现实主义和肯尼思·沃尔兹的新现实主义之间的差异，哪种方法更适合分析冷战后的国际关系？

● 简述反对和支持北约扩大的主要论据，谈谈你自己的立场，包括支持扩大的理由。

● 解放主义是如何批判现实主义的？那样做有道理吗？

阅读指南

Kennan, G. (1954). *Realities of American Foreign Policy*. Princeton, NJ:

Princeton University Press.

Machiavelli，N.（1984）. *The Prince*， trans. P. Bondanella and M. Musa. New York：Oxford University Press.

Mearsheimer，J.（2001）. *The Tragedy of Great Power Politics*. New York：W. W. Norton.

Schelling，T.（1980）. *The Strategy of Conflict*. Cambridge，MA：Harvard University Press.

Waltz，K.（1979）. *Theory of International Politics*. New York：McGraw-Hill.

Williams，M. C.（2007）. *Realism Reconsidered*：*The Legacy of Hans Morgenthau in International Relations*. Oxford：Oxford University Press.

网络链接

读者可在与本书配套的在线资源中心找到本章提到过的网络链接和附加链接。

www. oxfordtextbooks. co. uk/orc/jackson_sorensen4e/

第四章

自由主义

概　述

本章所陈述的是国际关系学中的自由主义传统。自由主义的基本假设有：(1) 对人性的乐观态度；(2) 对国际关系是合作性而非冲突性的确信；(3) 对进步的信仰。自由主义理论家的国际合作理论，分别强调了世界政治的不同特征。社会自由主义者重视社会间跨国界的非政府联系，如个人之间或组织之间的交流。相互依赖自由主义对人们之间和政府之间相互交换与相互依赖的经济联系给予了特别的关注。制度自由主义强调了国家间有组织的合作的重要性。最后，共和自由主义坚持认为，自由民主的宪政和政府形式对于引致国家间的和平与合作的关系是至关重要的。本章主要论述自由主义思想的这四种派别，以及一场与新自由主义兴起有关的论战。总结部分将对作为国际关系学研究要点之一的自由主义传统的未来前景作出评价。

引言：自由主义的基本假设

我们为什么要阅读研究国际关系学的自由主义传统这一章？简要的回答是，你必须了解自由主义传统后才能就国际关系学中争论最激烈的议题——现实主义的悲观态度与自由主义的乐观态度之间的争论——形成自己的看法。前一章介绍了以权力与冲突为焦点的现实主义传统，而这一章介绍的则是与其形成鲜明对比的自由主义观点。自由主义者何以乐观呢？他们为什么能够看到一个更加和平的世界正在到来呢？他们的观点和信念又是什么呢？

国际关系学中的自由主义传统与现代自由国家的出现紧密相连。从 17 世纪的约翰·洛克（John Locke）开始，自由主义哲学家就从现代市民社会和资本主义经济（二者都会在保证个人自由的国家里日益繁荣发展）中看到了人类进步的巨大潜力。现代性给人类带来了一种新的与更好的生活，使人们得以从专制政府下解脱出来并享有更高水平的物质福利。

科学革命所引发的现代化过程带来了技术的进步，并因而形成了生产物品和支配自然的更有效的方式。而对人类智力和理性抱有巨大信心的自由的知识革命，又大大强化了这一过程。自由主义者信仰进步的依据是：现代自由国家将实行一种会带来像杰里米·边沁（Jeremy Bentham）的著名短语所说的“最大多数人的最大幸福”的政治与经济制度（见网络链接 4.03）。

相关链接 4—1

现代化

在 1780—1850 年这样一段不到三代人的时间里，一场人类历史上没有先例且影响深远的革命改变了英国的面貌。从那时起，世界不再与从前一样。工业革命使人从农夫—牧人转变为靠非生物能量工作的机器的操控者…… ［它］展开了一个完全不同的世界，在这里使用的是新的、从未开发过的煤、石油、电和原子能等能源。从狭义的技术角度来看，工业革命可以被定义为社会取得对巨大的非生物能量之控制的过程；但这个定义并不足以公道地概括这样的现象……即这一革命之经济的、文化的、社会的与政治的影响。

Cipolla（1977：7-8）

自由主义者对人性普遍持乐观的态度。他们相信人类的理性，坚信理性原则能够适用于国际事务。自由主义者承认，个人在一定程度上是自利性的和竞争性的。但是，他们也认为：个人可以共享很多的利益，因此又都能参与国内、国际的协调性与合作性的社会活动之中；这些活动能使无论国内外的每个人都获得更大的利益。换句话说，冲突和战争并不是不可避免的；当人们能运用其理性时，他们就能达成双赢性的合作，这在国内与跨国事务中都是一样的。因此，自由主义理论家认为，人类理性能够战胜人类对权力的恐惧和渴求。但是，他们对于人类在进步道路上可能会遇到的障碍的严重性却并没有形成一致的认识（Smith，1992：204）。对于一些自由主义者来说，进步是一个布满荆棘的漫长过程；而另一些人却认为，成功就近在眼前。然而，所有自由主义者都同意，从长远来看，基于互利的合作必将大行其道。这是因为，现代化正持续不断地扩大着合作范围并强化着对合作的需要（Zacher and Matthew，1995：119）（见表 4—1）。

对进步的信念是自由主义的核心假定，但也是自由主义者之间的争议点（Pollard，1971：9-13）。能有多大的进步？科技进步是没问题的，但社会和政治也能有所进步吗？进步的极限何在？确实有这些极限吗？为谁而进步？为少数自由国家还是

表 4—1　　经典自由主义

焦点：		
自由，合作性，和平，进步		
早期思想家		
洛克（1632—1704 年）	边沁（1748—1832 年）	康德（1724—1804 年）
实行法治的宪政国家	自由国家尊重国际法	共和国将建立永久的和平

为整个世界？自由的乐观主义对于进步范围与幅度的估计总是随时间的推移而不断变化着的。许多早期的自由主义者倾向于彻底的乐观，就像我们已经提到过的第一次世界大战时期高涨的乌托邦自由主义那样。但是，第二次世界大战之后，自由乐观主义却低调了许多。例如，罗伯特·基欧汉就曾谨慎地说过：自由主义者最起码要相信"累积性的进步至少是可能的"（Robert Keohane，1989a：174）。不过，冷战结束后，在基于共产主义的失败和意料之中的自由民主制的普遍胜利之"历史的终结"（Fukuyama，1989；1992）观念的驱动下，另一波的自由乐观主义思潮又重新出现了。然而，2001 年 9 月 11 日的恐怖袭击，以及其后在马德里、伦敦与别的地方的攻击，却又使自由乐观主义遭受了挫折。

进步，在自由主义者看来一直是个人的进步。自由主义最关注的是人类个体的幸福和满足。约翰·洛克（见网络链接 4.05）指出，国家的存在就是为了保障公民的自由，从而使他们能够在免受他人干涉的条件下生活并追求幸福。现实主义者一开始就把国家看成权力的中心和工具，即一种权威实体（Machtstaat）。与此相反，自由主义者却把国家看成一种宪政实体（Rechtsstaat），认为它建立和强化的是能够尊重公民之生存权、自由权与财产权的法律制度。这样的宪政国家也会彼此尊重，并会遵照相互宽容的规范来处理彼此间的关系。这一论点，被曾首创了"国际法"这一术语的 18 世纪的一位英国哲学家杰里米·边沁给扩展了。他认为，在外交政策中遵循国际法是符合宪政国家的理性利益的（Rosenblum，1978：101）。18 世纪的德国哲学家伊曼纽尔·康德又进一步充实了这种观点。他认为，一个由这样的宪政和互相尊重的国家（他称之为"共和国"）所组成的世界，将最终能够达成世界的"永久和平"（Gallie，1978：8—36）。表 4—1 总结了几位主要经典自由主义思想家的关注点。

总之，自由主义思想与现代宪政国家的出现具有很紧密的联系。自由主义者认为，现代化是一个在绝大多数生活领域都取得了进步的过程。现代化的过程拓宽了跨国合作的领域。进步，对大多数个人而言，至少意味着更美好的生活。人类拥有理性，当他们将其应用于国际事务时，更大的合作就必将会成为最终的结果（见图 4—1）。

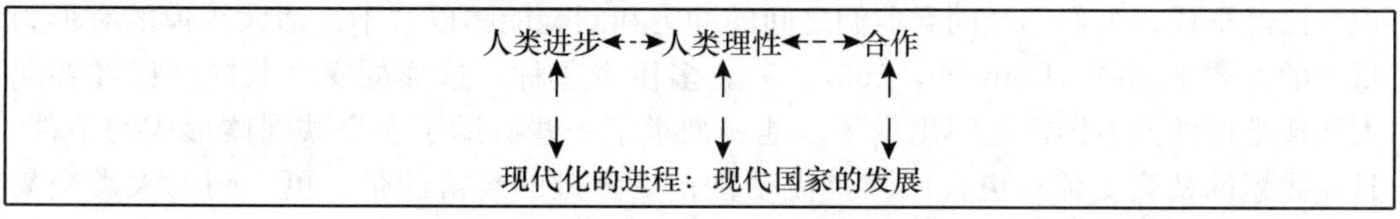

图 4—1　自由主义的基本假设

在第二章，我们论述了 20 世纪 20 年代的乌托邦的或理想的自由主义。本章将聚焦于第二次世界大战后的自由主义理论。战后自由主义划分为四种主要的思想派别是有益的。这四种思想派别是：社会自由主义、相互依赖自由主义（interdependence liberalism）、制度自由主义（institutional liberalism）与共和自由主义（republican liberalism）（Nye，1988：246；Keohane，1989a：11；Zacher and Matthew，1995：121）。本章接下来的部分将依次对各个派别进行阐释。这里不可能介绍相关派别所有的学术论著，或者详细地阐明当代自由主义思想是如何奠基于经典自由主义思想的。我们的重点将只是那些能代表每一派别的重大贡献。我们之所以将自由主义划分为四个主要的思想派别，是因为它们呈现了当前自由主义国际关系思想中的那些最重要的方面。

社会自由主义

对于现实主义者来说，国际关系学是研究主权国家政府之间关系的学科。社会自由主义者反对这一观点，认为现实主义者的观点过于狭隘与片面。国际关系学不仅涉及国家与国家之间的关系，还涉及跨国关系，即分属不同国度的人、团体与组织之间的关系。我们应该注意到，这种同等重视社会与国家，并强调各类不同的行为体而不仅是一国之政府的做法，已经使一些人将自由主义思想称为“多元主义”。

社会自由主义者把跨国关系当成国际关系中的一个日益重要的方面（见网络链接4.09与4.10）。詹姆斯·罗西瑙（James Rosenau）将跨国主义界定为：“政府得以处理国际关系的那个过程已经填充了个人、团体和社会之间的关系，这类关系不仅能够而且确实已经对事件的进程产生了重要的影响。”（James Rosenau，1980：1）由于注重跨国关系，社会自由主义者又回到了自由主义思想的一个旧主题：人们之间的关系较之不同国家的政府间关系是更为合作性的，也是更加有助于和平的。理查德·科布登（Richard Cobden），一位19世纪最重要的自由主义思想家，将这一观念表达为：“政府之间来往甚少，而世界民族之间的联络则说多少就有多少。”（Cobden，1903：216；Taylor，1957：49）科布登所说的“民族”指的就是社会和社会的成员。

卡尔·多伊奇是20世纪50年代研究跨国关系的主要人物。他与其助手试图衡量团体间交流与交易的程度。多伊奇指出，社会间高度的跨国联系能导致它们之间和平的关系，而这种关系远不只是纯粹的没有战争（Deutsch et al.，1957）。它能引致一种安全共同体：“成为‘一体化了的’人的群体”。一体化意味着：一种“共同体意识”已经形成；人们已经同意他们之间的冲突和问题能够以“不诉诸大规模的有形力量”的方式来解决（Deutsch，1957：5）。多伊奇坚称，这样的安全共同体已经在北大西洋地区的西方国家之间出现了。他还列举了一些有助于安全共同体形成的条件：日益频繁的社会交流；更大的人员流动性；更强健的经济纽带；更广阔的人类交易范围。

许多社会自由主义者都持有这样一种思想，即不同国度的人们之间的跨国关系有助于创立一种可与民族国家并存甚至竞争的人类社会的新形式。约翰·伯顿（John

Burton，1972）在《世界社会》一书中提出了一种跨国关系的“蛛网模型”（cobweb model）。其目的是要显示一个民族国家是如何由具有不同外部联系和不同利益的各种人类群体（如宗教团体、商业团体、劳工团体等）构成的。与此形成鲜明对照的是，现实主义者的世界模型通常把国家体系刻画为一组台球，即若干独立与自治的单位（见图 4—2）。在伯顿这样的社会自由主义者看来，如果我们绘制出各种团体间的交流与交易的图形，我们就会得到一幅更为精确的世界图景，因为这幅图代表的是人类行为的实际模式而非矫揉造作的国家边界（见网络链接 4.14）。

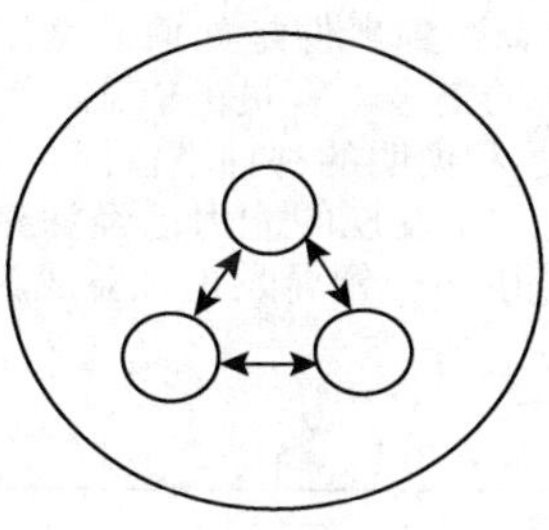
台球碰撞

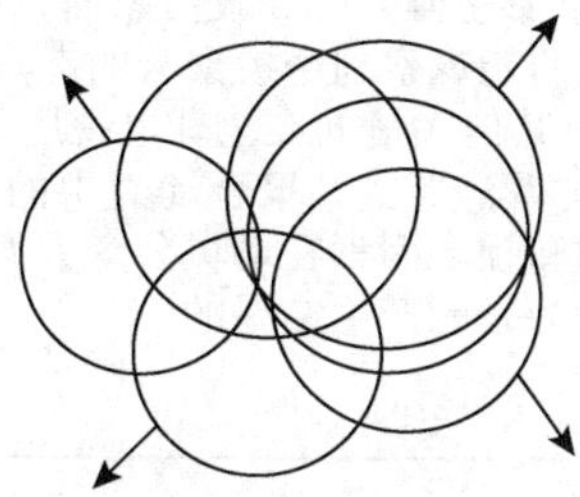
集团的蛛网：缄默的冲突

图 4—2 台球模型与蛛网模型

伯顿暗示，蛛网模型显示了世界在更大的程度上是由互惠合作而非对抗冲突所驱动的。在这个意义上，蛛网模型是建立在早期自由主义关于团体成员交叉性或重叠性受益效应之基础上的。这是因为：个人分别隶属于很多不同的团体，冲突如果不能彻底根除的话，也将会减弱；多重的成员身份能将任意两个团体之间发生严重冲突的危险减至最小（Nicholls，1974：22；Little，1996：72）。

詹姆斯·罗西瑙（James Rosenau，1990；1992）进一步将社会自由主义的方法发展为跨国关系（transnational relations）。他聚焦于全人类这一跨国关系的宏观层面，而不仅仅关注个人这一微观层面（见相关链接 4—2）。他认为，个人交往对全球事务发挥着重要的影响和作用。首先，由于接受了更好的教育并具有电子交流手段和出国旅游的方便，个人的活动空间已经大大地扩展了。其次，在一个越发复杂的世界上，国家的控制与规制能力正在日益下降。结果便出现了一个由更为活跃与更具流动性的个人所构成的世界，人们与“他们的”国家的联系已远不如从前紧密。罗西瑙由此觉察到，一场国际体系的深刻变革正在发生：以国家为中心的无政府体系虽然尚未消失，但一个崭新的“多中心世界已经出现，这个世界由各种‘不受主权约束’（sovereignty-free）的集体构成，它们与以国家为中心的世界中那些‘受主权约束’（sovereignty-bound）的行为体分别存在并相互竞争着”（James Rosenau，1992：282）。基于此，罗西瑙支持自由主义的这一思想，即：一个以个人和团体的跨国网络为特征的日益多元化的世界会更加和平。尽管在某些方面，那将是一个更加不稳定的世界，因为建立在国家权力之上的旧秩序已开始瓦解；但是，冲突导致使用武力的情况也会变得极其罕见，因为具有多个重叠性团体之成员身份的新兴的世界主义的大量个人是不会轻易加入互相对抗的阵营并成为敌人的。

相关链接 4—2

个人在全球政治中的重要性

在全球政治中……公民已经成为重要的变量……［基于］至少五个理由：

1. 国家与政府的权力受到侵蚀与分散。

2. 全球电视时代的来临、工作场所中电脑的广泛应用、出境旅游以及移民的猛增、教育机构的普及……都增强了个体的分析技能。

3. 新的相互依赖问题（如环境污染、通货危机、贩毒、艾滋病及恐怖主义）涌入全球议事日程，使得全球动态影响个人福利与收入这一过程越来越惹人注目。

4. 信息技术革命使得公民和政治家简直就可以“看”到事件是如何从微观行为聚合为宏观结果的。现在，人们能观察到声援聚会的态势，如街头的集会、官员的表态、对手的回应、抗议者的意见…… 以及其他大量的在全球电视屏幕上被描述和说明的种种事件。

5. 公民们能“看清”其在聚合动力中的作用，这一新发现的能力已经深刻地改变了……甚至可能缩小了组织和领导因素在动员公众方面的作用范围……领导人正日益成为追随者，因为个人越来越清楚其行为是能产生结果的。

Rosenau（1992：274-276）

我们可以对社会自由主义作如下的概括。国际关系学不只是研究不同国家的政府之间关系的学科；国际关系学者也研究私人、团体与社会之间的关系。人们之间多重的相互依赖关系较之国家间关系肯定更加具有合作性，因为国家是排他性的，而且根据社会自由主义，国家的利益既不重叠也不交叉。因此，一个拥有大量跨国网络的世界将会是一个更为和平的世界。

相互依赖自由主义

相互依赖意味着双向的依赖：人们和政府会受到别处发生的事情及其他国家的人们和政府行动的影响。因此，国家间较高层次的跨国关系就意味着较高程度的相互依赖。这也反映了现代化的进程，它通常能提高国家间的相互依赖水平。20 世纪，特别是 1950 年以来的这段时间，出现了大量的高度工业化的国家。理查德·罗斯克兰斯（Richard Rosecrance，1986；1995；1999）分析了这些进展对国家政策的影响。纵观整个历史，国家总是通过武力和领土扩张来追求权力。但是，对于那些高度工业化的国家来说，经济发展和对外贸易才是获得昌盛的更为适当与更为经济的手段。这是因为，使用武力的代价已经提高，而收益却在减少。为什么国家使用武力所得的收益越来越少，而利用贸易所得的收益却越来越大呢？在罗斯克兰斯看来，主要原因是与现代化紧密相连的经济生产的特征和基础变了。在人类历史的早期阶段，国家强盛的关键是拥有领土和丰富的自然资源；而当今的世界却已不再是那样，高素质的劳动力以及信息与金融资本的获取才是成功的关键（见网络链接 4.18）。

战后时期经济上最成功的国家是像日本和德国这样的“贸易国家”（trading states）。它们已不再考虑高军事开支与经济自足相搭配的传统的军事—政治选项，而是选择强化国际分工与增强相互依赖的贸易选项。许多小国也是“贸易国家”。在相当长的一段时期内，一些非常大的国家（最引人注目的是前苏联和美国），奉行了传统的军事—政治选项，结果都背负了沉重的军事开支。最近几十年来这种状况得到了改善。罗斯克兰斯认为，冷战的结束使传统选项不再那么迫切，因而也不再那么有吸引力。结果，即使是非常大的国家也越来越青睐贸易国家的选项（见网络链接 4.15 与 4.16）。

这些自由主义者基本上都认为，国际经济中的高度分工能强化国家间的相互依赖，并能防止与削弱国家间的暴力冲突。尽管现代国家退回到军事—政治选项并重返军备竞赛与暴力对抗的危险依然存在，但那样的前景毕竟已经不大了。根据罗斯克兰斯的观点，在不发达的国家中战争仍有发生，因为它们的经济发展还处于较低阶段，土地仍然是其生产的主导因素，而它们的现代化与相互依赖程度也低很多。

第二次世界大战期间，戴维·米特兰尼（David Mitrany，1966）提出了关于一体化的功能主义理论（functionalist theory of integration）。他指出，国家之间以跨国联系为形式的更大的相互依赖能够导致和平。米特兰尼或许有点天真地相信，合作应该由技术专家而非政治家来安排。专家们会在不同的功能领域（如运输、通信、金融等）中针对共同的问题来设计解决方案。当参与者发现他们都可以从中获益时，技术与经济的合作就会扩展。当公民看到国际组织中的有效合作改善了他们的福利时，他们就会将对国家的忠诚转移到国际组织身上。这样一来，经济上的相互依赖就会导致政治上的一体化与和平（见网络链接 4.20）。

恩斯特·哈斯（Ernst Haas），在 20 世纪 50 年代开始的西欧国家间不断强化的合作的鼓舞下，提出了一个被称为新功能主义的国际一体化理论。哈斯的理论是基于米特兰尼的，但他却拒绝了关于可以将“技术”事务与政治区分开的观点。一体化与促使利己的政治精英去强化他们之间的合作有密切的关联。一体化是一个过程，在其中，“政治参与者被说服将忠诚转移给……一个新的中心，而该中心的机构拥有或者要求对先前存在的民族国家实施管辖权”（Haas，1958：16）。这个一体化的“功能”过程有赖“溢出”（spillover）这个概念，即在一个领域里日益频繁的合作将导致其他领域里合作的日渐增加。溢出，会确保政治精英坚定不移地朝着促进一体化的方向迈进。在 20 世纪 50 年代和 60 年代早期的西欧合作开始的那些年月里，哈斯果然看到了这样的景象。

然而，从 20 世纪 60 年代中期开始，西欧合作进入了一个长期停滞甚至倒退的阶段。这主要归因于法国总统戴高乐，他反对相互依赖对法国主权构成的制约。功能主义和新功能主义理论没有考虑到合作有遇到挫折的可能性，因此一体化理论家不得不相应地反思他们的理论。哈斯的结论是：应该把区域一体化放到更大的背景下来研究：“区域一体化理论本当从属于相互依赖之一般理论。”（Haas，1976：179）（见图 4—3）。

实际上，有人曾在自由主义思想的下一个发展阶段尝试建立这样一个一般的相互依赖理论。但是，我们也应该注意到，由于 20 世纪八九十年代西欧合作出现了新的势头，一体化理论随之得到了复兴（Moravcsik，1991；Tranholm-Mikkelsen，1991；Keohane and Hoffmann，1991）。那么，是自由主义方法、新功能主义方法，还是强调国家利益的现实主义方法能对一体化进行最好的解释呢？这就是最近研究的关注点。下面我们就回到自由主义者和现实主义者的论战中。

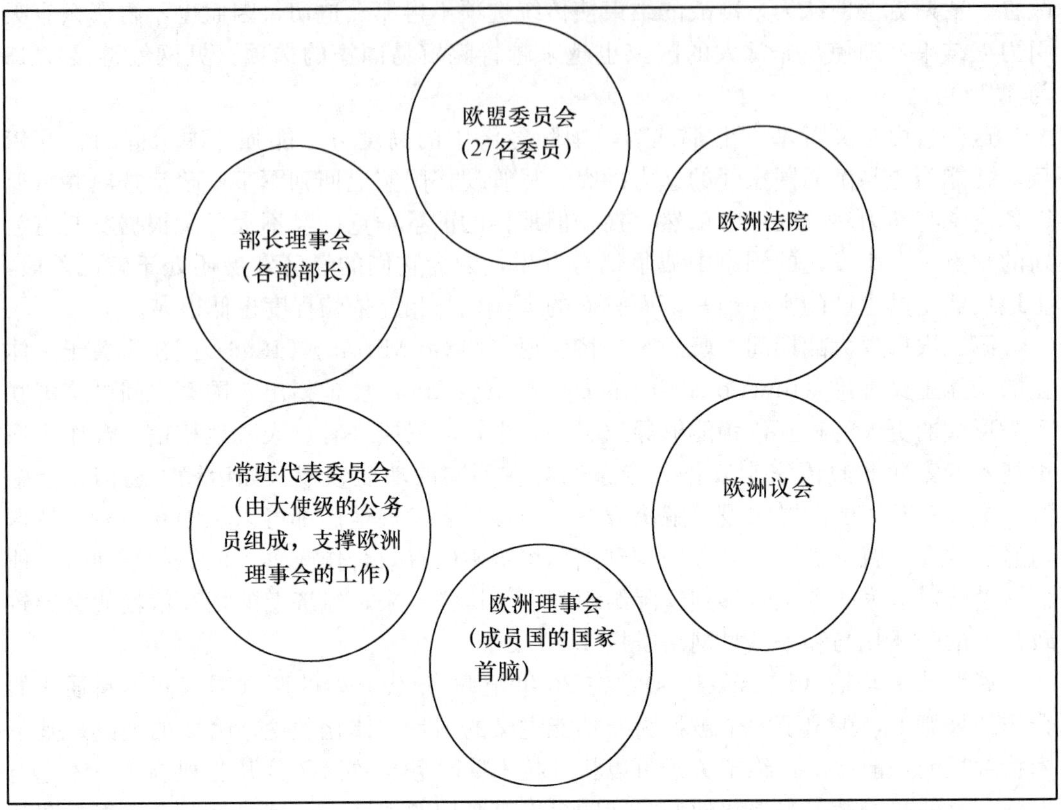

图 4—3 欧盟的主要机构

20 世纪 70 年代晚期，罗伯特·基欧汉和约瑟夫·奈在他们合著的《权力与相互依赖》（1977；2001）这本书里曾雄心勃勃地试图建立一种被他们称为“复合相互依赖”（complex interdepenence）的一般理论。他们认为，战后的“复合相互依赖”在本质上不同于比较早的和比较简单的那种相互依赖。以前，国际关系是通过国家领导人之间打交道的方式来操控的。使用武力，始终是处在冲突的情形中的国家领导人的一个选项。关于安全和生存的“高级政治”，总是优先于属于经济和社会事务的“低级政治”（Keohane and Nye，1977：23）。然而，在复合相互依赖的条件下，事情却已经不再是这个样子。这一变化有两个原因：首先，当今的国家间关系已经不仅仅是甚至不主要是国家领导人之间的关系，许多不同层面的关系是经由不同的行为体和政府的诸多分支机构来操控的。其次，在国家之外，还存在着大量个人之间和组织之间的跨国关系。而且，在复合相互依赖的条件下，军事力量作为一种政策工具的作用也已经不如从前了（见网络链接 4.24 与 4.25）。

结果，国际关系变得越来越像国内政治：“不同议题产生不同的联盟，或者是政府内部的或者是跨政府间的，并包含着不同程度的冲突。政治并没有在界河边停下脚步。”（Keohane and Nye，1977：25）在大多数这类冲突中，军事力量都是不相关的。

因此，军事以外的权力资源（比如谈判技巧）越来越具有重要性。最后一点，在复合相互依赖的条件下，国家更专注的是"低级政治"中的福利而不是"高级政治"中的国家安全（Nye，1993：169；Keohane and Nye，1977：24-26）。

表4—2反映了日趋消遁的旧的现实主义世界和蓬勃向上的复合相互依赖的新世界的不同景象。

表4—2　　**国际关系的类型**

现实主义	复合相互依赖
国家是支配性的行为体与凝聚性的单元	跨国行为体日渐重要，国家并非凝聚性的单元
武力可用并且有效	武力不那么有用，经济和制度性工具更为有用
军事安全主导议事议程	军事安全不那么重要，福利问题日趋重要

基于 Keohane and Nye（1977）。

复合相互依赖清晰地表现了国家间更友好与更合作的关系。在基欧汉和奈看来（1977：29-38），这种关系会产生以下结果。第一，国家会同时追求不同的目标，而跨国行为体（如非政府组织和跨国公司）则会追求各自独特的目标且不受政府的控制。第二，权力资源通常只在特定的问题领域起作用。例如，尽管丹麦和挪威相对于大国来说面积很小，但它们却因拥有大规模的商业与油运船队而保有对国际航运的影响。不过，这种影响也不容易被转移到其他的问题领域。第三，国际组织的重要性将会增强。它们是弱国采取政治行动的舞台；它们能激发联盟的形成；它们能监理国际议程的确定。

怎样在时间和空间上为复合相互依赖定位呢？在时间维度上，它似乎与社会现代化或从1950年开始加速的、被基欧汉和奈（1977：227）称为"福利国家的长远发展"的现象有着密切关系。在空间维度上，它在那些工业化了的多元化国家表现得最为明显，如在西欧、北美、日本、澳大利亚和新西兰（Keohane and Nye，1977：27）。与复合相互依赖相关的进展与现代化同步，因此复合相互依赖尤其适用于发达的西方国家之间的关系。

虽然如此，基欧汉和奈仍然煞费苦心地强调现实主义绝非不再重要或已经过时了。

> 剧烈的冲突或革命性变革并非是不可想象的。在这样的变局中，因某个经济问题而以武力相威胁，或在发达的工业化国家之间出现以武力相威胁的事，或许也是在情理之中的。如果是那样，现实主义的假设就会重新成为（理解）事件的可靠向导。（Keohane and Nye，1977：28）

换句话说，即使在西方工业化国家之间，某一问题也仍有可能成为"生死攸关的大事"（Keohane and Nye，1977：29）。这是因为，无论如何，这个世界就一些基本方面来说仍然是一个由国家组成的世界。从这样的终极意义上来看，现实主义必定还是理解事件的更为贴切的方法。

现实主义者宣称，在一个无政府的世界里，任何问题都能成为事关生死存亡的大事。对此，相互依赖自由主义者将这样来回答：这个说法太过简单；国际议程中有大量的问题都是与复合相互依赖的假设相吻合的重要的基本问题。于是，信奉相互依赖的自由主义者建议来一个妥协：

> 对当今世界政治中所发生的变化应作出恰当的回应。这并不是要使传统的现实主义智慧及其对军事权力均衡的关注名誉扫地，而是要意识到它的局限性并以自由主义方法中的洞见去补充它。（Nye，1990：177）

可见，信奉相互依赖的自由主义者在方法上比其他一些自由主义者更为折中。对后者来说，一切都已经变得更好了，那个充斥着暴力冲突、国家权力不受约束以及国家利益决定一切的旧世界已经一去不复返了。然而，在采取这种骑墙立场时，相互依赖的自由主义者也面临这样的问题，即：他们必须确切地回答世界究竟变化了多少？还有多少是一成未变的？这对国际关系学究竟意味着什么？稍后，我们将在本章中再次回到这一论战。

现在，我们可以将相互依赖自由主义归纳如下。现代化提高了国家间相互依赖的水平并扩大了相互依赖的范围。在复合相互依赖的条件下，跨国的行为体日趋重要，军事力量成了不那么有用的工具，福利而非安全正在成为国家首要的目标和关注对象。这同时意味着一个更加合作的国际关系世界的到来。

制度自由主义

这个自由主义派别借鉴了早期自由主义思想中关于国际制度具有良好效应的思想。在第二章中，我们提到了伍德罗·威尔逊关于把国际关系从混乱的权力政治“丛林”转变为有规制与和平交往的“动物园”的理想。这一转变要通过国际组织的创立，最重要的是要通过国际联盟的建立来实现（见网络链接 4.27）。当今的制度自由主义者不像他们的理想主义前辈那样乐观。他们确实同意国际制度可以大大增强合作的可能性并使合作更为容易，但他们并不声称这种制度能够自动确保国际关系的性质从“丛林”变成“动物园”。强大的国家是不会轻易被完全限制住的。不过，制度自由主义者并不同意现实主义关于国际制度的观点，即国际制度不过是“一堆废纸”，其存在完全取决于大国的恩赐。国际制度绝不仅仅是强大国家的婢女，它具有独立的地位，能够促进国家间的合作（Keohane，1989a；Young，1989；Rittberger，1993；Levy et al.，1995）。

什么是国际制度呢？按照制度自由主义者的理解，它要么是一种国际组织，如北约或者欧洲联盟（见表 4—3）；要么是一套在特定领域管理国家行为（如航空或航海）的规则。这一套套的规则也可以称为“规制”（regimes）。通常，这两者是互相伴随的。例如，贸易规制就主要是由世界贸易组织来确定的。或许，有一些规制并没有正式的组织。例如，海洋法会议就没有正式的国际组织，它是由联合国主办的。最后，我们还应该注意到另一类国际制度，如国家主权或均势，它们属于更基本的一个类型。这些基本制度并不是制度自由主义者关注的焦点，但如同我们将在第五章看到的那样，它们却是国际社会学者研究的主要对象。

表 4—3　　国际组织与跨国组织的类型

			组织目标	
			特殊的	一般的
成员条件	地区性的	政府间的	北约 北美自由贸易区	非洲统一组织
		超国家的	欧洲煤钢共同体 欧洲原子能共同体	欧洲联盟
		跨国的	欧洲反贫困网络	欧洲运动
	全球性的	政府间的	世界卫生组织 国际原子能机构	联合国
		超国家的	—	
		跨国的	大赦国际	世界联邦主义者协会

改编自 Heurlin（1996）。

制度自由主义者宣称，国际制度有助于促进国家间的合作。为了估量这种说法，制度自由主义者采用了行为主义的科学方法，并设计出了一种衡量国家间制度化程度的经验方法。这样，国际制度到底在多大程度上能促进合作就是可以被评估的了。制度化程度可以从两个维度即广度和深度方面来衡量。“广度”涉及存在着制度的议题领域的数量。制度仅仅存在于一些关键的经济领域（如贸易和投资领域），还是存在于许多其他的经济领域，而且在军事和社会政治领域也存在着？至于衡量制度化的“深度”，制度自由主义者建议采用如下三个尺度：

- 共同性：系统内的参与者在对正当行为的预期上和对怎样解释行动的理解上所具有的共享程度。
- 具体性：以规则的形式对这些预期明确地予以具体说明的程度。
- 自主性：机构可以变更本身规则而无须依赖外部行动者（即国家）来变更的范围。

（转引自 Keohane，1989a：4）

当前的国际制度研究有两个主要目的。第一，国际关系的各个问题领域都需要努力收集更多的关于规制存在的数据。第二，如最近的调查所表明的那样，有许多理论问题尚须进一步研究（Levy et al.，1995：268）：

- 国际规制在什么样的条件下以及通过怎样的机制才能够形成？
- 甚至在规制得以形成的环境发生变化时，它们也能继续存在吗？

- 规制对国家的行为和问题解决究竟能产生怎样的结果？
- 规制对国家的政治体系和世界政治结构究竟能产生怎样的长远影响？

显然，对一群国家之间的制度化广度和深度进行透彻的分析是一项实质性的研究工作。完全不考虑制度化是非常不现实的，世上总是存在着一些起协调作用的规则。难点在于确定制度化的真切水平。大量的研究已经提出了制度在多大程度上促进合作的问题（Krasner，1983；Keohane，1984；1989a；Rittberger，1993；Underdal，1992；Young，1989；Oye，1986；Haftendorn et al.，1999；Lake，2001；Botcheva and Martin，2001）。方法之一就是观察一组能让我们当即就相信它们的制度化范围很广和水平很高的国家，然后再去评估制度发挥重要作用的方式。

这样的一个国家群体就是欧洲，特别是欧洲联盟国家（见网络链接 4.30）。欧盟国家间的合作是那样的紧密，以至于分享了一些政府的功能，如在农业和工业政策方面；它们已经在经济部门建立起了单一市场的调节框架，并正在其他领域强化着合作进程。换句话说，欧盟的欧洲对于考察制度的重要性来说是个很好的范例。制度自由主义者坚称，制度已经使冷战结束后的西欧大不相同（Keohane et al.，1993）。制度发挥了"缓冲器"的作用，缓解了冷战结束与德国统一给西欧造成的"震荡"（见网络链接 4.29）。

评价制度自由主义观点的一种方法，是将它放在与新现实主义相对的位置。新现实主义者认为，冷战的结束最有可能使西欧回到不稳定的状态，并因而导致大战的爆发。他们威胁说，20 世纪的上半期将会重现于世。欧洲在冷战时期的和平有赖美国和苏联两极之间所构成的均势。这一结构，首先是一种有着稳定的军事力量分配的两极体系；其次，大型核武器几乎全部是由超级大国来垄断的。然而，随着多极化的复兴，世界的不稳定性和不安全性也急剧上升了。所有这一切都根源于国际体系的无政府结构。按照新现实主义者约翰·米尔斯海默的说法，"［一种］无政府结构将造成两个主要后果：第一，国家之间没有多少彼此信任的空间……第二，每个国家都必须确保自己的安全，因为没有其他行为体会为它提供安全"（John Mearsheimer，1993：148）。

制度自由主义者（Keohane，1989a：2；Nye，1993：38；Keohane et al.，1993）提出的论点是：高度制度化会大大降低米尔斯海默所界定的那种多极无政府状态的不稳定后果。制度能够弥补国家间信任的缺失。通过在成员国之间形成信息流的方式，制度必将能够使关于其他国家正在做什么与为什么做方面存在的黑影缩小很多。因此，制度有助于降低成员国的相互恐惧。除此之外，它们还能为国家间的谈判提供论坛。例如，欧洲联盟就有许多在磋商和妥协方面经验丰富的论坛，包括部长理事会、欧盟委员会和欧洲议会。制度能够保持连续性并能给人稳定的感觉。它们能加强成员国间出于互利目的而展开的合作。例如，欧洲国家可以利用欧盟的机构来努力确保其他方也会尊重其已作出的承诺。制度有助于"为预期中的稳定和平的持续营造出一种气候"（Nye，1993：39）。制度自由主义者所认为的制度的建设性作用可以概括为相关链接 4—3 中的内容。

相关链接 4—3

制度自由主义：制度的作用
● 能为谈判提供信息流与机会； ● 能强化政府监控其他国家遵从与履行它们自身承诺的能力——因此，在起点上就能强化它们作出可靠承诺的能力； ● 能加强对国际协议之可靠性的压倒性预期。 基于 Keohane（1989a：2）。

制度自由主义可以归纳如下：国际制度有助于促进国家间的合作，因而也有助于缓解与国际无政府状态相联系的、被人称为传统问题的、国家之间的没有信任和彼此恐惧的问题。但是，现实主义者会不断质疑国际制度对促进国家间合作的积极作用。下面我们将再次回到这一论战。

共和自由主义

共和自由主义建立在自由民主制比其他政治制度更为和平与更倚重法律的主张之上。这一论点，并不是说民主国家永远不会诉诸战争（民主国家与非民主国家参与战争的频率是一样的），而是说民主国家之间不会发生战争。这个观点是由伊曼纽尔·康德（Immanuel Kant，1992）在 18 世纪晚期首先提出来的，尽管他所指的国家是共和国而非民主国家。1964 年迪安·巴布斯特（Dean Babst）复活了这一观点，此后难以数计的研究又发展了它。一位自由主义学者甚至声称，民主国家不会相互开战的论断，是“对国际关系所能作出的最不费劲与最为明快的陈述之一”（Russett，1989：245)。这一发现，于是就成了许多自由主义学者和政策制定者对于世界的长期和平前景的乐观态度的基础（见网络链接 4.35)。他们的理由是这样的：近年来，民主国家在世界上的数量迅速增加（见表 4—4)，因此我们完全可以期盼一个更加和平的世界，在这样的世界上国际关系是以合作而非冲突为特征的（这部分转引自 Sørensen，1993a)。

表 4—4　　民主的进步

自由议院（The Freedom House）2008 年对自由国度（超过一百万常住居民）的分类指数（依据 2007 年的数据）		
（1=最高值）		
平均值：1		
安道尔	法国	挪威
澳大利亚	德国	帕劳
奥地利	匈牙利	波兰
巴哈马群岛	冰岛	葡萄牙
巴巴多斯	爱尔兰	圣基茨和尼维斯
比利时	意大利	圣马力诺

续前表

自由议院（The Freedom House）2008年对自由国度（超过一百万常住居民）的分类指数（依据2007年的数据）		
（1=最高值）		
加拿大	基里巴斯	斯洛伐克
佛得角	列支敦士登	斯洛文尼亚
智利	立陶宛	西班牙
哥斯达黎加	卢森堡	瑞典
塞浦路斯	马耳他	瑞士
捷克	马绍尔群岛	图瓦卢
丹麦	密克罗尼西亚	英国
多米尼加	瑙鲁	美国
爱沙尼亚	荷兰	乌拉圭
芬兰	新西兰	
平均值：1.5		
伯里兹	以色列	圣文森特和格林纳丁斯
保加利亚	日本	韩国
加纳	拉脱维亚	
希腊	摩纳哥	
格林纳达	巴拿马	
平均值：2		
安提瓜和巴布达	多米尼加	圣多美和普林西比
阿根廷	毛里求斯	南非
贝宁	蒙古	苏里南
博茨瓦纳	纳米比亚	特立尼达和多巴哥
巴西	罗马尼亚	瓦努阿图
格鲁吉亚	萨摩亚群岛	
平均指数：2.5		
萨尔瓦多	牙买加	秘鲁
圭亚那	莱索托	塞内加尔
印度	马里	塞尔维亚
印度尼西亚	墨西哥	乌克兰

以上数据来源于 www.freedomhouse.org。这个指标采用了一个政治权利的维度和一个公民自由的维度。每个维度都使用了一个具有七要点的标度，所以具有最高值的国家（即那些民主程度最高的国家）都是1：1的，而具有最低值的国家则是7：7的。平均值在1～2.5之间的国家也被认为是自由的。

为什么民主国家能够彼此和平共处呢？迈克尔·多伊尔（Michael Doyle，1983；1986）最系统地回答了这个问题（见网络链接4.36与4.37）。他把观点建立在经典自由主义者伊曼纽尔·康德对这个问题的应对上，并指出在民主能够在民主国家之间带来和平这个论断的背后隐含着三个要素。第一个是存在和平解决冲突的国内政治文化。民主能鼓励和平的国际关系，因为民主的政府是由其公民来控制的，而他们是不会鼓吹或者赞成与其他民主国家开战的。

第二个要素是民主国家拥有共同的道德价值，这些价值能形成康德所言之“和平联盟”（pacific union）。这个联盟不是一个正式的和平条约，而是建立在所有民主国家的共同道德基础之上的一个和平区。在民主国家，用和平方法解决国内冲突在道义上被认为要优越于暴力行为；而这种态度又能够被转移到民主国家间的国际关系之中。表达和交流的自由，既能够促进国际上的相互理解，又有助于确保政治代表人物按公民的意见行事。

最后，民主国家间的和平因经济合作和相互依赖而加强。在“和平联盟”中有可能激发康德所说之“商业精神”（the spirit of commerce），即参与国际经济合作与交流的主体间的互惠互利。

在本章所讨论的各种自由主义派别中，共和自由主义的规范性最强。对于大多数共和自由主义者来说，世界政治超越独立国家间的对立、冲突和战争，不仅是可以坚信的，也是有希望的。基于世界会更加民主这样一个进步信念，共和自由主义者乐观地认为，和平与合作最终将会成为国际关系的主流。不仅如此（在这里，规范性就已经很明显），他们还把推进世界范围内的民主看成自己的责任，因为他们在这么做的同时，也就在促进和平这一所有政治价值中最基本的价值。

冷战的结束促成了新一波的民主化浪潮，进而也助长了对民主前景的自由乐观主义情绪。然而，大多数自由主义者对民主进步的脆弱性还是保持了清醒的认识。当共和自由主义者根据最近发生在东欧、拉丁美洲和非洲的民主变革来考察民主和平的条件时，他们所得到的证据也并不支持任何彻底的乐观主义。关于第一个条件（见图4—4），他们的考察证实：在新的民主国家里，民主的政治文化（具有和平解决冲突之规范）还没有生根发芽。民主政治规范必须在民主和平的国内基础得以稳固之前就已经根深蒂固，而这种政治文化的发展通常都需要相当长的时间。在这期间还会有挫折，有些国家甚至会退回到非民主的统治形式。例如，2004 年俄罗斯后退了一步，因而被自由议院（Freedom House）划分为“不自由”的国家（见网络链接 4.43 与 4.46）。

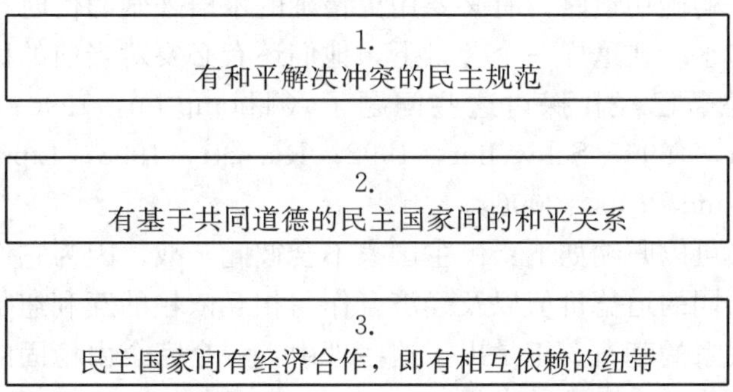

图 4—4　共和自由主义：自由民主国家间和平的三个条件

至于第二个条件，和平的关系在西方稳固的民主国家之间已经得到了高度的发展；而且有理由相信东欧新生的民主国家也将会成为和平区中的一员，如果它们进一步的民主化进程不会遇到严重挫折的话。这方面，南方的民主国家的问题则更多一些。南北之间的基础并不稳固。在冷战期间，美国对某些南方民主国家是敌对的甚至还是侵略的，例如 20 世纪 60 年代早期对多米尼加共和国与 20 世纪 70 年代早期对智利。这反映了在与苏联的竞争中美国捍卫自己所觉察到的经济和国家安全利益的决心（更加详细的分析见 Sørensen，1993a：101－112）。冷战的结束是否会了结新旧民主国家间的分野和误解，这还有待观察。

最后一个条件——经济合作和相互依赖在西方稳固的民主国家间得到了高度发展。至少一些东欧新民主国家（如波兰、匈牙利和捷克）正在通过拥有欧盟成员身份的方式融入合作与相互依赖的经济网络之中。然而，欧盟扩大的艰难谈判也表明：发展水平悬殊的国家之间的密切的经济合作存在着大量的困难。对南方的民主国家来说，对北方国家的单边经济依赖而非相互依赖，是延续下来的一种常态，甚至在冷战结束之后也是如此。这种根本的不平等，对于和平关系的发展来说不是一个好兆头，即使双方都有民主政府。

总之，一个能够悦纳所有新老民主国家的全球性和平联盟的出现，并不是有保障的。实际上，大部分新民主国家都满足不了上面界定出的民主和平条件中的至少两个。它们不仅没有展现出更大的进步，反而有后退到极权统治的迹象。因此，大多数共和自由主义者都没有弗朗西斯·福山那么乐观。他曾经预言说："历史的终结，就是：人类之意识形态演化的结束与西方自由民主制作为人类政府之最后形式的普遍化。"（Francis Fukuyama，1989：4）（见网络链接 4.47）大多数自由主义者认为，稳固的自由民主国家（包括西欧、北美和日本在内）已经构成了一个民主的"和平区"，但该"和平区"的扩大却远未确定（Russett，1993：138）。

于是，大多数共和自由主义者都强调，民主的和平是一个动态的过程，而不是一个固定的状态。一个和平联盟，是不会因为有关国家一满足民主定义的起码标准就立刻在它们之间出现的。和平，建立在三个基石之上（见表 4—11），必须经历一个很长的时期才能实现。挫折是难免的，回复到非民主统治也不是不可能的。但是，即使在这样一个有所保留的共和自由主义观点中，也还有一个弱点。共和自由主义者有必要指明民主导向和平的确切道路，有必要用更精确的术语来阐明何时与为何在民主国家间会出现民主的和平。在这样一个背景下，他们还有必要对当前的民主化进行更为透彻的评价。一些论著已经在探讨这些问题了（Thompson，1996；Sørensen，1992；Alder and Barnett，1996；Schweller，1992；Russett，1993；Lipson，2003；Rosato，2003；Souva and Prins，2006）。

共和自由主义可以归纳如下：民主国家不会彼此开战，因为它们具有和平解决冲突的国内文化、共同的道德价值以及经济合作与相互依赖的互利纽带。这些就是它们得以建立起和平关系的基石。正是出于这些理由，一个完全由稳固的自由民主国家组成的世界才有望成为一个和平的世界。

我们已经介绍了现实主义者质疑自由主义的一些具体观点。现实主义者对自由主义的这个版本同样也持怀疑态度。在他们的疑惑背后，正上演着一场国际关系学中自由主义对现实主义的更大的论战。这场论战的核心问题是：难道自由世界就能幸免于无政府状态的危险吗？难道一个有着更多的民主国家、更高水平的相互依赖与更多的国际制度的更为自由的世界，就将意味着无政府状态的消逝吗？难道这就意味着战争将永远终止吗？本章后面的两节将着眼于自由主义者和新现实主义者之间最重要的争论。

新现实主义对自由主义的批判

自由主义的主要竞争者就是新现实主义。我们在第二章谈到的国际关系学中的第一次大论战就发生在理想的自由主义者和悲观的现实主义者之间。自由主义和现实主义的论战一直持续到今天。我们将看到这场论战在自由主义阵营里也造成了分化。现在的自由主义者分成了两派：一派是离现实主义阵营更近的“弱自由主义者”（weak liberals）；另一派是继续支持更为独特的自由主义世界政治观的“强自由主义者”（strong liberals）。

自由主义者和现实主义者在先前（第二次世界大战前后）的论战，关注的是“人性”。我们已经看到自由主义者对人性普遍持积极的态度，现实主义者则倾向于持悲观的态度：他们把人类看做易于作恶的。这个问题是汉斯·J. 摩根索的现实主义批判自由主义的核心。这一批判的实质可以表达为：“由于你错误地估计了人性，所以你错误地理解了政治。”（Kenneth Waltz，1959：40）

这些关于人性的不同看法继续使现实主义者区别于自由主义者。但是，由于以下两个理由，“人性”已不再是论战的主要之点。第一，不论是新现实主义者还是自由主义者都日益意识到“人性”是高度复杂的，我们从“好的”与“坏的”事物（如和平与战争、慈善与劫掠、主日学校与妓院）中都可以看到它的存在。因此，我们必须把注意力转向社会和政治的背景，并借助它来解释人类（同时具有好和坏的潜力）在什么情况下会行善或作恶（Kenneth Waltz，1959：16-41）。第二，受到政治科学中的行为主义运动的影响。这种影响使学者们离开对人类行动与人类之“内在”道德标准及能力的研究，转向对“外在”世界之可观测的事实与可测量的数据（即人类行为模式之公开证据）的分析。学者们应该怎样构想外部世界呢？我们应该怎样看待历史呢？

我们很早就注意到经典现实主义者具有一种非进步性的历史观。尽管历史发生着变化，但国家依然还是国家，仍然停留在不变的无政府体系之内。无政府状态导致了自助行为：国家必须自己保护自己，没有人会替它们这么做。为安全起见，它们要武装自己以对付潜在的敌人。一个国家的安全就是另一个国家的不安全。结果就是军备竞赛与最终的战争。这就是 2 000 年以前的情形。在新现实主义者看来，由于国家体系的基本结构没有发生改变，今天也仍然是这样一种情形。历史是“同一个鬼东西的不断重复”（Layne，1994：10）。

然而，对于自由主义者来说，历史至少潜在地进步着。我们在前面界定了自由主义有关进步的主要条件，并在四种主要的自由主义思想中做了概要的讲述。新现实主义者对此并不以为然，他们注意到“自由主义”的这些条件已经存在了很长的时间，但并未能防止国家间的暴力冲突。例如，经济上的相互依赖并不是什么新东西。从世界国民生产总值的百分比来看，1970 年的世界出口水平就低于 1880—1910 年间的水平（见表 4—5）。换个说法就是：自由主义者把世界贸易得到迅猛增长的 1950—1975

年看成相互依赖的辉煌年代，但实际上这只不过是20世纪上半期的两次世界大战与经济大萧条所导致的反常的低水平的相互依赖的一个复苏时期罢了。

表4—5　　若干年份里贸易占世界国民生产总值的百分比

年份	世界出口/世界国民生产总值
1830	4.6
1840	5.7
1850	6.8
1860	9.3
1870	9.8
1880	11.4
1890	11.1
1900	10.4
1910	10.4
1913	11.4
1950	8.1
1960	9.2
1970	10.0
1980	16.9

基于 Thompson and Krasner（1989：199，201）。

金融流向也反映了同样的情况。以国民生产总值的百分比来衡量，西方发达国家的对外投资总额在1814—1938年期间比在20世纪六七十年代的同类投资要高得多。国际银行业在两百年以前就已经具有非常大的作用了（Thompson and Krasner，1989）。总之，经济上的相互依赖绝不是什么新东西，而它在过去对于防止国家间战争（如第二次世界大战）却几乎没有起过什么作用。

新现实主义者也批评了自由主义者对国际制度作用的迷恋。国家虽然通过制度进行合作，但它们在合作时仍然是以自己的决定和自己的利益为基础的。在国际关系中强者为上，制度不过是展现权力话剧的舞台，更何况这出戏还是由国家这个剧作家事先写好了的。制度本身并不重要（John Mearsheimer，1995b：340）。最后，正如我们已提到的，新现实主义者也批判了共和自由主义（Gowa，1999）。他们强调说，一个自由的或者民主的国家将退回到独裁主义或其他非民主形式。而且，今天的朋友也可能恰恰就是明天的敌人，而不管它们是否是民主国家。

因此，在现实主义者对自由主义的各种派别的批判之中，存在着一个共同的线索，即持续和永恒的无政府状态及其包含的不安全。在新现实主义者看来，无政府状态不可能消逝。无政府意味着，甚至自由国家都不得不考虑其自由的朋友或许会在某一天转而反对它自己。“不幸的是，即使自由民主国家也不可能超越无政府状态”（John Mearsheimer，1991：123）。无论是社会自由主义、相互依赖自由主义、制度的自由主义，还是共和的自由主义，都难以达到预期的目的。只要无政府状态还占据着上风，就谁也无法逃脱自助和安全困境。自由乐观主义是没有保证的。

向弱自由主义的退却

自由主义者主要以两种方式对新现实主义者进行了反驳。一种是防御性的。一些自由主义者接受了现实主义的一些观点，如关于无政府状态持续性的基本观点。我们通常把这些自由主义者称为“弱自由主义者”。另一些，我们称之为“强自由主义者”，他们绝不动摇。他们声称世界在一些基本方面正在发生变化，而这些变化与自由主义的预期是一致的。值得注意的是，“弱”和“强”的标记与他们对各自观点的坚定性并没有关系。这些标记纯粹是描述性的，只表示这两部分人不同意现实主义的程度。

罗伯特·基欧汉是自由主义与新现实主义论战中最重要的学者之一，他的著作向人们展示了一个自由主义者是怎样对应着现实主义者的批判来调整自己的观点的。正如我们提到过的，基欧汉与约瑟夫·奈合作的早期作品（Keohane and Nye，1971）具有社会自由主义的特点。在那部著作里，他们对“国家中心”范式与“世界政治”范式进行了重要的区别：前者聚焦于“国家间的互动”；后者则聚焦于非政府行为体发挥重要作用的“跨国的互动”（Keohane and Nye，1971：xii，380）。这意味着世界政治正在经历从国家体系到跨国政治体系的戏剧性变化。这一论点是强自由主义的一个例证。

社会自由主义者的观点在20世纪60年代早期十分流行，当时，现实主义者处于防御地位。可是，社会自由主义仿佛就是历史和情势的囚徒。这表明，作为社会自由主义理论基石的跨国关系，只能在由支配性的美国权力缔造出来的框架中才能顺利地发展（Little，1996：78）。在第二次世界大战后的一段时期内确实就是这样的。这以后的一段时期，美国陷入了既艰难又不受欢迎的越战之中，其权力似乎衰弱了。在经济方面，美国也遇到了麻烦；1971年，尼克松总统宣布结束美元对黄金的兑换。美国的政治经济难局对整个国际体系都造成了强烈的冲击。这一切使得现实主义重新采取了攻势：如果社会自由主义只能在现实主义的权力框架内才有效的话，就几乎谈不上会有多大的进步了。

基欧汉把注意力从跨国关系转移到国家上，结果就产生了前面谈过的复合相互依赖理论。这种分析是朝着现实主义的一种运动：国家的首要地位得到了承认。但是，现实主义应该在多大程度上由自由主义的见解来补充，则仍然是不清楚的。基欧汉越来越把分析重点放在国际制度上，这使他离新现实主义又近了一步。现在，他的分析的起点明显就是现实主义的。国家是主要的行为体；国际体系是无政府状态的；国家的权力非常重要，强者可以主导弱者。然而，就像我们在前面看到的，一个自由主义的核心论点仍然被保留了下来，这就是：国际制度能够促进合作。

尽管这个自由主义派别与新现实主义的立场相当接近，但大多数现实主义者仍然不满意这种经过修正并大大弱化了的自由主义命题。他们声称，基欧汉和其他几位制度自由主义者忽视了一个关键项目，那就是相对收益。“收益”是合作参与者的自然利得（见表4—6）。制度自由主义者宣称，制度能够促进合作，因而能使国家间的相互欺骗变得不太可能。这是因为，国际制度是透明的，能向所有成员国提供信息，因而也就能培植一种使国家更容易作出可信承诺的环境。新现实主义者回应说，欺骗不是在国家间谈判中存在的主要问题，相对收益才是主要问题。国家必定担心其他国家在合作中比自己获得更多的收益。新现实主义者指出，制度自由主义者根本没有考虑过这个问题，他们“忽视了相对收益的问题……这样一来，他们也就确定不了抑制国家进行国际合作的主要原因”（Grieco，1993：118）（见网络链接 4.48）。

表 4—6 绝对与相对收益

绝对收益	只要我们做得好，别人即使做得更好，也没有多大的关系。 例子：在下个十年，美国经济增长 25%，而中国经济却增长 75%。
相对收益	我们会尽最大努力，但优先要考虑的是不要让别人超过我们。 例子：在下个十年，美国经济增长 10%，而中国经济只增长 10.3%。
选择后一种景象而非第一种的美国人所关注的就是相对收益。	

新现实主义的批判使得基欧汉去强调一个有所保留的观点，而这又进一步缓和了他的自由主义立场。这个保留涉及国家间合作的条件。他指出，唯一最重要的条件就是国家之间共同利益的存在（Robert Keohane，1989a：3；1993：277）。如果国家间有共同利益，它们就不会担心相对收益。在这种情况下，制度就有助于增进合作。在缺乏共同利益的情况下，国家间就会是竞争的、担心的，甚至是害怕的。在这种情况下，制度帮不了多大的忙。

以这样的方式来回应新现实主义的批判，确实使自由主义立场更不容易受到现实主义的攻击，也有助于我们理解为什么在无政府状态下会有合作。但是，这也使得自由主义越来越贴近于新现实主义：自由主义理论的独特性和真实性越来越少了。换句话说，制度自由主义容易受到别人的攻击，说它只不过是“换了称谓的”新现实主义（John Mearsheimer，1995a：85）。如果我们把弱自由主义者定义为那些把新现实主义的基本假设作为分析起点的人的话，那么这些人还应包括阿克塞尔罗德（Axelrod，1984）、利普森（Lipson，1984）和斯坦（Stein，1990）。然而，冷战的结束却为更强硬的自由主义态度的强势亮相提供了一个舞台。

强自由主义的反击

新现实主义者对自由主义理论的攻击看起来火力强大。新现实主义简约甚至过于节省的理论建立在两大假设基础之上：历史是“同一个鬼东西的不断重复”；存在着导致不安全和战争危险的无政府状态。一个简要而又大胆的理论起点能作出强有力的阐释。但是，由于很多东西没有被考虑进去，过度节省可能也是一个缺点。难道我们真会一本正经地相信在过去的几百年里国际关系一点儿都没有变化吗？就像一位有经验的观察家所指出的那样，新现实主义“设法把［国际关系学］领域的大多数内容都留在了紧身衣之外”（Hoffmann，1990）。为了支持这个单调的主题，你就得对很多事情避而不见。

这就是“强自由主义者”（strong liberals）对新现实主义发起反击的开始。他们坚持认为，实质性的变化已经发生：当今的经济相互依赖把国家更紧密地联系到了一起；经济已经全球化了（见相关链接 4—4）；生产和消费也已经在世界规模的市场上进行。如果国家要退出这个体系，那么它们在福利方面付出的代价就将是极为高昂的（Holm and Sørensen，1995；Cerny，1993）。现在，已经有一些稳固的自由民主国家，在这些国家中民主得到了社会中所有的主要团体的支持，因此，对这些国家来说，向专制主义倒退几乎是不可想象的。这些国家都以新的与更加合作的方式来处理它们之间的国际关系。对于它们来说，根本就不存在倒退，历史的车轮是不可逆转的。"强自由主义者"包括罗西瑙（James Rosenau，1990）、多伊尔（Michael Doyle，1983）、多伊奇（Deutsch，1957）、伯顿（Burton，1972）、罗斯克兰斯（Richard Rosecrance，1986）、祖恩（Zürn，1995）、拉西特（Russett，1993）、杜尼和埃肯伯里（Deudney and Ikenberry，1999）以及斯罗特尔（Slaughter，2004）。

相关链接 4—4

实践中的全球化

第一，信息到处都有，在当今世界的每一个金融中心都可以及时并同时获取信息。第二，技术已经把所有主要国家与世界金融中心纳入了一个紧密联结的网络。世界上几乎没有哪个国家或地区能够免于金融冲击和变故，不论其发生在哪里。第三，技术已经使得建立一个新的、综合的体系和高效的世界市场成为可能，也就是使得在国际范围内（不用考虑国界）平衡借方与贷方、储存资源和分担风险成为可能。

Blumenthal（1988）

新现实主义者并不认为丝毫没有发生变化，但他们坚持说这些变化并没有导致无政府状态的消失，国家也还停留在自助体系之中。在这个最基本的方面，现实主义者的分析还继续起作用。由此，新现实主义者得出结论说：国内政治和国际政治之间有着巨大的区别。在国内事务中有"权威、政府和法律"，国际政治则"是一个权力、斗争与适应的领域"（Kenneth Waltz，1979：113）。但是，强自由主义者却对这个关键前提——现实主义者所理解的关于无政府状态仍未变化的断言——也提出了质疑。强自由主义者并不认为无政府状态已经被等级状态所代替，即世界政府已经产生或正在形成；而是指出无政府状态是一个极为复杂的国际关系状态，比新现实主义者想象的要复杂得多。因此，他们质疑新现实主义者基于无政府状态的存在而得出的那些结论。

在国际体系中有一个无政府状态是什么意思呢？这意味着世界上不存在唯一的、能够统摄一切的政府，但并不是说世界上根本就没有治理机构。国内政治与国际政治的区别也不像新现实主义者所宣称的那样清楚。事实是，有些国家缺乏有效与合法的政府体系，如喀麦隆、乍得、津巴布韦、索马里。相同的事实还有，某一批国家正在形成一个政府体系，如欧洲联盟。政治不会"在界河边停下脚步"。无政府状态并不必然意味着国际政治中完全没有合法与有效的权威。

强自由主义者从这种现实中得到了启发。国际政治并不必然是一个充满恐惧和危险的"原始无政府状态"，也能够有合法与有效之国际权威因素。强自由主义者从那些高度稳固的自由民主国家的国际关系中看到了范例，因为在这里我们可以看到糅合在一起的社会自由主义、相互依赖自由主义、制度自由主义和共和自由主义的关键要素。表明这种关系特征的方法之一就是卡尔·多伊奇创造的术语——“安全共同体”。西欧、北美和日本这些稳固的自由民主政体构成了一个安全共同体（Singer and Wildavsky，1993）。的确，说在这些国家之间会发生暴力冲突，那简直就是难以想象的、极不可能的。

因此，强自由主义者强调对一种更为精细的战争与和平观的需要。和平，不再像多数现实主义者相信的那样，仅仅是没有战争，而是有不同种类与程度各异的和平。自由民主国家安全共同体内各国间的“暖和平”（warm peace），比“冷和平”（cold peace），如冷战高潮中美国和苏联之间的和平，要安全得多（Boulding，1979；Adler and Barnett，1996）。同时，一种更为精细的战争观也是需要的。在历史的进程中，战争已经发生了深刻的变化。在技术和工业发展的推动下，战争的破坏性越来越大，在20世纪的两次世界大战中更达到了登峰造极的地步。此外，现在还存在着具有无限破坏力的核战争的风险。强自由主义者指出，这些发展能强化国家的合作动机（Mueller，1990；1995）。新现实主义者并不否认核武器有助于降低战争爆发的风险（Kenneth Waltz，1993）。但是，强自由主义者又向前迈进了一步。他们指出，大规模战争已经“变得声名狼藉，因为它被认为是令人生厌与没有益处的”（Mueller，1990：5）（见相关链接4—5）。

相关链接4—5

大规模战争的过时

除了能从书本上读到某些情形以外，决斗和奴隶制度作为行之有效的制度已不复存在，并已退出了人类的经验世界……有迹象表明，至少在发达国家间……［战争］……也已行将过时了。像决斗和奴隶制度一样，战争显然不是人们生活的必需品——它不是出于人性或伟大计划的那种存在所引起的令人不快的事实。人们可以没有它而生活，而事实上还能活得很好。战争或许是一种社会的不幸，但就一些重要方面来说，它也是一种我们能够摆脱的社会不幸。

John Mueller（1990：13）

于是，强自由主义者认为，无政府世界在一些重要方面并不产生现实主义者所宣称的不安全。在许多重要地方，和平还是相当有保障的。现今的世界有两类主要的和平。第一类和平是高度武装的大国（特别是核大国）之间的和平。对它们来说，全面战争就意味着自身的毁灭。这类和平主要（但并非完全）取决于建立在军事力量基础上的均势，这是最不安全的和平。第二类和平是经合组织内稳固的民主国家之间的和平。这是一种更为安全的“自由的”和平——人们可以靠自由民主价值、高水平的经济相互依赖与促进合作的紧密的制度网络等来加以预言（Cooper，1996；Russett，1993；Maoz and Russett，1993；Sørensen，1992；1997；Lipson，2003）。

基于这些理由，强自由主义者对未来保持着乐观的态度。他们认为，真正的进步不仅是可能的，而且正在世界上那些重要的地区发生着。当然，世界政府是没有的；但是在好些领域，世界已经远远超越了新现实主义者所说的那种对国际关系具有负面影响的原始无政府状态。因此，当需要把变革当做进步来研究时，自由主义者似乎比大多数现实主义者准备得更为充分。许多现实主义者总是更多地看到国际关系中大体不变的东西，即无政府状态和权力政治；而大多数自由主义者却把现代化和进步砌入他们的理论基础之中，使他们更易于研究社会的、经济的、制度的与政治的变化（见图 4—5）。冷战的结束提升了自由主义的地位。世界似乎正朝着更加自由的方向发展。但与此同时，自由主义者在研究不进步或倒退方面却准备得不那么充分。例如，我们都知道自由主义的一体化理论是怎样没有把欧洲合作进程中的挫折估计在内的。在第三世界，许多非常贫穷的国家没有得到发展，有的甚至还在某种程度上经历了国家的崩溃。自由主义理论难以应对这样的问题，因为它是建立在不可逆转的现代化观念的基础之上的（Zacher and Matthew，1995：138）。现代化进程带来的种种好处，才是自由主义思维的核心所在。这样一来，当这一进程由于某些原因而没有发生或当它出现逆转时，自由主义就变得不稳了起来。

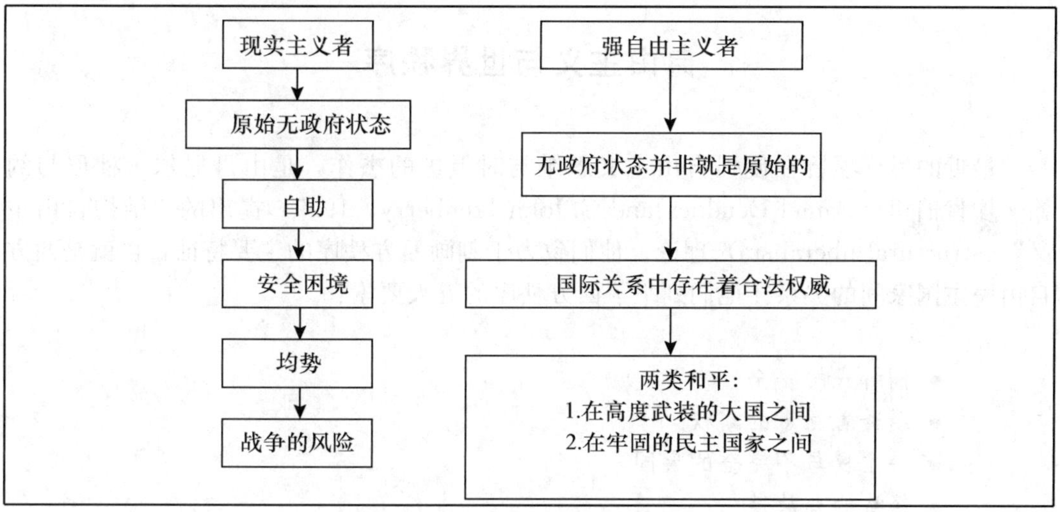

图 4—5　战争与和平的前景

自由主义者的主张也没有现实主义者的那样精确。究竟发生了多少变化？民主的和平到底有多安全？在国际关系中的各种自由主义要素（如民主或跨国关系）与政府间更为和平与合作的关系之间，有什么确切的联系？自由主义者对这些问题也充满疑惑。这是因为，他们试图将历史变化理论化，而这些变化本来就是复杂的、变动不居的与无限开放的，因而其间将会发生什么也就是难以确定的。

最近，自由主义者开始思考这些问题。安德鲁·莫拉夫斯克（Andrew Moravcsik）就提出了一个改进了的自由主义理论，试图使之“非意识形态化和非乌托邦化”（Moravcsik，1997：513）（见网络链接 4.49）。国际政治的基本行为体是理性的个人和私人群体。国家政策代表的是社会（与国家机器）中个人和群体的要求。换句话说，政府的政策反映的是民主社会中群体和个人偏好的不同组合。在国际体系中，每个国家都要在别国偏好的制约下致力于实现自己的偏好，即得到自己想要的东西。

这一改进的自由主义理论能避免合作盛于冲突或进步不可避免的事先假设。同时，它又能包括“国内的”构成（国家偏好）和国际的即“体系的”构成（国家偏好受到其他国家的制约)。该理论的核心要素是国家对一组偏好的追求。这些偏好或许就是起作用的自由主义因素。一旦自由主义因素积累到一定程度，和平与合作就会跟着到来；一旦自由主义因素达到不了一定程度，冲突就将盛行开来。在莫拉夫斯克看来，自由主义理论有三大主要变种：观念的、商业的与共和的。例如，共和自由主义“强调各种形式的国内行为体对国家行为的影响，以及社会群体参与寻租活动所形成的结果动机”(Moravcsik，1997)。

莫拉夫斯克的研究成果表明，他试图以强自由主义的假设为基础来展开对“实证的自由主义国际关系理论的总体重述”(Moravcsik，1997：515)。这一断言是说：这样一种自由主义理论，在解释外交政策、国际体系的历史变革与稳固的自由民主国家间的和平关系时，将优于现实主义和新制度自由主义。

自由主义与世界秩序

最近的另一项旨在使强自由主义思维与时俱进的杰作，是由丹尼尔·杜尼与约翰·埃肯伯里（Daniel Deudney and G. John Ikenberry，1999）提出的“结构自由主义”(structural liberalism）理论。他们致力于刻画西方秩序的主要特征，也就是西方自由民主国家间的关系。他们列举了西方秩序的五大要素：

- 捆绑式的安全
- 浸透着互惠的霸权
- 半主权与不完全的大国
- 经济的开放性
- 公民身份

捆绑式的安全指的是锁在具有相互约束性的制度（例如北约）之中的那些国家的自由的实践。北约这个组织拥有共同的武装力量规划、协同的军事指挥结构与进行军事政治决策的网络。浸透着互惠的霸权是美国主导西方秩序的特殊方式。美国是一个开放和分散的政治体系，这也使它能够接纳来自伙伴的压力。在这方面，跨国的和政府间的政治网络扮演着越来越重要的角色。

半主权和不完全的大国指的是德国与日本的特殊地位。作为强国，它们给自己施加了一些限制，其中一个重要方面就是它们都不谋求拥有核武器。它们的“贸易国家”特征，在新现实主义看来是不正常的，但在自由主义眼里却是西方政治秩序的一个有机组成部分。经济的开放性是西方自由秩序的又一重要方面。在发达的工业资本主义世界里，源于经济开放的绝对收益是如此巨大，以至于自由国家都努力合作以避免激起追逐相对收益的冲动。最后，公民身份表示的是西方对政治与公民自由、市场经济以及种族宽容这些价值的共同拥护。

杜尼和埃肯伯里认为，西方自由秩序的这些特征是如此强劲与稳固，以至于在共同的外部威胁（苏联）瓦解之后还能够延续下来。总之，自由秩序基于自由主义基础而非特定的均势或某种外部威胁。

显然，事态的发展对杜尼和埃肯伯里分析中的自由乐观主义提出了疑问。随着乔治·W. 布什（George W. Bush）在美国的掌权和美国安全战略聚焦于"反恐战争"，跨大西洋关系出现了紧张（Ikenberry，2002）。按照一位（现实主义）评论家卡干（Kagan，2003）的说法，欧洲人和美国人具有非常不同的世界秩序观，在这个意义上他们生活于不同的世界。卡干说，"美国人来自火星（Mars，寓意古罗马战神玛尔斯——译者），而欧洲人来自金星（Venus，寓意古罗马爱神维纳斯——译者）"。他的意思是：欧洲人生活在一个"和平与相对繁荣"的"康德世界"里；而"美国留在了历史的泥沼里，在一个霍布斯式的世界里运用着权力——在那里国际法与规则是不可靠的，真正的安全和对自由秩序的捍卫与推进都得依靠军事强权的拥有和使用"（Kagan，2003：3）（见网络链接 4.52）。

但问题却是，卡干是否夸大了欧洲和美国之间的差异。跨大西洋分歧将导致暴力冲突这一点纯属无稽之谈：这一安全共同体得以立基的自由价值、相互依赖与共同制度依然如故。因此，说美欧对抗没什么意义，人们立刻能想到的是它们在关于对抗恐怖主义的最好办法上的分歧。在美国，以进攻方式对抗被想定有"大规模杀伤性武器"（WMD）之国家的新保守派战略仍处于支配地位；而在欧洲，"应对跨国恐怖网络的最佳方式是政府机构的合作网络"的观点却得到了更强有力的支持（Nye，2003：65）。随着巴拉克·奥巴马（Barack Obama）总统的就任，欧美间更紧密联手的局面必定会出现。

然而，这些事件却也表明，自由主义的世界秩序观念中存在着一些紧张因素。自由主义外交政策寻求实现的价值应该是什么？在自由国际（Liberal International）看来，这个问题的答案是清楚的："自由、责任、宽容、社会正义与机会平等"（1997年自由国际［宣言］）。自由主义者当然要追求自由，但自由并无始终如一的本质。艾塞亚·柏林（Isaiah Berlin，1969）区分了消极自由与积极自由（现已成为经典）。消极自由，是一种个人领域的自主，无须任何国家权威的干预。这种自由的核心要素是财产权利：自由是从所有者的财产中流淌出来的一种权利；人的财产与所有权是自由和幸福的关键条件。确保这些权利，是政治当局必须承担的要务（见网络链接 4.53）。

对应地，积极自由，按柏林的说法，是"做自己主人"的自由。积极自由只有当某些条件得到满足时才是可能的。这些条件包括：你必须健康，有经济资源，受过教育，如此等等。要享有真正的自由，个人就必须拥有比消极自由所能提供的还要多的条件，尽管这类条件应该由国家来关照和提供。

个人不是国家且国内的条件也不同于国际体系的条件。但即便如此，我们也能在自由国际主义中搜索消极自由和积极自由的身影（Sørensen，2006）。消极自由强调的是一种自制自由主义（Liberalism of Restraint），一种退缩不前的、为国家提供主导本国事务的空间而不被其他国家干扰的自由主义。不干涉原则，作为经典主权制度的一个核心要素，强调的就是消极自由：让国家各自作出选择，但如果选择失败，也要让它们承担责任。国际制度建设与国际法也是自制自由主义的一个内容：防范赤裸裸的权力并以谈判解决纠纷的原则。

对应地，积极自由显示了一种不同的自由国际主义。它构成了强制自由主义（Liberalism of Imposition）的基础。这种自由主义，主张向外推进并急剧地改变世界以便为“善的（即自由的）生活”提供普遍的基础。伍德罗·威尔逊的名言——“使民主安存于世界”，就是强制自由主义；约翰·肯尼迪的“不惜任何代价，承担任何责任……以确保自由的成功”的意愿（就职演说），也是一样。布什总统宣称，美国和英国“寻求这种自由所引发的对自由与和平的推进”。查尔斯·克劳萨默（Charles Krauthammer）曾把强制自由主义确定为阿富汗战争和伊拉克战争背后的动因（Krauthammer，2004：11）。在欧洲，托尼·布莱尔（Tony Blair）的顾问罗伯特·库珀（Robert Cooper），也声言赞成“一种新帝国主义，一种对整个世界的人权与普世价值来说是可以接受的帝国主义”（Cooper，2002）。

总之，自制自由主义既主张让自己活，也主张让别人活，它主张通过沟通和合作来平和地解决分歧，通过辩论而非武力来达到目标。强制自由主义认为这种主张过于看重防御，因而是无效的；它要求走出去并沿着自由的方向强有力地改变世界，如果需要，就使用武力。两种自由主义都以自由思想为皈依。但很明显，在面对世界问题时，自制自由主义可能太弱势——不解决问题（i. e.，not solving the problems），而强制自由主义又可能太强势——有损它力图推进的自由价值（i. e.，undermining the liberal values it seeks to promote，cf. Rhodes，2003）。

在眼前的场合，我们已无篇幅再来深究自由主义的这一困境。我们的要旨很简单：由于自由价值在当前世界秩序中处于优势地位，自由主义的矛盾不可能不进一步暴露和尖锐。当这种情况发生时，自由国家的外交政策就越发地会与如何把握自由主义的核心的紧张关系这一问题相冲突。那些赞成自制的人，必须找出办法，以避免把自制所导致的大规模的人类不幸平静地接受下来；那些赞成强制的人，必须找出办法，以确保强制的结果不会有不自由的结局与不合法的政策。总之，自由主义的这一困境是评价自由外交政策所面临的挑战中的一个重中之重。

自由主义：当前的研究议程

随着冷战的结束，自由主义研究议程上的一些传统问题也具有了新的紧迫性。准确地了解民主如何导致和平，准确地把握新生的民主国家需要巩固以保证民主和平的程度，这些都是空前重要的问题。卡尔·多伊奇提出的“安全共同体”概念需要进一步发展。这个概念有助于强调和平不仅仅是没有战争。然而，作为一个有效的研究工具，它依然不够精确（当前的研究建立在多伊奇的基础上，例见：Adler and Barnett，1996；Kacowicz，1995；Schneider，1995；Deudney，1996；Parish and Peceny，2002；Lindberg，2005）。

国际制度，是一个相似的需要更加可靠的知识的研究项目。更新一些的制度，如欧洲安全与合作组织（OSCE）和世界贸易组织（WTO），已经出现在世界舞台上。

旧一些的制度，如北大西洋公约组织（NATO），也正在发生重大变化（关于制度产生、变化与作用的核心问题，已在制度自由主义部分阐述过）。

社会自由主义者与相互依赖自由主义者已经强调了跨国关系发展的重要性。至少在某些国家之间，这个过程仍在日益强化（Keohane and Milner，1996；Risse-Kappen，1995；Scholte，2005）。在西欧，这一进程正以一些新性质的要素培育着一体化的政策：各个国家都把部分主权集中到一起，以提高它们的集体调节能力（Keohane，1995；Zürn，1995）（对有关前景和问题的评论，可见 Keohane and Hoffmann，1991；Lodge，1993；Baun，1996；Pollack，2005）。

关于自由主义世界秩序观念内的紧张关系，我们已在前面讨论过了。如已经表明的那样，2001 年 9 月 11 日的暴行是对国际关系学中的自由主义理论的一大挑战。恐怖主义的大规模屠杀，如对纽约和华盛顿的袭击，明显是对西方自由民主国家（特别是美国）公民人身安全的一种非常可怕的威胁（见网络链接 4.59 与 4.60）。很显然，人们在全球范围内可以轻易地跨国界流动这个情形有其黑暗的一面。某些个人有可能利用这种自由来谋划和实施对其定居国公民的大规模屠杀。这种新的安全威胁要求国家部署更多的警察并进行更强的情报监管。这可能在一定程度上妨碍与自由民主国家相关的某些公民自由，就像在恐怖袭击之后通过的《美国爱国者法案》（Waldron，2003）。这也要求在国际边界和其他入境口岸采取更多的安全措施。这可能扩展到对国际货运的更严密的检查，还可能妨碍自由主义者所鼓吹的边界开放。但与此同时，这一事件也可以加强那些觉察到恐怖主义对本国公民安全构成威胁的国家之间的国际合作。当恐怖分子对纽约和华盛顿进行恐怖袭击时，这种国际合作就已经出现了。问题的关键在于：这类事件可能会迫使理论家去重新思考他们的理论，而需要重新思考的既包括自由主义者，也包括自由主义。

总之，国际关系学者都有必要关注正在发生的变化过程，并评估其对国际关系的可能影响。这就是自由主义国际关系理论给我们上的重要一课。

关键点

- 自由主义的理论基点是个人。个人与由个人组成的各种集体是其分析的重点。在这些集体中，首先也最重要的是国家，但还有公司、组织与种种社团。自由主义者坚持认为，能主导国际事务的不仅有冲突，还有合作。
- 自由主义者基本上都是乐观的：当人类能运用理性时，就能够实现互利合作。他们能够终止战争。自由乐观主义与现代国家的兴起密不可分。现代化意味着包括国际关系在内的大多数人类生活领域的进步。
- 根据自由主义者关于更为合作的国际关系的不同论点，自由主义可以被分为四个派别：社会自由主义、相互依赖自由主义、制度自由主义和共和自由主义。
- 社会自由主义：国际关系学不仅研究政府间的关系，也研究个人、集团与社会之间的关系。人们之间的关系比政府之间的关系更具有合作性。一个有大量跨国网络的世界，必是一个更为和平的世界。

● 相互依赖自由主义：现代化能提升国家间的相互依赖水平。跨国行为体正越发重要起来；武力是一种用处越来越小的工具；福利而非安全，是国家的支配性目标。“复合相互依赖”预示着一个更为合作的国际关系世界的到来。

● 制度自由主义：国际制度能促进国家间的合作。制度能缓解国家间因缺乏信任而导致的问题，并能减轻国家间的相互恐惧。

● 共和自由主义：民主国家不会彼此开战。这归功于：它们有和平解决冲突的国内文化，有共同的道德价值，有基于经济合作与相互依赖的共同利益纽带。

● 新现实主义者对自由主义观点持批判态度。他们认为，无政府状态不可能消逝，因而自由乐观主义是不保险的。只要无政府状态依然盛行，国家就无法逃离自助与安全困境。

● 自由主义者对新现实主义的反对意见作出了不同反应。“弱自由主义者”接受了好些新现实主义的主张；而“强自由主义者”却坚持认为，世界在一些根本方面正发生着与自由主义者的预期相一致的变化。无政府状态并不具有新现实主义者所声称之排他性的负面后果。还有一种积极的无政府状态，在其中，稳固的自由民主国家之间能够确保和平。

练习题

● 自由主义者对人类进步、合作与和平持乐观态度。这种乐观主义的理由何在？这些理由都是可靠的吗？

● 国际关系史确实像自由主义者所宣称的那样是进步性的吗？请举例说明。

● 分辨出本章所讨论的四种自由主义派别所提出的论点。从根本上说，有某一个派别是最重要的吗？或者，所有派别都是同样重要的吗？

● 针对“在过去十年里民主已经在世界上取得了惊人的进步”这一断言，你能提出什么论点？是赞成的还是反对的呢？

● 现实主义者认为，无政府状态是不可能被超越的，强自由主义者则认为可以超越。他们哪一方是对的？理由何在？

● 2001 年的“9·11”事件是自由主义理想的挫折吗？

● 基于自由主义理论，设想出一个或两个研究计划。

● 辨别出自由主义世界秩序观念内的紧张关系。如何才能处理好这些紧张关系？

阅读指南

Deudney, D. and Ikenberry, G. J. (1999). “The Nature and Sources of Liberal International Order,” *Review of International Studies*, 25/2: 179-196.

Ikenberry, G. L. (2001a). *After Victory: Institutions, Strategic Restraint and the Rebuilding of Order after Major Wars*. Princeton, NJ: Princeton University Press.

—— (2006). *Liberal Order and Liberal Ambition: Essays on American Power and World Politics*. Cambridge: Polity Press.

Keohane, R. O. (1989a). *International Institutions and State Power: Essays in International Relations Theory*. Boulder, CO: Westview Press.

——and Nye, J. S. (1977). *Power and Interdependence: World Politics in Transition*. Boston, MA: Little, Brown.

Moravcsik, A. (1997). "Taking Preferences Seriously: A Liberal Theory of International Politics," *International Organization*, 51/4: 513-553.

—— (2008). "The New Liberalism," in C. Reus-Smit and D. Snidal (eds), The Oxford Handbook of International Organization, 51/4: 513-553.

Mueller, J. (1990). *Retreat from Doomsday: The Obsolescence of Major War*. New York: Basic Books.

Rosecrance, R. (1999). *The Rise of the Virtual State*. New York: Basic Books.

Rosenau, J. N. (2003). *Distant Proximities: Dynamic Beyond Globalization*. Princeton, NJ: Princeton University Press.

Sørensen, G. (2006). "Liberalism of Restrant and Liberalism of Imposition: Liberal Values and World Order in the New Millennium," *International Relations*, 20/3: 257-272.

Zacher, M. and Matthew, R. A. (1995). "Liberal International Theory: Common Threads, Divergent Strands," in C. W. Kegley, Jr., *Controversies in International Relations: Realism and the Neoliberal Challenge*, New York: St Martin's Press, 107-150.

网络链接

读者可在与本书配套的在线资源中心找到本章提到过的网络链接和附加链接。
www. oxfordtextbooks. co. uk/orc/jackson_sorensen4e/

第五章

国际社会学派

概　述

国际社会传统——有时以国际关系学的“英国学派”(English School) 为标记——是一种以人类与其政治价值为焦点的探索世界政治的历史和制度方法。其中心任务是研究那些塑造着世界政治的思想和意识形态。它的基本假设有：(1) 认定国际关系是人类关系的一部分，其核心是诸如独立、安全、秩序与正义这些基本的价值。(2) 以人为中心的方法：要求国际关系学者对那些从事国际关系的人们的思想和行为进行阐释。(3) 接受国际无政府状态的前提，但并不排斥关于世界事务的替代性观念。这类观念包括：全球性的人类共同体与跨国性的贸易世界的见解。国际社会学者认为：从根本上说，世界政治是一个具有独特规则、规范和制度的“无政府社会”(anarchical society)，政治家就是以此来推行其外交政策的。本章将讨论国际社会传统的贡献与对它的批评，在结尾部分还将评价该传统当前的研究议程及其发展前景。

国际社会学派的基本方法

根据这一方法的主要倡导人怀特（Martin Wight，1991：1）

的说法，国际政治是具有自己明确的特征、问题与语言的“一个人类的经验领域”。学习国际关系学，就意味着要带着以恰当的术语去理解它的目的，“进入这个传统”，“参与到对话之中”并反思这种经验。这一方法的实质性要点就是国际关系应当被理解为主权国家之间的一种“社会”。

理解这种由国家组成的社会并不是一个应用社会科学模型的问题，而是一个像那些亲身经历过的人士那样去熟悉国际关系历史的问题。在有这种经历的人中，最重要的就是政治家：总统、首相、外交部长、国防部长、外交官、军事指挥官和其他一些在对外事务中代表国家的人。国际关系学者，应该努力探索隐含在国际关系实践者所奉行的外交政策背后的观念与思想，以便搞清楚他们倾向于如此行为的动因。简而言之，国际关系学的学术活动，就是通过努力领会过去与现在的国际关系实践者的经验，来尽可能地接近国际关系的社会世界（见网络链接 5.01）。

赫德利·布尔（Hedley Bull，1969：20）把这种“传统的”国际社会理路概括如下：它源于“哲学、史学与法学”；其“最主要的特点就是明确地依赖判断力的运用”（见网络链接 5.02）。布尔所说的“判断力的运用”是指，国际关系学者应该充分理解：外交政策有时会为有关的政治家提出道德选择难题，也就是说他们要在相互冲突的政治价值和目标中作出选择。国际关系学者应该能够根据这些选择作出时的情势以及当时被权衡的那些价值，来评估这些选择。就此而言，一个艰难的外交政策选择可能是作出发动战争或参与人道主义干涉的决定。本章后面将会谈到这类决定的两个最新的例子：一个是 1990 年联合国安理会决定使用武力将伊拉克军队驱逐出科威特；另一个是 1995 年联合国和北约决定对前南斯拉夫地区进行干涉。

我们在第二章讨论过的一个重要的国际关系学论战，就是传统主义者与行为主义者之间的论争（Hedley Bull，1969）。在论战中，国际社会学者坚定地站在了传统主义者一方。他们并不把国际关系学看成可以运用模型与假设并可以对其检验的价值中立的科学。他们排斥实证主义的社会科学方法论，从根本上反对沃尔兹的如下断言，即：有一种国际政治“结构”存在，其运行有着“类似规律的一致性”；有了这一结构，就有可能建立能够据以做出“预测”的“科学的”国际政治理论（Kenneth Waltz，1979）。国家并不是物品：它们不能脱离组成它们并代表它们发挥作用的人类——公民和政府——而单独存在。国际社会学者把国际关系看成人类关系的一个特殊部分：它发生在一定的历史时期并包含着规则、规范与价值。国际关系学就是对这样一种历史性人类世界的研究。

表 5—1　传统主义与行为主义

传统的经典方法	行为主义的方法
以人类为焦点的	以结构为焦点的
阐释性的	解释性的
规范性的	实证性的
历史—具体的	分析—抽象的

国际社会传统是经典的国际关系学方法之一，但它却力图避免在现实主义与自由主义的论战中提出的两个标准之间作出非此即彼的选择。这两个标准是：（1）国家利

己主义与冲突；（2）人类亲善与合作。一方面，国际社会学者否认经典现实主义者仅仅把国家看成自足与利己的政治组织这一完全悲观的看法。经典现实主义认为，国家只在一个狭隘自利的工具性基础上彼此联系并相互对待。他们把国际关系想象成一种倾向于重复无序与冲突并迟早会导向战争的国家“体系”。另一方面，国际社会学者也否认经典自由主义者那种异乎寻常的乐观看法，即：把国际关系看成有助于人类之无限进步与永久和平的一个不断发展的世界共同体（world community）。

国际社会传统是国际关系学经典学问的中间路线：它在经典现实主义与经典自由主义之间开辟了一片天地，并在这片天地上确立了一种有所区别且特色鲜明的国际关系学方法。它把国际关系看成一种由国家构成的“社会”，其中的主要行为体就是那些擅长于实施治国方略的政治家们。它将治国方略看成一项非常重要的人类活动，认为这类活动包括：外交政策、军事政策、贸易政策、外交往来、情报搜集与间谍活动、构成与加入军事联盟、发出威胁或致力于使用武力、谈判与签署和平条约、加入商贸协议、加入和参与国际组织，以及忙于难以数计的国际的接触、互动、交易与交换。这意味着必须把国家和政治家的外交政策倾向作为分析的中心，即要分析他们的观念、假定、兴趣、关切、目的、野心、算计与失算、渴求、信仰、希望、恐惧、疑虑、不确定性，如此等等。

到此为止的讨论可以概括如下：国际关系是由政治家们的外向性政策、决定和行为构成的。这些政治家是作为那些彼此独立与不受制于更高权威的以地域划分为基础的政治体系（即主权国家）的代表来行动的。“国际组织”、“非政府组织”、“多国公司”等等，也是包括在国际关系中重要的人类组织。但是，它们都处于主权国家之下，不能完全独立于那些国家来采取行动。这就是国际社会学者把主权国家当成世界政治基础的原因，也是他们以“国家社会”为基本意象来进行推理的缘由。

对于国际社会学者来说，国际关系学是一门专门研究下列活动的学问。这些活动就是：战争与和平；宣战，媾和，以及拒绝或接受和平建议；提供担保，结成联盟与加入秘密协议；炫耀武力与绥靖；谈判和终止谈判；建立和终止外交联系；进攻与防御；干涉，解放，孤立，恐吓，“种族清洗”，绑架人质与间谍活动；广播宣传与干扰外国的广播；贸易和投资，要求与提供人道主义援助，接收和遣返难民；其他许多由人类从事的独特的国际活动。所有这些国际活动都有重要的规范方面，而这些方面也就是国际社会学者关注的中心。

国际社会方法的核心，就是被当做人类组织的国家。其关键概念，就是前面提到的“国家社会”（Martin Wight，1977）。国际政治被理解成政治的一个没有等级性权威的特殊部分，也就是说，在主权国家之上没有世界“政府”。在这个方面，国际社会学者与经典现实主义者是一致的。然而，他们认为，国家间也存在着共同的利益、规则、制度和组织，它们由国家创造与共享，并有助于塑造国家之间的关系。赫德利·布尔（Hedley Bull，1995）用“无政府社会”这一术语概括了这种国际间的社会状况。这一术语的意思是：独立的国家间存在着一种世界范围的社会秩序。在“国际体系”（international system）与“国际社会”（international society）之间，布尔进行了重要的区分（见相关链接 5—1）。

相关链接 5—1

> **国际体系、国际社会**
>
> 当两个或两个以上的国家之间有着足够的接触并能对彼此的决定产生足够的影响……使每一个国家的行为都成为在其他国家的算计中必不可少的因素时，一个国家体系（或国际体系）就形成了。当一群国家意识到它们之间有某些共同利益与共同价值并构成为一个社会时，即当它们能使它们自己相信彼此的关系受着一套共同规则的制约并且彼此在共同制度的运行中分担着责任时，就存在着一个国家社会（或国际社会）。
>
> Bull（1995：9-13）

国际关系越是构成为一个社会，它就越不仅仅构成为一个体系。这是一个程度指标，它表明世界政治能以自身的规范与价值形成一种独特的人类文明。例如，冷战期间美苏之间的国际社会就差不多退化成了一种体系，在其中双方的外交政策都立足于对另一方意图和能力的算计（见网络链接 5.11）。然而，冷战结束以后，俄罗斯开始结交以西方国家为核心的国际组织，如：由美国、加拿大、英国、德国、法国、意大利、俄罗斯与日本构成的八国集团（G-8），经济合作与发展组织（OECD），国际货币基金组织（IMF），欧洲复兴开发银行（EBRD），欧洲安全与合作组织（OSCE）和北大西洋公约组织（NATO）。为方便交往，俄罗斯不得不注意共同的利益，并遵守那些国际组织的共同价值和义务。简而言之，俄罗斯不得不成为以西方为中心的国际社会的可靠公民。

另外一个重要区分存在于现实主义（realism）、理性主义（rationalism）与革命主义（revolutionism）理念之间（Martin Wight，1991）。它们是看待国家间关系的三种不同方式。第一种理念把国家看成追求自己利益的权力机构，因而也就把国际关系仅仅看成一种工具性关系。这就是马基雅弗利（见网络链接 5.04）的现实主义观点。第二种理念把国家看成依照国际法和外交惯例运行的法律组织（见网络链接 5.17 与 5.18），因而也就把国际关系当成基于主权国家间相互承认权威的受规则调控的活动。这就是格劳秀斯（见网络链接 5.05）的理性主义观点。第三种理念强调的是人类而非国家的重要性，认为人类能够组成一个比国家社会更为基本的原初的“世界共同体”或“人类共同体”。这就是康德（见网络链接 5.06 与 5.07）的革命主义观点。

然而，根据马丁·怀特（Martin Wight，1991）的理论，单靠上述理论中的任何一种都不足以理解国际关系，只有把这三种都一并用上才足以理解它。如果运用得当，国际社会方法就应该是能促进三种不同理论观点的交流或对话的一种探索。在关于外交政策实施与其他人类的国际性活动的从未间断过的对话中，现实主义者、理性主义者和革命主义者都分别代表着一种独特的规范立场或“声音”。下一节将展开这个话题。

这三种声音都向我们传达了这样一个事实，即国际关系从根本上说就是一种事关基本价值的人类活动。赫德利·布尔（Hedley Bull，1995）给予特别关注的是两个最基本的价值：国际秩序（international order）与国际正义（international justice）。关于“国际秩序”，布尔指的是那种支撑国家社会基本目标的“国际活动的模式或安排”；关于“国际正义”，他指的是“能赋予国家和民族权利与义务”的那些道德准则，如自决的权利、不干涉的权利与所有主权国家应该被平等对待的权利等（Hedley Bull，1995：78）。我们在后面将讨论国际社会传统的这两个基本价值。

约翰·文森特（John Vincent，1986）则特别重视与秩序和正义密切相关的两个国际价值：国家主权和人权。一方面，国家应当尊重彼此的独立，这就是国家主权和不干涉原则的价值所在。另一方面，国际关系不仅牵涉到国家，也牵涉到人类本身：不论我们碰巧成了哪个国家的公民，都应该拥有人权（见网络链接 5.27，5.28 与 5.30）。在不干涉权利和人权之间，冲突是可能的，有时也的确会发生冲突。当发生冲突时，哪个价值应该具有优先权呢？如果人权在某个国家内部被严重地侵犯了，政府还应保留不干涉的权利吗？在这种情况下，有没有一种可以用来拯救人民的人道主义干涉的权利呢（见网络链接 5.31 与 5.34）？这两种权利应该怎样来加以权衡呢？这是国际关系的基本价值冲突之一，它在冷战后更变成了一个显著的冲突。

国际社会方法为这些问题提供了两个主要答案。第一个答案是多元主义的（pluralist），它强调国家主权的重要性。依照这种观点，国际社会中的权利和义务是赋予主权国家的，个人只拥有所属国家给予他们的或被国家的社会所承认的权利。因此，尊重主权原则与不干涉原则总是处于第一位。国际社会方法给出的第二个答案，是社会连带主义的（solidarist）。社会连带主义强调，个人才是国际社会的最终成员。人权优先于主权国家的权利。根据这一观点，国家都应该既有权利也有义务为缓解人类的极端不幸而实施干涉。

我们在后面还将讨论这个问题。我们在这里要强调的是：按照国际社会方法，干涉和人权的问题能够规范地加以研究，如对其进行哲学的、史学的与法学的研究，却不能科学地来研究。这是因为，这些问题基本上是规范性问题，因而是价值荷载的。它们不可能有价值中立（value-neutral）的科学答案，也没有抽象的或一般的答案。每个答案都会受到情势的影响，因而在本质上就是历史的。

国际社会方法把世界政治看成一个完全的人类世界。这意味着，国际社会方法与国际关系的规范方面和价值困境是吻合的。这也意味着，这个方法基本上是情景性的或历史性的。世界政治为人类改善其生活所具备的所有潜力，包括经典自由主义者强调的进步与和平，打开了大门。但是，世界政治也暴露了人类所表现的所有缺点和局限，以及暗含在其中的冒险、不确定、危险、冲突等一切可能性，包括经典现实主义者所强调的不安全与无序。国际社会方法拒绝在自由乐观主义与现实悲观主义之间做非此即彼的选择，这或许就是它的主要长处。

表 5—2　　国际社会学派的基本方法

方法论	人本主义
	阐释
	历史的，法理的，哲学的
核心概念	人类关系
	国家
	国家体系
	国家的社会
基本价值	秩序
	正义
	国家主权
	人权

三大传统：理论

马丁·怀特（Martin Wight，1991）教导说，国际关系学中最杰出的经典理论家（比如马基雅弗利、格劳秀斯和康德）的主要思想可以分为三个基本范畴：现实主义的、理性主义的和革命主义的。现实主义者就是那些强调并重视“国际无政府状态”的人；理性主义者就是那些强调并重视“国际对话与交往”的人；革命主义者就是那些强调并重视国际社会之人类“道德统一体”的人（Martin Wight，1991：7-8）。怀特把这些当做国际关系的根本思想。如我们已提到的，这三种理论不是彼此孤立的，而是处于对话中的，在所有的国际关系学术活动中都一定能听到这三种声音。怀特把国际关系学视为现实主义、革命主义与理性主义观念之间的一种永不停息的对话（见表5—3）；你不能有说服力地揣测，国际关系学能够被简约为现实主义或理性主义或革命主义；这“三R”（realist，rationalist，revolutionist）都必定形成对国际关系学的圆润与均衡的理解。然而，国际社会学者却更喜欢聚精会神地聆听格劳秀斯理性主义的那种温润的声音。

明白了这些主要思想在世界政治中的作用，就等于掌握了国际社会方法的关键。这种传统也强调历史，但处于其核心的却是思想的历史。我们不能说，这些思想的任何一种是“对的”或任何一种是“错的”。它们仅仅代表着关于世界政治的不同的、基本的与相互竞争的规范见解。从每一种都只抓住了国际关系中的一个维度或者一个方面来说，它们都是不完整的。每种观点本身都不是完整的国际关系学，但它们在国际关系学理论中却都发挥着不可或缺的作用。在世界政治中，现实主义是个“控制性”或节制性的因素；革命主义是个“活力性”或动力性的因素；理性主义则是个“文明性”或稳健性的因素。

表5—3　怀特的三种国际关系学传统

现实主义	理性主义	革命主义
无政府	社会	人类
权力政治	演进性变化	革命性变化
冲突与战争	和平共处	反国家的
悲观主义	没有幻想的希望	乌托邦主义

现实主义学说认为，国家之间的对抗与冲突“内在”于它们的关系之中。现实主义者强调“无政府状态、权力政治与战争要素”（Martin Wight，1991：15-24）。现实主义专注于实然之“是什么”，而不是应然之“应该是什么”，因而也就能免于愿望性思维并“坦然地接受生活中不尽如人意的一面”。所以，现实主义者都倾向于对人类本性持悲观态度：人类可以被分为“骗子和傻瓜”，现实主义者在机智上能胜过“骗子”，又能占愚蠢之人或天真之人的便宜，因而可以幸存并取得成功。这意味着，

世界政治不能有所进步，而总是保持基本相同的状态，不会因时间与地点的不同而发生重要的变化。如果把现实主义推向极端，就会得出这样的结论：国际社会不存在，存在的只是霍布斯式的自然状态。唯一的政治团体和实际上的道德共同体，就是国家。在国家之外或国家之间是没有国际责任的。

理性主义者是这样的理论家，他们相信：人类是理性的，是能够找出正确之事来做的，也是能从自己和他人的错误中学习的（Martin Wight，1991：14-24）。理性主义者认为，人们即使像在国际无政府状态中那样没有共同的政府，他们仍然能设法理智地生活在一起。如果把理性主义的世界观推向极端——如果可能的话，将其推到至中至和的心灵境界——就是一个国家间相互尊重、彼此和谐与遵循法治的亲和世界。由此，理性主义把保守的现实主义者与进取的革命主义者分排在自己的两边，并确定了国际政治的“中间道路”。

革命主义者是那些认定自己属于人类并相信存在着一个超越于国家的人类社会的“道德统一体”（Martin Wight，1991：8-12）的人。他们是“世界主义者”（cosmopolitan）而非国家中心主义思想家，是社会连带主义者而非多元主义者。他们的国际理论具有进步性的甚至是使命性的特点，因为其目的是让世界变得更好，其目标就是革命性的社会变革。这样的变革将使某种理想世界成为现实，而无论这个理想世界是基于如基督教或伊斯兰教那样的革命宗教，还是基于如共和自由主义或马克思列宁主义这样的革命意识形态。对革命主义者来说，历史绝不仅仅是一连串的事件和巧合；相反，历史有自己的目的，人类有自己的命运。革命主义者对人类本性满怀乐观：他们相信人类的可完善性。国际历史的终极目的是使人类臻于完善并达成自由。对康德来说，革命涉及建立一个宪政国家体系，即建立一个有助于实现永久和平之“共和国”。对马克思来说，革命关系到摧毁资本主义的国家，推翻资本主义国家赖以存在的阶级体系，并建立一个无阶级的社会。这场革命一旦成功，人类就不仅会获得解放，还会重新联合起来。这样一来，国家也好，国际关系也罢，就再也没有了存身之处。如果把革命主义推向极端，就可以宣称：地球上唯一存在的社会就是世界社会——一个由每一个人构成的社会，也即整个人类。

三大传统：实践

当怀特（Martin Wight，1991）需要详尽阐述现实主义或理性主义或革命主义时，他总要以历史事例来探究政治家或主要评论家的思想，并以此来说明和润饰他的论证。例如，在冷战深化时期的 1956 年，怀特就曾经引用过苏联领导人赫鲁晓夫（Nikita Khrushchev）的话。赫鲁晓夫是这样说的：“一个小国在现代的世界根本算不了什么。事实上，只有苏联和美国这两个国家是要紧的。而苏联更高一筹。其他国家都没有真正的发言权。”（Martin Wight，1991：33）这一评论就是对世界政治中的极端现实主义思想的一个写照。

怀特（Martin Wight，1991：47）从正宗的现实主义和极端的现实主义中区分出了温和的现实主义。极端的现实主义者否认国际社会的存在：他们视国际关系为道义中立的，因而也就是一种存在于主权国家之间的工具性的外在状况；他们认为，社会在国家之内是可能的，但在国家之间则是不可能的。没有任何一个主权国家有权威去命令其他主权国家，也没有一个主权国家有义务服从其他主权国家。相对权力决定国家的关系。在承认国际法方面，温和的现实主义者与理性主义者更为接近，但他们认为国际法是基于大国的利益与责任的（见图 5—1）。

怀特对理性主义没有做重要的区分，但他确实对理性主义与温和的现实主义做了区分。怀特引用了冷战期间一位对美国外交政策有影响力的美国评论家乔治·凯南的话。凯南说："我从来不期望看到这个国家……在对外关系中的行为由正派、慷慨、温和以及体谅之外的任何其他东西去支配"（Martin Wight，1991：120-121）。凯南承认国家利益在实施外交政策时的指导作用。但是，他在承认本国国家利益的合法性的同时，也承认其他国家（包括对手国甚至敌国）国家利益的合法性。凯南通常被认为是一个温和的现实主义者，但他的某些言论却非常接近理性主义思想所表现的特征。于是，怀特（Martin Wight，1991：267）认为："凯南事实上是一位理性主义者，因为他坚持国家利益应该以正义为指南。"

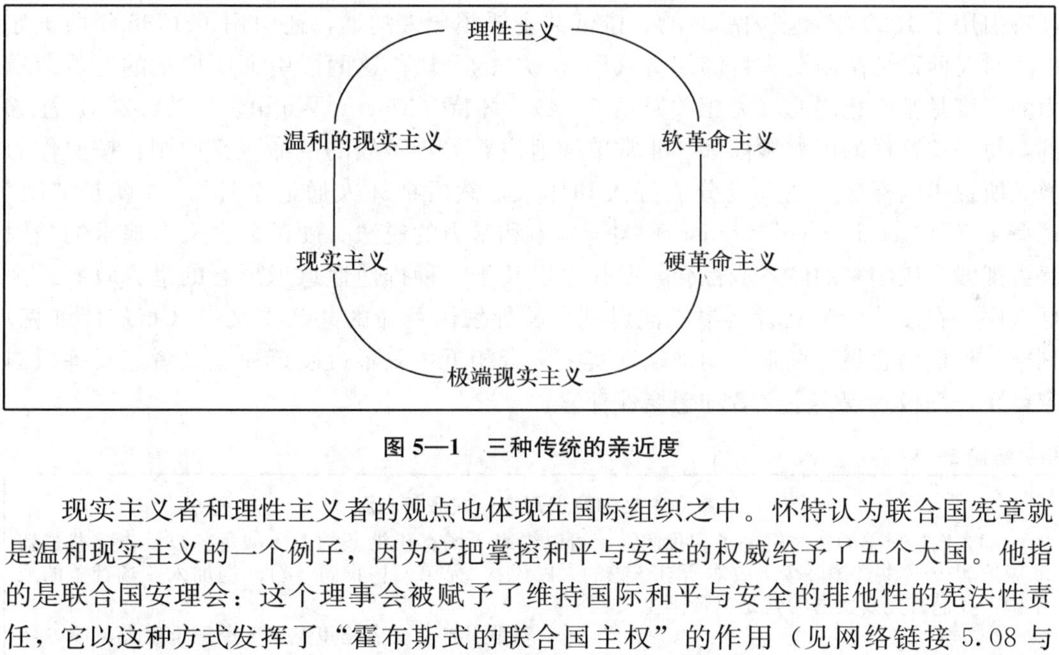

图 5—1　三种传统的亲近度

现实主义者和理性主义者的观点也体现在国际组织之中。怀特认为联合国宪章就是温和现实主义的一个例子，因为它把掌控和平与安全的权威给予了五个大国。他指的是联合国安理会：这个理事会被赋予了维持国际和平与安全的排他性的宪法性责任，它以这种方式发挥了"霍布斯式的联合国主权"的作用（见网络链接 5.08 与 5.09）。国家可以加入联合国，也可以留在外面，但无论如何国家都无权拒绝安理会的决定。安理会由五个各自都有永久否决权的大国（美国、俄罗斯、中国、英国和法国）所控制。另一方面，怀特把国际联盟盟约作为理性主义的一个例子，因为该盟约使得"国际联盟的机构都得遵守法律规则和已有的条约"。在这一点上，它比联合国宪章要明确和清楚许多（见相关链接 5—2、5—3）。简言之，在怀特（Martin Wight，1991：34）看来，联盟盟约是基于成员国的同意（consent）的，而联合国宪章则基于大国的利益（interests）。

相关链接 5—2

国际联盟盟约（1920）

缔约国各方，为了促进国际合作，维持国际和平与安全，同意国际联盟的盟约，须接受的义务有：不诉诸战争；建立公开、正义和高尚的国家间关系；将政府间行为的实际规则牢固地建立在对国际法的理解之上；在处理组织起来的民族之间的关系时维护正义并真诚地尊重所有的条约义务。

相关链接 5—3

联合国宪章下的安理会权威（1945）

安全理事会应确定任何威胁和平、破坏和平或侵略行为之存在，并应提出建议或作出所应采取何种措施之决定［第 39 条］…… 可采取必要的海、陆、空军行动，以维持或恢复国际和平及安全。

［第 42 条］

顾名思义，革命主义是一种如有必要就以暴力推翻和根除现存政权的学说。没有什么意识形态与这种学说有着特别的联系：革命主义者可以是左派，也可以是右派。怀特引用了 1920 年俄国内战时的一位俄共主要领导人的话，还引用了 1936 年西班牙内战时对西班牙法西斯头目佛朗哥（Franco）的采访。这两段引证所揭示的对革命暴力的态度是基本相同的（见相关链接 5—4）。怀特（Martin Wight，1991：228）注意到，每一位这样的革命领袖都“非常单纯地说着关于圣战的革命主义原则：按照你的教义所提供的标准，把人类分成好人和坏人，然后把坏人通通杀掉”。这就是“硬”革命主义（‘hard’ revolutionism）关于军事和暴力的说法。硬革命主义者追求的是用暴力摧毁主权国家的体系或社会，并代之以基于一种排他性意识形态的世界政府或全球秩序。在硬革命主义者之中，他提到了领导俄国革命的共产主义者（布尔什维克）列宁。他们与思想立场强硬的极端现实主义者相近，只不过硬革命主义者想要摧毁国家体系，而极端现实主义者却想要保存它。

相关链接 5—4

革命主义的意识形态：左派与右派

同志们！兄弟们！时机来了。我们终于可以组织一场真正神圣的人民战争，以反击那些强盗和压迫者…… 共产国际今天要对所有东方的人民说：“兄弟们！我们号召你们加入一场神圣的战争中。我们首先要反击的就是英帝国主义。”

苏联共产主义者格里戈里·季诺维也夫，1920 年

大屠杀……还要持续多久呢？不会有妥协，不会有停战。我将继续准备向马德里的进军。我将前进，我将夺取首都，我将把西班牙从马克思主义手中拯救出来，不惜任何代价。这就是说：你们将不得不打死一半的西班牙人。让我重复一遍，不惜任何代价。

西班牙法西斯主义者弗朗西斯科·佛朗哥，1936 年

转引自 Martin Wight（1991：223，226）。

此外，还有一种“软”革命主义（‘soft’ revolutionism）版本。它展示了“一个废弃了民族和国家而由个人组成的世界社会……（它）否认那种国家社会的观点并指

出：唯一真实的国际社会就是个人组成的社会”（Martin Wight，1991：45）。基督教和平主义者与世俗的人本主义者就是软革命主义者的范例。软革命主义者也想要废除国家和国家体系，但他们致力于以思想革命而非暴力去和平地达到这个目的。被怀特提到过名字的软革命主义者有：德国哲学家伊曼纽尔·康德，美国总统伍德罗·威尔逊，印度第一位总理贾瓦哈拉尔·尼赫鲁。可以名列其中的还有：印度和平主义者甘地及其信徒，美国民权领袖马丁·路德·金。软革命主义者与思想立场温柔的理性主义者相近。

这种世界主义的世界社会思想并不像表面上看起来那么牵强附会。例如，在美国外交政策中就有这样一种历史倾向，即对秘密外交的疑惧与对不同国家公民之间的公开交往的赞成（见网络链接 5.12 与 5.14）。伍德罗·威尔逊总统在 1918 年发表了一篇著名的演讲，其中就有旨在结束第一次世界大战和建立一个使民主能够安存于世界的十四点计划。我们在第二章和第四章讨论过这种见解，它通常被用来称呼美国外交政策中的“理想主义”或“自由主义”倾向。这一倾向，无疑深植于美国的民主传统之中。

相关链接 5—5

威尔逊总统 1917 年的战争信号

我们所不能作出的选择只有一个……我们不会选择那条屈服的道路，那将使我们国家与人民最神圣的那些权利受到忽视或侵犯……我们与德国人民没有什么争执。我们对他们除了同情与友好之外，没有别的情感。他们的政府发动这场战争并不是出于他们的冲动。他们事先并不知道，亦未表示过赞同。这场战争，正如过去不幸岁月里的那些战争一样……统治者什么也不与人民商量就作出了开战的决定，而发动和进行那些战争又只是为了某些王朝的利益或是为了惯于把他们的同胞用作爪牙和工具的一小撮野心家的利益……

1917 年 4 月 2 日要求国会宣战的讲话

转引自 Vasquez（1996：35-40）。

亨利·基辛格用大量的历史细节探究过美国外交政策中的外交辩证法，即美国外交政策中倾向于理想主义和创造一套基于人类自由的新世界秩序的外向冲力，与相反的倾向于国家自我迷恋与孤立主义的内向引力之间的互动。按照基辛格的观点，美国政治家和公民不得不在“希望与可能性”之间寻求平衡：“美国理想的实现，必须在局部成功的耐心累积中去追求。”（Henry Kissinger，1994：836）民主不能永远地安存于世界，那只是一个不能实现的天真的希望。但是，在承认这种不可能性之后，就既无必要也无意愿再退回到“美国堡垒”中去了，因为这会不负责任地把国际秩序的管理权委予他人，而这也不符合美国的国家利益。根据基辛格的观点，即使像美国这样一个超级大国，也必须对有限的可供选择的政策进行现实主义评估，并以这样的评估来指引外交政策。这是因为，美国也处在一个由众多独立国家构成的广阔与多样的世界上，而这些国家又有着不同的外交政策、政治意识形态、政府体制、文化与文明等。在这里，基辛格露出了他自己的那种近乎理性主义的温和现实主义的外交政策哲学：他的“希望与可能性”的教条实际上与理性主义者“不抱幻想的希望”的立场是一致的。

国际社会学派强调四个要点。第一，强调那些最重要且有效力的思想，认为这样的思想能够塑造那些身处国际关系中的人们（特别是政治家）的思想、政策与活动。第二，强调那些在实施外交政策时能发挥作用的最主要的思想、价值与信仰之间的对话，认为恰当的学术理解不能只靠采纳现实主义或革命主义或理性主义的某一种方法来获得。仅仅采纳其中的一种方法，只能形成单一维度的因而也是局部的与不完善的分析，而这样的分析将会扭曲我们对国际关系的理解。第三，强调国际关系的历史维度，认为忽视历史就无法体味这些传统业已存在的巨大的时间跨度以及这种存在的意义。第四，强调国际关系最基本与最长久的方面，即用历史的眼光能够看到的规范方面。忽视规范方面，就无法理解国际关系在本质上的人类特征，也无法理解其中牵涉到的极端困难的道德问题。

秩序与正义

正如上文提到的，国际社会方法强调哲学，也强调历史学与法学。马丁·怀特在本质上是一位外交史学家，他深刻地反思了国际关系中那些有生命力的相互作用的基本思想。赫德利·布尔则首先是一位世界政治哲学家，他煞费苦心地想确立起一套系统的国际社会理论（Jackson，1995：110-128）。怀特和布尔都把国际关系学理论看成政治理论的一个分支。他们确信，只有在具体历史事件和情节的来龙去脉中，才有可能将国际关系学升华为理论。他们对基于博弈论或其他科学模型的抽象的社会科学理论化工作深表怀疑，认为这些都脱离了历史与人类的经验（见网络链接 5.15 与 5.16）。

相关链接 5—6

> **沃尔特·李普曼（一位著名的美国记者）论对苏联的冷战遏制（1947）**
>
> 在一百多年的时间里，所有的俄罗斯政府都试图向东欧扩张。但是，只是在红军到达易北河畔［位于德国，1945 年］以来，苏联的统治者才实现了俄罗斯帝国的野心与共产主义意识形态的目标……美国的权力必须被动用起来，不是要在分散的点上“遏制”苏联，而是要制约苏联的整部军事机器，并施加额外的压力来支持迫使苏联同意撤出［德国及被其占领的东欧地区］这一具体目标的外交政策。
>
> 转引自 Kissinger（1994：465）。

相接链接 5—7

> **戈尔巴乔夫总统论美苏合作（1985）**
>
> 你问我界定苏美关系的首要之事是什么。我想，不论我们是否喜欢对方，我们都只能一同生存或一同灭亡，这是无法改变的事实。因此，必须回答的原则性问题就是，我们是否最终准备承认除此之外不会有和平共处的其他方式，以及我们是否准备将我们的思维与行为方式从好战的轨道转变到和平的轨道上来。
>
> 转引自 Kissinger（1994：790）。

按照布尔（Hedley Bull，1995：16-19）的观点，无政府社会的要点就是促进和维护国际秩序（order）。在这里，“秩序”被定义为“支撑国家社会的那些根本、主要与普遍目标的一种国际活动模式或安排”。他确定了四个这样的目标：维护国际社会；支持成员国的独立；维持和平；着力保证一切社会生活的规范基础，包括：“对暴力的限制”（表述在战争法中）、“对承诺的遵守”（表述在互惠原则中）、“对占有的固定”（表述在相互承认国家主权的原则中）。在布尔看来，这些就是无政府社会最根本的目标。所有这些目标都具有道德特性：它们不只是工具性的或是完全自利的；它们既是为别人，也是为自己。布尔像大多数国际社会学者一样，力主对世界政治进行规范分析。

布尔区分了世界政治中的三种秩序（Hedley Bull，1995：3-21）。第一种是“社会生活中的秩序”，无论采取什么形式，它都是人类关系的一个基本要素；第二种是“国际秩序”，即国家体系或国家社会中国家之间的秩序；最后一种是“世界秩序”，即作为一个整体之人类之间的秩序。他继续说：“世界秩序比国际秩序更为根本与原始，因为由所有人类组成的伟大社会的最终单位不是国家……而是单个的人类。”国家和国家社会，只是人类关系的那些暂时性的（即历史性的）安排，而“单个的人类……是永恒的与不可摧毁的，（尽管）从他们结合成群体的意义上说……不是”。这就是存在于布尔的国际关系学理论中的世界主义或社会连带主义倾向。但是，布尔的大多数分析却仍然关注着国家和国家社会：这种理论是多元主义的，而不是社会连带主义的。

维持国际秩序——国家间秩序——的责任，属于大国并通过“管理它们彼此间的关系”来达成。布尔对此加上了重要的限制：这不是一个关于大国实际做了些什么的经验陈述，而是一个从国家间权力深刻不平等的现实中推导出来的关于大国在世界政治中具有特殊地位和责任的规范陈述。他注意到，“大国，也像小国一样，常常以加深混乱而非促进秩序的方式来行事”（Hedley Bull，1995：199-201）。在20世纪的两个曾经动摇过世界政治基础的重要关头，即在第一次世界大战（1914—1918年）和第二次世界大战（1939—1945年）中，这样的事情都曾发生过。第二次世界大战更是大国责任的一次重大失败，因为大国的基本义务就是维持均势并防止任何强大国家失去控制并制造灾难，像德国和日本在20世纪三四十年代所做的那样。布尔认为，20世纪60年代和70年代早期，美国和苏联都曾作出过努力以扮演“整个国际社会事务的负责任的管理者”。冷战曾一度起到过维持国际秩序的作用。但是，布尔也说过，在冷战的某些时期，特别是20世纪70年代晚期和80年代早期，两个超级大国的行为更像是“最不负责任的”（Hedley Bull and Watson，1984：437）。这种看法，与当代的新现实主义观点相比，显然要更为含糊一些（见第三章）。

相关链接 5—8

布尔将战争作为一种制度的理性主义观念

战争是由政治单位在彼此对抗时实施的有组织的暴力…… 我们应该对它进行区分：在松散的意义上，有组织的暴力可以由任何政治单位（一个部落、一个古代帝国、一个封建公国、一个现代的公民派系）来实施；而严格意义上的国际或国家间战争，有组织的暴力则是由主权国家来实施的。在现代国家体系内，唯有严格意义上的战争、国际战争才具有合法性。主权国家一直努力维护着它们对合法行使暴力的垄断权……在任何我们可以用“战争”来命名的实际的敌对行动中，规范或规则，无论是法律的或是其他形式的，都不可避免地占有一席之地。

Bull（1995：178）

布尔的均势论点非常接近于怀特所说的温和现实主义观点。他借助历史在诸如“简单的均势”与“复杂的均势”之间进行了重要的区分。前者与现实主义的“两极”大致相同，后者与现实主义的“多极”大体一致。以同样的方式，他又继续用历史事例来区分了总体均势与局部均势、客观均势与主观均势。冷战期间美苏之间的总体均势，可以与中东地区的以色列和阿拉伯国家或南亚地区的印度与巴基斯坦之间的地区均势相区别。

客观均势是实在意义上的现实，主观均势则是一种信念甚至信仰，即那种通过促进并维持均势来实现与维持国际秩序价值的原则。这就是科学理论通常领会不了的关于均势的道德基点。布尔在 20 世纪 70 年代的著作中（Hedley Bull，1995：109）提到，这一时期的大国并没有就维持均势这一共同目标达成总体协议，而且在很大程度上也没有把它作为有价值的目标来追求。这种说法有些误导，因为当时的苏联与美国确实制定了规制两国的核武器和其他军事关系的规则。它们联手追求核和平，并在这样做时显示了彼此对共同利益的承认。至少，在它们的冷战关系中，就保持最低限度的交往这一点来说它们有着共同的利益（Hoffmann，1991）。

赫德利·布尔还用历史的和当代的例子来论证了他对无政府社会中战争性质的看法。在对战争的论述中，他的观点显示了怀特所言之理性主义特点。这从他把战争定义为一种制度就能看得出来。布尔用历史的和当代的实例来阐述了他的理性主义战争观。他注意到（Hedley Bull，1995：179），人们通常把国家间的战争与国家间的和平不适宜地对照起来看，但他认为这种做法可能是误导性的。他指出，“替代国家间战争的历史出路是暴行更为普遍之路”，就像现代国家垄断了战争活动与手段之前的中世纪所存在的社会无政府状态中的情形那样（见第一章）。历史上，国家体系一直致力于对这类暴力的压制，而其方式就是将战争限制在国家之间武装比拼的范围之内。所以，国家对战争的垄断提升了秩序这一价值。

相关链接 5—9

> **戴高乐总统论国家责任（1961）**
>
> 对于一个伟大的国家［法国］而言，将它的命运置于另外一个国家［美国］的决定和行动之下是不可容忍的，而不管这个国家是多么友好……一体化的国家将损失其在国防方面的利益，因为它不再能够为之负责。
>
> 转引自 Kissinger（1994：605）。

相关链接 5—10

> **富兰克林·罗斯福总统论国际责任（1945）**
>
> 对于世界未来的和平而言，没有什么比这些国家之间的持久合作更为重要的了，它们不得不凝聚起力量以挫败轴心国主宰世界的阴谋。同时，这些伟大的国家还有着特殊的责任以维护世界和平。它们的责任基于这样的义务：所有国家，不论大小，在国际关系中均不得使用武力，除非是为了保护法律。
>
> 转引自 Kissinger（1994：427）。

自从 1945 年以来，国际社会成功地限制了国家间的战争而非国内的战争。除超级大国间“‘由代理人’进行的战争”（比如朝鲜战争和越南战争）外，大国间的战争几乎是不存在的（Hedley Bull，1995：187）。1945年以来发生的战争，主要是革命战争、民族解放战争、国内战争、分裂战争和反对国际恐怖主义的“战争”，等等。这些都是非国家的“第三类战争”（Holsti，1996），这是当代的战争的主要特征。布尔也注意到，“相对于国内战争而言，作为塑造国际体系之决定性因素的国际战争，已经衰落了”。他在很大的程度上把这种现象归结为冷战时期超级大国的彼此规避，但也可以归因于联合国宪章把侵略战争确定为非法的规范，以及支持这些规范的国际公众舆论。

冷战期间，像战略现实主义者和新现实主义者这类社会科学的实证主义者，从工具性的或结构性的角度来看待美国与苏联之间的对抗（见第三章）。他们没有从规范的角度来看冷战所涉及的基本的人类价值。然而，作为国际社会传统的一位倡导者，赫德利·布尔却把核威慑与美苏对立的其他方面看成一场涉及人类基本价值的冲突。对布尔来说（Hedley Bull，1995：112－121），核威慑就是一种涉及人类价值的“制度（institution）或者说准制度”。我们可以从以下的论述中捕捉到这些价值：“说A国威胁B国不做某些事，就意味着…… A国向B国传达了一则威胁信息——如果B国采取某种行为，就要招致惩罚（punishment）或将被剥夺某些价值。”布尔指出，相互的核威慑是国家防御政策中的总体威慑的一个特例。装备核武器的大国不愿“在实战中使用核武器”，因此互相的核威慑便成了“首要政策目标”，也正是在这个意义上它是特殊的。那么，威慑中的赌注为何物呢？在核威慑中更大的赌注又是何物呢？很显然，那就是人类价值（values）：安全、生存、民族生活方式的延续与国际秩序，等等。这些规范性的目标就是核威慑的根本目的之所在。

按照布尔的观点，国际社会学派不仅关注秩序，也关注正义（justice）。他界定了不同的正义概念，但他尤为注意的却是国际关系中的交换正义（commutative justice）与分配正义（distributive justice）的区别。交换正义是关于程序与互惠的，它涉及国家之间“要约（claim）和反要约（counter-claim）的过程”。国家就像市场上的公司，每个公司都要尽全力在市场竞争的框架下取得成功。这就预设了一个同等水平的博弈场所：如同所有的公司都在同样的市场规则下博弈一样，所有的国家也都在同样的国际社会规则下博弈。正义就是游戏规则的公平性：同样的规则以同样的方式适用于每一方。游戏规则表现为国际法与外交惯例。这就是交换正义——国际正义的主要形式。

表 5—4　　秩序与正义

秩序	正义
社会生活秩序	人类正义
国际秩序	国家间正义
世界秩序	世界正义

分配正义是关于物品的，它涉及物品应该如何在国家间分配的问题，如“正义要求经济资源从富裕国家转移到贫穷国家这个观点所表明”的那样。分配正义是这样一种观点，即贫穷和弱小一方应该得到特殊的对待，如给予它们发展援助。这意味着不

是所有国家都适用同样的规则，即有些国家应该享有特殊待遇。这种形式的正义，对交换正义来说只起着次要的作用。这是因为，人们一般把主权国家理解为最适当的分配框架，在这个框架之内（within）分配正义的规范性问题本来就应该是解决了的。换句话说，分配正义通常被认为是国内政治问题而非国际政治问题。然而，在 20 世纪由于世界已变得越来越小，分配正义的问题也就越来越纳入了国际关系的领域（见网络链接 5.20）。

布尔区分了世界政治中三个层次的正义：一是“国际的或国家间的正义”，主要涉及国家主权平等的观念；二是“个人的或人类的正义”，主要涉及人权的思想；三是“世界主义的或世界的正义”，主要涉及“对整个世界来说什么是对的或什么是好的”，例如，世界正义在全球环境标准中就得到了体现。在历史上，世界政治中占上风的常常是国家间层次的正义。而到了 20 世纪，后两个层次的正义却越来越显著，但是，它们还没有超过国家间层次的正义，毕竟世界政治中大多数的正义问题仍然是在国家间层次上处理的。

在权衡了秩序与正义在世界政治中的重要性之后，布尔结束了他对这两种价值的讨论。在他的比较中，秩序似乎是更为基本的：“它是实现其他价值的条件。”（Hedley Bull，1995：93）秩序是优先于正义的。然而，布尔又说，这只是一个总体上的表述，在一些特别情况下正义也可以优先。例如，人们广泛地认为：亚洲和非洲殖民地人民对民族自决与国家主权的国际正义要求，在道义上就要优先于西方殖民主义对那些地区的国际秩序要求。布尔的主要观点是，世界政治包含着秩序和正义这两方面的问题，单纯强调两个价值中的一个而排除另一个则不能充分地理解世界政治。

治国方略与责任

国际社会方法引发了人们对肩负职责的政治家在外交政策中所面临的道德选择的研究（Jackson，2000）。我们至少可以区别出与怀特所说的上述三种传统相呼应的三个不同维度或层面的职责：（1）献身于自己的国家和本国公民的幸福；（2）尊重其他国家的合法利益与权利并尊重国际法；（3）尊重人权。

国家责任

根据这一观念，政治家要对本国公民的幸福负责。在他们的外交政策中，他们所应遵循的最基本的行为准则就是国家自身的利益。国家安全是他们必须义不容辞地加以保护的根本价值。这一衡量外交政策的现实主义标准源自马基雅弗利的如下告诫：永远把你的国家和本国的公民放在第一位；避免拿他们的安全与福利来冒不必要的风险；在有利可图或有必要时就与其他国家合作，但也要避免卷入不必要的外交纠纷；除非万不得已，决不要把你的人民投入战争之中。这些规范性考虑反映了自治国家体系的特性，即现实主义。

声称唯有政治家担负着捍卫本国国家利益的职责，这个断言的规范性基础是什么呢？对这一问题的回答可以从一种众所周知的政治义务理论中推导出来。该理论认为，国家——无论是由社会契约组成，或是由历史演化而来，或是因征服而成，抑或以其他什么方法形成——作为一个独立的政治共同体，其在道义上都要优先于它可能加入的任何国际团体。这一规范观点，是许多把美国宪法置于国际法之上的美国决策者的典型看法。没有任何国际义务能够优先于其本国的国家利益，国际法与国际组织只是在决定国家利益时必须考虑的工具性因素。人类只是由于成为国家的公民才拥有权利：每位政治家都有责任保护他或她本国的公民，却不用保护其他国家的公民（见网络链接 5.19）。

表 5—5　　责任的四种维度

	对谁负责	为什么负责
国家的	我们的公民	国家安全
国际的	其他国家	国际和平

国际责任

根据这一观念，政治家有着对外义务，因为他们的国家是国际社会的成员，而这种成员身份就含有国际法所确定的权利与义务。这个评价外交政策的国家间标准源自格劳秀斯的下述箴言：做一个国际社会的好公民；承认其他国家拥有应获得尊重的国际权利与合法利益；本着良好的诚信来行动；遵守国际法；依从战争法。这些规范性考虑反映了基于国际法的多元的国家社会的特性，即理性主义。

认为政治家对国际社会及其成员负有独立责任，这一观点的规范性基础是什么呢？对这一问题的回答通常源于一种国际义务观念：国家不是孤立的或独立的、只对它们自己负责的政治实体；相反，国家间彼此相关，它们还通过承认、外交、贸易等实践而承认彼此的主权。于是，国家就得对其他国家和国际社会整体承担对外义务，从这些义务中它们相互地与联合地获取重要的权利和实惠。这些对外义务，相对于政治家的国内义务来说，既是独立的又是附加的。

人道主义责任

根据这一观念，政治家首先也是人类，因而他们就有这样的基本义务：不仅要尊重本国的人权，也要尊重世界上其他国家的人权。这一评价外交政策的世界主义标准源自康德的下列教导：始终谨记其他国家的人民也像你自己一样是人类；尊重人权；对那些逃避迫害的人给予庇护；对那些急需物质帮助的人，给予你力所能及的援助；在战争中宽宥非战斗人员。这些规范性考虑反映了基于人类共同体之社会连带主义的世界社会的特性，即革命主义的。

显然，这种世界主义的关于负责任的治国方略的标准，已远远超出了国际责任的范畴。认为政治家要对全世界的人权负责，这一论断的规范性基础是什么呢？通常的回答源于一种关于人类义务的理论：在我们成为某国公民与该国政府的成员之前，我们就必定已经是人类了。这就自然会赋予我们每个人一些我们所必须遵守的基本义务。表达一个人具有作为人的义务的传统方式就是宣称自然法与自然权利的存在。自然法是一种有关理性和良知的普遍定理；而自然权利就是我们现在所称之"人权"。对于人权，政治家与我们其他人一样，都有义务去遵守。

相关链接 5—11

俄罗斯外交部长安德烈·科济列夫论人道主义责任

不论哪里出现了对民主与人权的威胁，更不用说是侵犯了，国际社会都能够而且必须努力将其清除……在今天，这种措施不会被看成对内部事务的干涉，而是被看成帮助与合作，以确保任何地方都有一个对于人民的生活来说"最为称心的政权"——一个在联合国宪章、国际公约和其他相关的法律之下与各国的人权承诺保持一致的政权。

转引自 Weller（1993）。

如果这些标准和训诫是有操作性的行为准则，那么我们就会清楚地看到，规范性的困境与冲突将会成为当代治国方略的一个特征。同样清楚的是，这三种责任的维度也必定会成为一个分析的焦点。如果把负责任的治国方略简化为一到两个维度的话，那么这样的分析充其量也只是一个局部性的，往最坏处说则是一个含有偏见的论述。这样的论述会低估国际关系在规范方面的复杂性，进而会导致在外交政策中作出在规范方面难以自圆其说的选择时面临的实际困难。在任何情况下事先就优越于其他所有考虑的那种标准是没有的。这里暗含着规范多元主义（pluralism）这个前提：每一位政治家都无法逃避它；国际关系学者则不应该忽略它。或许，这也就是怀特在讨论这类问题时说过的他当时遇到的所有三个视角（Martin Wight，1991）。这种视角的复杂性，在冷战后的海湾战争和波斯尼亚危机这两场重大冲突中都显现出来了（Mayall，1996）。

1990 年 8 月，萨达姆·侯赛因时期的伊拉克武装入侵了科威特。当时，其他国家和整个国际社会都面临着这一明显违反联合国宪章并威胁许多国家合法国家利益的军事行动。它们总得作出某种回应，但作出任何回应都不是轻松的，即使决定什么都不做也是困难的。这是因为，伊拉克极为严重地违反了国际法，而且对许多国家所深深依赖的波斯湾及其巨量的石油供应也构成了威胁。正如当时所发生的那样，联合国安理会及其成员国作出了一系列最终导致对伊开战的重大决定。从国际社会的角度来评价这些重大决策，是方便且有启发性的（Jackson，1992）。作出使联合国成员国参与对伊战争的决定是很勉强的。只是在经过广泛的讨论之后，而且在先前的许多试图说服萨达姆·侯赛因从科威特撤兵的决定都归于失败之后，这一决定才得以形成。

1990 年 1 月美国国会关于美国是否应该派兵参加联合国对伊行动的讨论，也清楚地显示了这一决策的艰难之处。参议员和众议员们不得不与总统一起作出决定。他们了解他们所做之决定的严重性，即通过这个决议所能想到的后果与否决这一决议所能预期的后果的严峻性。一方面，他们敏锐地意识到，一个肯定性的决议将不可避免地导致美国与盟国战士的伤亡，也会给处在科威特与伊拉克这些战争地区的人民带去死亡与破坏并使其饱受战争之苦。另一方面，他们也同样敏锐地意识到，一个否定性的决议很可能会使伊拉克逃脱对其严重的侵略行径的惩罚。这一行径百般藐视联合国宪章，特别是不干涉原则以及国际和平与安全这两大价值，还威胁到了中东石油供应的畅通。美国议会最终只以 52：47 的微弱多数通过了决议。这样一个表决结果充分显示了决策中规范方面的分量与难度。

相关链接 5—12

美国所公布的其在波斯湾的外交政策

1. 立即、完全与无条件地从科威特撤出所有的伊拉克武装力量；
2. 恢复科威特的合法政府；
3. 保持波斯湾地区的安全和稳定；
4. 保护美国的海外公民，释放所有被伊拉克扣留为人质的美国公民；
5. 培育出一个不受恐怖威胁、在追求正义上更为强劲与在寻求和平上更有保障的世界新秩序。

Weller（1993：276）

简而言之，负责任的治国方略的三大规范性标准在海湾战争中都表现了出来。现实主义者会注意到，当美国总统乔治·布什和其他西方国家领导人在 1990 年 1 月发动那场将萨达姆军队驱逐出科威特的战争时，他们心目中最重要的就是西方社会的致命利益（即国家责任准则）：中东石油供应不受干扰。理性主义者会注意到，几乎普天之下都在谴责伊拉克对科威特的入侵与占领。伊拉克在此时此刻的所作所为，被广泛地认为构成了侵略行为，并因而违反了联合国宪章——也就是说，明显地违反了关于国际责任的准则。温和的革命主义者会注意到，联合国安理会的许多决议都针对着伊拉克侵犯人权的问题：侵犯了被占领的科威特的公民的人权，侵犯了生活在科威特与伊拉克的西方国家公民的人权，侵犯了像库尔德这样的伊拉克少数民族的人权。显然，在海湾战争中也可以看到人道主义责任准则的存在。

相关链接 5—13

美国总统布什为反伊战争的辩护（1991 年 1 月）

刚好在两个小时前，盟国的空中力量开始打击伊拉克和科威特境内的军事目标…… 这次军事行动，与联合国的决议一致并得到了美国国会的同意。经过联合国、美国以及其他许许多多国家几个月来连续不断与简直毫无休止的外交活动之后……在出兵海湾地区的 28 个国家已经穷尽了为达成一项和平决议所能作的一切合理的努力之后——已经别无选择，只能用武力把萨达姆·侯赛因驱逐出科威特…… 我们的目标很明确。萨达姆·侯赛因的军队必须离开科威特。科威特的合法政府必须恢复它应有的地位，科威特必将再次获得自由…… 我们希望，[在未来] 伊拉克必将作为和平与合作的成员生活在民族大家庭之中，从而确保海湾地区的和平与稳定。

转引自 Weller（1993：279）。

在冷战之后，最令人困惑的冲突，就是发生在前南斯拉夫共和国境内的波斯尼亚—黑塞哥维那战争（1992—1995）。政治家们有三种行动方案可供选择：绝对的不干涉，这样事件的责任就完全在冲突各方（波斯尼亚军队和塞尔维亚族及克罗地亚族民兵）的手中；全面的军事干涉，这样国际社会就将对事件承担重大的责任；或找到

相关链接 5—14

联合国安理会关于在伊拉克建立空中安全区的第 688 号决议

联合国安理会，谨记着它在联合国宪章下维持国际和平与安全的义务和责任……

1. **谴责**在伊拉克许多地区，包括最近在库尔德聚居区，对于平民的镇压，其后果已危及该地区的国际和平与安全；

2. **要求**伊拉克……立即停止此类镇压……

3. **坚持**伊拉克允许国际人道主义组织直接接触伊拉克全境中那些急需得到帮助的人们。

联合国安理会 1991 年 4 月 5 日

转引自 Weller（1993：13）。

一条介于这两个极端之间的出路。在这场冲突之初就采用并一直沿用了很长时间的行动方案，就是一个在规范方面是非不明的“摸着石头过河”的中间方案，即一种试图保护非战斗人员、提供人道主义援助并安排谈判解决的有限的联合国人道主义干预方法。在 1995 年，随着北约卷入在波斯尼亚的一个重要的武装和平强制行动，这个方案才最终被废弃。

联合国安理会在与欧盟合作的三年时间里（1992—1995 年），都不愿意采用第二种行动方案。反对这种干涉的主要理由，就是温和现实主义者的断言：这是一场国内战争，并没有对国际和平与安全构成威胁，也没有影响到大国的关键国家利益。但是，在波斯尼亚—黑塞哥维那却已经出现过一次重大的国际干涉。1992 年，由于欧盟成员国和美国的承认，这个国家已经成为一个主权国家。这些国家对波斯尼亚脱离南斯拉夫而独立本来就应该承担极为重要的国际责任。而且，国际社会又随即通过实施军事禁运对前南斯拉夫进行了大规模的干涉。具有讽刺意味的是，这使得波斯尼亚政府在军事上处于大大不利的地位，而战斗在波斯尼亚的塞尔维亚族和克罗地亚族民兵却能从其母国塞尔维亚与克罗地亚得到武器。这一切都使得那些国家有可能与相对弱势的波斯尼亚—黑塞哥维那打一场不宣战的国家分离战争。

相关链接 5—15

联合国安理会关于南斯拉夫的第 713 号决议

安理会……

1. **紧急呼吁并鼓励**各方通过协商和平地解决它们的争端……

2. **决定**根据联合国宪章第 7 章，为了南斯拉夫地区的和平与稳定，所有国家都必须立即对南斯拉夫实施普遍与全面的武器投送设施和军事装备的禁运……

3. **号召**所有国家停止任何可能加剧紧张并阻碍或推迟南斯拉夫冲突之和平与协商结果的行为，以便让南斯拉夫人民得以和平地自行决定并构建他们的未来。

联合国安理会 1995 年 9 月 21 日

转引自 Mayall 1996：174-175。

到 1994 年与 1995 年，大国的领导人开始面临一个困难的决策，这是由他们最初采取的中间路线的失败所造成的。他们是应该延续已被很多事实证明具有道德上无法忍受的严重后果（比如，既不能使冲突双方通过和平谈判解决冲突，也不能防止“种族清洗”或其他侵犯人权的事情发生）的有保留的联合国干预政策呢？还是应该采取进一步的大规模军事干预，尽管可能有各种各样的危险和不测？撤出，显然是不可能的。与此同时，波斯尼亚的人道主义悲剧正在继续甚至不断恶化。这时美国开始发挥它的领导作用。北约空军也于 1994 年开始使用，最终北约干预的军事选项就被用作使冲突各方都坐到谈判桌前的一种威胁手段。1995 年年末，各方签署了一项和平协定。一支实际上属于北约的部队随即进驻了波斯尼亚，以履行《代顿和平协议》的条款并为冲突的永久解决提供帮助（见网络链接 5.38）。

国际社会方法关于负责任的治国方略是这样说的：当政治家们面临道德上的两难困境时，我们就必须把自己想象成政治家，以便设身处地地考虑问题。如果在波斯尼亚这个事件中我们这么做的话，就不难理解他们为什么最初要选择一个“摸着石头过河”的中间方案。这是我们可以从任何一位具有捍卫人道主义价值的真诚愿望又不愿使本国利益直接卷入冲突的政治家那里所能看到的一种正常反应，也就是一种既有说得过去的理由又能够置身事外的审慎反应。不干涉政策将会无视波斯尼亚人民强烈的人道主义要求。但是，完全的军事干预又会使卷入冲突的每个人——无论是平民还是士兵——的生命冒着不可估量的危险。从事后来看，实施有限的联合国人道主义干涉之中间方案，大概使冲突的时间延长了，其后果被证明是悲剧性的。不过，这是人们事先所看不明白的。在世界政治中，人们只是在事件之后才能看出事件的全貌。

相关链接 5—16

有关波斯尼亚和黑塞哥维那和平的总框架协议（代顿协议）

各方应根据联合国宪章与赫尔辛基最后决议中确定的原则来处理它们的关系…… 特别是，各方应充分尊重彼此的主权平等…… 并不得采取任何危及波斯尼亚和黑塞哥维那以及其他任何国家之领土完整与政治独立的行为，包括威胁或使用武力或其他有关行为。[第 1 条]

南斯拉夫联邦共和国与波斯尼亚—黑塞哥维那共和国须承认彼此在各自的国家边界内都是主权独立的国家。[第 10 条]

《代顿和平协议》，1995 年 11 月 21 日。

对波斯尼亚事件的冗长、激烈与反复的争论表明，我们不能只关注现实主义的国家利益，或者可以忽略对人道主义的关切。如果国家责任是唯一重要的话，那么波斯尼亚—黑塞哥维那的冲突就只需留给生活在冲突国家内部的人民来自行解决。实际上，波斯尼亚人道主义危机给西方大国的首脑们造成了很多沮丧与苦恼。那场论战向我们真正展现的是：人们对武装干涉波斯尼亚—黑塞哥维那这场冲突缺乏必胜的信念；许多政治家担心这实际上会把事情弄得更糟。波斯尼亚—黑塞哥维那案例表明，在一个多元的世界上，政治家有时会碰到令其深深困扰的道德选择，他们有责任保护自己的国家及其人民，也有责任捍卫国际法并保护世界各地的人权。换句话说，这个案例提醒那些政治家，一定要认真领会并找到办法来协调他们那些纷繁复杂的外交政策责任。

根据国际社会方法，要正确地解释这些历史情节，就必须把治国方略中三个维度的责任都考虑进来。国家责任（现实主义）是不可或缺的。但是，在当代世界政治中，仅仅用它来作为治国方略的道德指南又是不够的。为了说清当今国际关系中规范方面的复杂性和模糊性，就必须把国际责任（理性主义）与人道主义责任（革命主义）也纳入国际关系学的学术研究之中。

对国际社会学派的批评

对国际关系学的国际社会方法可以进行好几种有分量的批评。首先是现实主义的批评。它认为，国际规范作为国家政策与行为的决定因素的证据相当稀少或根本没有。其次是自由主义的批评。它认为，国际社会传统轻视国内政治，例如民主；同时，又未能考虑国际政治中的进步性变化。再次是国际政治经济学的批评。它认为，国际社会传统无法对国际经济关系作出解释（见表 5—6）。最后，还有国际社会传统本身孕育出来的几种社会连带主义的批评。它们聚焦于国际社会传统作为一种政治现代性理论的局限性，认为该传统不能适应正在出现的后现代世界。

表 5—6　　对国际社会学派的三种传统的批评

现实主义	自由主义	国际政治经济学
规范的证据薄弱	忽视国内社会	忽视经济
利益主导	忽视民主	忽视第三世界
	忽视进步	

现实主义对国际社会方法的批评，立足于对如布尔所描述的“国际社会”之存在的深刻怀疑之上。布尔说国际社会是一群“它们自己相信彼此的关系受着一套共同规则的制约并在共同制度的运行中分担着责任”的国家（Hedley Bull，1995：13）。现实主义者认为，国家只受它们自身国家利益的制约。他们问道：哪里有证据证明国家也“受制于某种规则…… 也就是说它们应该尊重彼此的独立要求，它们应该履行它们所订立的协定，它们应该对在相互间使用武力施加一定的限制”（Hedley Bull，1995：13）？现实主义者对国家是否真的在那样行动表示怀疑。国家或许会遵守这些规则，但这仅仅是因为这样做符合它们的国家利益。如果这样做并不必然符合它们的利益，国家就很有可能不那么做。由此，现实主义者认为，只有当于己有利时，国家才会“在彼此关系中受制于一套共同规则”。当国际义务与国家利益发生冲突时，后者总会赢得上风。这是因为，国家的根本关切始终是自身的利益，而说到底就是它们的安全与生存。正是这种关切在指导着它们的外交政策。

国际社会方法并不像现实主义者所批评的那么软弱。如已经指出的那样，现实主义方法就是在国际社会方法所包含的三大基本要素之一的基础上形成的。怀特（Martin Wight，1966）把国际关系学描述为一种“生存的理论”，这就承认了国家的优先地位、国家的生存权利与国家利益的合法性。但是，国际社会方法并不仅仅停留在这里。它强调，国家通过条约把自己与其他国家捆绑在了一起，而这样做的理由不仅仅是利己（现实主义）甚或开明的利己（温和的现实主义）。它强调，国家拥有其他国家承认和尊重的合法利益；它还强调，国家承认在国际事务中遵循互惠原则在总体上是有好处的（理性主义）。同样地，它还提醒说：只有当遵守条约不利于国家的最大利益时，它们才不那样做。事实上，它们对承担条约义务很谨慎，因为它们知道自己要受这些条约所载之条款的约束。如果国家真像现实主义者所说的那样行事，就不会存在有约束力的条约，因为当条约不再符合国家的利益时就不能再指望国家会遵守承诺。然而，具有约束力的条约在世界政治中却仍然很普遍。

对国际社会方法更具杀伤力的批评是它在理论上的不一致，这可能缘于它试图将现实主义、理性主义和革命主义糅合到一个解释框架之内，也可能由于它既要强调国际秩序又要强调国际正义。

自由主义者已经把其大部分批评矛头指向了现实主义，而且自由主义者（或理想主义者）与现实主义者之间的论战又是 20 世纪最引人注目的国际关系学大论战。然而，第一种隐含的自由主义批评就是，国际社会学者对国内政治在国际关系中的作用缺乏兴趣。像现实主义者一样，国际社会学者明确地把国际关系区分于国内政治，他们无意于研究外交政策的国内方面。第二种隐含的自由主义批评，缘于自由民主国家比非民主国家更爱好和平这一主张。在这里，共和自由主义者不仅批评现实主义者，也隐含地批评了国际社会学者对这个问题的忽视。第三个隐含的自由主义批评就是，国际社会方法对国际关系中进步性变化的解释乏力。怀特（Martin Wight，1966：33）声称，国内政治是一个进步性变革的领域，国际政治却是一个重复与再现的领域，国际关系学则是一种“生存的理论”。这种观点与现实主义的观点是一致的。

隐含的自由主义批评并没有真击中要害。怀特的理性主义概念与布尔的国际社会概念都非常接近于制度自由主义——这一派别关注制度建构并否认现实主义者所说的制度仅仅是“一张废纸”的观点。在怀特关于革命主义与布尔关于国际正义的观念里，也为进步性变化留下了余地。这两种观念都考虑到了康德的世界主义传统，而这也就是共和自由主义者关于民主国家不打民主国家之断言的哲学基础。

国际政治经济学者把批评的矛头主要指向了国际社会方法对国际关系中的经济与社会阶级方面的忽视。国际社会学者对此只进行了有限的辩护，因为事实上马丁·怀特与赫德利·布尔都把注意力倾注到国际政治上并因而大大地忽视了国际经济。他们的著述几乎不谈经济问题。人们一读过这些著述，就很容易得出结论：经济对国际关系学没什么用。然而，他们也没有完全忽略经济。怀特（Martin Wight，1991：1）在界定理性主义时就把“商业”思想包括在其中，并把商业看成主权国家之间的基本关系之一。布尔（Hedley Bull，1995：261－269）探讨了“国际关系中的经济因素”的作用，特别是“多国公司”、“区域经济联盟”与“跨国性社会”的作用。罗伯特·杰克逊（Jackson，1990：109－138）考察了“国际发展援助”和“第三世界债务”的作用，以及以国家主权为基础的现存国际社会在第三世界国家发展道路上设置的障碍。

表 5—7　　对国际社会学派的三种社会连带主义的批评

跨国社会	全球社会	全球非正义
国家和非国家	反国家主义的	反国家主义的
跨国活动	复杂的全球关系	全球保护事业
国际市民社会	世界社会	人类过错
公共与私人的并存		世界非正义

“跨国社会”的批评基本上认为，从“国家社会”的角度来构思国际社会是不足的，因为这无法把“个人、公司、利益团体和社会组织的跨国活动”考虑进去（Peterson，1992：371）。国家并“没有垄断公共领域”；相应地，国家间关系也不能穷尽所有的国际关系。这些跨国的行为体与活动，既不应该被低估，也不应该被高估：它们与主权国家和国家间关系是“共存”的。国际关系既是公共的又是私人的。各种跨国行为体构成了国际“市民社会”，但这个社会的运行却“依赖国家”来提供“其繁荣所需条件”（Peterson，1992：376）。这些条件包括和平、安全、互惠。换句话说，就是布尔的国际秩序的那些基本目标。

这就是传统的国际社会学者与他们的跨国主义批评家之间论战的要害。问题是：这些条件究竟有多么重要，而提供这些条件的国家又有多么重要（见网络链接 5.19）？到目前为止，很难找出任何实际上足以取代国家的行为体。如果国家是唯一能够提供和平、安全与繁荣的制度，那么跨国主义批评也就失去了说服力，而只不过是国际社会（基本上仍然是国家的社会）的一个附加的与次要的特点。如果跨国社会在国家社会的前提下繁荣了起来，那么跨国主义批评就不太像是对传统国际社会方法的批评，而更像是把更复杂的画面纳入次要特点从而扩展这一方法的一种温和的改良。

“全球社会”的批评基本上认为国际社会理论不充分，因为它“从根本上说是一种以国家为中心的方法”。这种方法把国家当成“类似于个人”的行为体，而忽视了“把国家与个人绑在一起的复杂的社会关系”（Shaw，1992：423-428）。国际社会理论事实上是一种稍加伪装的意识形态，它从根本上服务于使主权国家体系合理化这一目的。它对“世界社会”也视而不见，从观念上就没有准备好去理解这个社会。“世界社会是存在的，它经由包含在全球商品生产与交换中的社会关系而存在，经由全球文化与大众传媒而存在，经由世界政治的日益发展而存在”（Shaw，1992：429）。相对于国家的社会，全球社会具有优先性，包括道德上的优先性（见网络链接 5.33）。它牵涉到人类所需要的在人权与环境方面不分国家管辖权和国际边界的“全球责任”。当国家领导人到了无法行使其全球责任的程度时，他们就宣布了基于独立国家的传统国际社会在道德上的破产，同时也就揭露了国际社会理论在概念上的不完备和在意识形态上的盲点。

这种批评的核心是马克思主义者的如下断言：存在一个居于首位的世界社会；与此相比，国家的社会是第二位的与附属的。世界社会是基本的结构。借用马克思主义的术语，国家的社会只是“上层建筑”。国际社会学者散布了关于国家第一、国家利益与国家法律等的"意识形态"，遮蔽了表象之下的"现实"。国际社会学者对肖(Shaw）的批评可能会给予这样的回应：政治家们在世界政治中确实抱有并承担着责任。按照优先排序，这些责任就是：第一，对他们自己的公民负责（国家责任)；第二，对其他国家负责（国际责任)；第三才是对人类（不论其公民身份为何）负责，或对作为整体的世界负责。换句话说，就在世界政治中确立与承担责任而言，多元主义的道德观就比社会连带主义（solidarism）的道德观重要。看来，国家和（放大了的）国家的社会在世界政治中是否就比其他国际关系更基本与更重要的问题，也只能留待读者来决定了。

"全球非正义"的批评承认，国家的利益与关切在世界政治中仍然是首要的，但它又对主权国家的道德（或毋宁说不道德）展开了世界主义的批判。肯·布斯（Ken Booth，1995）认为，国际社会方法所抱定的"国家社会"概念，不惜以人类的牺牲来换取主权国家的强势（见网络链接 5.34)。就人类幸福而言，国家主义与其说是一个解决问题的方案，还不如说是一个问题。主要通过尊重国家主权和维护国家利益的机制来保护特定国家的公民并为丰富多彩的国民生活确立条件，是远远没有保障的。因此，国际社会方法在现实中"装出的对全球保护事业关心的样子是令人不舒服的"。许多不发达国家的普通百姓简直是"奴隶"，他们遭受着他们的统治者——"奴隶主"——的虐待和剥削。国家的社会承认这类统治者的主权。因此，与其说国家体系保护着人权，还不如说它实际上在全球范围内制造着"人类罪行"。

布斯进而扩展了肖的批评。他认为，政治家们远没有负责任地去缔造一个排他性的俱乐部——国家社会；该俱乐部之主权平等与不干涉规则的存在，不过是以人类的苦难为代价来服务于俱乐部成员自身的私利罢了。国际社会学者试图去理解与体味政治家们所面临的艰难抉择，但实际上却只能以对他们的行为表示遗憾与成为"外交部的盲目崇拜者"而告终（Booth 转引自 Wheeler，1996：129)。然而，这一批评忽视或贬低了国际秩序与共存的目标的重要性——可以说，没有它们也就不能有全球正义。该批评也忽视了这样一个事实：赫德利·布尔在提及大国（特别是美国和苏联）的胡作非为时，不管怎么说也不是一名辩护者。他曾经这样说过："这两个超级大国不太能达到大国地位的规范要求。"(Hedley Bull，1984：437-447)

当前的研究议程

冷战结束以来，国际社会学派的研究议程已经扩展并变化到了一定的程度。其对世界政治的核心的规范关切，已经在某种程度上从秩序转移到了正义。其学术关切不仅出现了向正义的转变，也出现了从国际正义向人类正义的变动。而且，研究的主题也扩大了，以便能包括世界正义问题（如环境保护问题和海洋法问题）与国家社会理论的前景问题，即如果国家主权不再像过去的三个或四个世纪那样是世界政治的根本制度，那么这一理论在未来又将采取何种形态呢?

这就把国家主权这一老问题又提了出来。我们仍旧生活在一个主权国家的世界，但又生活在一个民主的时代。人们强烈地感到，国家应该由本国人来治理而不应该由外国人（无论其为殖民势力还是国际托管）来统治。然而，这个民主时代还同时推出了大量的人权宣言，它们至少在理论上缩小了国家主权的范围。约翰·文森特发现，在20世纪后半期，随着有关人权的国际宣言与协定的增多，国内社会与国际社会的“界限”变得模糊了起来（Vincent，1990：254-255）。换句话说，现今的国际法，在公民责任和普遍人权这两个方面的关系上存在着模糊与混淆。国际社会学派研究议程上的一项重要议题就是要分析当代世界政治中的这种模糊性。

约翰·文森特和彼得·威尔逊（Vincent and Wilson，1993：128-129）从一种更具改良主义色彩的国际社会理论的角度指出，一种新的“国际合法性”思想正在形成，因为国际人权法已经“把国家置于外人的监督之下并迫使我们超越不干涉原则”。一种“事物的新秩序”出现了，即一种由通信技术革命驱动的相互依赖与跨越国界的世界出现了，它“正在把国际社会轻轻地推向世界社会”。他们认为，基于不干涉原则的多元的国家社会“现在正被一个复杂得多的世界所取代”。因此，我们必须有一种“思想的新秩序”，以探知这种变化在未来可能而且应该采取的可以想象到的方向。他们呼吁建立一种世界主义的或社会连带主义的国际社会理论，该理论应该“承认不干涉原则已经不足以给国家的道德下结论”。这一理论可以通过发展一种新的国际合法性思想获得。在这种新思想中，主权国家可能不再具有傲视一切的地位，它与人类和世界本身一样，只是一个扩展了的与远比现在复杂得多的国际社会的一个组成部分。这个国际社会，就是从赫德利·布尔的角度来说的世界社会。

国际社会理论的“绿化”（Hurrell and Kingsbury，1992），是我们能见到的另一个研究议程在扩展的领域。通常认为，环境问题向国际社会提出了其无法用国家主权和国际法作出回应的规范性问题。例如，罗伯特·古丁（Robert Goodin，1990：93）就认为，“国际法的传统结构——如其本来的情况一样，受着权利很大的自治的国家行为体（这种权利其他所有国家行为体也可以大致相同地分享）的观念的支配——是断然难以与诸多新的环境挑战相适应的”。这一论点意味着：基于国家主权的传统国际社会理论已成明日黄花；就现今的世界环境问题而言，它与其说是一笔财富，还不如说是一道障碍。

国际社会学者认为，国家社会所具有的灵活性和适应性，远比对它的那些批评所指出的要强。这个说法的明确含义就是：国际社会可以是“绿色的”。实际上，只有主权国家介入了，环境问题才会得到重视，环境规范才会得到应有的尊重。如此看来，国际法并没有妨碍甚至也没有打击人们对环境的关切；恰恰相反，通过与国家主权实践相协调的方式，它正被采用和调整以适应与切实促进这样的关切（Birnie，1992：51-84）。国际环境保护的一项最早的法案之一是由国际法院提出的：在1941年的一起涉及跨国界污染（由加拿大的铜冶炼所致）的案件中，它作出了有利于美国而不利于加拿大的判决（Jackson，1996a）。

正如以上讨论所显示的那样，国际社会理论的范围扩大了，已经大大地超越了对国家主权与国家社会的传统关切。由此，就产生了最后一个问题：如果这些趋势得以继续，国际社会将来会采取怎样一种形式，这是否意味着国家主权最终将不再像过去几个世纪那样是世界政治的基本制度？或者，这是否表明，国家主权是一种能不断适应与进化的国际制度，就像它过去曾向世界呈现过不同的面孔一样，它也能够在未来重新改变它自身的形式与内容？

赫德利·布尔（Hedley Bull，1995：254-266）曾思索过这样一个问题，即基于国家主权的经典国家社会是否“会让位于以权威重叠或分散为特征的中世纪基督教世界的某种世俗化身”（见第一章）。他在《当代世界政治的五大特征》一文中给出了这种趋势的初步证据：（1）国家的区域一体化，比如欧洲联盟；（2）国家的分化，如苏联和南斯拉夫的解体；（3）私人国际暴力的蔓延，如国际恐怖主义的兴起；（4）跨国组织的壮大，包括多国公司的兴起；（5）世界“统一”趋势的增强，这是由先进技术如电子通信的普及所引起的。理查德·法尔克（Richard Falk，1985：651）肯定地回答了这个问题：“国际生活的重组有两个主要特点：不断增强的核心指导与不断增强的非领土行为体的作用。”布尔不同意法尔克的革命主义评估，他指出：“还没有明显的迹象显示，在未来的几十年里国家体系很可能将会让位于我们已经提到过名字的别的什么体系。”然而，布尔也的确强调过：“确实存在着一个更广泛的世界政治体系，国家体系则只是它的一部分。”这个更大的体系是一个“世界范围内的互动网络”，它不仅包括国家，还包括那些“高于”和“低于”国家的其他政治行为体。

简言之，法尔克与布尔在国际社会理论的未来问题上的分歧，是一个关于相同证据的学术判断力问题。法尔克断定世界政治处在一个根本的、革命性的变革过程之中；布尔则断定世界政治处于一个渐进式的适应过程之中。至于哪位理论家更接近于正确，就只好留待读者自己去判断了。

关键点

- 国际社会方法是国际关系学经典学问的中间路线：它在经典现实主义与经典自由主义之间开辟了一片天地，并在这片天地上确立了有所区别且特色鲜明的国际关系学方法。它把国际关系当成由国家构成的“社会”，指出这个“社会”中的主要行为体就是那些精于治国方略的政治家。

- 当两个或两个以上的国家之间有着足够的接触并能对彼此的决定产生足够的影响，从而使每一个国家的行为都成为其他国家的算计中的必不可少的因素时，一个国家体系就形成了。当一群国家意识到有某些共同利益与共同价值并构成为一个社会时，即当它们能使它们自己相信彼此的关系受着一套共同规则的制约并在共同制度的运行中分担着责任时，就存在着一个国家社会。

- 国际关系学是现实主义、理性主义和革命主义之间永不停息的对话。现实主义强调无政府状态和权力政治；理性主义强调社会与国际法；革命主义强调人道主义、人权和人类正义。

- 国际社会学派的要点就是促进与维持国际秩序。维持国家间秩序的责任属于大国。

● 国际社会学派也关注正义问题。交换正义是国际正义的主要形式，但分配正义的问题在国际议程上的重要性也在日益上升。

● 政治家必须考虑到不同的责任，因此他们面临着困难的抉择。存在着三种明显不同的责任维度：国家的、国际的与人道主义的。

练习题

● 国际社会方法的核心要素是什么？

● 在世界政治中，秩序与正义的区别何在？赫德利·布尔关于秩序优先于正义的观点是正确的吗？

● 比较现实主义者、理性主义者和革命主义者对1990年海湾战争的不同观点。哪一种观点是最有说服力的呢？

● 当必须决定在例如波斯尼亚这样的事件中应该采取的行动方案时，处于国际社会中的国家领导人最重要的责任是什么？

● 某些国际社会学者认为，冷战结束以来人权在世界政治中的重要性越来越突出了。他们说得对吗？支持这种观点的根据何在？

● 有时国际社会学者会被指责为伪装的现实主义者，这种指责有充分的根据吗？

阅读指南

Bellamy，A. J.（ed.）（2005）. *International Society and its Critics*. Oxford：Oxford University Press.

Bull，H.（1995）. *The Anarchical Society：A Study of Order in World Politics*，2nd edn. London：Macmillan.

Buzan，B.（2004）. *From International to World Society*? Cambridge：Cambridge University Press.

Jackson，R.（2000）. *The Global Covenant：Human Conduct in a World of States*. Oxford：Oxford University Press.

Keene，E.（2002）. *Beyond the Anarchical Society*. Cambridge：Cambridge University Press.

Wight，M.（1991）. *International Theory：The Three Traditions*. Leicester：Leicester University Press.

Williams，J. and Little，R.（2006）. *Anarchical Society in a Globalized World*. New York：Palgrave Macmillan.

网络链接

读者可在与本书配套的在线资源中心找到本章提到过的网络链接和附加链接。
www. oxfordtextbooks. co. uk/orc/jackson_sorensen4e/

第六章

社会建构主义

概　述

本章介绍国际关系学中的社会建构主义理论。我们先要阐明建构主义的来源和它成为国际关系学中一种重要方法的原因。在考察建构主义时，既把它视为关于社会世界本质的元理论（meta-theory），又将其视为国际关系学中的一种实质理论。本章将首先介绍建构主义国际关系理论的几个范例，然后反思这种方法的优势和缺点。

引　言

社会建构主义（social constructivism），简称建构主义，其焦点是人类的觉悟或意识及其在世界事务中的地位。许多国际关系理论，尤其是新现实主义，是物质主义的。这种理论聚焦于物质权力如何分配，例如军事力量和经济实力；对国家之间的均势进行定义并解释国家的行为。建构主义者排斥这种对物质的单方面关注。他们认为，国际关系中最重要的方面是社会的，而不是物质的。另外，他们认为，对国际事务的观察者来说，这种社会现实并不是客观的或外部的。社会与政治的世界，包括国际关系的世界，并不是外在于人类意识的一个物理实体或物质上的客体。所以，研究国际关系，必须聚焦于那些指引国际舞台上的行为体的观念和信念以及他们之间共享的那些理解（见网络链接 6.01）。

国际体系不是如太阳系那样的"外在之物"。它并不是靠它自己存在的。仅当其作为一种主体间意识（intersubjective awareness）或作为一种共同的理解时，它才存在；从这个意义上讲，体系是由观念而非物质力量构成的。它是由人类发明或塑造的，不是一种客观的或物质的形态，而是一种纯粹的智力和观念的形态（ideational kind）。它是特定的人在特定的时间和空间商妥的一套观念，一个思想组合，一个规范体系。

如果那些进入现有国际关系的思想和观念发生了变化，体系本身也会变化，因为体系就存在于思想和观念之中。这就是建构主义者亚历山大·温特（Alexander Wendt）经常谈到的名言——"无政府状态是国家造就的"（1992）——背后的深意。这个说法显得有些浅薄，但其潜在的结论却非常深刻：国际关系学的世界突然就不再那么死抱着老掉牙的无政府结构不放；改变在很大程度上成为可能，因为人们和国家都可以开始用新的方式思考彼此，并进而创造出或许与过去的旧规范截然不同的新规范。

本章要介绍国际关系学的建构主义理论。我们首先要阐明建构主义从何而来以及它为什么在短时间内就使自己成为国际关系学中的一种重要方法。我们还将审视建构主义理论的本质：它是一种关于社会世界本质的元理论，还是一种国际关系学的实质性理论？还是两者都是？继而，本章将简要陈述建构主义对国际关系理论的贡献并反思这种方法的优势和缺点。

建构主义在国际关系学中的兴起

在 20 世纪 80 年代起，建构主义就开始成为一种越来越重要的方法，尤其是在北美的国际关系学中（见网络链接 6.05 与 6.10）。冷战期间，由美国和苏联各自领导的两大集团之间存在着一种明显的权力均衡模式。随着冷战的结束和苏联的解体，形势变得更加不确定和开放。很快，人们就明白了，狭隘的新现实主义理论根本看不清均势的未来发展。新现实主义的逻辑认定其他国家会制衡美国，因为抵消美国的实力是保证自身安全的一种手段；这种制衡还会导致多极体系中新兴大国的出现。但自冷战结束以来，这种情况并没有发生。对此，沃尔兹争辩说这种情况"明天"终将会出现（2002）。另一位新现实主义者克里斯托弗·莱恩（Christopher Layne）推测，这种情形可能在 50 年后出现，届时日本和德国将开始制衡美国（1993）。建构主义者指出，新现实主义的不确定性与其理论的过度简单和物质主义有着紧密的关系；建构主义者还认为聚焦于思想和观念可以导向对无政府状态与均势的更好理解（见网络链接 6.17）。

一些自由主义者（见第四章）已经基本上把新现实主义的假设当成了分析的起

点；在建构主义对新现实主义的众多批判面前，他们当然也显得有些弱不禁风。其他的自由主义者在冷战结束后确实开始更加关注观念的作用。当弗朗西斯·福山（Francis Fukuyama，1989）声称“历史的终结”时，他就是在赞许观念的作用，尤其是在赞许自由主义观念在世界上的进步。但他和其他自由主义者最感兴趣的是自由民主政体在世界上的具体发展。即使建构主义者认同自由主义的某些思想要素，他们也不太关注自由主义思想观念的发展。他们关注的是思想和观念的总体作用。

所以，历史的背景（即冷战的结束）和国际关系学者之间（尤其是在新现实主义者和自由主义者之间）的理论探讨，为建构主义方法提供了舞台。建构主义尤其在北美学者中很流行，因为在那里新现实主义/新自由主义方法占据主导地位。在欧洲，国际社会方法（见第五章）已经在他们的分析中很大程度上涵盖了观念的地位和国家间社会交往的重要性。从这种意义上说，建构主义在欧洲可以填补的知识空间并不大。

同时，建构主义也受到了其他社会科学学科（包括哲学和社会学）的理论发展的启发。在社会学中，安东尼·吉登斯（Anthony Giddens，1984）提出了结构化（structuration）的概念，作为一种分析结构和行为体之间关系的方式（见网络链接6.02）。根据吉登斯的观点，结构（即指导社会行为的规则和条件）并不决定行为体用任何机械的方式行事，这或许会让人想到新现实主义关于无政府状态的结构如何约束国家行为体的观点。结构和行为体之间的关系包括主体间的理解和意义。种种结构确实约束行为体，但行为体也可以通过思考结构并用新的方式影响甚至改变结构。因此，结构化的观点能够导致对结构与行为体相互关系的一种不那么严格及更为动态的看法。国际关系学中的建构主义者以此作为一个起点，就是要提倡一种不那么僵硬的关于无政府状态的看法。

我们已经注意到近年来有助于解释社会建构主义兴起的一些历史和理论的发展脉络。但是，建构主义有着更深远的根源；它并不是一种全新的方法。它也是由一种古老的方法论演变而来，至少可以追溯到18世纪意大利哲学家詹巴蒂斯塔·维柯（Giambattista Vico）的著作（Pompa，1982）。根据维柯的观点，自然的世界是由神创造的，但是历史的世界是由人创造的（Pompa，1982：26）。历史并不是某种外在于人类事务的发展和演化过程。男男女女创造了自己的历史，他们也创造了国家——一种历史建构。国家是人造之物，国家体系也是人造的，它由男男女女创造，如果他们愿意的话，也能改变它并以新的方式发展它（见网络链接6.03）。

伊曼纽尔·康德是社会建构主义的另一位先驱（Hacking，1999：41）。康德认为，我们可以获得关于世界的知识，但它总是主观的知识，这是因为它得经过人类意识的过滤（见网络链接6.04）。马克斯·韦伯（Max Weber）强调，社会世界（即人类互动的世界）与由物理现象构成的自然世界根本不同。人类靠的是对相互行为的“理解”（understanding）并赋予这些行为以“意义”（meaning）。为了领悟人类的互动，我们就不能仅仅像描述物理现象（例如，石砾从峭壁滚落）一样去描述它；我们需要一种不同的阐释性认识（interpretive understanding）或“理解”（verstehen）

(Morrison，1995：273-282)。掴他人的脸是一种惩罚还是爱抚？答案只能是在我们给行为赋予意义后才能知晓。韦伯总结说：“主观性理解是社会学知识独具的特色。”(Weber，1977：15) 建构主义者就是依据这样的洞见来强调“意义”和“理解”的重要性的（Fierke and Jørgensen，2001)。

作为社会理论的建构主义

我们可以区分不同抽象层次上的理论。社会理论是关于社会世界、社会行为、结构与行为体之间相互关系的更为一般的理论。这种理论与社会科学的整个领域都是相关的。相比之下，实质性的国际关系理论是关于国际关系某一方面的理论。建构主义既是一种社会理论，又是国际关系学中许多不同的实质性理论之一。这一部分讲述作为社会理论的建构主义，下一部分讲述国际关系学的建构主义理论。

在社会理论中，建构主义强调对现实的社会建构。人类关系，包括国际关系，是由思想和观念组成的，本质上不是物质的或力量的。这是建构主义的哲学唯心主义要素，它与社会科学实证主义中分量很重的唯物主义哲学形成了对照（见第十一章)。根据建构主义的哲学，社会世界不是一种给定的世界：它不是独立于生活在社会世界中的人们的思想和观念的“外在”之物。它不是那种如行为主义者和实证主义者所声称的可以通过科学研究来发现其规律并用科学理论来加以解释的外在现实。社会和政治的世界不是自然界的一部分。社会的、经济的或政治的自然规律是不存在的。历史不是独立于人类思想和观念的一种外在的演进过程。这意味着，社会学或经济学或政治科学或历史研究都不可能是严格的实证主义意义上的客观的“科学”。

由男男女女组成的社会世界中的每个物件，都是由他们自己造成的。人类缔造社会世界这一事实，使得社会世界可以被人类认知。社会世界是一个人类自我意识的世界：一个思想和信念的世界，一个观念和概念的世界，一个语言和话语的世界，一个符号、标志和人类之间（特别是如国家和民族那样的人类群体）相互理解的世界。社会世界是一种主体间领域（intersubjective domain)：它对于缔造了它并生活其中的人们来说，对于因为缔造了它并熟悉它从而能确切地理解它的人们来说，是富有意义的。

社会世界部分地是由物质实体建构起来的。请注意温特的话中提及的构成社会结构的要素中的“物质资源”（见相关链接 6—1)。从这种意义上说，物质主义也是建构主义的一部分。但是，最重要的却是关于那些实体的观念和信念：在人们的脑海中，那些实体意味着什么。例如，关于安全和防务的国际体系是由领土、人口、武器和其他物质要素组成的，但最重要的却是有关构思、组织和使用这些物质资源（如结盟、武装力量等）的观念与理解。物质要素就在那里。但是，相对于赋予它意义、计划它、组织它和引导它的智识要素而言，物质要素就是次要的。国际安全所包含的思想比国际安全所包含的物质资源重要，甚至重要得多，因为如果没有智识成分，这些物质资源将毫无意义：它们本身只不过是些物件而已。

相关链接 6—1

> **温特对社会结构的建构主义认知**
>
> 社会结构包括三大要素：共有知识、物质资源和实践。首先，社会结构部分地是由共同的理解、期望或知识所界定的。这些构成了行为体所处的情境以及行为体之间相互关系的性质：不论是合作的还是冲突的。例如，安全困境就是一种由主体间理解（intersubjective understandings）所组成的社会结构。在其中，国家是如此地互不信任，以至于它们都对相互的意图做了最坏的假定；作为结果，它们无不以自助来界定其利益。安全共同体则是一种不同的、由共有知识组成的社会结构。在其中，国家在不用战争解决争端上是彼此信任的。社会结构取决于观念这一断言意味着：建构主义具有一种唯心主义（或“观念至上”）的结构观。
>
> Wendt（1992：73）

温特用如下的陈述来例证建构主义的观点：“英国的500件核武器对美国的威胁不如朝鲜的5件核武器那么严重”，因为“英国是美国的朋友而朝鲜却不是”（Wendt，1955：73）。也就是说，核弹头数量的物质性事实并不那么重要，重要的是行为体如何相互看待对方，即重要的是他们的观念和信念。物质性事实进入了视野，但相对于观念它们是第二位的。

因此，强调新现实主义者（和新自由主义者）所持的物质至上观（materialist view）与建构主义者所持的观念至上观（ideational view）之间的差异是有益的。根据物质至上观，权力和国家利益是国际政治的驱动力。权力在最终意义上是由经济和其他资源支撑起来的军事能力。国家利益是国家追求权力、安全或财富的利己的欲望（Wendt，1992：92）。权力和利益被视为“物质的”因素。由于无政府状态，国家被迫执著于权力和利益，从这种意义上说，权力和利益是一种客观实在。按照这种看法，观念通常是被用来理想化那些由物质利益驱动的行为的，因此也就没有什么重要性可言。按照社会建构主义者的观念至上观，观念总是重要的。“前提是物质世界是尚未决定的，它只有被置于一个更大的意义背景之中才可以被阐释。因此，物质权力的含义是由观念来界定的”（Tannenwald，2005：19）。在相关链接6—2中，温特强调了关于观念的建构主义思想。

相关链接 6—2

> **关于观念的社会建构主义思想**
>
> 这种主张并不是说观念比权力和利益更重要，也不是说它们自立于权力和利益之外。倒不如说，它主张权力和利益凭借缔造它们的观念而发挥作用。权力和利益的解释预定以观念作为前提，在这个意义上这类解释与观念的解释并不对立……让我为观念主义［推荐］一种够劲的手法：当碰到毫不掩饰的“物质性”解释时，始终要探究其得以立论的那些散漫条件；当新现实主义者用多极来解释战争时，就要探究把“极”想定为敌人而非朋友的那些散漫条件；当自由主义者用经济相互依赖来解释和平时，就要探究以关心自由贸易和经济增长来定位国家身份的那些散漫条件；当马克思主义者用资本主义来解释国家形态时，就要探究有关资本主义生产关系的那些散漫条件。依此类推。
>
> Wendt（1993：135-136）

建构主义所聚焦的核心观念要素是人们广泛共享的主体间信念（以及观念、概念和假定）。观念必须广泛共享才有作用；然而，观念也可以被不同的团体（如组织、决策者、社会群体或社会）所持有。“观念是为个人所拥有的精神构造，是为行为和政策提供广泛导向的一套套各具特点的信念、原则和态度”（Tannenwald，2005：

15）。世界上有许多种不同的观念。尼娜·坦嫩瓦尔德（Nina Tannenwald）分辨了四种类型："意识形态或共享信念体系、规范信念、因果信念和政策规定。"（Tannenwald，2005：15）相关链接 6—3 对此作了描述。

相关链接 6—3

观念的四种类型

意识形态或共享信念体系是反映一个团体、阶级、文化或国家的社会需求和向往的一系列信条或者信念。具体的例子包括新教伦理和诸如自由主义、马克思主义、法西斯主义那样的政治意识形态……

规范（或原则）信念是关于正确与错误的信念。它们由用来具体规定正确与错误、正义与非正义之标准的价值和态度构成，并暗含着行为的附带标准。[例如] 冷战结束时人权规范的作用。

因果信念是关于原因—结果关系或手段—目标关系的信念。它们……为人们如何实现自己的目标提供指南或战略……[例如] 苏联领导人对于使用武力的有效性（更准确地说是无效性）的信念的改变，让他们在 1989 年作出了不以武力来保持苏联对东欧的控制的决定。

最后，政策规定是规定如何解决特定政策问题以推行决策的具体的纲领性的观念。它们处于政策辩论的中心，是与特定的战略和政策纲领相关联的。

Tannenwald（2005：15-16）

建构主义是一种研究国际关系的经验方法。称它为经验的，是因为它聚焦于界定国际关系的主体间观念。该理论展现了一些独具特色的研究旨趣和方法。如果社会和政治的世界在根本上是由共有信念组成的，那么它又是如何影响我们应该解释的国际重大事件和插曲的方式的呢？按通例，建构主义者不可能深究机械的、实证的因果关系概念，这是因为实证主义者不探究重大事件和插曲的主体间内容。例如，国际关系中著名的台球意象就为建构主义者所排斥，因为它没有揭示国际冲突中行为体的思想、观念和信念等内容。建构主义者想要探究台球的内部状况，以达成对这类冲突的更好理解（见网络链接 6.11）。

建构主义方法认为，要全面地分析观念和意义，就需要进一步开发基础概念。最近的一项关于全球治理中的权力的研究报告，为此提供了一个范例。报告的作者指出，他们的研究项目"需要对国际政治中不同形式的权力进行思考。权力是在社会关系之中并经由社会关系而产生的，对于塑造行为体自主决定其环境和命运的能力有影响。但是，权力并不只有一种表达方式或形式，而是有好几种"（Barnett and Duvall，2005：3）。作者又继而分辨了权力的四种形式（见相关链接 6—4）。他们的主张是，对国际关系中的权力的全面思考需要把这四个维度都用上。

建构主义者大体上赞同马克斯·韦伯的观点，即他们需要采用阐释性理解来分析社会活动（John Ruggie，1998）。但是，在何种程度上仿效自然科学的科学理念并在假设、数据收集和归纳的基础上作出科学解释是可能的这个问题上，他们却没有达成一致（见第十一章）。一方面，建构主义者反对客观真理的概念，认为社会科学不能够发现贯穿时间和空间的关于世界的"终极真理"。另一方面，建构主义者确实"就他们的研究主题形成了真理断言……虽然他们也承认其断言总是对复杂世界的有条件的和部分的阐释"（Price and Reus-Smit，1998：272）。

相关链接 6—4

建构主义分析中的权力概念

权力并不只有一种表现或形式，而是有好几种。在这一卷中，我们辨别了四种。强制性权力是指允许一个行为体对另一行为体进行直接控制的互动关系。例如，当一个国家威胁另一个国家说“改变你们的政策，否则后果自负”时，它就起作用了。制度性权力在行为体对其他行为体进行间接控制时，例如，当一些国家以有利于它们的长期利益而对其他国家不利的方式来设计国际制度时，就发挥作用了。结构性权力涉及行为体在直接的彼此关系中社会能力和利益的构造。这种权力的一种说法是：在生产资本和劳动（以它们各自的不同能力改变它们的环境和命运）的社会地位方面，资本主义世界经济的作用形式。生产性权力是指在意义和表示系统中主观性产品的社会分布。例如，发展的一种特殊含义能在特定的方向上引导社会活动，界定构成合法知识的内容，并说明谁的知识重要。于是，这些不同的概念就能为根本性的问题——在哪些方面行为体能够决定自己的命运以及这种能力是如何通过与其他行为体的社会关系而受到限制或得到提升的——提供独特的答案。

引自 Barnett and Duvall（2005：3-4）。

同时，说建构主义者在这个问题上没有完全达成一致，也是公允的（Fierke，2001）。我们在这里阐述的观点更接近于通常所说的“正统的”（conventional）建构主义（Hopf，1998）。正统建构主义者以如下一些学者为代表：亚历山大·温特（Alexander Wendt，1999）、彼得·卡赞斯坦（Peter Katzenstein，1996b）、克里斯蒂安·罗伊斯-斯密特（Christian Reus-Smit，1997）、约翰·鲁杰（John Ruggie，1998）、伊曼纽尔·阿德勒和迈克尔·巴尼特（Emanuel Adler and Michael Barnett，1998）、特德·霍普夫（Ted Hopf，2002）、玛莎·芬尼莫尔（Martha Finnemore，2003）。“批判的”（critical）或“后实证的”（post-positivist）建构主义对这一立场持更加怀疑的态度。他们认为“真理断言”是不可能的，因为在我们决定什么是正确的时候，并没有中立的余地。我们所谓的真理，总是与不同的、或多或少居于主导地位的思考世界的方式有关联。真理和权力不能被分割开来。事实上，批判建构主义的主要任务就是要揭露真理与权力的核心关系，批判那些自称放之四海而皆准的主导性思维形式。批判建构主义者包括戴维·坎贝尔（David Campbell，1998）、吉姆·乔治（Jim George，1994）、詹姆斯·德·德里安（James Der Derian，1987）、R. B. J. 沃克尔（R. B. J. Walker，1993）、安德鲁·林克莱特（Andrew Linklater，1998）、安·蒂克纳（Ann Tickner，1992）。我们对建构主义学术成就的阐述更多地聚焦于“正统的”建构主义，因为从发展新的国际关系理论的角度来讲，这类建构主义的贡献最大。“批判的”建构主义更为关注对现存理论的批判。我们把“批判”建构主义引人注目的方面列入了后现代主义名下，并将在第十一章中加以讨论。

建构主义的国际关系理论

建构主义是由新创这一术语的尼古拉斯·奥纳夫（Nicholas Onuf，1989）引进国际关系学的。这一理论在学者中间赢得了大批的支持者。他们写了一系列有影响的文章，亚历山大·温特还写了一部书（Wendt，1987；1992；1994；1995；1999）。我们就从温特的贡献开始来有选择地评论建构主义的国际关系理论。

无政府文化

温特论点的核心是对新现实主义立场的排斥，因为根据这种立场，无政府状态必然导致自助。他认为，自助不取决于某个优先的推定；它取决于国家之间的互动。国家的身份和利益是在这些互动过程中创建起来的。对于新现实主义者而言，身份和利益是给定的；在与其他国家开始互动之前，国家就已经知道它们是谁和它们需要什么。对于温特而言，正是与其他国家的互动“创造和具体说明利益与身份的某一结构而非其他结构；离开这个过程，结构中就没有其他的存在或因果力量”（Wendt，1992：394）。国家想要生存和安全，这一点是新现实主义和建构主义都同意的。但是，由此应该采取什么类型的安全政策？国家期望变得尽可能强大，还是满足于他们已经得到的呢？温特认为，我们只有通过研究身份和利益才能找到答案，因为它们都是在国家间的互动中被塑造出来的（见相关链接 6—5）。

相关链接 6—5

社会建构主义：关键的术语和语言

- 建构主义的焦点：指引国际舞台上的行为体的观念和信念。
- 物质性事实与观念：物质性事实进入了视野，但相对于观念它们是第二位的。“英国的 500 件核武器对美国的威胁不如朝鲜的 5 件核武器那么严重”，因为“英国是美国的朋友而朝鲜却不是”（Wendt，1995：73）。也就是说，核弹头数量的物质性事实并不那么重要，重要的是行为体如何相互看待对方，即重要的是他们的观念和信念。
- 结构和行为体：“结构不是那种行为体除了对其作出反应之外拿它毫无办法的硬化了的客体。相反，结构只存在于行为体的彼此互动的过程之中。意思是，通过具有社会意志的行动，施动者能够改变结构。因此，他们能够把自己从那种功能不良并因而不断复制冲突行径的处境下解放出来。”（Copeland，2006：3）这是因为观念可以改变，国家不必彼此为敌：“无政府状态是国家造就的。”（Wendt，1992）
- 对意义的强调：掴他人的脸是一种惩罚还是爱抚？我们只有对该行为赋予了意义才能知道。韦伯总结说：“主观性理解是社会学知识独具的特色。”（Weber，1977：15）建构主义者就是依据这一洞见来强调“意义”和“理解”的重要性的（Fierke and Jørgensen，2001）。
- 身份：对于新现实主义者而言，身份和利益是给定的；国家在与其他国家开始互动之前就已经知道它们是谁和它们需要什么。对于建构主义者而言，正是与其他国家的互动才“创造和具体说明了利益与身份的某一结构而非另一种结构”（Wendt，1992：394）。国家想要生存和安全。对此，新现实主义者和建构主义者都表示同意。但是，由此应采取什么安全政策？国家是期望变得尽可能强大，还是满足于它们已经得到的？建构主义者认为，我们只有通过研究身份和利益才能找到答案，因为身份和利益都形成于国家间的互动。
- 关于世界的知识：一批“正统的”建构主义者相信，我们能用因果关系术语来解释世界。也就是说，我们可以发现“为什么一物导致另一物”；我们能理解“把一些事物放在一起来看，因果性力量是如何起作用的”（Wendt，1999：372）。由此看来，建构主义的分析“依赖可以公开获得的证据，而且在某种宽泛的意义上它的结论或许也有被证伪的可能性”（Wendt，1999：373）。
- 另一批“批判的”或“后实证的”建构主义者认为，“真理断言”是不可能的，而且真理和权力是不能被分割开来的。因此，批判建构主义的主要任务就是要揭露真理与权力的核心关系，批判那些自称放之四海而皆准的主导性的思维形式。

具体来说，“如果美国和苏联决定不再相互为敌，那么‘冷战结束了’。这是一个构造了组织我们行为之结构的集体性意义（collective meanings）。通过介入这样的集体意义，行为体获得了身份——关于自身的相对稳定、角色明确的理解和期望”（Wendt，1992：397）。西欧国家彼此之间就不需要开展均势政治，因为冷战结束了，40 年的合作可能已经在它们之间导致了一种合作和友谊的新的“欧洲认同”（Wendt，1992：418）（见网络链接 6.15）。

温特 1999 年出版的著作发展了先前论文中提出的论点。他的出发点与沃尔兹一样：一个以无政府状态为特征的体系中的国家间互动。但是，无政府状态不一定导致自助；这需要对散漫的国家间互动进行深入研究，从而找出在它们之间已经形成的具体的“无政府文化”究竟是哪一种。温特提出了无政府状态的三个理想类型：霍布斯式的、洛克式的、康德式的（Wendt，1999：257）。在霍布斯文化中，国家视彼此为敌人；霍布斯式无政府状态的逻辑是“一切人反对一切人的战争”；国家就是敌手，战争像流行病一样，因为暴力冲突是生存的方式。根据温特的说法，霍布斯式无政府状态主导国家体系直至 17 世纪。

在洛克文化中，国家视彼此为竞争对手，但这也是有限度的；国家并不寻求消灭彼此，它们承认其他国家的生存权利。洛克式无政府状态成为自 1648 年《威斯特伐利亚和约》以后现代国家体系的特征。最后，在康德文化中，国家视彼此为朋友，和平解决争端，在受第三方威胁时相互支持（Wendt，1999：299）。第二次世界大战以后，康德文化开始在自由民主国家共同体中出现（见网络链接 6.13）。

无政府状态的三种文化可以不同程度地被内化。也就是说，国家看待彼此的方式或多或少是可以深刻共享的。温特在三种不同级别的“文化内化”间做了区分（Wendt，1999：254）：第一级是对共有观念的相对较弱的信奉；第三级是强烈的信奉。我们根据“合作的级别”和“内化的级别”制作了一个 3×3 的表格（见表 6—1）。

表 6—1　　政府文化及其内化程度

内化级别	第三级			
	第二级			
	第一级			
		霍布斯文化	洛克文化	康德文化
		合作的级别		

改编自 Wendt（1999：254）。

温特说到了家的话是：建构主义不仅仅是在现有的国际关系理论中“添加了观念的作用”。物质权力和国家利益在根本上是由观念与社会互动构成的。因此，在无政府体系中的国家都可以拥有可能被别国视为潜在威胁的军事和其他能力。但是，敌意和军备竞赛并不是不可避免的结果。国家间的社会互动也可以导致仁慈与友好的无政府文化。

国际社会规范

温特的分析是体系性的，它聚焦于国际体系中的国家互动，却忽视了国内因素的作用。玛莎·芬尼莫尔在她1996年出版的《国际社会中的国家利益》一书中，提出了建构主义体系分析的另一个变体。她的出发点是对国家身份和利益的定义。但是，与对国家间社会互动的关注相反，她把焦点放在了国际社会的规范以及在国际社会中规范影响国家身份和利益的方式上。国家行为是由身份和利益来界定的。身份和利益是由国际力量——植根于国际社会的行为规范——来界定的。国际社会规范通过国际组织传输到各个国家。它们通过"传授"国家后者的利益应该是什么而塑造国家政策（见网络链接6.12和6.16）。

芬尼莫尔的分析包括了三个案例研究：1955年以后，国家接纳了推行科学政策的官僚组织（science policy bureaucracy）；国家接受了关于战争的由规则主宰的规范；国家通过允许对生产价值的优先再分配，接受了对经济主权的限制。关于第一个案例，她的论点是，联合国教科文组织（UNESCO）教会了国家如何发展科学的官僚组织。在20世纪50年代中期以前，推行科学政策的官僚组织在许多国家都还没有出现。联合国教科文组织发动各国建立这种组织并取得了很大的进展：1955年，它们只在14个国家建立；到了1975年，这一数字增长到近90个。联合国教科文组织成功地宣传了这样一个理念——为了成为一个"现代的文明国家"，拥有一个推行科学政策的官僚组织是必不可少的。

第二个案例是关于国家如何逐渐接受关于战争的由规则主导的规范。同样，该书论点是：国际组织是促进战时人道主义规范的有益工具。这方面，红十字国际委员会（ICRC）是最好的例子。ICRC成功地规定了在战争中"文明"国家的"合理行为"是什么。对于建构主义方法来说，这似乎是一块"难啃的骨头"，因为ICRC也可以在被新现实主义者视为对国家利益至关重要的一个领域——在战争期间国家有无限制地使用武力的权利——勉力通过新的规范。

第三个也是最后一个案例是关于第三世界国家同意把减轻贫困作为其经济政策的核心规范。直到20世纪60年代末，第三世界国家经济政策的压倒性目标都是通过聚焦经济增长来提高产量。到了70年代初，通过经济再分配来改善福利成为经济政策的主要目标。芬尼莫尔认为，这种规范的改变是由世界银行推动的。世界银行主席罗伯特·麦克纳马拉（Robert McNamara）起了关键性的作用。他确信世界银行应该在发展中国家积极地推进扶贫事业。

于是，玛莎·芬尼莫尔认为，由国际组织推动的国际规范一旦被国家采用并在其政策中加以反映，这些规范就能决定性地影响其国家纲领。她反对新现实主义，认为这些案例所揭示的变化不能单纯地用致力于追求权力最大化的国家利益来解释。它们需要用强调国际社会中规范之核心作用的建构主义分析方法来解释。

相关链接6—6

玛莎·芬尼莫尔论国际社会的规范

我们生活在国际社会之中的事实意味着，我们所想要的以及在某种程度上的我们是谁，都是由社会规范、准则、理解和我们与他人的关系塑造而成的。这些社会现实在决定行为时与物质现实一样具有影响力。事实上，它们就是赋予物质现实以意义和目的的东西。

在政治术语中，正是这些社会现实为我们提供了运用权力和财富的目的。

Finnemore（1996：128）

国际组织的权力

关于国际组织（international organizations，IOs），传统现实主义观点强调国际组织的存在是为了实现国家的重要职能；它们“提供公共物品，收集信息，建立可信的承诺，监督协议的执行，广泛地帮助国家解决与集体行动有关的难题，并提高个人和集体的福利”（Barnett and Finnemore，2005：161）。巴内特和芬尼莫尔的分析提出了这个论点：国际组织非常重要，不应该被降格为国家的仆人。一方面，它们是可以根据它们各自的权利行使权力的自主行为体；另一方面，它们“建构了一个使合作和选择得以发生的社会世界。它们帮助界定了国家和其他行为体终将确认的利益”（Barnett and Finnemore，2005：162）。国际组织是强大的，因为它们是官僚组织，因为它们追求的是被认为对其他主要行为具有吸引力的自由的社会目标（见相关链接6—7）。

相关链接 6—7

国际组织的权威和自主性

我们认为，国际组织拥有权威的理由是，在与其他行为体的种种特别的关系中，现代性的理性化进程和全球自由主义的传播塑造了它们。国际组织是官僚结构。韦伯承认，官僚组织因其具有理性—合法的（即非人格的、技术官僚的）特征，而成为现代社会中的一种独特的、拥有权威的（并且是强大的）社会形式。但是，国际组织被授予权威则是因为它们追求被广泛视为合意的与合法的自由社会目标。国际组织是强有力的，既是因为它们的形式（作为理性—合法的官僚结构），又是因为它们的（自由的）目标。这种权威给予国际组织一个自主的范围以及它们得以直接或间接地塑造其他行为体行为的资源。

引自 Barnett and Finnemore（2005：162）。

国际组织的权力可以用相关链接 6—4 中几个权力维度来进行分析。国际组织拥有强制性权力，是因为它们掌握了可以用来影响其他行为体的物质资源。例如，世界银行拥有金钱，联合国维和部队拥有武器；另一种形式的强制性权力是由规范性资源构造的。例如，欧盟“努力说服成员国调整国内制度和惯例以适应欧洲和国际标准”（Barnett and Finnemore，2005：176）。

国际组织的制度性权力来源于它们以更加间接的方式指导行为的能力。一个主要的例子就是国际组织设置议程的活动。国际组织经常能够决定由它们资助的会谈和会议的议程。所以，它们能对讨论什么和最终能达成什么发挥重要的影响。例如，“联合国秘书长作出的将人道主义干涉作为他在 1999 年联合国大会上演讲的明确主题的决定，就塑造了后继的讨论进程。欧盟官员因为拥有这种影响力而出名……世界银行官员直接参与规划会议议程。通过这种重要方式，国际组织工作人员可以帮助把讨论和行动引导到一些方向而非其他的方向上”（Barnett and Finnemore，2005：178）。

最后，生产性权力指的是国际组织在设定需要解决的问题时的作用。在这方面，国际组织扮演了向其他行为体推介、确定和提出特定问题的权威角色；它们还通过提供方案并说服其他行为体加以接受的方式来促成问题的解决。关于这一过程，相关链接 6—8 是一个很好的例子，它涉及与经济发展有关的组织。通过将发展问题界定为一个关于"让市场更起作用的"的问题，它们帮助国家界定了什么才算是进步并协助改变了农村和家庭的社会关系（见相关链接 6—8）。

相关链接 6—8

国际组织和生产性权力

发展机构准备好了一个解决发展问题的方案——一个让市场更起作用的机制。如果发展没有出现，那就是因为经济和政体的组织不得法。所以，发展机构不仅提出了种种政策来使市场机制制度化，还向生产者传授如何有效和合理地回应市场的信号。它们以为，以这种方式就可以实现其把自给自足的"农民"（peasant）转变成依赖市场的"农场主"（farmer）的目的。尽管发展机构的官员们将市场的引入视为解决发展问题的技术方案，但技术方案的后果却具有深刻的政治性，因为它完全颠倒了家庭内部、生产者与消费者之间、乡村和国家机构之间的社会关系。

引自 Barnett and Finnemore（2005：180）。

总之，国际组织并不是国家听话的仆人。它们常常是强大的行为体，因为它们是承诺为其他行为体提供所需目标的官僚机构。但是因其强大，国际组织并不总是一种行善的力量；它们也可能随自身的狭隘利益而"凌驾于国家和公民的利益之上，这被认为是过分的行为"（Barnett and Finnemore，2005：184）。

分析欧洲合作的建构主义方法

欧洲合作的各个方面已经成为建构主义分析的主题。肯尼思·格拉博（Kenneth Glarbo）研究了欧盟的共同外交与安全政策（CFSP）。在现实主义者看来，这一领域的欧洲合作的历史是令人失望的。由于国家利益相互背离——这正是现实主义者的论点——在外交与安全政策这种高级政治领域一体化和紧密合作依然障碍重重，这一领域的偶然进展仅仅是策略运用的结果。格拉博采用建构主义方法讲述了一个不同的故事。他的论点是：外交政策合作不仅仅是国家利益的产物；它是社会交往过程的结果，也就是"国家外交机构有意或无意地在国家内部和国家之间传达它们关于政治合作的意图和理解"（Glarbo，1999：635）；社会交往构造了主体间结构，该结构可以促进更深入的合作。换句话说，欧盟成员国可能在外交政策的一些重要领域无法达成一致，但是每天的政治合作经历会在很大程度上推动共同看法和相互协调的形成。总之：

> ……一体化盛行于欧洲政治合作之中或至少在近几年的共同外交与安全政策之中，即使这并不完全否定国家利益的重要。尽管有利益的存在，建构主义理论还是认为，政治合作为社会一体化留下了空间。社会一体化来自政治合作历史中建立起来的外交沟通，而它在关于共同外交与安全政策的政府间主义的正式法规里是不容易被察觉到的。（Glarbo，1999：636）

马丁·马克森（Martin Marcussen）及其同事研究了 20 世纪 50 年代以来法国、德国和英国的政治精英建构民族国家认同的方式。他们尤其想要了解，为什么"欧洲"成为法国和德国在民族国家认同中的共同成分，但"英语民族国家认同"却继续主导着英国的外交话语："欧洲仍然是'他者'，尽管很友好"（Marcussen et al.，1990：615）。他们的发现脱离了主流观点，即：欧洲根本不存在欧洲集体认同，欧洲民族国家也不可能聚合到一个共同身份上去。他们的论点有三：

> 第一，要构成一个合法的政治话语，政治秩序的新愿景就需要与原先存在的、植根于政治制度和文化之中的集体认同形成共鸣；第二，政治精英根据自己感知的利益，以一种工具性的风范在他们可资利用的观念中进行挑选，特别是在民族国家认同的政治话语中受到质疑和挑战的"关键点"上；第三，民族国家认同一旦被政治上的多数人交互承认，就有可能得到内化和制度化，作为结果，这种认同就会倾向于抵制改变。（Marcussen et al.，1990：615）

最后，雷伊·科斯洛夫斯基（Rey Koslowski）提供了一种将欧盟理解成一个联邦实体的建构主义研究方法。在关于联邦主义和欧盟的传统争论中，争论者要么倾向于将欧盟改造成一个联邦国家，要么期待欧盟退回到更为传统的政府间合作的老路上去。科斯洛夫斯基试图推进这场讨论，其观点是：建构主义方法能更好地揭示欧洲合作究竟是什么，而不是联邦主义和政府间主义的"非此即彼"的看法：

> 建构主义可以通过重新聚焦政治惯例、主体间意义和非正式规范来帮助重组联邦理论，使其在欧盟的分析上更有说服力……当然，这种分析的挑战在于：排斥目的论的解释；接受欧洲政体的"中间性"（in-betweenness）；将就地把欧洲的政策理解为它目前的样子，而不是试图把欧洲一体化解释为它或许永远不可企及的有些假设成分的"国家的终结"。（Koslowski，1999：576－577）

总之，建构主义者声称，他们可以在欧洲合作这一被传统分析所贬低和忽视的复杂过程的分析中添加精细与深刻的见解。

身份和规范的国内构造

体系建构主义者，如芬尼莫尔和温特，强调国际环境对于塑造国家身份的重要地位。另一些建构主义者则更加强调国内环境。在这一方向上向前推进的一种方式是，研究国际规范如何在不同国家产生有差异的影响并由此推测造成这种变异的国内因素。由托马斯·里瑟等人（Thomas Risse et al.，1999）主编的一卷书承担了在国际人权规范领域的研究任务。作者们揭示了政权的类型、内战经历和国内人权组织的存在状况妨碍国家遵守国际人权规范的程度。

彼得·卡赞斯坦（Peter Katzenstein，1996a）主编的《国家安全的文化：世界政治中的规范与认同》一书旨在把建构主义者普遍声称的文化、规范和认同问题（也包括其在国家安全这一核心领域的问题）说透彻。在这一背景下，许多论文都特别强调了国内规范。例如，为了解"观念性论点在解释现实政治行为时到底能够走多远"，江忆恩（Alastair Johnston，1996：217）选取了毛主义时代的中国这一案例。他指出，中国传统中特有的“硬现实政治的”（hard realpolitik）战略文化引导和塑造了中国安全政策。其论点是中国的决策者已经“内化了这种战略文化”，并且这种战略文化“跨越了大不相同的国内体系（interstate systems）、政权类型、技术水平和威胁类型，一直存在至今”（Alastair Johnston，1996：217）。换句话说，对中国行为的新现实主义解释是不完整的，因为它们没有把这种以观念为基础的战略文化考虑在内。准确地说，由于这种战略文化在不同的体系中都有清晰可见的表现，“无政府状态”并不能充分地说明中国的立场。

彼得·卡赞斯坦在一本关于日本的书中进一步发展了在国家安全领域里关于国内规范作用的建构主义论点（Peter Katzenstein，1996b）。卡赞斯坦说，体系的理论化是不够的，因为它未能充分评估国内结构是如何影响国家在国际体系中的行为。他的分析中强调的是国内的规范结构及其对国家认同、利益和政策的影响。他所要解答的一个主要难题是：日本如何从 1945 年以前的军国主义外交政策转变为第二次世界大战后的和平主义外交政策。这种分析解释了为什么在战争前会出现支持军国主义外交政策的广泛一致的看法，以及这种看法所依据的规范是如何因战争而受到深刻挑战。政府里军方的地位受到了严重削弱；另外，新宪法将日本置于和平主义的立场，并给日本的防务开支设置了一个很低的上限（国民收入的 1%）。还有，这一论证也是建构主义的，但它排斥了体系分析而偏重于国内环境分析（见相关链接 6—9）。

相关链接 6—9

彼得·卡赞斯坦论文化和认同的重要性

现在的问题不再是 E. H. 卡尔（E. H. Carr）的问题，即避免现实主义的贫乏和自由主义的天真的问题。我们的选择是复合性的。在智识上，我们可以把在多极体系中致力于均势的国家世界遮护起来。在分析上，我们可以用自由制度主义的观点把焦点放在制度对国家之间政策协调前景的有效影响上。或者，如果承认这些观点只有部分的准确性，我们还可以拓宽我们的分析视野，就像本书所建议的那样，把文化、身份以及有助于界定利益和构造行为体（塑造国家安全政策和种种全球不安全）的那些重要的因果要素都包含进来。

Katzenstein（1996a：537）

特德·霍普夫（Ted Hopf，2002）研究了苏联和俄罗斯的外交政策，他也是通过关注认同的国内成因来理解国家利益是如何界定的，以及国家利益会导致什么样的外交政策。他致力于寻求“一国自身的国内认同是如何构造社会认知结构的答案，因为社会认知结构使威胁和机会、敌人和盟友变得可以理解、可以想象并成为可能”（Ted Hopf，2002：16）。

国家身份通过关键决策者来表达。关键决策者的身份是由包括档案、杂志、报纸、回忆录和教科书等文本资源来揭示的。霍普夫研究了两个案例，即莫斯科 1955 年的外交政策和莫斯科 1999 年的外交政策。最后得出了下述结论：在解释苏联/俄罗斯的外交政策时，重新建构的国内认同总能够解释这两个案例（见相关链接 6—10）。

相关链接 6—10

特德·霍普夫论与体系层次分析相对的国内层次分析

尽管对世界政治的任何理解都需要国内和体系层次的理论化，却不会有关于世界政治的体系理论，因为世界政治并没有占支配地位的体系。它有亚文化，每种亚文化都只能通过考察国家如何在它们的社会里构造自身来理解。谁是敌人和朋友？这一问题的答案应该从国内出发来寻找。

要想准确发现一个国家相对于另一个国家的身份是如何影响该国的利益建构，就需要尽可能深刻和广泛地调查正在散漫地建构着国家之集体认同的那种社会背景。这意味着，不仅要探索在与其他国家的互动中国家的身份是如何产生的，还要探索国家在与它自己的国内社会的互动中，以及在它与构造着这个社会的许多认同和话语的互动中，它的认同是如何产生的。

Hopf（2002：294）

即使建构主义者在国内环境对于国际环境的相对重要性问题上存在争议，这种争议也不能被夸大。使建构主义者团结的因素要比使他们分裂的因素多得多。尤其是他们都特别强调文化和认同（如在社会规范、准则和理解中所表述的那样）的重要性。社会与政治的世界是由共有信念而非物理实体构造的。对于建构主义者来说，这必须总是他们分析的出发点。

对建构主义的批判

新现实主义是大多数建构主义者的主要论敌，那我们就从新现实主义对建构主义方法的批判开始吧。首先，新现实主义者怀疑建构主义者附加在规范尤其是国际规范上的重要性。这些规范确实存在，但强国为了自己的利益，却老是看不见它们的存在。斯蒂芬·克拉斯纳（Stephen Krasner）写道，自从 1648 年《威斯特伐利亚和约》签订以来：

> 强国总是侵犯弱国的独立自主和领土完整。《威斯特伐利亚和约》包括有关德意志宗教习惯的缜密条款……以及选举神圣罗马帝国皇帝的具体程序，却几乎很难找到尊重主权独立的证据。自 1648 年以来，所有大的战后解决方案都试图重新规划战败国的国内政治制度……如果外部确有国际社会的存在，那么它对国家行为发生过的影响也比不上关于性、家庭与婚姻的传统规范对当今北美和欧洲的个人行为的影响。（Krasner，1994：16-17）

同时，新现实主义者不准备接受国家通过社会互动就可以轻而易举地成为朋友的观点。这个目标“在原则上可能是令人向往的，但在实践中却可能无法实行，因为国际体系结构迫使国家表现得自私自利。在无政府状态、进攻能力和不确定意图的共同作用下，除了彼此激烈拼争之外，国家几乎就没有什么选择的余地。在现实主义者看来，试图向国家灌输社会群体的规范是一项没有希望的事业”（John Mearsheimer，1995b：367）。

根据新现实主义，在无政府状态下国家面临的主要难题是建构主义者没有充分分析的，这个难题就是不确定性（Copeland，2000）。不确定性涉及的是其他国家现在和将来的意图。在一个给定的时间里，国际体系可能会出现和平与平静。但在无政府状态下，国家总是追求安全；追求安全的行为会被其他国家误解，这就是安全困境的所有内容。“只要一国不能确定其他国家现在和将来的意图，那对现实主义来说就足够了，因为在由大国构成的无政府状态下，这种不确定性可能经常有着深远的意义”（Copeland，2000：200）。在戴尔·卡普兰德（Dale Copeland）看来，温特的建构主义分析过度忽视了这一事实：国家很难获取关于他国动机和意图的可靠信息（见网络链接 6.29 和 6.31）。

不确定性由于欺骗行为的存在而显著增长。建构主义者往往假定：国家之间的社会交往总是真诚的；国家诚实地表达本国的动机和意图，并理解他国的动机和意图。但是，在许多国家的相互关系中却都弥漫着欺骗的成分。虚伪的行为体“会在幕后布景以创造掩盖自身狭隘利益的良好形象，但其他的行为体，尤其是世界政治中的行为体，是会读懂这一意图的”（Copeland，2000：202）。换句话说，国家真是爱好和平还是假装爱好和平？在希特勒-斯大林协定的例子中，大多数人都很明白，协定并非基于两国友善和真诚的合作意图。在其他的例子中，我们也很容易发现国家说一套做一套，就以上文介绍过的特德·霍普夫的分析为例。

> 来看看赫鲁晓夫在党代会上赞扬中国和呼吁双方更紧密联系的有价值的评论吧。事实上，这只是故事的一部分。就在同一年，即 1955 年，赫鲁晓夫在私下会谈中提醒联邦德国总理康拉德·阿登纳：中国是对苏联和西方的一个真实威胁……到底哪一个是赫鲁晓夫对中国的真正看法呢？如果你没参加这场讨论，就无法解释苏联在 1955 年的政策。（Stent，2005：185）

与这一批判相反，建构主义者坚持说，无政府状态是一个比新现实主义者所假定的要更为复杂的实体。它并不总是导致自助、相互侵犯和暴力冲突的风险。米尔斯海默声称，“现实主义从中世纪末期的 1300 年开始到 1989 年都是主导性话语，在这七个世纪里，国家和其他政治实体是根据现实主义的原则来行事的”（John Mearsheimer，1995b：371）。建构主义者认为这是不正确的。他们说，如果在利益与身份的形成过程中忽视了对观念和社会互动的关注，那么对特定历史时期无政府状态的本质就不可能作出精准的分析。另外，关于友好的共有观念并不就反映了某些国家之间的坚定承诺，这一观点可能是对的，但这一观点可以通过仔细分析“内化程度”来加以解释（见前表 6—1）。新现实主义者反过来回击说，温特的“内化的第一层次”反映了国家之间对共有观念的敷衍性承诺，而“第一层次”在现实世界里却是普遍存在的。从效果来看，温特的“第一层次”是用另一种方式承认新现实主义关于无政府状态分析的核心内容是中肯的。

另外，新现实主义者还批判了建构主义者对变化的看法，说建构主义者：

> 对于话语为什么兴起和衰落几乎没有提供什么洞见……［因此，他们］很少论及为什么现实主义一直是支配性的话语，以及为什么它［建构主义］的根基却

是那么不稳固。在这个重要问题上，他们的确没有给出一个可以自圆其说的论点……不过，［建构主义者］也偶尔点到了可能导致国际关系话语改变的那些特定的因素。然而，在这种情况下，他们也常常会以物质世界的改变能驱动话语的改变来结束论证。(Mearsheimer，1995b：369)

罗伯特·杰维斯（Robert Jervis）认为建构主义者没有解释清楚：

规范是如何形成的，身份是如何塑造的，利益是如何界定的，就他们所做的而言……［建构主义］本身没有告诉我们在政治生活中起作用的进程的某些方面；它本身也没有告诉我们任何关于外交政策或国际关系的预期内容。(Jervis，1998：976)

建构主义者声称他们确实研究了变化。忽视变化的恰恰是新现实主义，因为它声称国际关系是“一个鬼东西的不断重复”，这就是无政府状态的恒定逻辑（Wendt，1999：17）。相反，建构主义者申明，他们大都通过分析社会互动来研究变化。“关于变化的机制，一些建构主义者强调集体学习、认知力的演进、认识的变化和‘规范的生命循环’。所有这些都涉及人们的知识、实践和话语的制度化”（Emanuel Adler，2001：102）。

对变化的解析指向了建构主义者可以与自由主义者和国际社会学者合作的领域。自由主义者（见第四章）聚焦于民主化、相互依赖和国际制度的进程。这些进程给建构主义者阐释为什么行为体选择合作甚至成为朋友提供了启发。自由主义的发展进程有助于创造合作的规范和观念。至于国际社会学者（见第五章），他们强调国家之间共同利益和共有价值的存在。正是这一原因，导致国家间的关系发展成为国际社会而不仅仅是“国家体系”。因此，建构主义者能够与自由主义者和国际社会学者合作。但与此同时，国际社会学者或许会说：就无政府状态而言，建构主义者并没有在国际社会学者已作出的分析之上再添加什么新的内容。温特乐意承认他对无政府状态的三种文化的划分是“直接建立在布尔的理论上的”（Wendt，1999：253）。然而，据此认为建构主义者没有拿出新的东西是有失公允的。他们对社会理论重要性的强调和对国际关系中的社会互动的详细分析，都开辟了新的领域。正如我们在上面看到的，好几位建构主义者都强调了国内规范的作用，而这一领域却是国际社会学者几乎不研究的。

一些马克思主义者也批评建构主义。沃勒斯坦的世界体系理论关注全球资本主义的物质结构及其自16世纪以来的发展（见第八章）。这种分析方式几乎没有给建构主义者分析的社会互动留下余地。罗伯特·考克斯（Robert Cox）关于“历史结构”的新马克思主义观（见第八章）给“观念”留下了更多的空间，因而对建构主义方法也就更为同情一些。

总之，新现实主义依然是建构主义理论主要的竞争者和学术上的反对者。但一说到自由主义和国际社会学派，甚至一些新马克思主义的版本，建构主义者就可以发现更多的学术合作空间。

建构主义研究项目

建构主义者之间持续的争论关乎基本的社会理论。前面的勾勒记述了“正统的”建构主义和“批判的”建构主义之间的争议。在“正统的”建构主义阵营中，伊曼纽尔·阿德勒（Emanuel Adler，2001：109）认为，为了在国际关系学科中产生影响，建构主义需要发展“一个连贯的建构主义方法论基础，以其作为一种对模仿物理科学方案的可行的替代方案”。在“批判的”建构主义的阵营中，玛佳·齐菲斯（Maja Zehfuss）想要在一个非常不同的方向上推进：“关于独立存在的现实这个断言，它本身就不能被证明，而且似乎也无须什么证据。它不过是被用来支持特定的政治立场，并将其他立场排除在考虑范围之外而已。”（Zehfuss，2002：245）换句话说，澄清基本的社会理论，对于建构主义研究计划来说是很重要的。

当然，对基本理论的争论，是与建构主义展示“观念重要”的雄心相关联的。观念到底有多么重要？观念的改变是否总是出现在物质条件的改变之前？是观念指导政策还是观念为政策辩护？观念应该被视为国际关系学中行为的起因，还是应被视为确定国际关系学是什么的组成要素（对这些问题的精彩论述，可见 Tannenwald，2005）？对这些领域更深入的澄清，对建构主义的研究计划十分重要。对建构主义者的主要挑战是：证明在国际关系学中观念的作用比从其他理论视角所能设想的要重要得多（Moravcsik，1999）。

建构主义研究计划的另一个关键性要素涉及学者在建立建构主义国际关系理论时所选择的方向。是把重点放在体系层次还是国内层次？如果把重点放在体系层次，那么理论化的焦点应该是国家之间的互动还是国际社会的规范和观念方面？如果把重点放在国内层次，那么哪些国内规范应该受到关注，国家认同的主要国内来源又是什么？这些问题应该不是非常难以解答的。国际关系学中的其他主要理论方法也要对最相关的特定研究焦点展开持续的讨论。一项综合研究计划总是在各种具体领域都显示出活力。

最后，对建构主义者而言，更深入地理清建构主义与现在主导国际关系学的其他方法（现实主义、自由主义、国际社会理论和国际政治经济学）的关系非常重要。在何种程度上它们与建构主义相容？它们之间有成果的合作究竟能够走多远呢？例如，早期的建构主义的建树显示了物质主义的新现实主义和以规范—观念为焦点的建构主义之间的巨大差异。但双方的辩论却显示，它们的差别却并不太大：新现实主义确实承认观念的重要性（Dessler，2000）；建构主义也的确认可物质因素的重要性。那么，由此引出的新问题便是：建构主义者能否进一步界定他们自己的、独特的国际关系学方法（Sørensen，2008）。

建构主义者已经表明了在国际关系中“观念的重要”。他们也显示了文化和身份在国际关系学中是如何有助于界定利益和行为体构造的。无论国际关系学人是否同意建构主义的观点，他们都应该熟悉这一方法所引发的争论，即关于基本社会理论以及关于观念在国际关系中能以何种不同的方式发挥作用的辩论。

关键点

- 社会建构主义的关注点在于人类的知觉和意识及其在世界事务中的地位。国际体系是由观念而非物质力量构成的。
- 社会理论是关于社会世界的更为一般的理论。在社会理论中，建构主义强调对现实的社会建构。社会世界不是给定的。它是一个人类意识的世界，一个思想和信念的世界，一个观念和概念的世界，一个语言和话语的世界。主要的观念类型有四：意识形态、规范信念、因果关系信念和政策规定。
- 建构主义者温特反对无政府状态必然导致自助的新现实主义立场。他认为，自助不取决于某个优先的推定；它取决于国家之间的互动。国家的身份和利益是在这些互动过程中创建起来的。
- 玛莎·芬尼莫尔认为，身份和利益是由国际力量来界定的，也就是说，是由深嵌于国际社会的行为规范来界定的。
- 彼得·卡赞斯坦认为，国家的内部构成影响它们的国际行为。他采用这一方法来解释日本外交政策从军国主义到和平主义的转变。
- 特德·霍普夫在研究苏联和俄罗斯的外交政策时聚焦于认同的国内基础。他指出，关键决定者的身份对外交政策的解释大有好处。

练习题

- 社会建构主义者赞同关于世界的一种观念至上观而反对物质至上观。他们声称国际体系是由观念而非物质力量构成的。解释这种区别并讨论它是否成立。
- 社会建构主义主要是一种关于社会世界本质的元理论，抑或主要是关于国际关系学的一套实质性理论？
- 辨别尼娜·坦嫩瓦尔德所讨论的四种观念并思考每种观念影响国际关系的方式。
- 亚历山大·温特说："如果美国和苏联决定它们不再彼此为敌，那么'冷战就结束了'。"你同意吗？为什么同意，或为什么不同意？

阅读指南

Adler, E. (2001). "Constructivism and International Relations," in W. Carlsnaes, T. Risse, and B. A. Simmons (eds), *Handbook of International Relations*. London:

Sage，95－118.

Fierke，K. M. and Jørgensen，K. E.（eds）（2001）. *Constructing International Relations*. Armonk，NY：M. E. Sharpe.

Finnemore，M.（1996）. *National Interests in International Society*. Ithaca，NY and London：Cornell University Press.

Guzzini，S. and Leander，A.（eds）（2006）. *Constructivism and International Relations：Alexander Wendt and his Critics*. London：Routledge.

Hurd，I.（2008）. "Constructivism，" in C. Reus-Smit and D. Snidal（eds），*The Oxford Handbook of International Relations*. Oxford：Oxford University Press，298－317.

Katzenstein，P.（1996b）. *Cultural Norms and National Security*. Ithaca，NY and London：Cornell University Press.

Ruggie，J. G.（1998）. *Constructing the World Polity：Essays on International Institutionalization*. London：Routledge.

Wendt，A.（1999）. *Social Theory of International Politics*. Cambridge：Cambridge University Press.

网络链接

读者可在与本书配套的在线资源中心找到本章提到过的网络链接和附加链接。

www. oxfordtextbooks. co. uk/orc/jackson_sorensen4e/

第七章

国际政治经济学：经典理论

概　述

本章着重论述世界事务中政治和经济、国家和市场之间的关系。从根本上讲，国际政治经济学（international political economy，IPE）主要探讨财富和贫困问题，以及谁能从国际政治与国际经济体系中得到什么的问题。这一领域最重要的经典理论包括重商主义、经济自由主义和新马克思主义。它们是基于一系列的假设和价值之上的广泛意义上的“理论”。正是从这些假设和理论开始，IPE的研究才得以展开。在这一章，我们将详细介绍每一种理论；而在下一章，我们将介绍它们之间的重大争议。

引言：什么是国际政治经济学？

其实，我们的日常生活就体现了政治经济学。为确保生存，我们需要食物、衣服和其他许多商品。我们当中的大多数人用自己挣的钱在市场上购买这些商品。如果没有钱，我们就买不到任何东西。也就是说，要想得到物品，我们需要拥有某种程度的财富。现代的市场基于政治规则之上（如果不是这样，它将成为基于威胁、贿赂和暴力之上的“黑手党市场”）。政治规章和制度构成了一个使市场能在其中运作的框架。同时，经济力量是政治权力的一个重要基础。如果说经济学探究的是对财富的获取，而政治学探究的是对权力的获取，那么这两者的互动方式就极为复杂且令人迷惑不解（Polanyi，1957；Robert Gilpin，1987，2001）。正是国际环境中的这种政治和经济之间、国家和市场之间的复杂互动，构成了 IPE 的核心（见网络链接 7.02 和 7.03）。

前几章中介绍的理论传统将战争与和平问题、国家间的冲突与合作问题作为研究的主要对象。IPE 则让我们将目光转向了财富和贫困问题，转向了研究国际体系中谁能得到什么的问题。此外，与前几章不同的是，本章并没有局限于某一个理论传统，而是介绍了 IPE 中最重要的三种经典理论。下一章将补充介绍当前的主要理论与论战。这种方法体现了国际关系学科的发展，其中 IPE 因其自身的重要性而成为一个单独的研究领域。一些学者甚至主张 IPE 是更加全面的学科，认为国际关系学最终应该成为 IPE 的一个分支。另一种观点是，国际关系学和 IPE 都是国际关系研究这一更加宽泛的学科的分支（Strange，1995）。许多经济学家相信，经济学中的方法和理论可以运用到人类事务中的其他领域之中，包括政治学和国际关系学。而许多政治学家反对这种将政治学弱化为经济学分支的倾向。这一争论从根本上说就是关于哪些理论和哪些研究议题是最重要的问题的争论。

正如我们在第二章中看到的那样，20 世纪初期人们要把国际关系学建成一门学科的一个核心的规范论点，就是认为它应该有助于建立一个更加和平的世界。20 世纪五六十年代，在冷战的大背景下，人们对战争与和平仍然不敢掉以轻心。当时的学术界人士和政治家的国际视野是由两次世界大战塑造起来的，因此他们关注战争与和平就是自然而然的了。例如，法国总统（也是将军）查尔斯·戴高乐就将经济事务视为“军需官的事情”、“低级政治”，不应花费太多精力，而认为像他一样的政要应集中精力关注“高级政治”，即关注战争与和平这类更大的问题。

当然，对这种观点的解释，还存在另外一种说法。它涉及现代社会中经济行为的本质：国家政治领域和市场经济领域的分离是现代资本主义社会的一大特点。正如下面将要阐述的，经济自由主义认为经济体系在任其发展并远离政治干预的情况下，效率是最高的。但是，这种自由主义的看法不应被解读为经济和政治毫不相干。“自由市场”这一术语并不意味着自由到可以脱离政治。众多诸如涉及合同、保护生产者和消费者、税收和工作条件等方面的政治规则构成了“自由市场”能够在其中运作的框架。政治和经济以复杂的方式相互作用，即使在最自由主义的“自由市场”经济中也是如此。

在 20 世纪五六十年代，人们很容易形成这样一种印象，即许多国际关系学者错误地将政治和经济分离。在很长一段时间里，人们认为国际关系中的政治和经济几乎是彼此隔绝的：它们是不同性质的行为，因此应该用不同性质的方法去研究。就像一位学者在 1970 年所指出的那样，国际经济学和国际政治学是“彼此忽视的范例”（Strange，1970）。但是，进入 70 年代以后，政治和经济有明显区别的观点就开始受到了越来越多的质疑。

为什么会出现这种转变呢？首先，第二次世界大战后政治家们建立的旨在推动经济增长和国际贸易的体系——布雷顿森林体系（Bretton Woods system）——出现了危机的征兆（见网络链接 7.06）。特别是美国，由于深陷越南战争（1961—1973 年）而出现经济困难。为阻止美国黄金储备的流失，美元同黄金的自由兑换不得不被废止。这项政策是由美国总统理查德·尼克松采取的。换句话说，国家通过采取政治手段改变了市场经济的游戏规则（见相关链接 7—1）。始于 1973 年的石油危机使不安全感进一步加深。在经济危机时期，人们越发清楚地认识到经济和政治是紧密相连的。其次，非殖民化在国际体系中造就了一批新的政治软弱与经济贫困的国家。大多数新独立的国家对自己在国际经济体系中的从属地位非常不满。它们在 20 世纪 70 年代的联合国里要求建立"新的国际经济秩序"，例如，提出了旨在提高第三世界国家在国际体系中经济地位的政治提案（见网络链接 7.07 和 7.08）。尽管其重要性远远比不上布雷顿森林体系的外汇危机，但这些提案确实揭示了国际秩序中国家的经济地位是怎样同政治手段紧密相连的。最后，冷战的结束也凸显了政治和经济之间的联系。1989 年后，东欧和苏联开始再次融入由西方创立的国际体系之中。它们既要求政治联合，例如谋求获得西方组织机构的成员国地位；也要求经济融合，寻求与西欧、北美和日本等发达经济体在经济相互依赖的基础上建立更加广泛的联系。

相关链接 7—1

布雷顿森林体系

布雷顿森林体系的规则……提供了一个固定汇率体系。那些对在 20 世纪 30 年代浮动汇率制下经历的噩梦记忆犹新的公共官员总结说，固定汇率最稳定，对贸易也最有助益……这些规则允许各成员国将各自的货币兑换为其他的货币并进行自由贸易，进而也就推动了一个开放体系的形成。

1971 年 8 月 15 日，尼克松总统在没有同国际货币体系的其他成员国协商，甚至也没有同本国国务院进行协商的情况下，宣布了他的新经济政策：从此以后，美元不再同黄金自由兑换；美国还将在应征关税之上再强征 10%的额外税。1971 年 8 月 15 日，标志着布雷顿森林体系时代的终结……

Spero（1985：37，54）

总之，政治和经济之间、国家和市场之间存在着一种复杂的关系，国际关系学必须牢牢把握这种关系。这也是 IPE 的主题。我们需要不同的理论方法来研究政治和经济之间的联系。在可供选择的各种理论中（Caporaso，1993），我们选取了大多数学者将之视为 IPE 主要理论的三种：重商主义、经济自由主义和马克思主义。它们都是基于一系列假设和价值之上的广泛意义上的"理论"，正是从这些假设和理论开始，IPE 方面的研究才得以逐步展开。显而易见的是，重商主义的视角与现实主义有很多相似之处，而经济自由主义是对自由主义理论的补充。这两种理论基本上分别代表了现实主义和自由主义两大流派所持的 IPE 观点。马克思主义有其自身的理论原创性。在这里，我们将多花一点时间，因为此前我们并没有介绍过马克思主义的理路。

重商主义

之所以从重商主义谈起，是因为这种理论同 16、17 世纪现代主权国家的建立密切相关。重商主义是那些处在现代国家建立的最前沿的政治精英的世界观（见网络链接 7.11）。在他们的实践中，经济行为是从属于建立一个强大的国家这一首要目标的。换句话说，经济是政治的工具，是政治权力的基础。这就是重商主义者思维的一个标志性特征。重商主义者将国际经济看做不同国家利益间相互冲突的角斗场而非合作和共赢的场所。简而言之，国家之间的经济竞争是"零和游戏"，一国之所得必为他国之所失。国家必须关注相对经济收益，因为一国物质财富的积累能够作为用以对抗他国的军事—政治权力基础。我们应当关注的是，在无政府状态下的国家竞争方面以及重商主义思维和新现实主义思想之间的紧密联系。

国家之间的经济竞争以两种不同的形式进行着（Robert Gilpin，1987：32）。一种形式称为防御性或"温和的"重商主义：国家关心自身的经济利益，因为那是涉及国家安全的一个重要因素。当然，此类政策不会对其他国家造成过度的消极影响。另一种形式是进攻性或"恶毒的"重商主义。此时，国家试图通过扩张性政策从国际经济中榨取财富。例如，欧洲殖民大国在亚洲和非洲的帝国主义政策。因此，重商主义者将经济实力和军事—政治力量看做积极反馈循环中具有互补性而非竞争性的目标。对经济实力的追求支撑着国家的军事—政治力量的发展；而军事—政治力量的提升又有助于国家经济实力的增强。

重商主义同第四章介绍的自由主义的观点形成了鲜明的对比。自由主义者假定了一种完全不同的选择：通过自由贸易和开放的经济交换寻求经济繁荣，而不是通过军事力量和领土扩张的方式追求权力。换句话说，国家可以选择通过发展经济和开展贸易而走上"贸易国家"的道路，就像第二次世界大战后的联邦德国和日本那样；或者通过发展军事力量和谋求领土扩张，进而以强大的军事力量显赫于世，就像共产主义统治下的苏联一样。重商主义者反对自由主义者的这种观点，认为更多的国民财富和更强大的军事—政治力量是服务于同一个基本目标的互补因素。这个目标就是建立一个更强大、更有权力的国家。二选其一的情况仅在特殊的条件下出现过：例如，冷战期间西方大国在与东方集团的经济交往上设置的限制。在这种情况下，出于军事安全考虑，西方作出了经济上的牺牲。重商主义者将其视为一个特例。而在正常情况下，财富和权力是可以兼得并相互支撑的。

重商主义者主张经济应该从属于增强国家权力这个首要目标：政治必然压倒经济而占据首位。但是，服务于这个目标的具体政策的内容会因时而异。16 世纪的重商主义者注意到西班牙是怎样从来自美洲的金银供给中获益的，这使得他们将获取金银作为增加国家财富的主要方式。然而，当荷兰主要通过其广阔的海外贸易帝国而非直接获取金银的方式一跃成为欧洲的主要强国时，重商主义者开始强调将贸易和创造最大化的贸易剩余作为通向国家繁荣的道路。自英国通过工业化获得在国际政治中的首要地位开始，重商主义者就已经着重强调将国家的工业化作为获取国家权力的最佳方式。重商主义在那些工业发展落后于英国的国家格外受欢迎。这些国家深切地感受到要想同英国进行竞争，就必须在工业化上赶上英国（见相关链接7—2）。这种追赶不能仅仅依靠市场的力量，还要依靠政治手段的保护与本地工业的发展。

相关链接7—2

重商主义的假定

英美**理论**告诉西方人，经济本质上是所有参与者都可以是赢家的“正和游戏”。亚洲**历史**告诉朝鲜人、中国人、日本人等，经济竞争是一种有胜有败的战争形态，强大远远优于弱小；发号施令优于被动接受。根据这种逻辑，要想强大、发号施令、保持独立和施加控制，就要始终铭记“我们”和“他们”之间的区别。这个观点对朝鲜人（想到日本时）或加拿大人（想到美国时）或英国人（想到德国时，甚至是在今天）或中国人和日本人（想到欧洲人先前对他们的所作所为时）来说，很容易被接受。

Fallows（1994：231）

一些闻名于世的政要和经济学家都曾提倡过重商主义。美国的国父之一亚历山大·汉密尔顿（Alexander Hamilton），就是一位重商主义的倡导者。他积极主张美国应以贸易保护政策来推动国内的工业发展。德国经济学家弗里德里希·李斯特，也大力鼓吹重商主义（见网络链接7.12）。19世纪40年代，他提出了一套“生产力”理论，强调生产的能力比生产的结果更加重要。换句话说，一国的繁荣不在于它所储存的财富的多少，而在于其“生产力”发展程度：“一个国家，如果能够运用保护制度来形成制造力，那么这个举措就与地主通过牺牲一些物质财富来使他的某些孩子学习生产业务的做法在精神上是一致的。”（List，1966：145）近期的重商主义思想聚集于东亚成功的“发展型”实体：日本、韩国和中国台湾。他们强调指出，经济的成功离不开国家在推动经济发展中的强势控制地位。例如在日本，国家在国民经济发展中扮演了非常全面的角色。国家挑选出关乎国家命脉的战略工业，保护它们对抗外界的竞争，甚至调节这类企业之间的竞争，以支持它们的发展。我们将在下一章详细介绍这些理论家。

总之，重商主义将经济从属于国家机构尤其是政府。经济行为被当做增强国家权力的主要方式。负责保护并促进国家利益的组织机构，即政府，支配着私人经济利益。财富和权力是互补而非竞争的两大目标。一国应尽量避免对他国的经济依赖。当经济和安全利益发生碰撞的时候，应当首先考虑安全利益（见表7—1）。

表7—1　重商主义概要

政治和经济间关系：	政治决定经济
主要角色/分析单元：	国家
经济关系的本质：	冲突性的，零和游戏
经济目标：	国家权力

经济自由主义

经济自由主义（economic liberalism）首先表现为对16、17世纪曾主导欧洲国家建设进程的、对经济事务施加全面的政治操控和调整的思想（例如重商主义）的批评。经济自由主义者反对那些将经济从属于政治的理论和政策。经济自由主义之父——亚当·斯密相信，即使政府不施加干预，为满足人们的需要，市场也会自然而然地扩张（见网络链接7.16）。第四章概括了他所建立的自由主义理论框架，其核心的理论观点包括理性的个人行为体、对进步的信仰和从自由交换中相互受益的假设等。然而，亚当·斯密也添加了一些他自己的自由主义思想成分，包括市场经济是进步、合作和繁荣的主要源泉这一核心观念。相应地，政治干预和政府调控就是非经济的、倒退的与容易导致冲突的。

自由主义经济学被称为"组织并管理经济增长和个人福利的学说与原则"（Robert Gilpin，1987：27）。它建立在这样的观念之上，即如果任其发展，市场经济将根据它自身的机制或"规律"自行运作。这些在生产和交换过程中发挥作用的规律被认为是与生俱来的。其中一个例子就是大卫·李嘉图（David Ricardo，1772—1823）提出的"比较优势规则"。他主张自由贸易，即认为：在国家边界内独立进行的商业活动，将会使所有参与者获益。这是因为：自由贸易使专业分工成为可能，而专业分工能够提高效率，因而可以增加产出（见网络链接7.18）。保罗·萨缪尔森（Paul Samuelson）对此做了这样的总结："不管两个区域中的任何一个在所有产品的生产上是否绝对具有更高的效率，如果两个区域能在各自具有比较优势（最大的相对效率）的产品上实行专业化，那么它们都将从彼此的贸易中获益。"（Samuelson，1967：651）在以自由贸易为基础的世界经济里，所有的国家都将从专业化中获益，全球的财富也将随之增长（见相关链接7—3）。

相关链接7—3

自由主义的观点

在一个商业完全自由的制度下，每个国家会自动地将其资本和劳动投入最能获益的用途上。对个人优势的追求，能极为美妙地同整体的普遍幸福结合在一起。通过嘉勉勤奋，奖掖智巧，并最有效地运用自然所赋予的种种特殊力量，它能使劳动得到最有效与最经济的配置；与此同时，由于生产总量的增加，它还能将总体的利益分散开来，并通过利益关系与相互交往的共同纽带，将文明世界的各个民族联合为一个统一的社会。

Ricardo（1973：81）

因此，经济自由主义者反对重商主义者的下述观点：在经济事务中国家应扮演中心角色。他们认为中心角色应该属于作为个人的生产者或消费者。市场是一个开放的竞技场，个人集中到这里交换商品和服务。个人在追求其经济利益时是理性的。当其把这种理性运用到市场之中时，所有的参与者都会获益。因此，通过市场进行的经济交换是一个正和游戏：因为增加了效率，所以每个人的所得都将多于其投入。除非有利可图，否则个人和公司不会在市场中采取主动。自由主义经济学家发现，视个人为理性和利己（希望自身更加优越）的观点可以被用来理解市场经济和政治的出发点。这种独特的观点归属于理性选择理论的名下（见第八章）。所以，经济自由主义者反对重商主义者的零和观点，即一国的经济收益必然建立在另一国的经济损失之上。因此，人类的繁荣有赖于自由市场经济即资本主义的自由扩张，而这种自由扩张不仅局限在一国之内，还要超越国界（见表 7—2）。

表 7—2 **自由主义概要**

政治和经济之间的关系：	经济自治
主要角色/分析单元：	个人和私人公司
经济关系的本质：	合作的，正和游戏
经济目标：	最大化的个人和社会福利

然而，经济自由主义者之间也反复争论政府需要在多大程度上干预政治。早期的经济自由主义者倡导自由放任（laissez-faire），例如主张市场应具有免于任何政治限制和调控的自由。但是，即使是早期的经济自由主义者也意识到需要在政治上构建一个法律框架，作为市场的基础。放任的自由主义并不意味着政治调控的完全缺失，而是意味着最少的国家干预，因为这是市场有效运作所必需的。这就是经济自由主义的经典版本。当前，这一理论虽然被贴上了“保守主义”或“新自由主义”的标签，但其基本内容却并没有什么不同。英国的玛格丽特·撒切尔和美国的罗纳德·里根的“保守主义/新自由主义”经济政策，就是建立在传统的放任自由学说的基础之上的。

经济自由主义者很早就认识到，在一些情况下，市场并不能根据所预期的效率和相互收益来运作，这些情况通常被看做“市场失灵”的范例。政治调控可能被用来纠正或者避免市场失灵。因此，一些经济自由主义者主张国家大规模地干预市场。约翰·斯图尔特·穆勒（John Stuart Mill）在很大程度上是一个主张放任自由的经济自由主义者，但他也猛烈地抨击他所观察到的 19 世纪大英帝国的收入、财富和权力之间的失衡现象，并进而呼吁政府在某些领域（包括穷人的教育和信仰）应限制自己的行动。在 20 世纪 30 年代，20 世纪早期最杰出的经济学家约翰·梅纳德·凯恩斯（John Maynard Keynes），又在穆勒的基础上前进了一步（见网络链接 7.22）。在他看来，市场经济能给人带来巨大的好处，但同时也潜存着“风险、不确定性与无知”。这种状况可以通过改善对市场的政治管理来加以弥补。因此，凯恩斯力主国家应该对市场实行“明智的管理”（Keynes，1963：321）。

这种对国家的积极见解，标志着自由主义经济理论的重大转变。凯恩斯的观点为自由主义理论的实质性变革铺平了道路。这种自由主义仍以市场经济为基础，但也在相当大的程度上纳入了政府的干预和指导。在第二次世界大战后的几十年里，凯恩斯的这种观点在欧洲很受欢迎。然而，到了 20 世纪 80 年代，钟摆又偏回到了经典的放任自由主义那一边。自由主义者向无节制市场信念回归的一个重要理由，就在于他们相信经济全球化将带来普遍的繁荣。在下一章中，我们将回到这一议题。

总之，经济自由主义者主张市场经济是社会中的一个自治领域，它根据自身的经济法则来运作。经济交换是正和游戏，市场将使参与市场交换的理性与利己的个人、家庭和公司的利益都实现最大化。经济是一个存在于国家之间和个人之间的相互获益的合作领域。因此，世界经济应该建立在自由贸易的基础之上。经典自由主义经济学家将国家的作用同市场（包括国际市场以及国内市场）分离开来看待：在市场上一切均放任自由。但是，20 世纪的某些经济自由主义者却赞同增强国家在市场上的作用。

马克思主义

19 世纪的德国哲学家、经济学家卡尔·马克思（Karl Marx）的政治经济学，在许多方面都代表着对经济自由主义的根本性批判。从上文可知，经济自由主义者将经济视为人人皆可获益的正和游戏。马克思反驳了这种观点。相反，他将经济视为人剥削人与阶级不平等之所在。可见，马克思采取了重商主义者关于零和游戏的观点，却把它运用于阶级关系而非国家关系之中。马克思主义者同意重商主义者所持之政治与经济密切相关的观点，二者都反对自由主义者关于经济领域是按照自身法则运行的观点。但是，重商主义者将经济看做政治的工具，马克思主义者则将经济置于政治之前。对马克思主义者来说，资本主义经济建立在两个敌对的社会阶级之上：一个是资产阶级，掌握着生产资料；另一个是无产阶级，仅仅拥有劳动并且只得出卖给资产阶级。但是，无产阶级的劳动所得却远远低于它应得的回报；剩余价值被资产阶级无偿地剥夺去了。就是说，资本家的利润来自对劳动力的剥削。

尽管由资产阶级操控的资本主义经济是剥削劳动力的，但马克思并没有将资本主义的成长视作消极或倒退之事。相反，他认为资本主义在两个方面是进步的。首先，资本主义摧毁了先前的生产关系，如封建主义——它甚至更具剥削性，在其中农民过着类似奴隶的生活。资本主义使劳动者得以自由地出卖劳动力并寻求尽可能高的报酬。从这个意义上讲，它是前进了一步。其次，也是最重要的一点，马克思认为资本主义为社会主义革命铺平了道路。在革命中，生产资料将被置于社会的控制之下并为占社会大多数的无产阶级谋取利益。这就是马克思主义经济思想所瞄准的革命目标。

马克思主义者的思想是唯物主义的。它建立在这样一种观念之上，即任何社会的核心活动均关乎人类的生存方式。经济生产是人类包括政治在内的其他所有活动的基础。一方面，经济基础是由生产力构成的，这是经济活动的技术水平（例如工业化机器大生产对手工业）；另一方面，经济基础是由生产关系构成的，这是决定谁实际控制生产力的制度或社会所有制（如私人所有制与集体所有制）。把这两方面合起来，生产力和生产关系就构成了一种特殊的生产方式，例如建立在工业化机器大生产和私有制之上的资本主义（见相关链接 7—4）。通过对生产资料的控制而支配着资本主义经济的资产阶级，也支配着政治领域，因为对马克思主义者来说，经济是政治的基础（见网络链接 7.33）。

相关链接 7—4

> **马克思主义的观点**
>
> 现代工业已将家长式的小作坊变成了工业资本主义的大工厂。涌进工厂的劳动大军，像士兵一样被组织起来。作为工业军团的列兵，他们被置于由长官和军士长组成的完美的等级之下。他们不仅是资产阶级和资本主义国家的奴隶，还时刻被机器、监工并最终被有资产的工厂主个人所奴役。这种专制主义越是声称以利润为结果和目的，也就越是可恨与卑鄙，越是令人痛苦。
>
> Marx and Engels（1955：17）

这样就引出了马克思主义研究 IPE 的理论框架。首先，国家并不是自主的；它们受统治阶级利益的驱使，资本主义国家主要受各自国家的资产阶级利益的驱动。这意味着包括战争在内的国家间的争斗，应当被看做不同国家的资产阶级在经济领域的竞争。对马克思主义者来说，阶级冲突比国家之间的冲突要更为根本。其次，作为一种经济制度，资本主义是扩张性的，它对新市场和更大利润的追逐永无止境。由于阶级超越了国界，阶级冲突也就不局限于一国之内。相反，它也随着资本主义的扩张而蔓延到了全世界。这种扩张最初采用了帝国主义和殖民主义的形式，即使殖民地获得独立之后也还在继续，只不过它现在采取的形式是大型跨国公司主导下的经济全球化罢了。在马克思主义者看来，IPE 的历史可以被看成资本主义的全球扩张史。

俄国 1917 年革命的共产主义领袖列宁分析了这一进程。他认为，资本主义扩张在国家之间、行业之间和公司之间总是不平等或者不平衡的。例如，在 18 世纪和 19 世纪的大多数时间里，英国一直领先于德国。结果，英国建立了一个巨大的殖民帝国，而德国则几乎没有什么殖民地。然而，到 20 世纪初期，德国在经济上迅速赶上，英国则开始衰落。列宁因而指出，德国迫切希望根据新的实力对比重新划分势力范围。这种要求必将导致德国和英国之间的战争。列宁认为，在资本主义制度下，这种不对等和冲突将永远存在下去。这就是“发展不平衡规律”（见相关链接 7—5）。

相关链接 7—5

> **列宁和发展不平衡规律**
>
> 在资本主义制度下，不可能有其他可以想象到的划分势力范围的原则……除了在划分时考虑参与者的势力，其总体的经济、金融与军事等实力外。这些参与者在划分势力范围时的实力不会发生相同程度的变化，因为在资本主义制度下，不同的企业、托拉斯、工业部门或国家的发展是不可能平衡的。
>
> 列宁写于 1917 年；转引自 Gilpin（1987：39）。

发展不平衡的见解表明，人们需要对资本主义扩张进行历史分析。马克思主义的分析也必须有对历史的清晰的认识。事件必须总是放在特殊的历史背景下来分析。例如，第一次世界大战前后国家之间经济相互依赖程度很高；今天，在许多国家之间也是如此。但是，为了能够了解正在发生的进程及其对国际关系的意义，我们还需要考察特定历史背景下的相互依赖的本质。第一次世界大战时的相互依赖，经常指独立企业之间的那种并不亲密的进出口关系；而今天的相互依赖指的却是同一个跨国公司的子公司之间统一的产品循环。例如，一辆福特汽车所使用的部件就是由许多不同国家来生产的。这种全球生产网络导致了一种更为紧密的经济一体化形态。不同企业间的那种传统的进出口关系，是无法与之相提并论的。

马克思主义和现实主义观点之间的差别是值得关注的。双方一致认为，国家间存在着永恒的竞争和冲突。但是，现实主义者是透过无政府状态下独立国家的生存来阐释这一观点的。因此，国家间的争斗从国家（即独立的政治单元）在世界舞台上诞生算起，已经存在了好几千年。马克思主义者反对这种观点，认为这太抽象且缺乏历史根据。太抽象是指缺少对实际上维系国家间冲突的社会力量的具体阐述。马克思主义者认为，这些社会力量严格地说就是资本主义的统治阶级及其同盟，他们最终控制和决定着“他们”国家的所作所为。国家之所以成为竞争对手，有时甚至发生冲突，是因为统治阶级为争夺国际主导权与控制权而大肆追逐政治和经济利益的结果（见相关链接 7—6）。

相关链接 7—6

新马克思主义的观点

人们普遍认为，美国和其他发达资本主义国家投入不发达国家的资金多于从它们身上获得的收益。但是，所有可用的数据……都清楚地显示了相反的结果……就七个最大的拉丁美洲国家而言……美国商务部保守的统计数字显示，1950—1961 年间，有 29.62 亿美元流入美国海外的私人账户，其利润和利息汇款额为 68.75 亿美元；考虑到在同样的时间段里美国的公共贷款和它在拉美国家公共设施的维修费用，即便是保守的统计，仍有 20.81 亿美元的净资本流入了美国。

Frank（1971：237-238）

马克思主义者认为，现实主义的观点也没有历史根据。这是因为，它把历史看成不断重复自身的过程，是“同一个鬼东西的不断重复”：国家总是在无政府状态下相互竞争。但是，马克思主义者认为，纵观历史，国家间的冲突有着本质上的差异。资本主义国家之间的冲突——归根结底是资本主义统治阶级之间的冲突——当然与资本主义时代有关。因此，把它与古代和封建主义时期社会力量间的争斗联系起来看，我们就需要对那些先前历史上的国家间竞争和冲突作出完全不同的解释。

现实主义者认为，马克思主义关于国家的观点是简约主义的，即它将国家简化为统治阶级手中的一个简单的工具，没有自身的意愿。国家本身就是强大的行为体，它们拥有健全而有力的制度，控制着暴力工具（军队和警察），并拥有大量的经济资源。仅仅将国家看做他人的工具，是完全错误的。现在，越来越多的马克思主义分析家已经承认了这一点。国家拥有不受统治阶级操控的自主性，但只是一种**相对的**自主性：资本主义国家的基本职能仍是保卫资本主义制度。但是，在这个总框架内，国家不应被简化为他人的简单工具（Carnoy，1984：ch. 4）。

现在的马克思主义思想进一步发展了这一观点。罗伯特·考克斯是一位世界政治学和政治经济学（Robert Cox，1996）领域内的杰出的新马克思主义分析家。他提出了历史结构概念，并将其定义为“一种特殊的力量格局”（Robert Cox，1996：97）。这些历史性结构由三个相互作用的力量范畴组成：物质能力（material capabilities）、观念（ideas）和制度（institutions）。请注意考克斯是怎样偏离传统马克思主义者所强调的唯物主义而得出观念和制度的结论的。下一步，历史结构将在三个不同层次上予以阐释。如图 7—1 所示，这些层次分别被标记为“社会力量”、“国家形态”和“世界秩序”（见网络链接 7.39）。

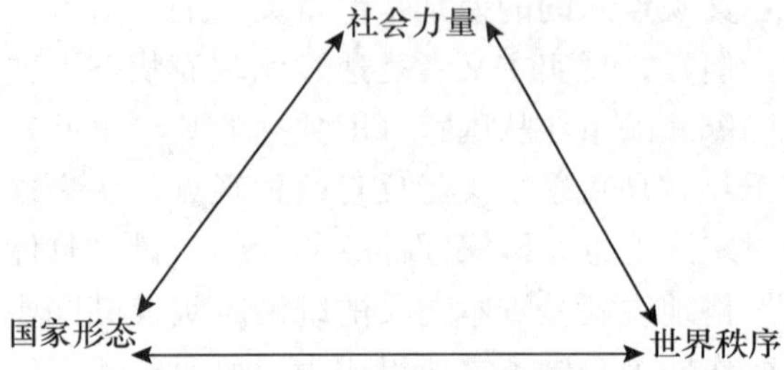

图 7—1　考克斯的分析框架

“社会力量”是资本主义生产过程的简略表达方式。这方面的分析将告诉我们全球范围内资本主义经济发展演变的现状。“国家形态”指国家在与那些促进资本主义发展的社会力量的互动中的转变方式。“世界秩序”指国际关系的现有组织形态，包括大国和国家集团的关系、国际法的状况和国际规制。

总之，考克斯使政治和经济之间的复杂互动理论化并将其详细地区分为社会力量、国家形态和世界秩序之间的相互作用。分析家的任务就是探寻这些关系是如何在现阶段的人类历史中上演的。这里不可能全面展示考克斯对这些问题的分析，但却可以将其论点的要害归纳如下（Robert Cox，1992）。至于资本主义的社会力量，他认为，它们目前已被卷入了一个经济全球化（意即生产的国际化以及由南向北的移民运动）的紧密进程之中。全球化是由市场力量所驱动的，但考克斯却预言：批评全球化的新的社会运动也将日益强劲，并将在那些关心经济全球化的控制与规则的社会力量之间开启一个新的斗争阶段。

至于国家形态，考克斯认为，国与国之间是有差异的，因为各国与全球政治经济的连接方式是不同的。国家为赢得优势而竞争，但它们这样做的前提却是：全球经济的一体化是不可避免的。资本主义国家的主导力量“同意优先考虑全球经济竞争，并排除与此目标不一致的任何权威的介入”（Robert Cox，2002：34）。非领土性权力，对于在全球范围内竞争市场和经济机遇的国家来说，正在变得日益重要。跨国公司和跨国运作的市民社会组织（如非政府组织）的重要性也正在日益增强。

最后，至于世界秩序，考克斯认为，其长远的趋势是当今美国的全球性支配地位将会被取代。下列几种景象都是可能的：一种是“冲突性权力中心”（Robert Cox，1996：114）的国际秩序，这种国际秩序是围绕主导国或国家集团（例如欧洲的欧盟和东亚的中国与日本）而组成的；另一种是“后霸权秩序”（Robert Cox，1993：142），在这种秩序中国家将为互利而赞同和平合作的规则与规范，并为解决可能的冲突而支持一个共同的合作框架。罗伯特·考克斯的框架是新马克思主义分析新近发展的一个范例。我们将在下一章回到他所提出的一些问题。

另一种新近的马克思主义分析来自伊曼纽尔·沃勒斯坦（Immanuel Wallerstein，1974；1979；1983）。他的起点是世界体系分析（world system analysis）的概念。从物质形态上讲，世界体系并不必然包括整个世界；它们是具有特殊的经济和政治结构的统一区域。这个概念将政治和经济捆绑在一起：世界体系以彼此相互依赖的某种政治结构和某种经济结构为特征。在人类历史上，存在过两种基本的世界体系："世界帝国"和"世界经济"。在世界帝国里，例如在罗马帝国，政治和经济的控制权集中于一个大一统的中心。世界经济则恰恰相反：在经济上，单一的劳动分工使世界经济联系在一起；但在政治上，权威却分散于国家体系，即分属于许多政治体。沃勒斯坦所要侧重分析的，就是以资本主义为特征的现代世界经济（见网络链接7.37）。

资本主义世界经济体系建立于"漫长的16世纪"（1450—1640年）。它发轫于遍布欧洲的国际劳动分工，但很快就蔓延到西半球，后来更扩展到了世界其他的区域。在劳动分工中，专业化过程出现了，它起初是以某种偶然的形式出现的。不过，也有好些理由表明，当时的欧洲西北部在农业多样化以及农业与先进的纺织业和造船业的联系上确实处于更为优越的地位。这样一来，资本主义世界经济体系就建立在了一个有着核心区、外围区和半外围区的等级结构之上。核心区包含着先进且复杂的经济活动（成规模的市场工业和复杂精细的农业）。此外，这些经济活动都处于当地资产阶级的控制之下。外围区处于等级结构的底层，那里主要生产谷物、木材、糖等原材料，并经常雇用奴隶进行强制劳动，就是少得可怜的工业活动也大都掌控在来自核心区国家的资本家的手中。半外围区在经济上是混合的，那里的国家处于上层核心区国家和下层外围区国家之间的中间地带。

资本主义世界经济体系的一个基本运作机制就是不平等交换。经济剩余由外围区转移到核心区。利润从外围区低工资、低利润的生产者手中转移到核心区高收入、高利润的生产者手中。由于在核心区出现了强大的国家机器而外围区的国家机器十分弱小，所以这种转移愈演愈烈。强国有能力强迫弱国进行不平等交换，因而资本主义"不仅包括业主对劳动的剩余价值的占有，还包括核心区对整个世界经济体系剩余价值的占有。这种情况既适用于农业资本主义阶段，也适用于工业资本主义阶段"（Immanuel Wallerstein，1979：18）。

在不平等交换过程中，体系中会出现紧张状态。在这方面，半外围区发挥着重要的作用。它的存在是一种政治稳定因素，因为核心区国家将不会直接面对团结一致的反对力量，因而半外围区扮演了缓冲器或减震器的角色。同时，整个世界经济体系并不是完全静态的。在体系中的任何单一区域，都有可能发生从外围到半外围、从半外围到核心的角色转换，反之亦然。而且，核心区和外围区各自的经济活动所涉及的商品种类也受动态变化的影响。技术进步意味着什么是"先进的经济活动"的具体内容会经常发生变化。它曾一度是纺织业，后来是机器大工业。如今，它已变为与金融和其他服务有关的信息与生物技术产业。但沃勒斯坦强调指出，资本主义体系并没有改变：它仍是一个以不平等交换为特色的核心、半外围和外围等级结构。

沃勒斯坦将冷战的结束和苏联集团的解体视为资本主义世界经济体系发展的结果。然而，他的长远期盼却仍然是资本主义体系的终结，因为这个体系的内在矛盾正在全世界范围内释放。成功，而非失败，是全球资本主义的真正威胁。当扩张不再可能时，对更大利益的无休无止的贪求将使世界资本主义经济陷入新的危机，并最终促成它的变革。

沃勒斯坦对资本主义世界体系的分析同沃尔兹对国际体系的新现实主义分析有相似之处。两者都关注整个体系，而非其中的单个组成部分或单个国家；发生在国家身上的事件同国家在体系中的地位密切相关。两者都将这个体系视为强国位于顶层、弱国位于底层的等级结构。但在这方面，两者出现了分歧：沃尔兹的关注点集中在无政府状态下的相对政治军事权力；沃勒斯坦首先也是最重要的关注点却集中在与政治权力紧密相关的经济实力和经济潜力上。沃勒斯坦分析了 16 世纪以来资本主义的历史发展，将经济置于首要地位，政治次之。沃尔兹分析了 20 世纪的国际均势，将权力政治置于首要地位，经济次之。我们鼓励读者思考每种理论的优劣之处。

很显然，沃勒斯坦和考克斯的论述给马克思主义分析增添了很多细微的差别。然而，在这一章，我们需要关注的却是，马克思主义理路同自由主义和重商主义相比较的主要突破。马克思主义的基本观点可概括如下：经济是社会阶级之间、尤其是资产阶级和无产阶级之间剥削与不平等的根源所在。政治在很大程度上由社会经济环境决定。经济上居于主导地位的阶级，同时也在政治上处于支配地位。这就意味着在资本主义经济体系中，资产阶级是统治阶级。全球资本主义的发展是不平衡的，并必然会在国家之间和社会阶级之间造成危机与冲突（见表 7—3）。因此，马克思主义 IPE 关注全球资本主义扩张史、遍布全世界的阶级之间和国家之间的斗争，以及这个世界的革命性变革将会如何发生。

表 7—3 **马克思主义概要**

政治和经济之间的关系：	经济决定政治
主要角色/分析单元：	阶级
经济关系的本质：	冲突性的，零和游戏
经济目标：	阶级利益

结 论

在对这一章作全面概括时，通过合并表 7—1、表 7—2 和表 7—3 的信息来总结这三种经典理论是十分有益的。表 7—4 包含了所有这方面的信息。

在下一章，我们将要介绍主流 IPE 理论所引发的重要争鸣，以进一步认清当前 IPE 正在讨论的问题和议题。

表 7—4 **IPE 的三大理论**

	重商主义	经济自由主义	马克思主义
政治和经济的关系	政治决定经济	经济自主	经济决定政治
主要行为体/分析单元	国家	个人	阶级
经济关系的性质	冲突性的，零和游戏	合作性的，正和游戏	冲突性的，零和游戏
经济目标	国家权力	最大化的个人与社会福利	阶级利益

关键点

● 政治和经济之间、国家和市场之间的关系是国际政治经济学（IPE）的主题。IPE 有三种主要理论：重商主义、经济自由主义和马克思主义。

● 重商主义断定经济从属于政治，认为应当把经济活动放在增加国家权力的大背景下来考虑：国家利益高于市场。财富和权力是相辅相成的，并不是不可兼得的目标，但对他国过度的经济依赖却应当避免。当经济利益和安全利益发生碰撞时，应该优先考虑安全利益。

● 经济自由主义主张市场经济是社会中的一个自治领域，它根据自身的经济法则来运行。经济交换是正和游戏，市场将使个人、家庭和公司的利益最大化。经济是国家间以及个人之间的一个互利性的合作领域。

● 在马克思主义理路中，经济是社会阶级之间、尤其是资产阶级和无产阶级之间的剥削与不平等的一个所在。政治在很大程度上是由社会经济内容所决定的。经济上居于支配地位的阶级在政治上也居于支配地位。IPE 关注全球资本主义的扩张史以及这一过程所引发的阶级之间与国家之间的斗争。资本主义的发展是不平衡的，并必将导致国家之间和社会阶级之间的新危机与新冲突。

练习题

● 什么是 IPE？它为什么重要？

● 阐述 IPE 的三种主要理论——重商主义、经济自由主义和马克思主义——的核心观点。如有必要，请指出：哪一种理论更好一些？为什么？

● 重商主义说，政治控制经济。马克思主义说，经济是包括政治在内的其他任何事物的基础。我们应该怎么来处理好这场争论？

● 经济自由主义者主张经济交换是正和游戏，而在马克思主义的理路中经济领域却是剥削和不平等之所在。谁才是正确的呢？

● 安全利益是否真像重商主义者所声称的那样总是凌驾于经济问题之上？

● 比较沃尔兹和沃勒斯坦。谁的理论更好一些呢？

阅读指南

Cox, R. W. (1987). *Production, Power and World Order: Social Forces in the Making of History*. New York: Columbia University Press.

Cox, R. W., with Schechter, M. G. (2002). *The Political Economy of a Plural*

World: *Critical Reflections on Power*, *Morals*, *and Civilization*. London: Routledge.

Gilpin, R. (2001). *Global Political Economy*. *Understanding the International Economic Order*. Princeton, NJ: Princeton University Press.

Polanyi, K. (1957). *The Great Transformation*: *The Political and Economic Origins of Our Time*. New York: Farrar Rinehart.

Schwartz, H. (2000). *States versus Markets*: *The Emergence of a Global Economy*, 2nd edn. London: Macmillan.

Strange, S. (1988). *States and Markets*: *An Introduction to International Political Economy*. London: Pinter.

Wallerstein, I. (2004). *World-Systems Analysis*: *An Introduction*. Durham: Duke University Press.

网络链接

读者可在与本书配套的在线资源中心找到本章提到过的网络链接和附加链接。
www.oxfordtextbooks.co.uk/orc/jackson_sorensen4e/

第八章

国际政治经济学：当代的论争

概　述

本章介绍了国际政治经济学三个重要的学理争议，它们是：(1) 政治和经济之间的确切关系；(2) 第三世界的发展与欠发展；(3) 经济全球化的性质和程度。本章的最后一部分介绍了国际政治经济学理论的新发展。我们还特别注意到目前许多国家对贫富问题的重视程度正日益增强。因此，国际政治经济学的研究议程也变得越来越重要。

政治与经济的关系：关于美国霸权稳定问题的争论

关于需要一个强大的国家来缔造一个平稳运行的自由国际经济体系的问题，源于重商主义的最重要的争论。就缔造一个自由的世界市场经济体系并使之充分发展而言，一个霸权国家——一个拥有军事和经济支配地位的大国——对于一个自由的世界市场经济的创建和充分发展极为重要，因为如果没有这样一个大国，自由贸易的规则就无法在世界范围内施行。这就是对霸权稳定论最简单的解读。霸权稳定论得益于重商主义者关于政治主导经济的思考（见网络链接 8.01 和 8.02）。但霸权稳定论（hegemonic stability theory）也并非完全源自重商主义，其中也包含着自由主义要素：霸权国家不仅仅是为了自身的利益而操纵国际经济关系；它在自由贸易的基础上建立了一个开放的世界经济体系，这一体系使得所有加入其中的国家都受益，受益的并非只有霸权国家自身。我们这里介绍的这个理论观点最早是由查尔斯·金德尔伯格（Charles Kindleberger，1973）提出的，并被罗伯特·吉尔平（Robert Gilpin，1987）所发展（见网络链接 8.36）。

为什么霸权稳定论如此重要？因为如果这个理论成立，我们就不得不指望国际市场依赖一个自由主义的霸权国家的存在。如果没有这样一个霸权，开放的世界经济体系将变得非常难以维系，同时还存在着经济关系恶化的风险，经济关系可能演变为国家主义、利己主义、保护主义的竞赛。正如 20 世纪 30 年代世界经济危机时所发生的那样，国家将纷纷追求“挤垮邻国”的国策。当时，美国已经是最大的经济实体，但美国并不打算担负起建立并维持一种自由世界经济秩序的霸权责任。仅仅是在第二次世界大战结束后，美国的孤立主义宣告终结时，美国才表现出这一意愿。

战争将美国提升到了一个几乎没有对手的世界领导地位。美国的大多数政治家认识到，美国必须肩负起在战后建立一个自由世界市场经济体系的责任。当时的欧洲和日本是一片废墟，英国也已经精疲力竭，战后没有哪个大国能够胜任这个全球资本主义者的角色。简而言之，为了使一个自由经济的世界秩序成为现实，仅具有支配性大国的能力是不够的，还必须有承担这一任务的意愿。最后，自由秩序一旦建立，还必须致力于维系它的存在：无论是世界经济处于良好的发展时期，还是在遭遇不景气而使得参与国可能被迫渔利于邻国的糟糕时节，都必须支持它。

一个霸权为胜任它的角色所需的权力来源有哪些种类呢？这个问题不好回答，因为它包括了权力的可转换性这个复杂的问题。权力来源通过转换可以在不同的重点领域发挥作用。例如，军事力量并非只在战场上有用，它也可以在外交政策的其他领域发挥影响力。美国就使用其军事力量为处于苏联威胁之下的西欧国家提供安全保证。这一状况使得美国在欧洲的其他领域获得了影响力，如在贸易政策领域。提供军事安全为其在经济领域发挥影响力铺平了道路。在国际关系学界关于这些问题的争论中，就有人声称军事力量的可转换性正在减弱（Nye，1990）。我们不在这里继续就此进行争论。我们有充足的理由说明，一个支配性大国需要许多不同的权力来源来胜任霸权这一角色。在基欧汉（Robert Keohane，1984：32）看来，除了军事力量之外，霸权国家还需要控制以下四类世界经济资源：原材料、资本、市场和霸权国家在生产可获高额价值的物品中的竞争优势。

为什么创造并维持一个自由世界经济体系需要一个霸权的存在呢？难道我们不能期望那些小一点儿和弱一点儿的强国对一个能给所有国家带来好处的自由世界经济体系保有同样的兴趣吗？它们为什么不愿意通过合作来维系这样一种经济体系？对于处于支配地位的大国而言，这样做的好处何在呢？根据霸权稳定论，对这样一个霸权的需要是与这样一个霸权所提供物品的性质相关联的。自由世界经济被称为公共物品或集体物品，也就是一种一旦提供就会给所有人带来好处的物品或服务。公共物品（public goods）具有非排他性的特征，不能排除其他人对它的享用。我们所呼吸的空气就是这种物品的一个例证，灯塔是公共物品的另一个例子，道路或人行道也一样。① 自由世界经济之要素，诸如为方便国际支付而建立的货币体系或在自由市场进行贸易的可能性，都是公共物品的例证。它们一旦被建立起来，就会使所有人受益。

公共物品的问题在于其供给不足与经济学家所称之“免费搭车”，即可以使用这些物品而又无须付费。既然公共物品一经提供就可以免费使用，那么为什么还会有人首先承担费用来提供这样的物品呢？已有的公共物品会诱发免费搭车现象，而霸权就是在这里被请进来的：人们需要这样一个支配性大国来提供那些物品，并处理（比如对其实施惩处）免费搭车者造成的问题。为什么霸权国家愿意这样做呢？因为它在该体系中具有巨大的利害关系。

历史上有两个自由主义霸权的重要案例：19 世纪晚期与 20 世纪早期的大英帝国和第二次世界大战后的美国（见网络链接 8.05）。英国作为一个全球性贸易强国和帝国主义国家，对于在自由贸易的基础上维持一个开放的世界经济体系有着极大的兴趣。英国在 20 世纪早期由于其他国家，特别是德国和美国的挑战与超越而失去了霸权地位。第二次世界大战以后，在确立变革了的自由世界经济的新体系的过程中，美国发挥了领导作用：国际货币基金组织（IMF）、世界银行、关税与贸易总协定（GATT，现在已经被世界贸易组织 WTO 所取代），以及经济合作与发展组织（OECD）。这一体系被称为布雷顿森林体系，得名于 1944 年这些协议的签署地——一个美国的小镇。

很显然，在美国控制之下重建以新制度为基础的自由世界经济体系符合美国自身的利益。作为世界上支配性的工业大国，一个开放的世界经济体系能够给美国带来巨大的利益，因为它使得美国可以更好地获准进入国外市场。在与苏联进行冷战的背景之下，帮助西欧和日本进行重建对于美国的安全也十分重要。美国不希望出现一个不稳定、易受苏联影响的世界，因为那将给美国的政治和经济利益带来威胁。然而，可以认为，美国的努力也包含了利他主义的成分。譬如，马歇尔计划使战后重建起步。美国同时还接受了来自其盟友的不平等待遇。日本就被允许对其国内市场进行一定限度的管控，西欧国家被允许继续对它们的农业进行补贴和推行保护主义政策。

20 世纪 50 年代末 60 年代初，西欧和日本的经济被重建了起来。巨大的美国经济领先优势正在消退，日本和西欧在经济上正迎头赶上。在美国的收支平衡中，赤字不断增长。到了 70 年代，美国在战后第一次出现了贸易赤字。美国的政策开始更多地以国家利益为导向。与 1945 年之后维系自由世界经济体系的做法相反，美国采用了贸易保护主义的方法来支持它自己的经济。美国开始表现得像是一个“霸权掠夺者”（Jonn Conybeare 转引自 Robert Gilpin，1987）。换句话说，美国变得越来越关心其自身的国家利益，开始无视其作为一个开放的世界经济体系的保护者所具有的身

① 然而，我们知道：一些道路除非你支付通行费，否则是禁行的。尽管如此，许多公路仍是公共物品。为了进一步探讨这些区分的难点，可参见诸如哈丁的作品（Hardin，1982）。

份，甚或开始利用它的实力、地位谋一己之私。这是一个新的时代，表现出“日益增长的贸易保护主义、财政金融不稳定和经济危机”（Robert Gilpin，1987：351）的特征。然而，伴随着美国的相对衰落，再也没有出现一个能够维系自由世界经济体系、明显居于支配地位的大国。图8—1以美国为例，对霸权稳定论进行了概述。

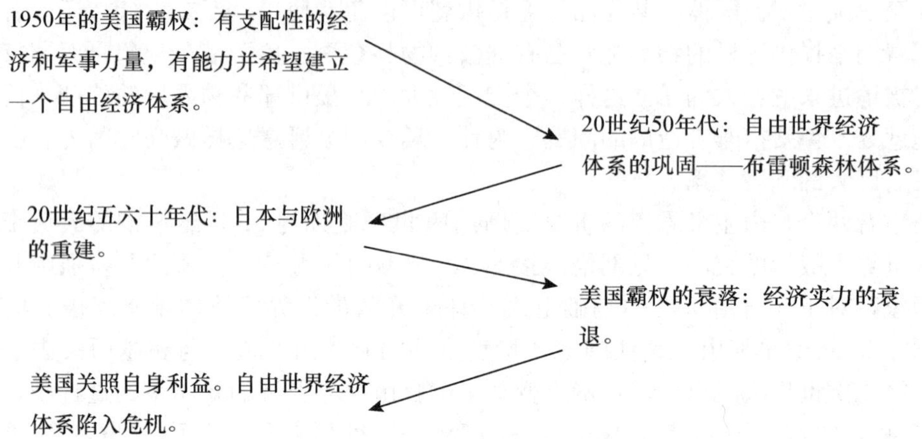

图8—1　美国霸权的历程

表8—1概述的理由在国际政治经济学中引发了诸多争议。有些观察家接受了这样一种共识，即建立一个自由世界经济体系需要一个霸权国家。但是，他们质疑有关美国经济实力已出现实质性衰落的观点（Strange，1987；Russett，1985；Nye，1990）。他们提出了两个论点：第一，美国在传统的可转换的权力资源（军事，经济，技术，领土）方面仍然非常强大。在经济和技术领域美国的确相对衰落了，但这是不可避免的，因为鉴于当时的西欧和日本需要重建，美国在1950年的强大可以说是不正常的。美国在高技术创新和竞争力方面仍然继续引领着世界（见表8—1）。第二，对于美国地位的计算方法的不同导致了结果的不同。苏姗·斯特兰奇（Susan Strange）认为，仅仅关注美国本土经济是一种误导。“最重要的是世界总产量中的份额——初级产品、矿产和食物、加工过的商品和服务——这些都处于美国公司的决策指导之下”（Strange，1987：5）。由于美国在海外的巨额投资，这一份额确保了美国的领先地位。此外，资料还显示美国在最先进的、信息密集型工业中拥有超强的地位，而从经济实力的角度来看，此类工业比工业生产能力更为重要。最后，美国在非物质性权力资源方面依然强大，比如吸引全球的“流行文化”，也就是电影、电视、互联网等。美国的生活方式对世界上许多国家的人有吸引力。符合美国意识形态的自由主义价值也渗透在许多国际规制之中，如国际货币基金组织和世界贸易组织。这些使美国具有了相当的“软实力”（soft power）或“同化力”（co-optive power）：也就是说，美国有能力“构筑一种情势，使其他国家在形成偏好或者界定自身利益时采取与美国相一致的方式”（Nye，1990：191）。

表 8—1　　主要国家和地区的权力资源

权力来源	美国	俄罗斯	欧洲	日本	中国
有形实力					
基础资源	强	强	强	中等	强
军事实力	强	中等	中等	弱	中等
经济实力	强	中等	强	强	中等
科学/技术	强	弱	强	强	弱
无形实力					
国家凝聚力	强	中等	弱	强	强
文化影响力	强	中等	强	中等	中等
国际制度	强	中等	强	中等	中等

改编自 Nye（1990：174）。

如果我们接受这些论点，我们就将得出美国仍然处于霸权位置的结论（见网络链接 8.09 和 8.10）。但为什么现在的自由世界经济体系呈现出危机呢？苏姗·斯特兰奇曾声称美国“根据很值得怀疑的智慧”作出了一系列的“管理决定并在很大程度上导致了经济和金融的混乱”（Strange，1988：12）。换句话说，权力并非问题所在；问题在于美国应有条有理地筹划，并承担起维持自由世界经济体系的责任（类似的推论，见 Nye，1990）。最近，这样的批评同样将矛头指向了乔治·W. 布什的共和党政府：美国在世界上依然具有至高无上的权力，但却未能发挥作为一个贤明的领导者的作用。相反，美国的政策变得更加狭隘地专注于满足国内利益集团的需求（见网络链接 8.08）。2008 年的金融危机首先爆发于美国。房贷部门和主要金融机构的经济泡沫破灭，华尔街五大券商中的三家倒闭。美国政府被指责过于关注国内高水平经济活动的维持，而太不在意对过度的金融投机的健全监管（Wade，2008）。

国际政治经济学争议的另外一个问题则是关于首先需要一个霸权国家来运行自由世界经济体系的问题。罗伯特·基欧汉认为，霸权有助于在财政、贸易和石油等领域建立起国际合作。然而，当美国的权力衰落时，国际合作并未如霸权稳定论所预料的那样随之崩溃。基欧汉的结论是：在合作建立之初，霸权国家发挥着重要的作用。但是，一旦所需的国际制度建立了起来，它们便具备了自我维持的功能，能够自我运作，甚至在霸权衰落的情况下还能促进进一步的合作。换句话说，我们应该“认识到国际规制在确保那些拥有共同利益的国家之间进行合作方面的持续性作用”（Robert Keohane，1984：216）。

然而，另外一个反对霸权稳定论的观点则指出它过于片面地强调领导国家即霸权的作用，而对其他小一些的强国在建立自由世界经济体系过程中所发挥的积极作用不予重视。该观点认为，即使是最强大的霸权，仅仅依靠自己的力量，其作为也是有限的。这需要其他国家的合作努力。霸权稳定论倾向于将其他国家视为自私自利的免费搭车者，事实上，它们通过协助建立自由国际规制从而为建立自由世界经济体系贡献良多。此外，美国霸权往往并没有像霸权稳定论试图让我们相信的那么利他。在冷战期间，美国至关重要的安全利益就是将西欧和日本纳入自由主义阵营。美国所建立的自由经济秩序并非完全是为了提供公共物品，而是为了最好地满足美国自身的利益需要（有关这方面的论点可参见诸如 Gadzey，1994）。当然，这并不否认西欧在冷战期间是美国安全保证下的主要受益人。

最后，马克思主义者承认霸权的重要性，但把它与经济增长的长周期相联系。对于马克思主义者来说，美国霸权是战后资本主义扩张的一个特殊阶段。这一阶段在 1970 年前后走到了尽头，因为维持长久发展的先决条件——特别是西欧和日本的廉价而又熟练的劳动力——不复存在。日本和西欧在经济上迎头赶上（Immanuel Wallerstein，1984；Samir Amin，1975）。美国的生产者因此在不断发展和强劲的国际竞争中被挤压。罗伯特·考克斯承认，美国经济上的衰落给一个稳定的世界秩序带来了麻烦。但是，他追随意大利马克思主义者安东尼奥·葛兰西（Antonio Gramsci），也强调霸权的意识形态维度（见网络连接 8.03 和 8.04）。一个稳定的霸权秩序是建立在一套共享的价值和默契基础之上的，而这些价值和默契则来自“主导国家的统治阶层的行为和思想方式”（Robert Cox，1996：517）。换句话说，美国的霸权基础并不仅仅在于其物质权力，也在于其价值，即在于一个对其他国家来说有吸引力并使它们想要效法的社会样板。

马克思主义者还指出了美国霸权与生俱来的不公平性和等级制度。美国领导之下的自由世界经济体系从来就不是真正全球性的。第三世界处于边缘化的地位，苏联阵营也没有加入。许多马克思主义者把美国霸权看做美国资产阶级和其他发达的西方国家控制弱小国家的工具，这一行为使西方在经济上和政治上受益（例见 Frank，1980）。由此可见，自由世界经济体系只是西方资产阶级精英们为了自身利益在全世界实施经济和政治控制的托词。今天，大多数学者都会同意美国是世界上的头号强国。尽管有一些人认为我们生活在以美国为首的帝国时代，但另一些人却认为美国的实力相当脆弱和不稳定（Hardt and Negri，2000；Mann，2003；Boggs，2005；Münkler，2005）。

从这场关于政治与经济的关系的大辩论中我们能学到什么呢？第一，尽管重商主义正确地指出了经济活动需要一个政治框架作为基础，但这并不意味着只存在政治控制经济这一单向的联系。经济领域具有自身的原动力，国家间经济发展的不平衡性使政治权力的基础出现了新的组合。政治逻辑和经济逻辑同时存在并相互影响，但经济并非完全被政治控制；反之亦然。图 8—2 总结了二者的关系。

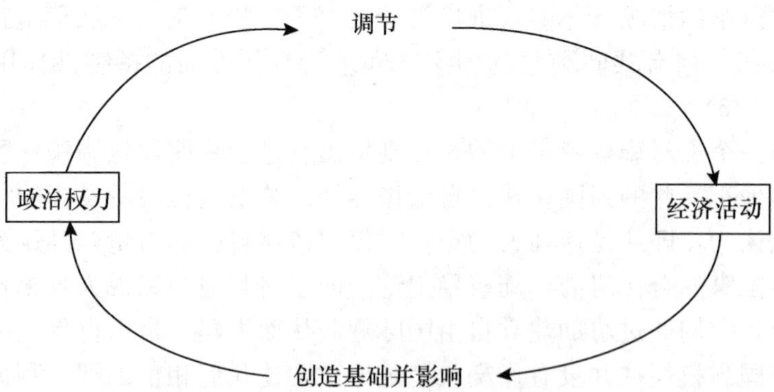

表 8—2　政治与经济

第二，美国的相对衰落并不意味着自由世界经济体系的崩溃。很难说20世纪末期是一个充斥着严重的国际经济危机的阶段，至少从曾经经历过更加严重的危机的西方工业化国家的角度来看如此。2008—2009年的金融危机是否将导致更长时间的全球经济低迷，这仍是一个悬而未决的问题。现有的规则看来依赖美国、西欧和日本之间的合作努力。假如这些合作出现严重破裂，我们或许可以指望会出现一个更加区域化的世界，不过这一可能性并不大。无论如何，很显然，现行的新自由主义规制需要进行修改，以便创造更为经济的稳定。最后，领导国家的政策在某种意义上可以被认为是利他的，它们会担负其他国家不能担负的国际责任，但其中始终会存在自利这一重要因素。霸权既有仁慈的一面，也有有害的一面。哪一面占据主导地位，是无法事先预知的，必须基于每一个具体事件来分析（见网站链接8.12）。

总之，我们不能说政治完全控制着经济，而这正是重商主义者试图让我们相信的；但是，政治规则为经济活动构建了一个框架。同样，也不像许多马克思主义者所说的那样：经济决定着政治。但经济活力作用并影响着政治权力。自由主义者宣称，市场经济是社会领域中一个相对独立的领域，这完全是误导。事实是，一旦市场经济在政治规则作用下创建起来之后，它本身确有其原动力。表8—2揭示了政治和经济之间的复杂关系。

表8—2　　IPE理论中的政治和经济

	正确主张	错误主张
重商主义	政治制度为经济活动构建框架	政治控制经济
马克思主义	经济作用并影响着政治	经济决定政治
自由主义	市场具有自己的经济原动力	市场是社会上的一个自主的领域

自由主义、马克思主义和重商主义各自揭示了政治—经济关系中的一个重要方面。它们也显现出了明显的不足之处：它们不能被孤立地理解。在研究政治和经济的复杂关系时，我们需要每种理论元素。

第三世界的发展与欠发展

马克思主义引发的一个最重要的争议是关于第三世界的发展和欠发展。马克思主义国际政治经济学关注亚洲、非洲和拉丁美洲发展中国家的发展与欠发展问题。马克思主义的观点是对经济自由主义的观点的一种反应，因而我们最好是从自由主义的发展观入手。

然而，事先对发展问题本身发表一些评论或许是有用的。20世纪50年代以前，第三世界的发展问题几乎从未被提及。当它们被提及时，也是从殖民地发展的角度来看的，因为大多数第三世界国家都是欧洲国家的殖民地。殖民地的发展问题是一个帝国的问题而非一个严格的国际问题。始于50年代的非殖民地化标志着发展研究被纳入一个更大的国际范畴之中。非洲和亚洲许多“新生”国家成为联合国的成员国，并大声疾呼需要关注发展问题。东西方冷战对抗则意味着每一方都乐于与发展中国家培植一种紧密的关系来削弱对手。

在西方，经济自由主义者成为发展研究的急先锋。他们作出的诸多贡献被贴上“现代化理论”（modernization theory）的标签。他们的基本观点是第三世界国家应该采取西方发达国家早先采取过的相同的发展路线：由传统的、前工业化的农业社会发展成为现代的、工业化的、大众消费的社会。发展意味着克服前工业的生产、落后的制度和狭隘的价值体系，这些阻碍着经济增长和现代化进程。很多经济自由主义者都注意到第三世界国家的两重性，也就是说，传统部分依然扎根于郊区和农村，而新兴的现代化地区则集中在城市里。这两个部分彼此相对孤立地存在着，唯一一个重要的联系就是传统地区作为现代化地区的劳动力来源而存在。这种发展原动力从现代化地区向传统地区扩散，成为促进经济发展的一个核心问题（Lewis，1970）。

经济自由主义者或现代化理论家——正如在有关发展问题的辩论中所称谓的——的理论努力关注的是全方位阻碍和促进现代化进程的所有因素。经济自由主义者强调需要一个开放的经济体系，排除政治干预，以便为促进经济持续增长和发展而帮助进行大量的投资（Lal，1983）。W. W. 罗斯托（Rostow，1960；1978）提出的著名的现代化理论特别强调了“起飞”——首要的是推动传统向现代发展，其特征就是向现代化地区投资的显著增长，这一投资至少要占到国民生产总值的10%（见网络链接8.13）。另外一个极其重要的因素是关于第三世界国家与世界市场的关系。与发达国家保持紧密的市场关系看起来对第三世界的经济发展具有积极的影响。对外贸易被看做扩大市场和促进现代化地区进一步发展的通途。跨国公司（TNCs）的对外直接投资，给第三世界带去了急需的现代技术和生产技能。经济自由主义理论可以概括为图8—3中所示的内容。

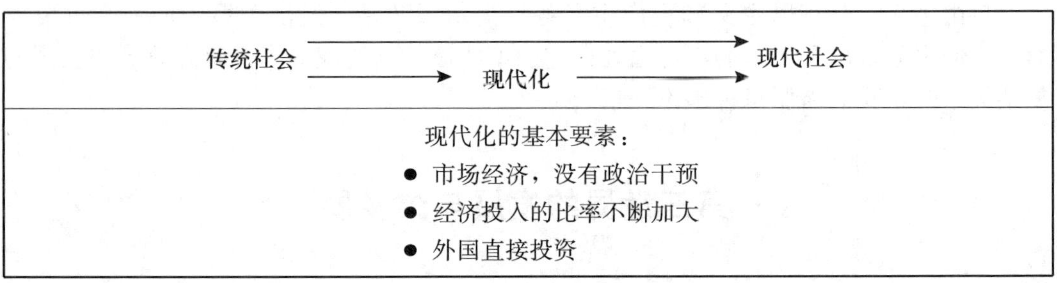

图8—3　自由主义的经济发展理论

自由主义对于发展的理解在20世纪六七十年代饱受批评。这部分是因为当时的第三世界国家发展缓慢，而当时发达国家的经济增长率达到了战后几十年里前所未有的高度。许多第三世界国家在经济发展起步上遇到了困难，它们的经济没有能够“起飞”，这自然导致了它们对现代化理论日益增长的不满（见网络链接8.14）。

对经济自由主义者最为激烈的批评来自新马克思主义的欠发展理论，也被称为依附理论（dependency theory）。它使用了经典马克思主义的分析方法。但是，它在一个根本方面与经典马克思主义有所不同。与马克思不同，依附理论家并不希望资本主义以同样的方式在第三世界扎根并发展，就如同资本主义首先在西欧和北美发展那样。他们的理论与苏联的马克思主义也不相同。依附论学者不支持苏联式的、中央化的高度集权体制，相反，他们赞同权力分散化和民主化的社会主义模式。然而，他们的主要目的并非是在资本主义或者经济自由主义发展模式之外另寻一种公式化的发展模式。恰当地说，依附理论是在批评资本主义的发展导致第三世界依附模式的产生（这方面的概述参见 Kay，1989；Hettne，1995）。总之，依附理论是对资本主义晚期的一种抨击，它试图给第三世界国家提供保卫自己的理论工具，以反对全球资本主义。

此前我们已经注意到，对于经济自由主义者来说，“传统社会”意指所有那些开启它们的发展进程和现代化进程的国家。依附理论反对这种看法。对于依附理论来说，不是传统而是欠发展是其理论的起点。欠发展不是所有国家都曾经具有的特征，它是一个使第三世界国家屈从于全球资本主义体系框架的进程：它们的欠发展是西方得以发达的蓄意而为的副产品。欠发展是一个过程，通过它资本主义的力量得以膨胀并使第三世界处于孱弱与贫困的境地。第三世界的早期社会形态可能是不发达的，但欠发展状态仅当全球资本主义到来后才出现。也就是说，全球资本主义是一个既促成发达和富裕（在工业化国家）又导致不发达和贫穷（在第三世界）的单一进程。

在这种不利的全球背景下，第三世界如何才能够实现自身的发展呢？激进的依附理论学者如安德烈·贡德·弗兰克（Andre Gunder Frank，1969；1977）和萨米尔·阿明（Samir Amin，1976；1990）毫不犹豫地认为，第三世界国家应该切断，或者至少是严格限制它们同资本主义世界市场的联系。通过自力更生与相互合作，那种不受资本主义世界市场剥削的真正的经济发展才有可能。温和的依附理论学者，如费尔南多·恩里克·卡多佐（Fernando Henrique Cardoso）（Cardoso and Faletto，1979），较少如此严厉地批评资本主义世界市场。他们认为，即使对外依附于西方资本主义，第三世界的某些发展仍然是可能的。我们可以将激进派依附论观点总结在相关链接 8—1 中（参见 Evers and Wogau，1973）。

相关链接 8—1

关于欠发展的依附理论

1. 欠发展是由于穷国的外部因素造成的。第三世界国家被来自西方发达国家的外部利益所控制。
2. 欠发展并非是所有国家都要经历的“传统社会”的一个发展阶段。发展和欠发展都是全球资本主义单一发展过程的结果。
3. 欠发展应归结于外部势力，主要是外部经济势力；这些势力导致第三世界国家内部社会结构的缺陷和扭曲。
4. 要克服欠发展，就需要摆脱外部控制。

激进的依附理论在 20 世纪 70 年代受到攻击并逐渐衰落（见网络链接 8.21 和 8.22）。许多东亚国家和地区，最引人注目的是“亚洲四小龙”（韩国、中国台湾、新加坡和中国香港），在世界市场一体化进程中出现了经济的飞速发展。这对依附理论的预言——经济停滞和苦难——是一个打击，并似乎支持了自由主义者的现代化理论。此外，依附理论在其所作的分析中严重贬低了国内因素，比如国家的角色和国内社会力量。某种程度上，第七章中沃勒斯坦早先提出的世界体系论对这些批判给出了回答。沃勒斯坦从依附理论关于不平等交换和边缘地带欠发展的视角出发，提出了自己的思想主张。但是，在他看来，某些国家和地区，如“亚洲四小龙”，或许可以远远地走在前面，其他国家则径直朝相反的方向运动，而且总体的、等级性的和不平等的交换仍将是资本主义世界经济体系的特征。此外，沃勒斯坦可能会抗议把他的理论打上经济分析的标签，他认为经济和政治是以辩证互动的方式相互作用的。

无论如何，对发展问题进行思考的经济自由主义观点在 20 世纪 80 年代得到了强有力的复兴。美国的罗纳德·里根政府和英国的玛格丽特·撒切尔政府都采用了自由主义的政策，强调自由市场力量的作用，弱化国家行政和规范的作用。第三世界国家则被鼓励追求类似的政策（Toye，1987）。

然而，20 世纪 80 年代末 90 年代初也出现了向重商主义思想的回归。与经济自由主义者和依附理论家的观点相比，重商主义并未能就第三世界的发展问题提出自己的简明扼要的观点。但是，在发展问题上，存在着广泛多样的重商主义传统，这些传统近年来获得了新的力量。重商主义的发展观在经济自由主义和依附论观点之间找到了一个平衡点。尽管经济自由主义者强调世界市场一体化以促进发展，而依附论者强调为确保经济发展又必须断绝与世界市场的关系，重商主义者则提供了一条中间道路。早在 20 世纪 50 年代，劳尔·普雷维什（Raul Prebisch，1950）和纲纳·缪达尔（Gunnar Myrdal，1957）就曾经反对将自由贸易建立在相对优势之上。根据相对优势理论，自由主义所论说的经济利益会自然在南方得到积累的情形并未实现。从根本上说，这主要是因为南方传统出口的贸易条件的长期恶化。[①] 换言之，那些出口的商品在世界市场上已经大幅度失去了它们原有的价值，而工业进口产品和正在增长的高技术进口产品却仍保持原有价格甚至更高。因此，在南方必须积极促进工业化，尽管在初始阶段这类工业的相对成本或许是很高的。如果要批判自由主义者的相对优势论，依附理论关于断绝与世界市场关系的观点同样也应遭受批判。赫特纳（Hettne，1995）仔细研究了 20 世纪 70 年代的四则“断开试验”的案例，分别是坦桑尼亚、加纳、牙买加和尼加拉瓜，结果发现四国无一不以失败告终，而这要归结于外部的扰动和内部的抵制，完全不切实际的国家经济计划和政策也是原因之一（见相关链接 8—2）。

相关链接 8—2

撒哈拉以南非洲地区的发展或者欠发展？	
进步	缺失
健康	
• 1960—2003 年间人的预期寿命从 40 岁增加到 47 岁。 • 在过去 10 年里，能获得健康用水的人口比例几乎翻了一倍（从 25%到 43%）。	• 平均每 18 000 人才能拥有 1 名医生，相比之下，发展中国家总的来说每 6 000 人拥有 1 名医生，而工业化国家则是每 390 人拥有 1 名医生。 • 超过 1 000 万人感染艾滋病，占全世界所有患者的 2/3。

① “贸易条件”一词是指出口价同进口价之比。当第三世界国家原材料出口收益下降并因而不得不为进口工业产品付出更多时，它们的贸易条件就恶化了。

续前表

进步	缺失
教育	
● 在过去的20年里，成年人的识字水平翻了不止一番，从27%增长到55%。 ● 只有将近一半的入学者能够从1年级读到5年级。	● 1960—1991年间，小学的净入学率从25%增加到50%，初中的净入学率从13%增加到了38%。 ● 超过8 000万的男孩和女孩仍然无法上小学和中学。
收入与贫穷	
● 1975—2003年之间，博茨瓦纳、佛得角、莱索托、毛里求斯四国每年的GDP增长率超过了3%。	● 大约1.7亿人（差不多是该地区人口的1/3）没法得到足够的食物。 ● 在过去30年里，军费和所占社会消费的比例从1960年的27%增加到1991年的43%。
儿童	
● 在过去的30年里，婴儿死亡率从16.7‰降到9.7‰。	● 在这个地区有2 300万儿童营养不良，16%的婴儿在标准体重以下。

资料来源：世界银行（1997；1999）；联合国开发计划署（1996；2005）

*撒哈拉以南非洲地区的总人口为6.42亿（1999年）

*人均GNP（1999年）：500美元

于是，现代重商主义者提出了一个在极端的经济自立和完全融入全球资本主义经济体系之间的折中方案。可以认为，包括日本在内的东亚国家的经济成就恰恰要归功于它们推行的成功的重商主义战略（Amsden，1989；Toye，1987；Chang，2002）。重商主义也在有关发展问题的第二个核心领域——国家和市场的对立观念之间找到了平衡点。经济自由主义者认为，自由市场力量与国家作用的最小化能最好地促进经济发展。重商主义者则回应说，所谓的市场效率可能存在严重的缺陷（Weiss，1988：177）。此外，在经济学理论中，找不到能够强有力地支持有关国家干预会起反作用的论据。实际上，有些干预是有缺陷的，但这并不能成为反对干预的论据（Toye，1987：ch. 4）。韩国的发展成就，就是以“国家”为建立合意之生产结构而作出的积极努力为基础的（Amsden and Chu，2003；Wade，1985；Ludde-Neurath，1985）。

然而，重商主义者也认识到，过多的国家干预会导致“官僚制的失效”（White，1984：101），同时他们也不支持依附理论关于市场力量完全没有重要作用的观点。如果对市场力量依赖太多，就有发生市场失效的危险：例如，在某些领域里可能产生垄断，于是在生产者之间不再有竞争；或者可能由于无节制的生产导致消极的副作用，如污染。但是，如果过度依赖国家管理，其结果将可能是官僚制的失效，也就是高成本和低效率的“文牍主义”问题。国家和市场之间的实际平衡在不同的社会表现不一，而在同一社会里的不同的时间段也有变化（White，1984；Chang，2002）。日本近年来持续的经济危机的原因就在于多年的成功增长之后，政治的和官僚的机构不能或不愿推行新的战略，以变革促进经济发展，因为它们在现有的体制中已有了既得的政治和经济利益。

重商主义在有关发展问题的思考上持中间立场的另一个例子是关于跨国公司（TNCs）作用的观点（Rugman and Doh，2008）。经济自由主义者一般将跨国公司视为“增长发动机”，会给南方带来进步和繁荣；与之相反，依附理论通常将跨国公司视为“邪恶的结合”（Streeten，1979）。重商主义者注意到跨国公司具有使第三世界发展受益的潜力，但又认为这只适合某些情况。在当地经济欠发达的弱国，跨国公司将会完全控制东道国，这对加强当地工业没什么好处，反倒会使跨国公司成为当地垄断者。在拥有一定地方工业的较强的国家，跨国公司的投资有助于在技术和其他方面提升当地企业的能力，因而也就对东道国的经济发展具有重要帮助（Sørensen，1983；Nixson，1988）。换句话说，跨国公司本身不会为南方带来经济发展；在当地的工业结构中需要有一股足以与之抗衡的力量，而当地政府也需要强大到足以监督跨国公司的活动（见网络链接 8.30 和 8.31）。我们可以把现代重商主义的发展观归纳在相关链接 8—3 中。

相关链接 8—3

现代重商主义

1. 在国家自主和国际一体化之间找到一个平衡点，也就是说，在融入世界市场和自力更生之间找到平衡。
2. 在国家和市场之间找到平衡点，也就是说，在自由市场力量和国家规制之间找到平衡。
3. 跨国公司的国外直接投资可以是一个强有力的现代化因素，但前提是仅当跨国公司被本地工业制衡并在东道国政府监督管理之下。

现代重商主义似乎在很多方面为经济发展提供了一种明智的战略，但也并非没有缺点。按照现代重商主义者所鼓吹的道路，南方国家需要具备相当高的政治管理能力，否则它们将无法对经济实施复杂的国家干预并制定经济法规。尽管东亚和其他地方的许多国家具有这样的发展潜力，但很显然大多数南方国家并不十分强大（Sørensen，1993b；Evans，1989）。例如，在撒哈拉南部的非洲国家，腐败和自私自利的精英阶层对于发展来说是一个问题而非一种解决方法。在这种环境下，现代重商主义者的战略基本没有成功的希望。确实，重商主义者的政策甚至可能因为给腐败提供了滋生的土壤而致使问题更加严重（见网络链接 8.32）。

通过这一简要的介绍我们可以清楚地看到，关于第三世界的发展和欠发展问题仍然会在持不同理论观点的学者之间引发争论。曾被普遍接受的重要思想见解都曾几起几落，但发展问题依然如旧；约有 8 亿人因没有足够的食物而在挨饿，约 5 亿人长期营养不良（UNDP，1996：20）。经济自由主义者声称，自由市场经济在发展和现代化问题上是一股强大的促进力量，其观点是正确的。但是，一个不加约束的市场从长远来看能够自动导致国家和个体的最优发展的观点是不正确的。依附理论家在强调依附关系如何塑造和冲击第三世界的发展时切中了主题。但是，他们声称世界市场的一体化必然导致欠发展且西方发达国家不过是帝国主义盘剥者的看法是错误的。现代重商主义者似乎在国家和市场、主权和一体化之间找到了一条理性的中间道路。但是，重商主义者倾向于过多地依赖第三世界国家自身谨慎的管理，但这些国家多数都十分弱小，并且通常为自私自利而且高度腐败的精英阶层所领导。

总之，毫不奇怪，每种重要理论都对发展问题有一定的洞察力，但每种理论都有其盲点，如同表 8—3 所显示。

表 8—3 **IPE 理论中的发展问题**

	正确主张	错误主张
自由主义	自由市场经济促进增长和发展	一个没有规制的市场将为个人和国家带来最好的结果
依附理论	依附塑造了第三世界的发展	世界市场一体化必然导致欠发展
现代重商主义	发展从国家和市场、自主与一体化的明智混合中受益	政府始终能够以最优的方式调控经济

最近几年来，关于发展问题的争论变得越来越复杂（Payne，2005）。这种近乎必然的现象主要有两个原因。第一，上述几种重要理论都声称其有关发展问题的见解放之四海而皆准，也就是说，它们是大理论。但是，就诸多国家和地区来说，由于特殊的历史经验和地区环境的多样性，存在着诸多特殊的问题。撒哈拉南部非洲、南亚、东亚、拉丁美洲和东欧就是在历史发展轨迹与地区环境方面具有非常明显的地区差异的例子。即使是在这些地区内部，也存在着巨大的差异。目前关于发展的思想（关于概观，可参见 Martinussen，1997；Nederveen Pieterse，2000；Haynes，2008）已经越来越意识到这种差异。因此，发展思想正变得日益复杂，相关问题和建议一般无法从一个地区甚至是一个次区域照搬到其他地区。

第二，关于发展问题的整个辩论是开放性的，许多声音都加入了进来：平民组织、非政府组织、平民运动、政治党派、政府、国际机构、发展研究团体，等等。这些参与者在发展演进过程中扮演着不同的利益保管者的角色，因而他们对于什么是重要的问题和他们应该做些什么通常持有不同的观点。

复杂性的增长导致的一个结果是关于发展这个概念本身的重新争论。此前，我们已经看到自由主义在谈到现代资本主义国家的特性时是如何构思发展问题的：当不那么发达的国家实现了经济增长和现代化时，它们就发展了。这一观点在 20 世纪五六十年代的联合国系统被鼓励，因为当时需要对那些需要发展援助的国家的地位予以确认。对这类国家的界定，仅仅是以没能取得较大的人均经济增长量为参照系的。

依附理论和重商主义理论从未就自由主义发展概念展开争论。它们的不同点在于以什么样的战略来实现发展和现代化这些目标。因此，存在着专注于增长和现代化的主流发展观。最近几年来，这种主流观念体现出了更多的细微差别。发展并不仅仅是增长——还包括分配和福利；发展也并非仅仅是对物质需求的满足——同样也包括对民主、参与、自由和自我实现的追求。但是，这一概念的核心却依然是现代化和增长。

对主流发展观念的批评一直都存在，近几年则愈益激烈了起来。批评者并非源自一个统一的集团：有些人是直接反对发展，他们完全反对视发展为进步的观点。按照这种看法，生活水平可以由关注自身事宜的当地自治社团来决定（Sachs，1992）。其他的多数批评者则偏爱其他的可供选择的发展模式（Hettne，1995）。他们的观点各异，但仍然有一些共同特点：对于现代性和工业化的怀疑；对传统价值和前工业社会行为持赞许的态度；反对唯物主义；信奉大众高度参与和控制的极端民主价值。

自由主义现代化理论基本上已经接受了这种观念：现代性在某种程度上远比“仿效西方”更为复杂。因此，与早先的认识相比，现代化在很大程度上已经不再是统一的转变形式了，它可以向不同的方向发展。在发展过程中，“传统”可能同样值得保留。20 世纪 80 年代，世界银行和国际货币基金组织曾相信“更多市场和更少国家”是通往发展的正确道路。今天，这些组织已不再像早先那样深受新自由主义的影响了，它们认同了国家的重要作用，同时还强调了民主义务的必要性和发展过程中市民社会的作用。

其他国际机构，如联合国开发计划署（UNDP），强调了普遍的人类发展的必要性，强调使普通人过得更好，而不仅仅是追求经济的增长（见网站链接 8.34）。人类发展指数（基于人的预期寿命、成人识字率、学校教育年限和真正的人均 GDP 之上）的建立促使人们对发展进程中的其他方面予以重视。联合国发展计划署年度人类发展报告就男女差距、儿童营养、健康概况、城乡差距和南北差距等问题进行了调查（UNDP，2005）。国际机构，如国际货币基金组织和联合国开发计划署，严重地影响着发展问题的辩论。2000 年，联合国大会通过了千年宣言和千年发展目标（MDGs）。千年发展目标是一套雄心勃勃的目标，旨在降低贫困、不平等和儿童死亡率，以及促进第三世界的教育、健康和更好的环境。

批评者继续质疑主流发展观。新的批判来自埃斯科巴尔的话语分析（Escobar，1995）。主流观点被视为一种话语霸权，它在某种程度上界定了发展的“真谛”，从而变成了权力的一个工具，因为它定义了关于发展的常识，从而排除了其他的解读。话语分析试图揭露这种“常识”的支配权，以便为其他关于发展的思维方式开辟道路。

这些评论旨在揭示这样一个事实：我们只是触及了庞大而复杂的发展问题的冰山一角；发展所包括的东西远远超越了国际政治经济学的范畴，它还涉及人类和社会事务的各个不同的学科。但是，上述三种主要理论仍将影响我们对发展问题的思考。

经济全球化与国家角色的变化

经济自由主义者曾经在不同的问题上引发诸多争论。我们有选择地聚焦于经济全球化背景下的变化这一议题。全球化现象在国际政治经济学中赢得了非常大的重视。全球化是经济、社会和文化关系跨国界的扩散和强化（见网络链接 8.35 和 8.37）。这意味着全球化几乎囊括一切，它涉及经济、政治、技术、通信以及更多的方面。这样的一个全球化概念很难被理论化。在社会科学里，不可能存在一个“包罗万象”的理论，因为现实的不同层面需要用不同的方法来分析。所以为了深入研究，把全球化这个概念“解释清楚”是很有帮助的，也就是探究全球化的各个不同的重要方面。由于本章讨论的是国际政治经济学，因此我们将集中探究全球化的经济层面，但要记住：尽管这一层面非常重要，但这仅仅是全球化的一个方面。这一问题与我们在第四章讨论过的相互依赖有关。

两个国家在经济上相互联系的程度不断加深，例如，有更多的对外贸易或外国投资，是经济全球化的一个方面。我们可以称之为“强化的相互依赖”。但是，还有另一方面，它预示着向真正的全球经济体系的转变。强化的经济相互依赖并不仅仅意味着国家间经济交流的增加。真正的经济全球化包括某种性质上的变化，即世界经济体系不再建立在独立自主的国家经济体系的基础之上，而是建立在一个统一的，包括生产、分配和消费的全球市场基础之上。在后一方面，单一的全球经济“支配”着其中众多的国家经济（Hirst and Thompson，1992：199）。一些学者称这一进程为“深度整合”，与之对应的是被称为“浅度整合”的强化的相互依赖。深度一体化最先也最主要地由跨国公司来组织实施。跨国公司不断在全球范围内组织产品生产和服务。生产的各个不同环节，从研发和设计，再到生产和装配，分别分配给那些在劳动力成本、输入能力、市场邻近度等方面最具有优势的地区来完成（见表8—4）。同时，跨国公司还与作为供应者和转包商的当地企业建立了网络联系（见网络链接 8.37，8.39 和 8.45）。

表 8—4　　经济全球化的两个方面

<table>
<tr><td rowspan="6">经济全球化</td><td rowspan="3">“大同小异”</td><td colspan="2">指标：全球出口（GDP 百分比）</td></tr>
<tr><td>1990</td><td>2002</td></tr>
<tr><td>19%</td><td>24%</td></tr>
<tr><td rowspan="3">“性质变化”</td><td colspan="2">指标：企业间贸易
（以美国 2001 年的贸易总量为基数的百分比）</td></tr>
<tr><td>出口</td><td>进口</td></tr>
<tr><td>32%</td><td>47%</td></tr>
</table>

资料来源：联合国开发计划署（2005）。

全球化被几大因素所推动，其中最重要的是由企业间激烈的竞争所导致的技术变革。国家所采取的措施（例如贸易和财政自由化）也是很重要的催化剂。国际政治经济学的三种主要理论一致认为经济全球化正在出现，但它们在全球化的实际进程问题上意见相左（浅度或深度整合），它们同样在经济全球化对国家的影响上持有不同看法。许多经济自由主义者对经济全球化持乐观态度。例如，著名的美国经济学家米尔顿·弗里德曼就庆幸现在“任何地方的一个公司，有可能在任何地方生产产品，使用任何地方的原材料，并销售到任何地方”（Friedman，1993）。这是因为国家不再像以前那样干预生产和消费。根据约翰·奈斯比特（John Naisbitt，1994）的观点，这样的世界提供了大量的经济机会：经济进步的机会“比人类历史上任何时间都多”，这不仅是对公司和机构而言，对个人和家庭同样如此（1994：59）。许多经济自由主义者都赞同这种乐观的看法（例见 Reich，1992；Ohmae，1993）。

全球化还意味着世界的组成部分变得更小和更多。小之所以美丽，并不仅仅体现在经济领域，也体现在政治领域。这一进程对于国家而言有着深远的意义。在一个统一的全球经济体系中，小的、灵活的经济参与者能够变得越来越强大，因为国家经济已变得过时了。奈斯比特说，随着全球化的发展，人们会越来越意识到他们的“部落”身份（例如语言和文化），而这又会促使更多的更小国家的诞生。奈斯比特预言，在 21 世纪将会有 1 000 个甚至2 000 个小国家。这将伴随着民族国家的衰落和消亡而变为现实，在过去的几个世纪里我们已经见证了这一点。

在全球化时代，就某些事情而言，威斯特伐利亚体系下的民族国家显得太小，而在其他方面则显得太大的观点，在许多经济自由主义者那里产生了共鸣（例见 Zacher，1992）。他们强调民族国家受到“自上而下”的压力，也就是全球化创造了许多跨国行为，而国家无法再依靠自身来进行控制，例如全球经济事务和环境问题。同时，民族国家也面临着“自下而上”的压力：人们对于日常生活的地方社区不断增强的自我认同趋势。经济自由主义者关于经济全球化及其结果的观点如相关链接 8—4 所示。

相关链接 8—4

经济自由主义者的全球化观点

1. 经济全球化意味着向全球经济体系的质的转变。
2. 经济全球化将为个人、家庭和公司带来更多的繁荣。
3. 民族国家因来自上方和下方的压力而失去了权力与影响。

无论是在广度还是在雄心上，重商主义者都没有形成可与经济自由主义分析相匹敌的全球化观点。但是，重商主义者在关于全球化的争论中也有自己的一席之地，这表现为在涉及经济全球化的内容及其对民族国家可能造成的结果上，对经济自由主义予以猛烈的批判。重商主义者对全球经济体系发生了实质性转变这一观点持怀疑态度，也就是说，他们不相信“全球化”现象的存在。相反，他们认为所谓的经济全球化与“过去没有多大的区别”，只不过是国家间经济相互依赖程度加剧而已。此外，他们认为，第一次世界大战前国家间贸易和投资的流动就已经达到了非常高的水平。换句话说，经济相互依赖早已是陈年旧话，了无新意（Thompson and Krasner，1989）（见网络链接 8.41）。许多经济自由主义者认为，公司在追求成为真正的全球经济参与者的过程中已经失去了它们的国家认同（见表 8—5）。重商主义者则强烈反对这种观点（见 Reich，1992：301-317）。在他们看来，尽管自第二次世界大战结束以来世界贸易和投资流动量有了相当可观的增长，但国家与它们的民族公司之间仍然保持着“紧密的联系”（Kapstein，1993：502）。

表 8—5　　挑选出的前 100 位跨国公司，按跨国指数[1] 排名，2000

公司	经济	跨国指数
力拓	英国	98.2
汤姆森公司	加拿大	95.3
ABB 公司	瑞士	94.9
雀巢	瑞士	94.7
英美烟草公司	英国	94.7
伊莱克斯	瑞典	93.2
英特布鲁	比利时	90.2
跨国指数，前 100 位的世界跨国公司		52.6
通用电气	美国	36.7
丰田	日本	30.9

1“跨国指数”的计算基于外国资产对全部资产、外部销售对全部销售和外国劳务对全部劳务的平均比率。
基于 2002 年联合国贸易和发展会议。

重商主义者因而反对那种认为民族国家在经济全球化过程中受到压制而莫名其妙地就被淘汰出局的观点。他们指出，自由主义者没能考虑到民族国家日益增长的应对经济全球化挑战的能力。技术进步一方面促进了全球化，另一方面也提高了国家的规制和监控的能力。国家获得额外的经济盈余（譬如从公民那里缴税）的能力比以往任何时候都强。国家对各种社会活动的控制和管理水平也急剧提高，国家的自主性从长远来看是在增强而不是在减弱。“总体上，经济的发展使得国家筹措活动资金更加容易……从国内筹措资金而不用从国际上借款”（Krasner，1993：314）。最后，主权国家仍然是世界上各类政治组织更愿意接受的形式，目前还没有出现可与之匹敌的竞争者。我们可将现实主义—重商主义关于经济全球化的观点归纳如相关链接 8—5 所示。

相关链接 8—5

现实主义—重商主义的全球化观点

1. 所谓经济全球化“毫无新意”，只不过是加剧了的经济相互依赖，仅此而已。
2. 跨国公司没有因为它们是全球行为体而失去它们的国家认同，它们与其母国仍紧密联系。
3. 民族国家并未受到全球化的威胁。国家的规制和监控的能力在增强而非减弱。

新马克思主义关于经济全球化的观点与经济自由主义和重商主义都有所不同。我们将集中研究新马克思主义者罗伯特·考克斯的贡献，他将重商主义和自由主义的观点都涵盖在内。在他看来，经济全球化既是相互依赖的加深，也是向全球经济的实质性转变。在他看来，一种新的全球经济与传统的资本主义世界经济相随并存，但发展趋势是前者“一点一点地取代”后者（Robert Cox，1994：48）。考克斯发现，在经济全球化的过程中，民族国家丧失了对经济的实质性权威。但是，经济全球化的持续发展需要民族国家为之提供一个政治框架，其中特别需要“军事—领土性的强制力”（Robert Cox，1994：54）。美国曾经承担了这种角色，但它却被经济实力的下降和在世界范围内日益增长的军事力量的投送之间的矛盾所困扰。作为世界“警察”，需要有强大的经济基础，但经济全球化的压力却使得这种经济基础不断被削弱。这类宏观区域（在北美和南美以美国为首，在东亚以日本为首，在欧洲以欧盟为首）成为资本积聚的新的政治经济体系。然而，此类宏观区域毕竟只是一个更大的全球经济体系的一部分，就像 1998 年亚洲经济危机产生的全球影响所充分表明的那样。

因此，罗伯特·考克斯和其他新马克思主义者强调经济全球化的不平衡和等级化的特性。全球经济的特征是依附而非相互依赖。经济力量日益集中到了先进的工业化国家手中，包括美国、日本和西欧国家。这意味着经济全球化并未使第三世界穷困潦倒的大众受益，也没能使高度工业化国家的穷苦大众的生活水准得到提高。要改变这种状况，社会的下层力量，譬如工人和学生，就必须成功地对经济全球化施加政治控制（Robert Cox，1994）。总之，全球化是资本主义的一种表现形式，它延续了资产阶级对全世界穷苦大众的统治与剥削。我们透过罗伯特·考克斯，将新马克思主义关于经济全球化的观点归纳如相关链接 8—6 所示（见网络链接 8.49）。

相关链接 8—6

新马克思主义的全球化观点

1. 经济全球化包括“强势的相互依赖”和全球经济的产生。
2. 民族国家仍然是全球化的重要规制者，但它们正丧失对经济的控制力，为此它们组建了宏观区域。
3. 经济全球化是一个不平衡和等级化的过程，在此过程中，经济力量不断集中到了先进的工业化国家手中。

关于经济全球化的争论很难解决，因为上述三大理论都有某些经验证据来支撑它们的论点（见网络链接 8.43 和 8.45）。诚如自由主义者所言，全球化有潜能给个人和企业带来财富的增长，但事实也如新马克思主义者所强调的，当前的全球化过程是不平衡的，而它给大量的贫困群体几乎提供不了什么。经济自由主义者声称全球化给民族国家带来了挑战，这或许是对的；但同样正确的还有重商主义者的观点，即国家仍然是强大的行为体，国家已经证明了它们能够应付许多新的挑战。新马克思主义者强调“深度相互依赖”以及同时产生了全球经济，这是当前的现实；然而，在该问题上，经济自由主义者和重商主义者则显得片面化——它们只强调全球化的这个方面或那个方面。总之，我们可以在每种理论观点中发现其深邃之处以及不足之处（见表 8—6）。

表 8—6　　经济全球化与 IPE 理论

	正确观点	错误观点
经济自由主义	经济全球化具有给所有人带来更多繁荣的潜力。经济全球化给国家带来挑战。	经济全球化使所有人受益。经济全球化终将导致国家的消亡。
现实主义重商主义	国家适应着经济全球化带来的挑战。国家仍然是强大的行为体。	经济全球化完全在国家的控制之下。经济全球化只不过是加剧的相互依赖而已。
新马克思主义	经济全球化是一个不平衡的、等级化的过程。	只有极少数人在经济全球化中获益。

毋庸置疑，当今世界存在着极大的不平等。21 世纪到来之际，占全世界人口 20%的最富裕的人占据着：

- 世界 GDP 的 86%——最底层的 1/5 的人口仅占 1%。
- 世界出口市场的 82%——最底层的 1/5 的人口仅占 1%。
- 外国直接投资的 68%——最底层的 1/5 的人口仅占 1%。
- 世界通信线缆的 74%——最底层的 1/5 的人口仅占 1.5%。
- 互联网用户的 93.3%——最底层的 1/5 的人口仅占 0.2%（UNDP，1999：3）。

穷国及其人民处于困苦境地，不是因为富国剥夺了他们的经济盈余，而是因为在经济全球化的过程中，他们只是边缘化的参与者——理解这一点非常重要。人民购买力低下，政治机构腐败且效率低，由此导致不稳定和缺乏政治秩序，所以他们的市场对外国投资者没有吸引力。撒哈拉以南的非洲地区吸引的外国直接投资不到世界总量的 2%就是最好的说明。

从工业化的角度来度量不平等与进步，可以发现它们之间有着一种清晰的关系。19 世纪，当工业化真正在西欧开始时，世界上最富裕的 1/5 的人口与最贫困的 1/5 的人口的差距并不是很大，1820 年时只是 3∶1。今天，差距却越来越大：

1820　3∶1

1870　7∶1

1913　11∶1

1960　30∶1

1990　60∶1

1997　74∶1。(UNDP，1999：3)

具有讽刺意味的是，穷国并没有被排除在全球经济体系之外。在世界经济中，它们所生产的大部分都是农产品和用于出口的原材料。在撒哈拉以南的非洲地区，高达30%的GDP源于出口。但是，对其所能出口的产品的需求一直停滞不前，于是其产品的价格也一样停滞不前。由于内部政治经济条件的影响，将出口产品升级为高级产品显得非常困难。同时，对非洲农产品进入全球市场的严格限制使问题更加严重。

不平衡不仅存在于全球层面的富人与穷人之间，就连经济合作与发展组织(OECD)的成员国内人群与人群之间的不平衡也趋于上扬（见网络链接8.50)。在这些国家中，未受过教育或者受教育程度低于基础教育水平的人，以及在农业和传统工业部门从业的人，将在经济全球化的过程中掉队。在先进的经济部门工作、受过良好教育的人则紧随时代的大潮。20世纪80年代以来，这种不平衡在经合组织成员国（尤其是在美国、英国和瑞典）中已经越来越突出。

在这种背景下，经济全球化进程导致世界上许多地方出现了新的社会运动。曼纽尔·卡斯特（Manuel Castells）曾分析过他所谓的"抵抗性认同"的问题，即"处于支配逻辑下被贬抑或处于污名化位置/处境的行为体所产生的认同行为"(Castells，1998：8)，它包括基于宗教原教旨主义、民族主义、种族认同和地域认同（城市运动和当地社区）之上的各种不同的运动。卡斯特的个案研究包括墨西哥的萨帕塔主义者、美国民兵集团和日本的奥姆真理教（Aum Shinrikyo)。

经济全球化也导致了国际抵制运动的形成。反全球化运动组织中最著名的可能要属"阿塔克"（金融交易征税援助公民协会，ATTAC）了（见网络链接8.52)。该运动组织提出了旨在抵消全球化造成的不平等的四大核心目标：(1）对跨界的通货投机征税；(2）注销穷国的国际债务；(3）取缔避税港的法律保护；(4）对大额补助基金进行更为民主的管理。

这类运动的不断出现表明，经济全球化不仅仅指难以名状的跨国界交易，更是关于经济应在多大程度上被置于政治控制之下以及全球化的收益应如何在国与国、人与人之间进行分配这样两个重大问题的政治斗争。这种斗争还涉及人们在上述国际政治经济学三大经典方法的论战中所采取的立场问题。比如，可以注意一下"阿塔克"运动所涉及的这三大方法的要素——(1）自由主义要素：每个国家都能够分享全球化所带来的潜在好处；(2）重商主义要素：国家有权利保护自己免受全球化的负面影响；(3）马克思主义要素：全球化包含着等级化和剥削，因而有必要采取措施 以使收益的分配更加正义和平衡。可见，全球化过程主要应该在自由主义、重商主义还是在马克思主义的框架下进行的程度问题，是全球化斗争的一个重要部分。

显然，关于经济全球化的争论将受未来事件以及发展的高度影响。世界会更加区域化吗？如何在国家与其他团体或阶级之间分配全球化的收益？民族国家在全球化进程中对经济的调控能力如何？我们需要等待历史来回答。但是，提出这些问题很重要，这是研究全球化的国际政治经济学的理论家为我们更好地理解世界政治作出的贡献。

国际政治经济学理论的新发展

前一章提到了国际政治经济学的三大理论流派：重商主义、经济自由主义和马克思主义。它们由涵盖范围非常广的一系列的假设和概念所组成，而正是这些假设和概念决定了国际政治经济学的研究领域。这些理论也是宏观理论，它们涉及政治与经济的关系，以及与政治和经济紧密相连的主要机制（即国家和市场）的诸多独特的观点。

经济自由主义似乎在实践中获得了较大的成功。所谓的"自由市场"经济非常成功，国家导向的经济却失败了。这必然极大地增强经济自由主义者对其观点正确性的信心。在过去数十年中，资深经济学家的理论观点（经常被称为"新古典经济学"）不仅主宰着经济领域的研究，而且在国际政治经济学和其他政治与社会科学领域都占据着支配地位。

导致这种情况的原因不在于我们已经讨论过了的自由主义的宏观经济理论的内容如何，而是与经济学家们力挺的微观经济理论有关。新古典经济学为个体及其基本行为提供了一个简单的模型，并称之为理性选择理论（rational choice theory）。据这些经济学家称，该模型不仅适用于经济领域，而且适用于任何有关人类行为的领域（见网络链接 8.54）。许多学者相信它是一种有解释力的主张。因此，在此简单讨论一下理性选择理论是适当的。

正如前面提到的那样，理性选择的起点是个人。社会生活中发生的任何事件（包括国际关系），都可以通过个体的选择来加以解释。一个国家或者任何其他组织的行为也可以通过个体作出的选择来加以解释。这种观点被称为方法论个人主义（见网络链接 8.55）。此外，单个行为体无不是理性和利己的，他们都想使自己的处境更好。人皆如此，不单是经济市场中的卖方和买方，官僚和政客也不例外。当个体以一种理性和利己的方式活动时，对国家或体系来说，全部的结果或者最终结局就将是所有可能中最优的那个。就像自由主义经济学中的"看不见的手"（源于个体的贪欲）对所有人来说都会产生最优经济结果一样；官僚和政客的个体行为同样也将导致最优的结局。如果我们想理解政府的行为，我们就必须首先理解政府官员的偏好，即他们的目标。他们寻求的是个人的私利：再次当选、升迁和声望等。一旦我们理解了这些偏好如何影响着他们的行为，我们就会知道国家政策是怎样受其影响的。这就是理性选择理论的一个基本主张（Nunn，1996）。

新古典经济学家们言之凿凿地说，他们的分析工具更具适切性。他们认为，不仅仅是分析个体行为的视角——上述理性选择理论，还有许多从经济理论中产生的核心概念，譬如边际效应、最佳化、平衡等，也都适合用来对人类行为作总体研究，其中包括国际关系研究。而在其他领域，这导致了博弈理论和战略互动理论作为分析框架的出现（Carlson，2002）。

方法论个人主义也被用于其他方面。在“新组织经济学”下面，有一种新制度理论，它也是从理性和利己的个体行为体说起。不过，与新古典经济学分析不同的是，它没有忽略制度因素。制度在结果中扮演着极其独特的角色，所以新制度理论提出，应将制度作为整个分析的核心（Spruyt，2002）。新制度主义用于分析制度是如何影响个体的行为和政策的制定的。选举体系就是制度的一例。不同的选举体系造就了政党和候选人们的不同行为（Lijphart，1994）。在国际政治经济学中，此类分析的重要研究领域是国际规制如何影响国家间的合作与冲突（见第四章）。另一个研究范围关注缔造和维持国际规制的过程，它主要涉及本章前面讲到的有关霸权和霸权稳定论的争议。

新马克思主义者与其他理论批判者反对新古典经济学的方法和理论进入国际政治经济学范畴。他们尤其反对新古典经济学的一个基本观点——个体都是理性和利己的，每个人都知道他们自己想要什么，即想要处境优裕。这种理性的成本——收益式分析模式在解释许多个体行为时都有其局限性。假如人们去选举是一种支出的话，那么当人们的这种支出不能获得显而易见的收益时——因为一张选票根本不能影响选举的结果，为什么还会有人去投票呢？为什么总是有人在对自己毫无切实利益可言的情况下去帮助需要帮助的人呢？此外，个体并不总是预先就知道他们想要的东西。他们的偏爱——他们想要什么——是在与其他个体的互动中产生的。人类的互动是一个永无止境且无法精确预测的过程。人类事务（包括国际政治经济学）中所发生的一切正是由这个过程决定的（Palan，2002）。对批评者来说，这种观点给自己本身带来了挑战，即如何将这种分析与对资本主义发展前景和阶级冲突的作用的批评意见结合起来。

总之，新古典经济学及其方法论个人主义促进了国际政治经济学新的理论升华。在国际政治经济学中，新古典经济学显然发挥着重要的作用。此外，对人类个体及其行为的关注也帮助了其他理论思考自己应如何看待人类个体，也就是说，方法论个人主义给国际政治经济学的理论化打下了更加扎实的微观理论基础（见网络链接 8.57）。

但同时，新古典经济学没有真正考虑个体行为所处的较大的社会政治环境。这种大的社会政治环境正是我们前面讨论的国际政治经济学古典宏观理论——重商主义、经济自由主义和马克思主义的主题。新古典微观理论可能会有极为重要的深刻见解，但它始终不能取代古典宏观理论（类似的观点，可见 Robert Gilpin，2001）。我们需要借助传统的理论来理解政治与经济之间复杂的互动关系。

结论：国际政治经济学的未来

国际政治经济学提出的富裕与贫困问题在世界政治中越来越重要。国际关系学的传统关切是战争与和平问题。鉴于本书在其他部分已经讨论过的诸多原由，国家间进行战争、尤其是大国间进行战争的可能性日趋下降。当前的暴力与冲突主要发生在国家内部，特别是在弱势国家内部。这类暴力必然同国际政治经济学的一个核心问题——发展与欠发展问题密切相关。也就是说，即便在我们关注国际关系学的传统核心问题——国家间的军事冲突时，国际政治经济学的重要性也上升了。国际政治经济学也研究主权国家的地位问题：国民经济对民族国家来说是一项极为重要的资源。当国民经济在经济全球化的过程中被融入全球经济之中时，现代国家属性的基础将有望发生重大变化。正如前面所说的，这催生了一些新问题，譬如国家与市场的关系问题、国家控制和规制经济全球化进程的能力问题。国际政治经济学开拓了许多新的研究领域，有一些偏离了国际关系学传统的解读方式。例如，国际商务、微观和宏观经济学、经济地理学、国际金融与银行业、经济史等都是国际政治经济学的组成部分。这种探索路径提示我们：国际关系学学科也广泛涉及社会科学的其他分支学科所探究的各种问题。

我们只介绍了国际政治经济学的主要理论方法及其庞大的研究领域中的简明研究议题。我们所说的“经济自由主义”本身就是一门学科，它包括微观和宏观经济学研究。与其说马克思主义是一座宏伟的理论大厦，还不如说它像中世纪的城堡，那里有许多不同的堡垒、岗亭与学校等。我们只能介绍其中的一部分。有关霸权稳定论、第三世界的发展和欠发展问题以及经济全球化的著述，所占的比例开始大幅度上升，并作出了许多各不相同的贡献。但我们相信，我们已经挑选出了最重要的理论及其争鸣；我们也赞同将国际政治经济学三大传统理论流派的合理成分吸收利用。没有一种理论能够独善其身，它需要把其他理论的洞见融合进来。只有这样，我们才有望建立一门全面与扎实的国际政治经济学。

关键点

- 重商主义激起的最重要的争论是关于需要一个强大的国家创建一个能平稳运行的自由主义国际经济体系，即关于霸权稳定的争论。马克思主义引发的最重要的争论是关于第三世界的发展和欠发展问题。最后，经济自由主义者也引发了诸多争论，其中一个重要的论战就是关于经济全球化的问题。
- 国际政治经济学提出的财富与贫穷问题在世界政治中越来越重要。国际关系学的传统关切是战争与和平问题，但国家间发生战争的危险性下降了。当前的暴力与冲突主要发生在国家内部，特别是弱势国家内部。此外，这类暴力紧密联系着国际政治经济学的一个核心问题——发展与欠发展问题。也就是说，当我们关注国际关系学传统的核心问题——国家间的军事冲突时，国际政治经济学提出的问题的重要性也正快速上升。
- 国际政治经济学也非常直接地提出了发展问题和主权国家的地位变化问题。国民经济对民族国家来说是一项极其重要的资源。当国民经济在经济全球化的过程中被融入全球经济之中时，现代国家属性的整个基础也就发生了重大的变化。

● 职业经济学家的理论观点近来主导着国际政治经济学。新古典经济学给个体及其基本行为提出了一个简单的模型，并称之为理性选择理论。据经济学家称，该模型适用于人类活动的所有方面。新马克思主义及其他批判理论反对视人类个体总是理性和利己的主张。理性选择理论也没有充分考虑到个体行为所处的大环境。因此，批评者认为，国际政治经济学的传统理论仍然是非常需要的。

练习题

● 我们是否应该支持这样的论断，即要创建一种自由的世界经济，就需要一个霸权？

● 目前的美国是一个利他性的霸权，还是一个“掠夺性的”霸权？

● 什么是“软实力”？哪些国家具有软实力？

● 界定第三世界的发展问题，讨论这个问题应该如何来分析，并指出哪种理论是最有帮助的？

● 发展问题是能够得到解决的吗？

● 什么是经济全球化？经济全球化的利弊何在？主权国家属性的含义是什么？

● 基于国际政治经济学理论，设想一两个研究项目。

阅读指南

Dicken, P. (2007). *Global Shift: Reshaping the Global Economic Map in the 21st Century*, 5th edn. London: Sage.

Haynes, J. (2008). *Development Studies*. Cambridge: Polity Press.

Nye, J. S. Jr. (2002). *The Paradox of American Power*. New York: Oxford University Press.

Palan, R. (ed.) (2002). *Global Political Economy. Contemporary Theories*. London: Routledge.

Ravenhill, J. (ed.) (2008). *Global Political Economy*, 2nd edn. Oxford: Oxford University Press.

Schirm, S. (ed.) (2007). *Golbalization: State of the Art and Perspectives*. London: Routledge.

Scholte, J. A. (2005). *Globalization: A Critical Introduction*, 2nd edn. London: Macmillan.

Stubbs, R. and Underhill, G. R. D. (2006). *Political Economy and the Changing Global Order*, 3rd edn. Oxford: Oxford University Press.

Weiss，L.（1998）. *The Myth of the Powerless State*. New York：Cornell University Press.

网络链接

读者可在与本书配套的在线资源中心找到本章提到过的网络链接和附加链接。

www. oxfordtextbooks. co. uk/orc/jackson_sorensen4e/

第九章

外交政策

概　述

本章探讨外交政策分析的理论和方法。外交政策分析（foreign policy analysis）研究有别于国内政策的国家对外关系和对外活动的管理问题。本章将按如下顺序展开：首先简要说明外交政策（foreign policy）的概念；接着讨论外交政策分析的各种方法，并用“层次分析”方法（‘level-of-analysis’ approach）引入主要理论的论点来分别阐述国际体系层次、国家层次和决策者个人层次的问题；然后是对海湾战争的案例研究，它将展示外交政策分析各种方法的洞见是如何可以协调并用的，并以对这些见解之局限的评论来作为总结；最后是关于外交政策专家和“智库”（think tanks）的提示，它将说明这门学科的研究已大大超出了大学校园的范围。

外交政策的概念

外交政策分析研究有别于国内政策的国家对外关系和对外活动的管理问题。外交政策包括目标、战略、手段、方法、纲领、指令、理解、协议等内容。一国的政府通过这些来指导本国与别的国家、国际组织、非政府行为体间的国际关系。所有国家的政府，由于其相互分离的国际存在，都不得不采取指向外国政府和其他国际关系行为体的外交政策。政府想要影响那些不被自己完全控制的行为体的目标和行为，因为它们独立自主且行为超越了它们的主权范围（Garlsnaes，2002：335）。

外交政策包括目标和手段，它们在外部事务尤其是在与其他国家的关系方面，有指导政府决策和行动的用意。处理对外关系需要仔细考虑行动计划，因为这些计划要符合政府的海外利益和关注事项，即目标（见网络链接 9.01 和 9.03）。身居要职的政府官员——总统、政府首脑、外交部长、国防部长、财政部长等，以及他们最亲密的顾问——通常都是关键的决策者。

政策制定通常采用目的—手段的思维方式来考量政府的目标和行动。这是一个工具性概念：问题或目标是什么？有哪些方案和方法可供选择？工具性分析包括思考可以利用的最佳选择和方案——例如给出正确的建议——以使事物依照某国的要求或利益来发生。工具性分析可以作为研究外交政策的主要途径，分析者由此来设法为决策者提供有关的知识。它包括筹算最能实现某一目标的手段和措施，以及不同政策选项的成本与收益。它可以进而推荐最好的方案，以帮助政府解决外交政策问题或实现外交政策目标。此时，政策分析不仅是工具性的，也是劝导性的：它倡导应该做什么。

外交政策分析

外交政策分析一般都要详细考察国家的外部政策并把这些政策置于更广泛的学术背景下。学术背景通常是由理论和方法——就像前几章讨论的——来界定（见网络链接 9.09）。理论和政策的关系是复杂的，因为任何一种理论并不必然得出一个清晰的政策选项；在大部分情况下，往往有几个不同的选项。即便如此，对理论的选择——决策者如何看待这个世界——也有可能影响到对政策的选择。

这部分地是因为不同的理论强调不同的社会价值。现实主义者强调国家安全：他们认为，实现国家安全的正确方式是提高国家军事实力和平衡他国的军事实力。国际社会学者强调秩序和正义的价值：他们的主要目标是建立一个基于法律的、秩序良好的国际社会。自由和民主是自由主义者的核心价值：他们相信自由民主制必将促进以国际制度为基础的和平的国际合作。最后，还有些学者把社会经济财富和福利作为外交政策的中心目标，他们可能会采用国际政治经济学的方法。就他们而言，推进一个稳定的、可以促进经济增长和福利上升的国际经济体系是主要的目标。但值得一提的是，其中的一些理论比其他理论的政策导向性更强。现实主义和自由主义显然就属于此类。

关注国防和安全问题的外交政策理论家，由于强调国家间利益冲突的不可避免性，并认为冲突结果将由国家的相对实力来决定（见网络链接 9.16 和 9.17），就可能采取现实主义方法。另外，那些关注多边问题的理论家，由于把国际制度——如联合国和世界贸易组织——视为减少国际冲突、促进相互理解和增进共同利益的手段（见网络链接 9.09），则可能采取自由主义分析法（liberal approach）。

除了前几章讨论过的一般国际关系理论外，还存在外交政策分析的多种特定方法。一些方法是从国际关系理论分化而来；还有一些则采用自其他的学科，如经济学和社会心理学。政策分析方法常见于学术研究，在智库和与之有关的专家的分析中更是备受抬爱（见后文）。相关链接 9—1 列举了外交政策分析的主要方法，以下是对它们的阐释。

相关链接 9—1

外交政策分析的方法

1. 传统分析法：聚焦于决策者
2. 外交政策的比较方法：行为主义与“前理论”（pre-theory）
3. 官僚结构和过程分析法：危机期间的决策
4. 认知过程和心理分析法
5. “多层次，多维度”方法：综合理论
6. 建构主义的转向：认同先于利益

1. 外交政策的传统分析法（traditional approach to foreign policy）致力于探悉一国政府的外交政策：了解其历史或至少是其背景，理解促使其制定政策的相关利益和关切，通过各种方式来思考其如何应对和捍卫那些利益与关切。这不仅要通晓过去的外交政策决定和行动的成效与结果，也要具有认识一国政府必须在其中实施外交政策的那种环境的能力。传统方法还包括运用判断力和常识来评定实施外交政策时可资利用的最佳的现实手段与行动方案。

在外交政策实施的环境中，关于什么才是有可能的那种“感觉”（feel），通常都来自经验。在这个方面，人们不妨说，对一国外交政策的令人满意的理解，是通过对一国政府的外交事务的直接知识的最好把握——如在外交部或类似的政府部门工作——来达成的。一个次优的办法是，努力使自己进入这样一位官员的内心深处：尽力熟悉这个人所处的环境，千方百计地领会这位官员作出决定的理由，并力图把决定的结果（包括好的和坏的）确定下来。简言之，传统的外交政策研究是一件从外政策制定者的活动中获得洞见的事情，无论这些洞见来自经验，还是来自对过去和现行外交政策的仔细观察。

外交政策分析传统上是外交史家和公共事务评论家的领地。尽管这门学问现在面临众多挑战，但它依然存在。它植根于 17 世纪末到 20 世纪初的现代欧洲国家体系和治国方略，是随着它们的兴起而出现的并获得了它的经典特色。传统的外交政策分析有几个明显的特征（Carlsnaes，2002）。它被视为与主权国家的国内政策和行为完全隔离的一个领域。它是一个由国家理由——现在更多地称为“国家利益”——来界定和指导的“高级政治”的领域。它是由国家的政要——皇帝、国王、总统、首相、总理、国务卿、外交部长、国防部长等及其最亲密的顾问们——来指导和管理的。它不受公众审查和民主监管。它是一个排他的且经常是秘密的治国艺术的领域。

相应地，传统的外交政策分析是智慧和洞见的集合物，只有通过长期的研究和反思才能加以掌握。这门学问的开创人是历史学家、法学家和哲学家（见网络链接 9.02）。他们中也有一些实践家，如早期的马基雅弗利和格劳秀斯（见网络链接 9.10 和 9.11）与后期的乔治·凯南和亨利·基辛格（见网络链接 9.12，9.13，9.14 和

9.15)。他们的外交政策评论试图提取这方面的智慧和洞见。这种方法在那些具有历史头脑的国际社会学者和传统的现实主义者中仍然很受欢迎，因为它热衷于外交政策的具体内容。它对把理论置于实践和经验之前的做法持审慎的态度。

2. 外交政策的比较方法（comparative approach to foreign policy）受政治科学中的行为主义（见第十一章）转向的启发。其雄心是要建立关于对外决策过程的系统理论和总体解释模型。其实现靠的是：收集和整合大量的数据；描述众多国家的外交政策内容和环境。它在理论上得益于詹姆斯·罗西瑙的外交政策“前理论”。罗西瑙分辨了与对外决策可能有关的大量原始资料，并把它们分成了五大范畴，即他所称之个性、角色、政府、社会和体系的变量。然后，他根据手头问题的紧迫性和国家的特质（如面积、政治可信度/民主程度、发展程度），对这些变量的相对重要性进行了排序。许多外交政策的经验研究都采用了罗西瑙的方法，但是“前理论”从未成为一个外交政策的清晰解释框架，它仍然只是一个分类方案。

3. 官僚结构和过程分析法（bureaucratic structures and processes approach）聚焦于决策行为的组织情景，它认为决策行为要受决策得以做出的官僚结构的指令和要求的限定。分析组织形成其政策的过程和渠道，被认为是获取外交政策的经验知识的一个更为优越的方法。官僚政治方法的优点是它的经验主义：它对政策在官僚背景下得以执行的具体方式的细心关注。这种方法不仅力求探明发生了什么，还试图解答它为什么是那么发生的。

这方面最著名的研究是格雷厄姆·阿里森（Graham Allison）的论1962年古巴导弹危机的书——《决策的本质》（*Essence of Decision*，1971；Allison and Zelikow，1999)。这一分析提出了理解这场危机中美国决策行为的三种不同而又互补的方法。(1)“理性行为体的方法”。它提供了解答这个问题的一种模式：根据当时的情报，什么才是实现本身目标的最佳决策？这里的假设就是：政府是统一与理性的；它们想要实现明确界定的外交政策目标。(2)“机构过程”模式。据此，一项具体的外交政策来自一批只寻求自身最佳利益并遵循“标准操作程序”的政府机构。最后，(3)“官僚政治模式”。它将决策者个人描绘为：怀着自己的特定目标讨价还价以竞争影响力的人。尽管有批评的声音（Bendor and Hammond，1992)，但阿里森的三种分析模式还是对许多外交政策研究发挥了作用。

4. 认知过程和心理分析法（cognitive processes and psychology approach）也聚焦于个人决策者，但它特别关注的是决策行为的心理方面，例如行为体的认知。罗伯特·杰维斯（Robert Jevis，1968，1976）曾研究过误解：为什么行为体会误解其他行为体的意图和行动呢？杰维斯给出了几个理由：行为体所看到的是他们想要看到的事物而不是实际上正在发生的事物；他们受到根深蒂固的、预先存在的信念（例如，将其他国家看得比实际上更具威胁）的指引；他们会陷入“愿望性思考”（wishful thinking）之中。这一范畴的另一个例子是玛格丽特·赫尔曼（Margaret Herman，1984）的著作。她研究了54位政府首脑的个性特征，由此得出：要理解领袖们的外交政策行为，就应该一并考虑诸如他们的外事经验、政治风格、政治社会化和更广义的世界观等因素。

5.“多层次和多维度”分析法（‘multilevel and multidimensional’ approach）是过去二三十年里发展起来的。这一时期人们越来越清楚地认识到，无所不包的外交政策理论是不存在的，就像国际关系学中不存在一种固定的理论一样。现在许多学者通过使用本书前面介绍过的各种主要理论来研究特定方面的外交政策制定。对均势、威慑和安全困境的研究——都是现实主义的方法，就是这方面的例子。托马斯·谢林的战略现实主义由博弈理论（见第三章）演化而来，它直接关注对外决策。在冷战时期的战略研究中，它得到了最成功的应用，当时美国和苏联都深陷核武器的斗争之中（Thomas Schelling，1960）（见网络链接 9.39 和 9.41）。谢林因为将博弈理论开天辟地地运用于外交政策而赢得了 2005 年的诺贝尔经济学奖。

正如第四章所指出的，自由主义者研究复合相互依赖、国际制度的作用、一体化的过程和民主化的道路。根据自由主义的观点，所有这些因素都以不同的方式促进外交政策朝着和平合作、互利共赢的方向发展。国际社会学者（第五章）探讨了政治家思想及其行为中的三大传统（现实主义、理性主义和革命主义），并细心考虑了它们的外交政策后果。在国际政治经济学（见第八章）中，新马克思主义者聚焦于核心与边缘的关系，界说了不发达的边缘国家相对于发达的核心国家的脆弱地位，并以此为基础来解释它们在外交政策运筹空间方面的缺憾。

6. 社会建构主义分析法（social constructivist approach）的外交政策分析的特点在于对观念、话语和身份的关注（见第六章）。建构主义者视外交政策制定过程为一个主体间世界，认为要达成对这一过程的更好的理论阐释，就得详细审视主体间世界的观念和话语。他们探究决策者的观念和话语在外交政策过程与结果方面的影响——因为许多行为是通过演讲和书写来传达的（Goldstein and Keohane，1993）。

“战略文化”是观念影响的一个例子。长期以来，国家都倾向于孕育出一套更为持久的、关于在处理对外事务中如何使用武力的观念。这套观念就是战略文化。人们可以预期国家的外交政策选择深受它们特殊的战略文化的影响（Alastair Johnston，1995）。亨里克·林德博·拉森（Henrik Lindbo Larsen）的一项研究显示，制定欧洲共同安全与防务政策的困难，是如何可以用法国、英国和德国战略文化的不相容来加以解释的（Lindbo Larsen，2008）（见网络链接 9.23）。

在建构主义中，有一个更具抱负的派系，它并不满足于把观念当成影响外交政策的众多因素之一。这些建构主义者声称，根植于观念和话语之上的身份是界定利益的基础，并因而存在于任何外交政策的背后。从这种观点来看，观念和话语总是在塑造外交政策（见网络链接 9.24，9.25 和 9.26）。一些建构主义者聚焦于观念和身份的国内来源（Ted Hopf，2002）；另一些则重视不同国家间的对话和话语（Wendt，1999）。

如何研究外交政策：一种层次分析的方法

上节简要分述的理论和方法在外交政策分析中都能有所助益。这里不可能把所有理论和方法都详细地陈述一遍。简化是必要的。我们推荐使用层次分析法来展示主要理论的论点。层次分析法是肯尼思·沃尔兹在研究战争起因时提出的（Kenneth Waltz，1959；同时见 Singer，1961）。沃尔兹从三种不同的层次来探究战争的起因：个人层次（人的本性是侵略性的吗?）；国家层次（一些国家是否比另一些国家更倾向于冲突?）；体系层次（国际体系中是否存在导致国家发动战争的条件?）。我们同样可以用这三个分析层次来研究外交政策。

- 体系层次（例如，国家间权力的分配；它们在政治和经济上的相互依赖）。
- 国家层次（例如，政府的类型是民主的还是独裁的；国家机构和社会群体之间的关系；国家机构的官僚架构）。
- 个人决策者层次（他/她的思想方法、基本信念、个人的优先考虑）。

体系层次

体系层次的理论在解释外交政策时指出了在国际体系中驱使或迫使国家采取特定行为方式（即遵循特定的外交政策）的条件。所以，体系理论首先需要就盛行于国际体系的条件说出些什么来，然后需要在那些条件和国家实际的外交政策行为之间建立起一种有解释力的联系。正如我们在前面的章节中看到的，关于国际体系的种种理论并没有就国际体系特有的主要条件达成完全的一致。现实主义者聚焦于无政府状态和国家之间追求权力与安全的竞争；由于国际制度的存在和国家追求进步与繁荣的共同愿望，自由主义者发现合作的空间更大。对于许多社会建构主义者而言，国家的目标不是预先决定的；它们是由出现在国家之间的话语和互动过程之中的观念与价值塑造而成的。出于表述的目的，可以把关于国际体系的不同观点归纳为表 9—1。

表 9—1　　关于国际体系的三种概念

	现实主义	自由主义	建构主义
主要理论命题	无政府状态；国家寻求权力和安全的竞争	国家想要进步和繁荣；受制于自由的价值	集体规范与社会身份能够塑造行为
主要政策工具	军事和经济实力	制度、自由价值、相互依赖的网络	观念与话语
对后冷战时代的预测	大国竞争的再现	合作随着自由价值的传播而不断增强	不可知：取决于观念的内容

基于对沃尔特版本的重要改进（Walt，1998：174）。

可见，有关国际体系的不同意象导致了关于国家如何行事的不同观点。但是，即使我们就其中的某种理论达成了一致，通过对国际体系的总体描述来获知国家特定的外交政策依然是复杂的。让我们聚焦于现实主义吧，它宣告在后冷战无政府的世界会再次出现大国间争夺权力和安全的竞争。在宽泛的意义上，这似乎是准确的。例如，美国的外交政策就“基本上与现实主义原则相一致，鉴于其行动依然按照保持美国的优势地位与塑造一个促进美国利益的战后秩序来进行设计”（Walt，1998：37）。

但是，体系的无政府状态和自助到底是怎样导致了特定的美国外交政策的呢？对于像肯尼思·沃尔兹或斯蒂芬·克拉斯纳这样的新现实主义者而言，解释国家行为的基本因素是国家之间的权力分布。在两极权力分布的体系中，两个互相竞争的国家被迫相互“制衡”以致成为对手：

> 当国家严格受制于国际权力分布时，它们就没有多少选择的余地。英国在第一次和第二次世界大战中被迫制衡德国，因为德国是一个有潜力主导欧洲大陆的国家，因而对大不列颠岛构成了威胁……当国际体系的约束力不是那么严格时，现实主义在分析上就不够精确了。例如，一个霸权国家并不一定关心它的领土和政治的完整，因为没有其他国家……能对它构成威胁。（Krasner，1992：39-40）

在缺乏约束时，均势对于理解领导国家的外交政策就没有多少的用处。根据斯蒂芬·克拉斯纳的观点，“这时引入其他观点，例如国内社会目标或官僚利益，是必要的。现实主义的解释总是从权力的国际分布开始，却不可能到此为止”（Krasner，1992：41）。在后冷战的世界里，美国至今还是有优势的力量。所以，美国尤其不会受到体系中其他国家或国家集团的约束。

但是，设如均势具有严格的约束力，那么一些国家在与其他国家竞争时又到底想要些什么呢？这个问题有赖进一步的假设。对此，防御性现实主义和进攻性现实主义有着很重要的区别（Rose，1998；Walt，1998）。防御性现实主义对无政府状态采取温和的态度，认为国家所更想得到的是安全而非权力。进攻性现实主义者，如米尔斯海默，相信国家“以牺牲对手的代价来寻求获取权力的机会，并且当预期收益超过成本时就利用这些有利形势。国家的最终目标就是成为体系中的霸主”（John Mearsheimer，2001：21）。对于防御性现实主义者而言，当现行均势足以保障国家安全时，它们基本上就会对其感到满意。对于进攻性现实主义者而言，国家总是焦虑地盼望提升它们在体系中的相对权势地位。显然，就不同的外交政策而言，要么遵循着防御性现实主义的假设，要么遵循着进攻性现实主义的假设。

在现实主义者看来，国家间权力的体系分布是分析和解释外交政策的最重要的层次。肯尼思·沃尔兹说：

> 第三个意象［体系层次］描述了世界政治的框架结构，但是，没有第一个和第二个意象，我们就无法理解决定政策的那些力量；第一个和第二个意象［个人层次和国家层次］描述了世界政治中的力量，但若没有第三个层次，就无法评估它们的重要性或预见它们造成的结果。（Kenneth Waltz，1959：238）

国家层次

一项关于外交政策的全面解释既包括国家层次，也包括个人决策者层次。一种方法是考察一国的国家机构和国内社会之间的关系。对一些现实主义者而言，这种关系是重要的，因为它可以评估政府动员和管理国家权力资源的能力。“外交政策不是由作为一个整体的国家制定的，而是由政府制定的。因此，真正起作用的是国家实力（state power），而不是国民实力（national power）。国家实力是政府借以实现自身目标的国民实力的那个部分，而且也反映了中央决策者可以借此实现其目标的宽松度”（Zakaria，1998：9）。根据这一观点，美国可能是一个非常强大的国家，但国民实力可能不是由政府任意支配的。从长的历史时段来看，美国是一个面对“强社会”的“弱国家”。因此，政府不能实施一种与其国家的实际权力资源相匹配的扩张性的和更自信的外交政策（见相关链接 9—2）。

相关链接 9—2

法里德·扎卡利亚论作为一个“弱国家”的美国

在内战后的几十年间，人们看到了美国物质资源的长期增长。但是，它的国民实力在一个弱国家（一个分权、散漫和分裂的国家）的掩蔽下处于休眠状态。总统和他们的国务卿曾多次努力将国家不断上升的实力转变为海外影响，但他们主导的是一个具有联邦制结构和弱小的中央官僚机构的国家，因而不可能从各个州政府或整个社会那里获取人力和财力……19 世纪八九十年代标志着美国作为现代国家的开始，它主要是在应对由工业化产生的国内压力的过程中形成的……国家结构的这种改变与国民实力的持续增长相辅相成。到 19 世纪 90 年代中期，行政部门已能越过或强迫国会去拓展美国的海外利益；美国在美西战争中的决定性胜利，更使得美国实力蒸蒸日上的感知清晰化了……在接下来的岁月里，美国便展开了戏剧性的扩张。

Zakaria（1998：10-11）

现实主义的分析表明，探究整体权力或权力的体系分布是不够的。还有必要研究一个国度的政府和社会之间的联系，以恰当地评估政府为实现其外交政策意图而动员和摄取社会资源（如军事开支和对外援助）的能力（Christensen，1996；Schweller，1998）。不像现实主义者，自由主义者相信社会中的个人、集团、组织在外交政策中扮演着重要的角色（见第四章）。他们不仅影响或阻挠政府，还通过创造跨国联系这一国家间交往的重要成分来独立地处理国际关系（或推行“外交政策”）。社会学自由主义者认为，由政府开展的国际关系已经“得到了那些能够而且对事件进程确已产生重要影响的个人、集体和社团之间的相互关系的补充”（James Rosenau，1980：1）。相互依赖自由主义者指出，国际关系变得越来越像国内政治，“其中，不同问题既在政府内部又在跨政府间产生了不同的联合，而且还引发了不同程度的冲突。政治并没有止步于界河的边上”（Keohane and Nye，1977：25；同时见第四章）。那么，在这些自由主义者看来，将外交政策视为来自不同国家的精英之间的交流就太狭隘了；社会之间错综复杂的关系网络也必须纳入视野之内。

外交政策的另一种重要的自由主义理论来源于共和自由主义。正如第四章所介绍的，它的观点是自由民主国家间奉行的外交政策要比非自由民主国家间的外交政策更具有和平与守法的性质。这可以被视为外交政策的自由主义理论：自由民主国家是以一种和平解决冲突的政治文化为基础的。这导致了民主国家与其他民主国家间的和平关系，因为民主政府是由那些不鼓动和不支持向其他民主国家开战的公民所控制的。随着冷战后民主化进程在许多国家的发生，关于民主和平的自由主义理论的新一轮激烈的论战又开始了。一方面，一些批评家声称，早期的民主化进程或许会导致更多而不是更少的国内冲突（Elman，1997）；另一方面，其他的批评家却认为，该理论在逻辑上有严重的缺陷，因为按照它的说法，自由民主制会导致更为和平的外交政策行为（Rosato，2003）。

因此，在涉及国家层次的外交政策分析时，我们首先需要注意现实主义和自由主义这两种方法之间的大体区别。现实主义者最惯于将国家（即政府）视为一个强有力的、自主的单元，认为它至少能在绝大多数时间里从社会摄取到资源并能将其意志强加于社会。所以，外交政策分析首先也最应当聚焦于国家的政府。相反，自由主义者通常视国家为一个听从社会强势群体的吩咐的相对虚弱的实体。正如安德鲁·莫拉夫斯克提出的，外交政策所反映和遵从的，是国内社会中由集团和个人组成的不同联合体的偏好（见第四章）。因此，外交政策分析不仅应该关注社会中不同集团如何影响外交政策的制定，还应该关注它们是如何主导对外决策的。在这两种情况下，国家和社会之间的关系在外交政策分析中都是起作用的。但是，现实主义方法是以国家为中心的，而自由主义方法却以社会为中心（见网络链接 9.20 和 9.22）。

公司影响政府的一个重要例子是艾森豪威尔总统在 1961 年告别演说中所称之“军工复合体”（the military industrial complex）。他说：

> 在政府会议上，我们必须警惕未经许可的影响力的渗入，无论这是不是军工复合体的追求。错位权力灾难性上升的可能性一直存在，而且将持续下去……我们永远不能让复合体的压力威胁到我们的自由或民主程序。（Quoted from：<http://www.sourcewatch.org/index.php?title=Military-industrial_complex>，accessed 18 November 2008）

在 2002 年，詹姆斯·法洛斯（James Fallows）这样说：“军工复合体恢复到了令艾森豪威尔担心的地步：不管武器是否被使用（或能否使用），反正它们都会被买下。军事预算自然也就在飞速上升。”（Fallows，2002：47）

前述的国家层次分析方法聚焦于国家（政府）和社会之间不同类型的关系。我们现在要讲的方法则将焦点转移到了国家机构内部的决策过程。这类方法带来了一个问题：国家制定的政策是否真的基于“理性选择”呢？根据理性选择的观点，国家能够正确辨别外交政策的挑战；在考虑国家的目标和价值时，国家能够依据收益和成本作出最可行的决定。这就是外交政策制定的“理性行为体模式”（Rational Actor Model）（Allison and Zelikow，1999）。国家真是以这种方式在作决策，还是在用更为复杂的方式呢？

“官僚政治”的方法拒绝将官僚决策视为一个理性的过程。在官僚政治中，决策更像是一个人们为了各自的地位和权力而展开竞争的过程：“竞赛的名头叫政治：在政府中按照等级定位的运动员们循环往复地进行着讨价还价。因此，政府行为不能被理解为组织的产物，而应被视为这些讨价还价的结果。”（Allison，1971：144）戴维·科扎克和詹姆斯·基格（David Kozak and James Keagle，1988）的一项研究给出了官僚政治模式的核心特征（见相关链接 9—3）。

相关链接 9—3

官僚政治模式
● 官僚和官僚体制受部门利益（为了确保其生存）的驱动。
● 不同的部门处在对种种赌注和奖赏的恒定竞争之中。其净效应是一种政策过程，由此展开的是机构生存、扩张和增长的斗争，因而帝国主义无可避免。
● 竞争产生部门内的官僚文化和行为模式。“你的位子决定你的脑子”，这句格言准确描述了这种状况。
● 在决策方面，官僚要比民选官员拥有更多的优势，包括专业技能、连续性、对实施与连贯性的责任。这些特点在职业官僚和民选官员之间会造成一种不对称的权力与依赖关系。
● 在官僚政治舞台上制定的政策被赋予了讨价还价、调和与折中的特点。
● 在官僚政治体系内，要求变革的提议是受政治考虑驱动的。官僚们对自我保存有着根深蒂固的兴趣。
● 由于它的本性，在民主社会里，官僚政治会引发关于控制、义务、回应和责任方面的质问。
改编自 Kozak and Keagle（1988：3-15）。

对官僚政治模式的批判者声称，视官僚决策为非理性的观点走得太远了。一些学者认为，危机中的决策鲜有官僚政治色彩，因为这些决策是由一些能够获取最佳信息的关键决策者在高层作出的（见网络链接 9.40）。这种模式还低估了总统在美国体系中的作用。他“不只是复杂的官僚游戏中的另一个玩家。他不仅必须最终决定而且还必须挑选出谁是其余的玩家。这一过程在形成最终决策方面可以起到关键的作用”（Holsti，2004：24）。

这就把我们引向了“团体迷思”（groupthink）的方法。这一术语是由心理学家欧文·贾尼斯（Irving Janis）新造的，用于描述一个团体达成错误或非理性决定的过程。贾尼斯把团体迷思定义为：“当人们深深地卷入一个有凝聚力的内部人团体之中且当其成员对全体一致的追求压倒了他们对其他行动方案进行现实评估的动机时所采取的思考模式。”（Janis，1982：9）当团体迷思出现时，这个群体难以用替代性方法来达成最佳决策。当作出的决策受到团体迷思的影响时，就会产生如下的缺点：目标未经准确界定；替代行动方案未被充分研发；优先选项的风险未经仔细审视；信息收集不足；用有偏见的方式处理信息；未能制定出应急计划（Janis，1982）。贾尼斯分辨出了团体迷思的八个主要特点（见相关链接 9—4）。

相关链接 9—4

团体迷思的特点
● 对无懈可击性的幻想：这个团体相信其决策行为是毋庸置疑的，这会造成过度的乐观和极端的冒险。
● 对团体固有道德的信仰：成员们会忽视其决策的伦理或道德后果。
● 集体的合理化：在以往的政策决定被接纳之前，团体会低估本可以使其重新考虑其假设的那些凶险之兆。
● 对外部人团体的成见：将外人刻画得过于邪恶或愚蠢，以至不屑于考虑他们的战略或尝试与他们谈判。
● 自我审视：成员们想要避免对共识的偏离，并把其怀疑和反对意见的重要性降到最低。
● 对全体一致的幻想：部分由于沉默或自我审视，成员们分享着这样的信念：他们的判断是全体一致的；沉默就意味着没有异议。
● 对持异议者的直接压力：非难或惩罚那些对团体习见、幻想或承诺表达了强有力的反对意见的人；忠实的成员不会提出质疑。
● 自命的“思想督察”（mindguards）：这些成员保护团体免受可能威胁到共有幻想（关于团体有效性或道德性的）的负面信息的影响。
基于 Janis（1982：244）。

贾尼斯分辨出了几个涉及美国外交政策的团体迷思的重要例子：珍珠港事件（美国海军指挥团体相信日本人永远不会冒险袭击美国；主管的海军上将在事发前刚刚嘲笑过遭袭的说法）；猪湾事件（肯尼迪总统的团队让自己相信：卡斯特罗的军队是软弱的，大众对他的拥护是空虚的，反对意见因而受到了压制或被否定了）；越南战争（约翰逊总统的团队更多地聚焦于如何说明战争的正当性而不去反思过去的决定，反对者反而遭到了奚落）。在贾尼斯看来，我们可以设计出一些补救方案来避免团体迷思的负面后果，并提高团体作出更好决策的能力（Janis，1982；还可见 Hart et al.，1997）。了解“团体迷思”的益处，不仅在于它能更好地解释被误导的外交政策，而且在于它让人知道如何才能避免这类政策的再次出现。

个人决策者层次

就像官僚机构或小团体可能并不总是基于理性行为体模式来决策一样，这种情况也适用于个人决策者。在进行理性和客观决策方面，人类有能力上的局限——认知限制。在奥利·霍尔斯蒂（Ole Holsti）看来，

> 对理性的认知限制包括：在获取、处理和吸收有关形势的信息上的个人能力限制；在辨别一整套备选政策上的无能为力；对于每个选项的后果只具备零散的知识；在单从功利尺度排列优先事项上的无能为力。（Holsti，2004：27；也参见 Jervis，1976；Rosati，2000）

这些局限与个人感知和处理信息的方式有联系。亚历山大·乔治（Alexander George）总结说：

> 每个人在发展的过程中都会获得一套关于自然和社会环境的信念与个人构想。这些信念会给他提供一种相对连贯的方法来组织和理解从环境中选取的、若无这种方法就会令人疑惑和迷惘的信号与线索……这些信念和构想必然简化与构造外部世界。（George，1980：57）

杰瑞·罗萨蒂（Jerel Rosati）的最新分析提出了人类认知（即通过使用推理、直觉或感受来获取知识的过程）和决策者信念起作用的几种方式（见相关链接 9—5）。

相关链接 9—5

人类认知和决策者信念对外交政策的影响

1. 通过决策者信念的内容
2. 通过决策者信念的组织和结构
3. 通过感觉（和错觉）的共同模式
4. 以坚定（和灵活）的认知对待变革和学习

引自 Rosati（2000：53）。

这些影响可以进行如下拓展（基于 Rosati，2000）：

1. 决策者信念的内容：内森·莱特（Nathan Leite，1951）的一份早期研究将苏

联共产主义精英的信念体系刻画为一种“操作性代码”（operational code），它包含着驾驭形势判断的“哲学信仰”（philosophical beliefs）和规划行动方针的“工具信仰”（instrumental beliefs）。斯蒂芬·特温（Stephen Twing，1988）曾解释了美国的文化神话和传统是如何帮助塑造冷战期间约翰·福斯特·杜勒斯（John Foster Dulles）、埃夫里尔·哈里曼（Averell Harriman）、罗伯特·麦克纳马拉的世界观和决策风格的。罗伯特·阿克塞尔罗德（Robert Axelrod）和其他人通过追溯外交政策信念对特定问题的影响来研究了国际事务决策的“认知复杂性”（Eagly and Chaiken，1993）。

2. 决策者信念的组织和结构：决策者的信念体系会不断变化。其中一些是连贯的和全面的，另一些则是零碎的和粗略的。后者更倾向于“无约束思考”（uncommitted thinking）：“为不确定性所困扰并处于大量信息渠道交汇点上的决策者，倾向于在不同时候针对相同的决策问题采用不同的信念模式”（Steinbrunner，1974：136）。例如，吉米·卡特（Jimmy Carter）倾向于“无约束思考”，而有经验的美国外交政策顾问如兹比格纽·布热津斯基（Zbigniew Brzezinski）和塞勒斯·万斯（Cyrus Vance）则展示了连贯的信念体系（Rosati，2000：58）。

3. 感觉（与错觉）的共同模式：感知模式导致偏见的方式有好几种。其中之一就是造成对对手的刻板印象。奥利·霍尔斯蒂（Ole Holsti，1967）表现了约翰·福斯特·杜勒斯在冷战时期是如何对苏联坚持一种敌对的印象。“不管苏联的行为是否发生了改变，杜勒斯都一概排斥与他对莫斯科的‘固有奸诈意象’不相吻合的信息”（Rosati，2000：60）。打着如意算盘是偏见的另一个来源。越南战争期间，美国的决策者坚信美国不会输掉战争。这种过度自信使得他们在东南亚遭遇了更多的纠葛和磨难。

4. 以坚定（和灵活）的认知来对待变革和学习：根深蒂固的印象和信念往往会抵制变化。在对亨利·基辛格的外交政策信念的评论中，哈维·斯塔尔（Harvey Starr）揭示了其认知内容在一个长时段中都具有很强的稳定性。但当核心信条的确发生改变时，认知也很有可能在强烈的震动和退步后发生改变。米哈伊尔·戈尔巴乔夫的“新思维”出现在苏联遭遇了严重的政治和经济危机的时期。美国领导人对日本的印象在日本偷袭珍珠港后发生了巨大改变。美国精英对美国在世界事务中的地位的看法也受到了越南战争的严重冲击（Holsti and Rosenau，1984）。

当我们研究体系结构对决策者的总体影响或决策者身上的国内压力时，我们通常做的假设是：决策者是理性的。正如罗伯特·基欧汉所强调的那样：“体系结构和行为体行为之间的联系是由理性假设焊接起来的，它使得理论家能够预测领导者将如何回应环境带给他们的动因和约束。”（Robert Keohane，1986：167）有关人类认知和信念体系的文献提出了一些重要问题，这加深了我们对外交政策分析中的理性前提的怀疑：

> 由于威胁的存在取决于个人和社会的感知，我们就需要把威胁感知和身份形成的心理维度加入我们的更为结构性的分析之中……新现实主义者对感知变量的关注度在不断加强，新自由主义者不放过对观念作用的审视，社会建构主义者聚焦于身份问题。所有这些都意味着：通过加入心理层次的分析，其他层次的分析

模式可以得到强化。(Goldgeier，1997：164－165)

与此同时，采用“认知”路线而非“理性”路线也有潜在的下滑迹象。在世界政治中，对人类认识稍稍全面的研究会产生庞大而复杂的研究议题。无论从收集信息还是从分析的角度来看，这些议题都是十分耗时的。此外，

> 添加分析层次可能会导致范畴和变量无序增长的危险。这样，决定哪个范畴和层次更为重要或不那么重要就可能变得愈发困难，而且对个别案例的特别解释也会侵蚀掉对各种案例进行通盘考量的可能性。(Holsti，2004：31－32)

然而，许多学者都相信：在试图把从相互竞争的方法中得来的洞见结合在一起时，将不同的理论和分析模式结合起来还是有可能的。下节要介绍的就是一项这样的研究尝试。

波斯湾走向战争：一个案例研究

1990 年 8 月 2 日，伊拉克入侵弱小邻国科威特。四天以后，科威特这个国家被吞并，成为伊拉克的第 19 个省。联合国和其他许多国家都担心伊拉克接下来将入侵产油大国沙特阿拉伯。联合国决议谴责了这次入侵行为，并要求伊拉克无条件从科威特撤军。5 个月的谈判毫无进展，唯一的选项就只能是战争了。1991 年 1 月中旬，由美国领导的将伊拉克驱逐出科威特的军事行动便开始了。到 2 月末，伊拉克被迫撤出了科威特。

为什么美国决心在波斯湾发动战争呢?（见网络链接 9.56，9.57 和 9.67）。史蒂夫·A. 耶梯夫（Steve A. Yetiv，2004）在试图回答这一问题时，揭示了将三种不同的理论视角结合起来以得出更为综合的答案是多么有必要。这些理论视角是：理性行为体模式（RAM）、团体迷思模式和认知模式。这些方法与上面介绍的三种不同的分析层次是相互匹配的。耶梯夫分析的基准模式是 RAM，它把美国视为一个受国家利益驱动的统一的行为体，它还假定美国作出的决策是基于理性选择的。相关链接 9—6 总结了从 RAM 视角对美国如何和为什么走向战争的解释。

相关链接 9—6

RAM 视角的运用

论点是：美国认为自己在波斯湾拥有关键的国家利益。为了保护它们，美国努力思考并穷尽了替代战争的外交和经济手段。它面对的是一个毫不妥协的伊拉克政权，而且相信：随着时间的推移，等待制裁起效的成本会越发超过收益。因此，考虑到危机中的伊拉克的行为和即使它撤出科威特仍然具有的持续威胁，华盛顿意识到战争是必须的。虽然伊拉克可能或不可能得出相似的结论，但是情况依然是：双方都不能容纳或达成一个谈判解决的方案，因为他们讨价还价的立场即便不是无一点重合，也太不重合了。这进一步使美国倾向于战争。此外，国际关系中的无政府结构也加强了这种逻辑。在它们的战略互动中，美国不相信伊拉克会从科威特撤军并在以后不再侵略科威特；而伊拉克也不相信美国在其同意撤出之后就不会攻击或骚扰它了。

引自 Yetiv（2004：32－33）。

RAM视角凸显了美国和伊拉克之间的战略互动，貌似可信地解释了为什么最后走向战争是不可避免的。但是，这种分析也存在把我们置于黑暗和未受质疑的假设之中的危险。很明显，RAM是以关于国际体系的现实主义模式为前提的；它被赋予了无政府状态和自助的特征，所以战争的可能性总是存在的。在本案例中，这似乎是完全合理的。但是，正如前面指出的（见表9—1），存在着关于国际体系的不同概念，它们会导致对国家所承受的体系性压力的不同看法。我们只有打开“美国”这个“黑匣子”并更深入地审视决策者的感想，才能充分了解他们是否受到了对国际体系的现实主义理解的驱动。我们也无法知道决策过程是否如RAM模式所假设的那样是完全理性的。在作出决定之前，是否所有替代战争决定的可能选项都得到了仔细的鉴别与周密的审视？为了知道这些，深入研究决策过程的其他理论视角都是必要的。

认知方法聚焦于关键决策者个人，本案例中就是乔治·赫伯特·沃克·布什总统。他为什么频繁使用情绪性言辞来攻击萨达姆·侯赛因？是什么让他断然拒绝与萨达姆的任何妥协？他为什么要先于其顾问提出战争选项？耶梯夫在运用认知方法时强调了历史类比的重要性：决策者是如何通过类比来创造自己对现实的意象并简化决策的呢（Yetiv，2004：99）？在海湾战争这个案例中，布什总统最重要的历史类比是慕尼黑事件，这正如相关链接9—7所解释的。

相关链接9—7

认知模式的运用

对布什而言，像国内外许多人期望的那样同萨达姆妥协，会使他成为现代的内维尔·张伯伦。作为英国首相，张伯伦在1938年慕尼黑会议上将捷克斯洛伐克的苏台德地区——一块讲德语的、希特勒想要重新将其并入德国的边陲之地——割让给德国。被希特勒愚弄的张伯伦相信他在慕尼黑的行动会带来他所谓的“我们一代人的和平”，在这之前英国多次对纳粹德国实行绥靖政策。事实上，希特勒随即控制了捷克斯洛伐克并入侵波兰，这迫使英国改变政策，并创造了慕尼黑类比——指的是在面对野蛮侵略时绥靖的失败。通过慕尼黑透镜，布什倾向于视萨达姆为一个类似希特勒的独裁者，美国不能迁就于他，甚至连一丁点儿不起眼的虚假恩惠也不能给他……这一类比更可能使布什把自己与萨达姆的冲突个人化，断送掉与萨达姆妥协的其他努力，并宁可使用战争也不依靠持续的经济制裁。

引自Yetiv（2004：61）。

认知模式强调了美国的战争决定方面，但这在理性行为体模式中却没法作出令人满意的解释。历史类比的观点有助于解释为什么布什总统强烈偏爱战争选项并放弃与萨达姆的妥协。难道是对历史类比的强烈依赖导致了布什的非理性行为吗？情况不一定是这样。类比思考有助于确定手头问题的实质并影响行动方案的探寻。这种思考也会“破坏理性过程，如果它带来了重要的偏见、排斥或限制了对新信息的探究，抑或促使行为体忽略了与类比中暗含的信息相冲突的事实和选项的话”（Yetiv，2004：61）。这在海湾战争的案例中发生了吗？耶梯夫的分析使问题变得开放。一方面，类比法支持理性思考的努力；另一方面，布什也使用类比法来“建构危机，以至于我们可以这么说，这种类比既是一个经历过第二次世界大战的总统的真心感受，又被用来增进了战争选项的可能”（Yetiv，2004：158）。

团体迷思模式强调足以导致有瑕疵之决策的小团体行为中的那些关键要素。有两个团体（它们有重叠）对海湾战争的事感兴趣：内圈团体由总统布什、副总统丹·奎尔（Dan Quayle）、国家安全事务助理布伦特·斯考克罗夫特（Brent Scowcroft）和白宫办公厅主任约翰·苏努努（John Sununu）四个人组成；外圈团体由上述四个人再加上国务卿詹姆斯·贝克（James Baker）、国防部长理查德·切尼（Richard Cheney）、参谋长联席会议主席科林·鲍威尔（Colin Powell）和国家安全事务副助理罗伯特·盖茨（Robert Gates）组成。耶梯夫的分析试图证明促成团体迷思的条件是存在的且这些条件还确实导致了有毛病的决策（从战争的替代方案没有得到更充分的考虑的意义上来看）。相关链接 9—8 阐释了海湾战争案例中团体迷思的成分。

相关链接 9—8

团体迷思模式的运用

八人团体的排他性和对有条不紊的决策程序的拒绝都助长了团体迷思并使布什和斯考克罗夫特在没有仔细考虑其他选项的成本和收益的情况下提出了战争选项。八人团体以其强大且有偏见的领导人为依托，逐渐地汇聚到了经济制裁不会有效这个观点的周围……布什坚持并采纳了那个先于其他顾问提出的决定，甚至没有咨询美国最高级别的陆海空军将领的意见。在他们中间，鲍威尔因此而大惑不解，施瓦茨科普夫则狂怒不已。［查斯·W.］弗里曼［美国驻沙特阿拉伯大使］在该领域发挥了基础性的作用，他还与战地指挥方面的施瓦茨科普夫一起与华盛顿保持着联系。他断言，“记录将会显示许多问题都没有经过充分的讨论”。

引自 Yetiv（2004：118）。

这一节简要地表明：在 1991 年美国为什么在波斯湾选择战争这个案例上，怎样才能把不同的分析视角一并用于分析并形成见解。RAM 是最一般和最综合的方法。它把握了伊拉克入侵科威特对美国国家利益的挑战；它假定伊拉克和美国之间的战略互动是如何促使美国选择战争的。其他方法都没有这么综合，但即便如此，每一种方法也都在理解为什么战争选项会胜过其他选项上有重要的贡献。另外的可以产生别的见解的方法，也是可以运用的，因为它们会带来关于这个案例的更多信息。学者们不会就种种方法的任何“最佳组合”达成一致。一些学者会说 RAM 确实可以告诉我们关于这个案例的足够知识，因为它可以考察萨达姆对美国的挑战并说明为什么回应挑战的选项是战争。其他学者或许认为，我们必须把国家层次和个人决策者层次也包括进来，才可以做出完整的分析。

末了总结，有一点或许值得记取：许多外交政策决定与行动都是在不确定的环境里和不完善的知识下采取的。与国内政策相比，外交政策更具有不确定性且更容易暴露于不稳定和冲突，而国内政策是在主权政府（拥有法律权威并凌驾于国内社会之上）的管辖下实施的。不仅如此，外交政策制定者需要认真应付的许多事项和难题都处于不断的变动之中，这些变动也会造成不确定性和困难。因此，恐怕根本就没有哪个决策者能够知道他们当时制定的外交政策是“正确的”或是“错误的”。这种知识通常都只有在事后回顾时才能得到证明。这个主题的上述困难，或许应该使我们对那些声称能够提供外交政策制定的终极解释的分析模式持怀疑的态度。

对专家和“智库”的提示

外交政策引发了广泛的兴趣和大量的研究，而影响或改进外交政策过程和国家的目标则是大部分研究的目的所在。一个多世纪以来，人们正是怀着这样的目的建立了许多所谓的智库（见网络链接 9.59 和 9.60）。它们是一些传播有用信息和为国际事务与难题提供专业建议的机构。了解它们是必要的，因为它们已经卷入许多国家的外交政策过程，尤其在美国，它们的影响更是受到了广泛注意。它们是传统的决策机构，例如外交部、国防部、外经贸部等的补充。一些智库还拥有作为政府内阁与部门的附属机构的身份和地位。著名智库兰德公司就是一个信誉度很高的美国国防部的政策单位。

有些最重要的智库属于私人机构，它们着眼于制定与兜售外交政策理念和战略，以期塑造公众舆论和影响政府政策。外交政策方面的许多主要专家大都是这些机构的成员，却并不属于正规大学的国际关系学系。在美国，这些专家作为公共知识分子发挥着显著的作用。在当今，这类人包括伊沃·达尔德（Ivo Daalder）、罗伯特·卡普兰（Robert Kaplan）、托马斯·弗里德曼（Thomas Friedman）、迈克尔·赫什（Michael Hirsh）、萨曼莎·鲍尔（Samantha Power）、乔纳森·谢尔（Jonathan Schell）、本杰明·巴伯（Benjamin Barber）、法里德·扎卡利亚（Fareed Zakaria）（见网络链接 9.61—9.67）。在政府机关和大学院系之外的私人部门内，确立起一份成功的外交政策分析职业已经是可能的了。

最早的外交政策智库出现在 20 世纪前期的美国。这些智库反映了美国当时主要的慈善家和公众知识分子致力于创建研究机构的愿望。在这些机构内，学者和领导人可以相约研讨国际问题，以求解决或至少比过去更有效地去看待它们。在当时就有三个特别重要的研究机构：1910 年由钢铁巨头安德鲁·卡内基（Andrew Carnegie）创建的卡内基国际和平基金会（见相关链接 9—9）；1919 年由赫伯特·胡佛（Herbert Hoover，后来成为美国总统）创建的胡佛战争、革命与和平研究所；后来演变成为世界上最受尊重的外交政策研究机构之一的对外关系委员会（见网络链接 9.68）。现在，仅在美国就有大约 2 000 个智库，其中大部分隶属于大学，但可能有 500 个是私人机构。其中一些重要的智库，如美国企业研究所、布鲁金斯学会、兰德公司和对外关系委员会，都拥有不少的职员（有时人数达到了数百人）和预算（可达几百万美元）。

美国是一些最著名的外交政策研究机构的故乡。但在过去的一个多世纪里，其他许多国家也建立了智库。其中最有名的是英国皇家国际事务研究所（Chatham House），其建立的时间（1920 年）与美国最早的机构差不多。同期建立的外交政策研究机构还有加拿大国际事务研究所（1928 年）和澳大利亚国际事务研究所（1933 年）。这些机构被认为创造并传播了关于如何结束战争和如何在更持久的基础上缔造和平的知识。它们建立的历史背景都是第一次世界大战所造成的苦难和破坏。

第二次世界大战以后，在欧洲和欧洲之外又建立了更多的外交政策智库。其中，更值得注意的是这几个：德国国际与安全事务研究所（1962 年）、斯德哥尔摩国际和平研究所（1966 年）、法国国际关系研究所（1979 年）、日本国际政策研究所（1988 年）、荷兰西塞罗欧洲一体化基金会（1992 年）、丹麦国际事务研究所（1995 年）、印度和平与冲突研究所（1996 年）。这些机构研究的外交政策问题五花八门，包括防务与战略、恐怖主义、人权、全球贫困、欧洲一体化、和平研究、地区冲突、国际贸易、能源、科学技术、社会政策以及其他许多问题。

相关链接 9—9

外交政策智库

卡内基国际和平基金会——美国

卡内基国际和平基金会是在安德鲁·卡内基的资助下，于 1910 年在华盛顿特区建立的。作为一个免税运行（无权转让）的基金会，该基金会从事与国际事务和美国外交政策有关的研究、讨论、出版和教育项目。该基金会还出版《外交政策》（*Foreign Policy*）季刊。

对外关系委员会——美国

1921 年成立的对外关系委员会是一个非营利性的、由超党派成员组成的机构，它在议题上没有立场，致力于通过观点的自由交流来完善对国际事务和美国外交政策的理解。

外交政策研究所——土耳其

外交政策研究所，作为一个研究土耳其外交政策的独立机构，成立于 1974 年。自成立以来，它把活动范围扩大到了战略和地区研究以及国际事务研究。

法国国际关系研究所

蒂埃里·德·蒙特布里亚尔（Thierry de Montbrial）在 1979 年创立的法国国际关系研究所（Institut français des relations internationales 或 Ifri），是法国主要的、独立的国际关系研究中心。它致力于以政策为导向的研究，并从事全球政治事务的分析。

乔治·C. 马歇尔欧洲安全研究中心——美国

成立于 1993 年 6 月 5 日的乔治·C. 马歇尔欧洲安全研究中心，以稳定和加强后冷战时代的欧洲为使命。特别地，它援助那些向往民主制的欧洲国家的国防部和外交部，以使其建立反映民主原则的国家安全机构和体系。

德国对外关系委员会

德国对外关系委员会（DGAP）是德国的国家外交政策网络。作为一个独立的、私人的、超党派的、非营利性的机构，该委员会积极地参与政治决策，并促进人们对德国外交政策和国际关系的理解。

国际战略研究所——英国

国际战略研究所（IISS）成立于 1958 年，是一个独立的关于冲突问题的研究、信息和辩论中心。不管这些冲突是怎样引起的，也不管其实有还是隐含有重要的军事内容，它的基本工作就是评价各类可能导致不稳定的政治、经济和社会问题以及可能导致国际合作的种种因素。

荷兰国际关系研究所（CLINGENDAEL）

荷兰主要的国际事务研究机构。"特别致力于欧洲一体化、跨大西洋关系、国际安全和冲突的研究，以及国家和国际能源市场的政策制定、谈判和外交的研究，并特别关注联合国与其他的国际组织。"

斯德哥尔摩国际和平研究所

研究所的任务是开展对于国际和平与安全有重要影响的冲突与合作问题的研究。其目的在于增强对和平解决国际冲突的条件的理解并促进稳定的和平。

能将美国主要智库与世界其他地区的类似机构区分开来的，是美国政府决策者愿意向智库咨询政策建议并经常听从它们的建议。外交政策专家的意见，可接受度高并且有权威性。正是这种参与决策的机会和能力使一些学者总结说，美国智库比其他大多数国家的智库对公众政策的影响力要大。纽约和华盛顿一遭遇恐怖袭击，来自美国一些主要外交政策研究机构的政策专家就显眼地出现在大众媒体上提供他们的想法和建议。

一些智库把这个事件当做向决策者和公众兜售观点的机会（见网络链接 9.42 和 9.43）。这只不过是美国在处理外交政策事项和难题时智库发挥专业知识作用的一个例子。

许多美国人接受这样的观点：如果政府听从正确的专业意见，国际问题就能够得到解决。问题是要想出好的办法来得到正确的解决方案。这就需要专业知识。通过培训和聘用专家，就能够找出那些解决方案。理性主义意识深深地根植于美国的文化和历史。因此，许多美国人都有着一种改进外交政策以使世界更加美好的强烈愿望。怀疑主义在总体上是微不足道的。

第二次世界大战后，面对作为一个世界超级强国的责任，华盛顿的决策者就征求过一些专家的意见，让专家帮助他们就如何应对正在出现的苏联威胁确定一个新的安全战略。他们向智库寻求专业知识，并且惊异地发现新成立的兰德公司就有他们正在寻找的东西。该公司成立于 1948 年，它凭借政府融资来研究核时代初期的美国安全政策。它采用技术—科学的方法，以科学家和经济学家为班底，因采用成本—收益和理性选择来分析外交政策问题而出名。与早期那些寻求从外部影响和劝告政府的智库不同，兰德公司从内部帮助政府形成外交政策。它开创了由政府部门资助专志于研究决策者特别关切的问题的新一代政策研究机构的先声。

在离现在更近的时候，一种新的倡导型智库开始在美国和其他国家出现。这些后来的机构不像早期的政策机构（如对外关系委员会）那样注意与政府保持一定的距离，也不像兰德公司这类直接涉足政府决策过程的政策机构，它们并不只在意政策建议或专业知识的提供，它们在意的是对政策学说的倡议和对它们已确定要加以推广的政策价值的劝行。许多人权机构就属于倡导型智库，其中最有名的就是大赦国际。许多环境机构也是倡导型智库：绿色和平组织（Greenpeace）可能是最著名的。一些学者认为，这些机构是“跨国活跃分子的团体”（transnational activist groups）；这些人所涉足的新“世界公民政治”（world civic politics）遍存于“跨越国界的……全球公民社会（global civil society）”（Wapner，1995：312-313）。

美国最著名的一些倡导型智库是：战略和国际关系研究中心（1962 年）、遗产基金会（1973 年）、卡图研究所（1977 年）。这些机构和其他类似的机构赋予了外交政策研究一种教义性和好战性的基调，这在大众媒体上体现得尤为明显。媒体经常约请智库以报纸专栏文章或电视采访的形式就美国当前的外交政策问题发出反对的声音。

关键点

● 外交政策分析研究有别于国内政策的国家对外关系和对外活动的管理问题。外交政策包括目标、战略、手段、方法、纲领、指令、理解、协议等内容。一国的政府经由这些来指导本国与别的国家、国际组织、非政府行为体的关系。

● 理论和政策的关系是复杂的，因为任何一种理论并不必然得出一个清晰的政策选项；在大部分情况下，往往有几个不同的选项。即便如此，对理论的选择也有可能影响对政策的选择。正如第一章所解释的，这部分地是因为不同的理论强调不同的社会价值。

● “多层次，多维度”的方法。在过去的二三十年间，人们越来越清楚地认识到，无所不包的外交政策理论是不存在的，就像国际关系学中不存在一种固定的理论一样。现在许多学者都通过使用本书前面介绍的各种主要理论来研究特定方面的外交政策制定。主要的理论通常都暗含着外交政策或与外交政策直接有关的成分。

● 官僚结构和程序方法。该方法聚焦于决策行为的组织情景，认为决策行为要受决策得以做出的官僚结构的指令和要求的限定。分析组织形成其政策的过程和渠道，被认为是获取外交政策的经验知识的一个更为优越的方法。

● 认知过程和认知心理学。该方法聚焦于个人决策者，特别关注决策行为的心理方面。

● 社会建构主义方法聚焦于观念和话语（如第六章所述）。建构主义者视外交政策制定过程为一个主体间世界，认为要达成对这一过程的更好的理论阐释，就得详细审视主体间世界的观念和话语。

● 外交决策者面对的通常情形是他们不得不在不同的行动方案之间作出选择。这就引出了两个基本问题：如果有的话，哪些政策选项是可用的？其中哪个又是要遵循的最佳的方案？回答这些问题，就把我们带入了外交政策制定的核心。

● 理性行为体模式表明了伊拉克入侵科威特对美国的国家利益构成的挑战。它断言了伊拉克和美国之间的战略互动是如何促使美国以联军领袖的身份选择战争的。

● 尽管本章概述了好几种外交政策方法和分析层次，外交政策分析仍然是一个不完善的和有争议的知识体系。对于其中的关键问题，即使是那些最有见识的专家也有可能产生分歧。

练习题

● 外交政策分析的根本关注点是什么？

● 哪种方法是外交政策分析的最佳方法？为什么？

● 外交政策分析中哪个层次最能说明问题？为什么？

● 外交政策应该限于外交部或国务院（如现实主义者和国际社会学者所认为的），还是应该扩展到社会中的团体（如自由主义者所认为的）？

● 理性行为体模式在解释美国为什么于 1991 年在波斯湾选择战争这个问题上究竟有多大的用处？

● 关于外交政策制定的种种理论能够被运用于外交决策吗？或者，它们只能被用来解释那些已经作出的决策吗？

阅读指南

Allison，G. and Zelikow，P.（1999）. *Essence of a Decision：Explaining the Cuban Missile Crisis*，2nd edn. New York：Longman.

Baxstrom，R. et al.（2005）. "Networks Actual and Potential：Think tanks，War Games and the Creation of Contemporary American Politics，" *Theory and Event*，8/4：1-44.

Carlsnaes，W.（2002）. "Foreign Policy，" in W. Carlsnaes，T. Risse，and B. Simmons（eds），*Handbook of International Relations*. London：Sage，331-349.

George，A.（1993）. *Bridging the Gap：Theory and Practice in Foreign Policy*. Washington，DC：United States Institute of Peace.

Goldstein，J. and Keohane，R.（1993）. *Ideas and Foreign Policy. Ithaca*，NY：Cornell University Press.

Hart，P.，Stern，E. K.，and Sundelius，B.（eds）（1997）. *Beyond Groupthink：Political Dynamics and Foreign Policy-making*. Ann Arbor，MI：University of Michigan Press.

Hill，C.（2003）. *The Changing Politics of Foreign Policy*. Basingstoke：Palgrave Macmillan.

Ikenberry，G. J.（ed.）（2001b）. *American Foreign Policy：Theoretical Essays*，4th edn. Boston，MA：Scott Foresman.

Jervis，R.（1976）. *Perception and Misperception in International Politics*. Princeton，NJ：Princeton University Press.

Larsen，H.（1997）. *Foreign Policy and Discourse Analysis：France，Britain，and Europe*. London：Routledge.

网络链接

读者可在与本书配套的在线资源中心找到本章提到过的网络链接和附加链接。
www. oxfordtextbooks. co. uk/orc/jackson_sorensen4e/

第十章

当下国际关系中的关键议题

概　述

本章将讨论当下国际关系中的四个最重要的问题：国际恐怖主义、宗教问题、环境问题以及战争与和平的新样式。有的议题早就出现过，但出于多种原因，直到现在才提上议事日程。本章将讨论现行的方法能否解答这些问题，或者它们是否预示着国际关系理论需要一次更深刻的变革。

引　言

本章将讨论由当前事态所引发的四个最重要的议题。我们也可以选择其他议题，但它们已足以表明不同的议题何以能进入本学科并挑战其理论焦点。在国际关系学中，一个议题得以成为主题，是因为其在价值和理论上都被认为是重要的。价值之所以进入视野，是因为人们在判断什么重要或不重要时，往往要基于特定的价值。理论之所以被提到，是因为人们在论证某一议题时必须援引某些理论观点来说明其对国际关系研究的重要性。正因为如此，提出新议题通常就会引出研究国际关系学的新方法。

对这些新议题的讨论将按下述方式进行。首先，我们将从经验的角度来考察此类议题。这些议题都提出了什么问题？它们为什么被说成重要的？其次，我们将考量这些议题在国际关系学议事日程上的相对重要性。最后，我们将讨论这些议题给国际关系学带来的理论挑战的性质。传统方法能应对这些议题吗？是否还需要创设新的方法和概念（见相关链接 10—1）？

相关链接 10—1

国际关系学中的新议题：国际恐怖主义、宗教问题、环境问题、战争与和平的新样式

1. 议题的具体内容：我们应该研究什么？为什么研究？
2. 议题的相对重要性：它究竟有多么重要？
3. 理论挑战的性质：这个问题是否需要新方法与新概念？抑或它仍能以传统的方法来应对吗？

我们将首先讨论国际恐怖主义，然后依次是宗教问题、环境问题、战争与和平的新样式。这种排序并不表示某个议题比其他议题更重要。对具体议题的介绍将力求简明扼要。我们鼓励读者阅读本章结尾处开出的参考书目，以便对某一特定议题进行更深入的探讨。

国际恐怖主义

恐怖主义（terrorism）是为了达到政治、宗教或其他类似的目的而针对平民非法使用或威胁使用暴力的行为。国际恐怖主义通常会涉及不止一国的领土或公民。恐怖主义并不是新鲜事物，自从人类社会开始规范暴力的使用时，它可能就已经存在了。在纽约和华盛顿发生的、规模和程度不同于以往的“9·11”恐怖袭击，以及随后在安卡拉、马德里、伦敦和其他地方发生的恐怖袭击，使国际恐怖主义成为首要的议题。这其中涉及国际关系学，原因显而易见：国际关系学并不只关注国家和国际安全。当国际体系中唯一的超级大国美国把国际恐怖主义定义为美国安全的最大的威胁（国家安全战略，2002），并发动了一场“反恐”战争时，该议题立刻就受到了政界和学界的高度关注。

现在，准确定义恐怖主义还有些困难（见相关链接 10—2）。正因为如此，联合国至今也没能在恐怖主义的普遍定义上达成一致（见网络链接 10.01）。其中的一个争议就是恐怖主义与其他政治暴力形式之间的关系问题。有人认为存在合法形式的政治暴力，这并非恐怖主义。例如，1973 年，巴勒斯坦法塔赫运动的一个领导人就声称，他“坚决反对……恐怖主义”，但他又补充说，他不会把革命暴力与恐怖主义混为一谈，也不会把赋予政治动机的军事行动与没有政治动机的军事行动混为一谈（Iyad，1983：146）。

另一个争议是在定义上包不包括国家支持的恐怖主义。很显然，国家支持的恐怖主义的案例很多（Stohl and Lopez，1984）。同时，虽然近几年发生的大屠杀式的恐怖袭击似乎并不是由国家直接支持的，但这并不能成为在定义上把国家排除在外的有力依据。最后一个争议是关于“平民”这个说法的。有人认为这个说法有误导性，原因在于对非战斗值勤的军事人员的袭击也应该算是恐怖主义行为。因此，人们更喜欢用“非战斗人员”而非“平民”一词。

相关链接 10—2

英国 2000 年反恐怖主义法案，第一部分，第一节

第一部分　导言

1. 恐怖主义：释义

(1) 在本法案中，“恐怖主义”是指使用或威胁使用以下之行为：

(a) 第 (2) 款中所规定之行为；

(b) 使用和威胁使用的行为旨在影响政府或者胁迫民众或部分民众；

(c) 使用或威胁使用的行为旨在推进政治、宗教或者意识形态方面的目标。

(2) 以下行为属于本款所规定之行为——

(a) 对某个人施加严重的暴力；

(b) 对财产造成严重的损毁；

(c) 对某个人的生命构成危害，而该人并非实施行为之人；

(d) 对公众或部分公众的健康和安全构成严重的威胁；

(e) 旨在对电力系统构成严重的干扰或破坏。

(3) 如果第 (2) 款所规定的行为涉及使用武器或爆炸物，则无论其是否满足第 (1) 款 (b) 项之规定，均被视为恐怖主义。

(4) 在本款中——

(a)“行为”包括发生在联合王国之外的行为；

(b) 任何个人或财产包括任何地区的个人或财产；

(c) 公众包括但不限于联合王国的任一国家的公众；

(d)“政府”是指联合王国政府或联合王国所属地区的政府，抑或不限于联合王国的任一国家的政府。

(5) 在本法案中，为实现恐怖主义目标而实施的行为包括为被取缔的组织谋取利益的行为。

资料来源：www. opsi. gov. uk/acts/acts2000/20000011. htm.

大多数恐怖主义具有国家性质，与政治斗争有关。恐怖主义经常会发生在诸如哥伦比亚、尼泊尔、斯里兰卡或者印度尼西亚那样的弱国。在那里，民主政治相当脆弱，甚至缺失，而且现任的领导人也不具有合法性。最虚弱的国家大多分布在撒哈拉非洲附近，那里发生的恐怖主义或多或少笼罩在长期内战的阴影下。但比较稳定的国家，包括英国、印度、西班牙和阿根廷，也存在严重的恐怖主义问题。这种恐怖主义具有国内性质，因为敌人就是本国的国民，而且他们在得到当地同情者的支持后经常作为游击队员进行斗争。

20 世纪 60 年代后期以来，以劫机形式发生的国际恐怖主义开始迅速泛滥，因为从 20 世纪 50 年代起，航空旅行发展迅速，但机场缺乏有效的安保系统，国际传媒（尤其是电视）对此进行了广泛的报道，而这些报道引起了一些群体的兴趣，他们渴望把他们自己的信息传送到世界各地。因此，劫持航班的次数也从 1966 年的 5 次上升到 1969 年的 94 次（Kiras，2005：483）。虽然安全措施的改进减少了劫机次数，但是国际恐怖主义却从未消失过。20 世纪 80 年代，激进的穆斯林组织针对在黎巴嫩、伊朗、索马里和其他地方的美国目标的袭击不断攀升。

冷战结束后，这类袭击还在继续发生，而国际恐怖主义与激进的穆斯林组织相结合成为一种主要现象（见网络链接 10.03 和 10.04）。几乎所有的国际恐怖组织都在美国国务院的清单上（见相关链接 10—3），这些恐怖主义团体或网络中最臭名昭著的就是基地组织（al-Qaeda，The Base）。

国际恐怖主义已经唤醒了邪恶的幽灵，对经济合作与发展组织（OECD）内的国家和社会构成了有形的安全威胁。随着冷战的结束，人们希望这意味着在这些国家发生的战争和大规模暴力行为的终结。1991 年，科林·鲍威尔就宣称："我们正在打败恶魔、消灭敌人，压制了卡斯特罗和金正日的挑衅。"但是，基地组织的攻击又把关乎普通民众的安危重新提到了国家安全的日程上。

相关链接 10—3

恐怖主义组织，源自对外关系委员会

- 基地组织（阿富汗，宗教激进主义者）
- 奥萨马·本·拉登（基地组织领导人）
- 哈马斯，伊斯兰圣战组织（巴勒斯坦，宗教激进主义者）
- 阿克萨烈士旅（巴勒斯坦民族主义者）
- 解放巴勒斯坦人民阵线，解放巴勒斯坦民主阵线，解放巴勒斯坦人民阵线总指挥部（巴勒斯坦，左翼）
- 真主党（黎巴嫩，宗教激进主义者）
- 伊斯兰主义学生协会，埃及伊斯兰圣战组织（埃及，宗教激进主义者）
- 伊斯兰武装集团（阿尔及利亚，宗教激进主义者）
- 克什米尔极端武装组织（克什米尔，宗教激进主义者）
- 人民圣战者组织（伊朗，反叛者）
- 阿布·尼达尔组织（伊拉克，极端主义者）
- 保卫犹太人联盟（以色列，极端主义者）
- 车臣恐怖分子（俄罗斯，分离主义者）
- 库尔德工人党（土耳其，分离主义者）
- 伊斯兰祈祷团（东南亚，宗教激进主义者）
- 阿布·萨耶夫组织（菲律宾，伊斯兰分离主义分子）
- 泰米尔·伊拉姆猛虎解放组织（斯里兰卡，分离主义者）
- 爱尔兰共和军（英国，分离主义者）
- 爱尔兰共和军的分支派别（英国，分离主义者）
- 北爱尔兰保皇派准军事组织（英国，极端主义者）
- 巴斯克民族和自由组织（西班牙，分离主义者）
- 11 月 17 日革命人民斗争组织（希腊，左翼）
- 哥伦比亚革命武装力量，哥伦比亚民族解放军，哥伦比亚联合自卫力量（哥伦比亚，反叛者）
- 光辉道路，图帕克一阿马鲁革命运动（秘鲁，左翼）
- 奥姆真理教（日本，邪教组织）
- 美国极端武装组织（美国，激进分子）
- 伊斯兰辅助者组织（伊拉克，宗教激进主义者/库尔德分离主义者）

为了说明相关链接 10—1 中的第二个问题，我们需要评估激进的穆斯林组织造成恐怖主义威胁的程度和严重性。但这个问题存有争议，有人认为不应过分担心这个威胁，其他人则认为应对这个威胁刻不容缓。总体而言，赞同前一个观点的人认为，恐怖袭击的规模看上去更像是犯罪行为而非有组织的战争。就像犯罪行为在大多数或所有类型的社会都会发生一样，恐怖主义"还将永远并将继续存在下去"（Mueller，2004：199），但不会对社会构成致命的威胁。

同理，就像有组织的犯罪一样，世界上也会存在有组织的恐怖主义。基地组织就是一个典型的例子。2001 年 9 月 11 日发生的恐怖袭击非比寻常，因为在整个 20 世纪，"直到'9·11'事件为止，只有不到 20 次的恐怖袭击事件导致了 100 人的死亡，但没有一次恐怖袭击导致超过 400 人的死亡。而这些年死于各种形式的恐怖主义的美国人要远远少于被闪电击中而死亡的人数"（Mueller，2004：110）。

据此判断，基地组织所表征的恐怖主义好像极不可能成为西方社会的巨大威胁。

然而数目庞大的恐怖主义组织散落在世界各地，尤其是在弱国，只是它们的野心局限在国内，而非国际，只有极少数的会成为国际恐怖组织。其次，人们争辩这类国际恐怖主义是否与穆斯林激进的原教旨主义观念有特别的关联，尽管原教旨主义并不能代表整个伊斯兰世界。而其他的文化宗教信仰体系（如儒教、印度教、佛教和基督教）并没有表现出一种类似的强烈的反西方主义。

最后，有些人认为恐怖主义威胁没有那么严重，强调基地组织只是与边缘化的穆斯林圣战者（Mujahedin，安拉事业的捍卫者）组织相结合。当时，圣战者集合在一起反抗苏联对阿富汗的占领，并把这个国家当成避难所。这些组织都不大，如果不是这场战争，它们不可能轻而易举地进入这些国家并建立基地。

即便现在，我们仍对国际恐怖主义威胁的严重性存有争论。首先，开放且复杂的社会肯定易受攻击，监视和控制整个社会的可行性十分有限，阻止携带威力巨大、技术粗糙的炸弹的自杀式恐怖分子也决非易事。其次，最近（2005）在伦敦发生的爆炸袭击表明，一些具有相对“正常”背景的英国穆斯林公民也被招募加入了这次袭击事件，这说明恐怖主义行动的潜在招募基地实际上相当广泛，不仅仅局限于前阿富汗的圣战者，也包括在英国和其他西方国家当地穆斯林社团的自愿者。此外，有的评论家认为，美国主导的伊拉克战争导致了“恐怖主义的回潮”，因为战争，国际恐怖主义的招募潜力不是减少了，而是增加了（Mann，2003：159－193）（见网络链接 10.06 和 10.11）。

最后，国际恐怖分子获得和使用诸如化学、生物及核武器等大规模杀伤性武器（WMD）的危险依然存在。显然，恐怖组织有能力使用大规模杀伤性武器，也有能力制造大规模的毁灭和恐惧，与它们的对手相比，这些组织把其力量等级提升到一个新的高度（Schmid，2005）。格雷厄姆·阿里森最近的一项研究表明，恐怖分子比十年前更有可能对美国发动核袭击（Graham Allison，2004）。他认为，如果决策者采取及时的应对措施，这种袭击是可以被“阻止”的；如果不采取措施的话，这种袭击将“不可避免”（见相关链接 10—4）。同时，另外一些评论家则认为，恐怖分子获得并使用大规模杀伤性武器的可能性不大（Pearlstein，2004），因为恐怖分子获得材料和使用这些材料的能力还有很大的局限（见网络链接 10.19）。

相关链接 10—4

格雷厄姆·阿里森论核恐怖主义

第一，窃取武器级核材料和走私核武器并非只有理论上的可能，而是真实和一再发生的事实……

第二，制造一颗核弹的唯一障碍是获得裂变材料……正如 25 年前一位美国炸弹制造专家约翰·福斯特所说的那样，“如果基本的核材料准备好的话，那么通过公开文献提供的信息来制造一颗原子弹是完全可能的”……

第三，恐怖分子认为把核装置走私到美国境内并不是什么难事，因为我们所说的核材料比一个足球还要小。

Allison（2004：9-11）

从激进的穆斯林组织产生的恐怖主义威胁中，我们能得出什么结论呢？这个问题非同小可。所以我们能够理解，为什么伦敦、纽约或马德里等西方大城市的人们会比其他人更担心恐怖主义威胁。一方面，恐怖主义不是对国家和社会首要的威胁；另一方面，这个威胁又真实存在，必须认真对待。国际战略研究所（IISS）最近指出："受本·拉登影响的组织和个人，对公共安全构成了明显的威胁，他们漠视法律权威，挑战情报机构。基地组织越来越依靠当地组织开展行动，并趋于分散化，但它仍是有生存能力的跨国恐怖组织。"（IISS，2004：1）。

让我们回到表10—1中的第三个问题，即国际恐怖主义议题带来的理论挑战。现有的国际关系理论给人的第一印象还是比较适合解释国际恐怖主义的，因为国际恐怖主义是个安全威胁，而安全问题又是现实主义的核心；自由主义者实际上把恐怖组织定义为一系列影响国际议程的非国家行为体；国际政治经济学者则侧重研究国际恐怖主义的政治经济问题。总之，现有的方法貌似都能够很好地解决这个问题。

然而，通过进一步观察，我们就会发现另一个问题：现实主义关注国家间（between states）的安全威胁，而不是非国家行为体。非国家行为体，如国际恐怖组织，往往容易被现实主义者忽视，因为与国家相比，它们显得无足轻重。所以，现实主义者科林·格雷（Colin Gray）才直言不讳地把跨国恐怖主义简单地比作"小菜一碟"（见相关链接10—5）。恐怖威胁评估明显地依赖个人的判断。

相关链接 10—5

国际恐怖主义：现实主义的观点

……在未来的几十年里，像基地组织这样的跨国行为体要想塑造（不）安全的环境似乎是不可能的。印度和巴基斯坦双边关系龃龉，俄罗斯决心沿着帝国道路重新获得在1991年失去的权力，与这些相比，跨国恐怖主义微不足道。地缘政治才是形成历史事件的主流，而不是跨国主义（包括"文明"）。

Gray（2002：231）

一位评论家曾说过，现实主义的观点解释了为什么布什政府在"9·11"事件之前接到预警，但应对速度却很迟缓的原因。康多莉扎·赖斯（Condoleezza Rice）和布什政府内的其他高级阁员都是现实主义者。赖斯对国际关系的理解是"以国家为中心，政策落脚点是国家利益，偏好武力解决之道。她还把对国际事务的自我认知清晰地划分为国际和国内两个部分"（Klarevas，2004：21）。此外，现实主义者在谈及恐怖主义威胁时，还倾向于把这个问题区域化（territorialize）。也就是说，鉴于现实主义者只关注国家间关系，他们只能相信国际恐怖组织"只有在政府默许下才会大力发展，如果没有必要的国家支持，就不可能壮大起来"（Gray，2002：231）。

换言之，现实主义者倾向于把恐怖威胁理解为来自另一个国家的威胁，其中一些人认为回应这种威胁必须通过军事手段。然而，对世界的现实主义看法和"反恐战争"承诺之间却并没有必然的联系。著名的现实主义者约翰·米尔斯海默就认为：

> 美国人做事不能过于依赖军事力量，这部分是因为目标不会轻易受到军事攻击，更重要的原因则是：对阿拉伯和伊斯兰世界使用武力会导致它们对我们的憎恨日益加深，恐怖分子日益增多，并留给人们口实去支持这些恐怖分子。所以，在这场战争中，我更倾向于使用外交手段而非军事手段，如果布什政府更多地采

用外交手段而非军事手段的话，岂不高明得多。（2002 年对米尔斯海默的采访：http://globetrotter. berkeley. edu/people2/Mearsheimer）

相反，自由主义者更中意非国家行为体。结果，他们更乐意在国际议程上优先考虑国际恐怖组织。同时，在面对恐怖威胁时，自由主义者更愿意强调国际合作的必要性。约瑟夫·奈指出："对国际恐怖网络最好的反击是建立政府机构的合作网络。"（Nye，2003：65）他可能是对的，但这些话也暴露了自由主义者过分依赖通过合作来解决问题的方式。

总之，在分析国际恐怖主义时，现实主义和自由主义的方法都能提供重要的视角，每个视角都倾向于"塑造"这个议题，以期使它符合特定的理论视角。作为国际关系分析家，我们需要判别每种方法的优缺点。正如上文所述，当我们评定恐怖主义威胁的特征和重要性这类大问题时，这个判别还是十分有效的。

国际关系中的宗教问题：文明的冲突？

许多学者都认为，"9·11"事件标志着国际事务中"宗教的复兴"。换言之，这一论断表明"个人与公共生活中的宗教信仰、习惯和言论越来越重要"（Thomas，2005：26），这些宗教信仰、习惯和言论对国际关系产生了重大影响（见网络链接 10.41 和 10.45）。

正如本书第一章介绍的那样，宗教和政治其实很早就紧密地结合在一起了。中世纪的权威一方面来自掌管宗教的教会，另一方面来自世俗的统治者，他们一直在争夺权力和影响力。教皇不仅通过主教和其他神职人员这一等级阶梯来统治教会，还监理国王和其他半独立的统治者之间的政治纠纷。教会成员往往也是国王和其他世俗统治者的顾问。欧洲三十年战争（1618—1648 年）就是整个欧洲大陆新教徒和天主教徒之间的斗争。战争结束后，《威斯特伐利亚和约》的签订预示一个新时代的到来，它把欧洲统治者从基督教世界的宗教—政治权威中解放出来。权力和权威归一：国王和他的政府。在大多数国家，基督教会也被置于国家的控制之下。当然，宗教并没有消失，宗教信仰只是从公共生活和政治生活中剥离了出来。宗教脱离了政治，成为个人的私事。政治统治者也达成了默契：不干预别国的宗教事务。

在现代主权国家的背景下，宗教从政治中剥离已经成为世界其他地方的典范。西方人倾向于认为现代化过程同时包含着世俗化。也就是说，世界上的新兴地区开始走上西方现代化道路时，或多或少会自发地变得世俗化，并经历宗教从政治中剥离的过程。根据社会学家若泽·卡萨诺瓦（José Casanova）的观点，世俗化理论是如此之强大，以至于它"可能是唯一能够在现代社会科学中具有经典范例地位的理论"（Casanova，1994：17）。

然而，这种世俗化观点也越来越受到质疑。就在卡萨诺瓦的观点发表几年之后，另一位社会学大家皮特·伯格（Peter Berger）则写道："我们生活在世俗世界的这一假设是错误的。今天的世界，除了我将提及的一些特例之外，和原来一样具有强烈的宗教性，有些地方甚至比以前更是如此。这意味着历史学家和社会学家轻率标定的整个‘世俗化理论’本质上是错误的。”（Berger，1999：17）（见网络链接 10.42）

可能最具影响力和广为人知的分析，是塞缪尔·亨廷顿（Samuel Huntington）提出的“文明冲突论”。他强调了宗教在政治中的一贯重要性和宗教在事实上的复兴（Huntington，1993；1996）（见网络链接 10.36 和 10.37）。相关链接 10—6 总结了他的核心主张。

相关链接 10—6

“文明的冲突”

冲突的根源……主要不是意识形态或经济原因。人类的巨大差异和主要的冲突源是文化。在世界事务中，民族国家仍是最强大的行为体，但全球政治的主要冲突将在民族间和不同的文明群体间发生。文明的冲突将主导全球政治。文明间的断层线将是未来的战争线（Huntington，1993：22）。

世界上最重要的国家绝大多数均源自不同的文明。在不同的文明群体和国家之间，存在着地区冲突向大规模战争扩散的最大可能性……国际事务中的核心议题将是文明间的差异性问题（Huntington，1996：29）

引自 Huntington（1993，1996）。

亨廷顿谈到了“文明”，但认为文明的核心是宗教。“在很大程度上，人类历史上主要的文明都与世界上伟大的宗教紧密相连”（Huntington，1996：42）。因此，亨廷顿断言文化在国际政治中具有重要作用，而文化中第一位和最重要的就是宗教。

我们可以从几个方面来质疑亨廷顿的观点。首先是文明的概念。把具有广泛社会性的、共同的宗教—文化模式生拉硬凑到一起，定义它们是“文明”，这行吗？亨廷顿认为宗教是文明的一个核心界定特征。但是，他自己也不确定是否有非洲文明，因为非洲并不存在所有非洲人共同信仰的宗教。儒教被认为是中华文明的核心，但它也不是普遍意义上的宗教。对此，一个主要的反对观点就是，现在还不能把宗教、文化和文明的复杂模式清楚地表述出来，就算可以的话，也不太可能根据总体文明特征来总结那些模式。不管是欧洲还是中国，身份认同各不相同，宗教自然也不是主要的核心。保罗·伯曼（Paul Berman）认为，文化边界并不足以区别不同文明的主要特征。因此，他极力反对“伊斯兰文明”或“西方文明”这些说法（Berger，2003）。

此外，亨廷顿跨越长时段，从宏观上总结了这些文明的特质。为了说明这一点，亨廷顿把文明原本的特质归结为宗教—文化认同。换言之，对“伊斯兰教”、“东正教”或“印度教”来说，它们的存在一直都是延续性的。帝国“可能兴衰，政府会有更迭，但文明却一直延续……”（Huntington，1996：43）。这种连续性的说法却并不符合历史模式，而赋予宗教—文化标志以准确的特质是个动态而非静态的过程，其发展与变化一直十分显著，所以宗教—文化认同才饱受争议。今天，“伊斯兰的”或“印度的”，甚至“西方的”概念与几十年前大不一样，文明之间一直存在着基本价值方面的巨大争论（见相关链接 10—7）。为了确定文明间的冲突，它们就得被想当然地赋予某些延续性的特质，然而这又无法自圆其说，因为文明之间存在太多的差异和动态变化。

相关链接 10—7

“西方”反对“伊斯兰”？这并不确切

人们会这样认为，“西方的”价值是个人主义的，而“亚洲的”和“伊斯兰的”价值是集体主义的。世界人权宣言和公约……被认为是个人主义的（西方的）文化典范……这场论战的几个前奏是值得一提的。在1933年之前的德国，“西方的**文明**价值”被视为“流于形式”，无法与本质上不同且具有深厚**文化**底蕴的“德国价值”相提并论……就连一个发言人也得仰仗德国文化素养的沙皇俄国，也有过类似的争论……

……基本人权宣言的假定——所有人生来自由，且在尊严和权利上平等——在旧欧洲被认为是……一个异常荒谬和离经叛道的想法。

亚洲和伊斯兰价值的倡导者强调，这些价值在其数世纪之久的文化传统中根深蒂固。但无论在官方还是在民间，并非所有的亚洲人都起而支持“亚洲”价值。甚至在发起这场争论的东亚和东南亚，也没有达成共识……就“伊斯兰的”价值而言，令人惊讶的是，它们延续如故，尤其在阿拉伯—伊朗地区。在这里，著名的原教旨主义作家就如同在自己家里一样安适……相反，关于伊斯兰教改革的争论却主要发生在东南亚。这种对伊斯兰教不同话语的强调，一方面反映了北非和中东地区积重难返的发展危机……另一方面也反映了东南亚地区相对成功的发展。

引自 Senghaas（2008：8-9；2007：199）。

有人质疑亨廷顿的观点，即“不同文明群体间发生的冲突要比同一文明群体间的冲突更频繁、更持久和更暴力”（1993：48）。一份关于1950—1992年的国家间军事争端的系统的实证分析表明：

> 如果其他情况不变，在文明边界上分立的两个国家并不比别的国家更可能参与争端……与文明冲突将取代冷战竞争而成为冲突最大来源的论点相反，随着冷战的远去，跨文明边界的国家间军事争端将变得不那么普遍、不那么频繁。(Russett et al. 2000：583)

如果我们不承认“文明的冲突”是后冷战时代世界秩序的特征，就会导致分析是否具有合理的洞察力的问题。亨廷顿的论述也许是对的，即“在未来的几十年里，身份认同、文化传承、语言和宗教的问题将在政治中发挥主导作用”（Huntington，2007）。较之仅仅关注涉及文明的特定“冲突”，这显然是一系列更广泛的议题。本杰明·巴伯（Benjamin Barber）提出了一个更加广泛的宗教和身份认同问题。他运用了“圣战”（jihad）这一标签，并把它的范围扩大到所有类型的种族、宗教或部落冲突（Barber，1995）。相关链接10—8总结了宗教影响政治的方式（见网络链接10.40）。

相关链接 10—8

宗教对政治之影响力的上升

第一，宗教组织的力量不断增长，足以塑造公众舆论，甚至影响政府的决策。印度的印度教民族主义政党、土耳其的穆斯林运动、俄罗斯的东正教徒、美国的保守主义基督教徒、以色列的东正教犹太教徒和东正教犹太民族主义者，以及拉丁美洲的福音教派，其对以下方面的影响都在日益增强：婚姻法、教育、对其钟爱的国家和团体的外交政策、少数宗教群体，以及宗教和国家机构之间的关系等。第二，宗教组织对外国的政治施加了跨国影响力……美国的犹太人给以色列提供了强有力的直接支持。世界范围内的伊斯兰组织，如穆斯林兄弟会，在许多国家提供社会服务，组织忠实的追随者来表达伊斯兰的政治诉求，这些追随者有时通过暴力手段来表达其诉求。第三，更为强大的是，宗教不仅能塑造国家政策，而且可以制定宪法，这就变成了“圣地之法”。这在穆斯林世界最为惹人注目。在过去几十年里，随着伊斯兰教的复兴，伊斯兰教教法（sharia）

续前

> 已经成为很多地方的公共法律，这些地方包括伊朗、苏丹、沙特阿拉伯、巴基斯坦、马来西亚，以及尼日利亚36个州中的12个……更为激进的是，具有宗教动机的组织不断质疑国际秩序、威斯特伐利亚体系及其所有分支的合法性。
>
> 引自 Philpott（2002：86）。

种族宗教认同往往是暴力冲突中的重要因素。冷战结束后，绝大多数的武装冲突发生在国家内部而不是国家之间（见下一部分关于冲突的当今样式的描述）（Harbom and Wallensteen，2007）。如果宗教问题和更广泛的身份认同问题在国际关系中发挥了更大作用的话，那么这门学科能否在理论上足以应对这一挑战呢？有人认为不能。范杜尔卡·库芭科瓦（Vendulka Kubálková）就提出了新范式的基础，即国际政治神学（International Political Theology，IPT），旨在分析如何应对国际关系中的宗教复苏问题（Kubálková，2003：79-107）。但其他人以为这是小题大做了。国际关系学的主要理论不可能只关注宗教，但也不意味着它们对宗教问题漠不关心。

例如，现实主义并不否认宗教信仰或其他意识形态在国际事务中所起的作用。但现实主义者认为，在一个无政府的世界里，安全关切是首要的："国家利益有等级之分：首先是安全，其次是经济福利，接下来是意识形态和人文关怀。"（Desch，1998：160）换言之，国家生存有危险的时候，宗教信仰不是第一关切。然而，在大多数情况下，国家并没有生存危机，这就给宗教事务留下了更大的空间（Barnett，1996；Bellin，2008）。比如，伊朗主要是一个传统意义上的地区力量，还是伊斯兰教信仰的倡导者？印度的印度教民族主义者要致力于扩大印度在世界上的权势，还是要做印度教信仰的主要捍卫者？在大多数情况下，现实主义者强调国家对权势的追求要远远超过对宗教信条的膜拜。

自由主义者和国际社会学者早就关注国际规范与国际制度了，也有备于研究国际舞台上宗教规范与宗教制度的兴起及其重要性。然而，他们的研究并不深入，原因就在于国际舞台上并没有宗教规范和习惯发挥支配作用的典型案例。到目前为止，宗教思想对国际规范的影响大多并不直接，但关于国际正义、人道主义干涉和战争正当性的思想，却无疑得益于有关道德价值和正当行为的神学论战（Haynes，2006）。

建构主义非常适合对宗教在国际事务中作用问题的研究。一项分析表明："将文化和宗教引入国际关系之中，就是把思想、价值或者更为宽泛的意识形态因素运用到国际关系研究中这一更大努力的一部分。"（Thomas，2005：69）但是，托马斯也抱怨建构主义没有"充分意识到文化与宗教的作用……"（Thomas，2005：93）。在托马斯看来，宗教的作用更为根本，它深深地根植于行为体的认同之中，所以是不易改变的。

这与当今国际政治中关于宗教的实际重要性的更大的论战有关。当今国际政治中关于宗教实际重要性的论战真与人们所谈论的"宗教的兴起"有关吗？或者，它仅仅反映了"西方世界对政治宗教的全球表现日益增强的意识以及对它们与西方核心安全利益通常密切相关的感知？"（Haynes，2006：539）关于如何确切地看待宗教，人们并没有共同的看法。然而，可以肯定的是，为了全面分析国际关系中的宗教问题，我们就需要多种不同的方法：现有的方法加上或许在一定程度上是新的方法。

环境问题

在最近的30多年里，环境话题在国际议事议程中出现的频率已经越来越高了。至少是在西方国家，越来越多的人相信，人类的经济和社会活动在某种程度上正威胁着环境。在最近的50年里，世界人口增长的数量超过了此前几千年人口增长数量的总和。急剧增长并且追求更高生活水平的全球人口对环境构成了潜在威胁。

粮食生产就是这方面的一个例证。在最近的40多年里，世界粮食供给的增幅超过全球人口增长速度，而且粮食供给也不均衡。西方发达国家粮食大量过剩，而许多贫穷国家则出现了严重的粮食短缺。在粮食短缺的地区，人们通常过度地开垦土地以榨取尽可能多的粮食，而这又加剧了森林的毁灭和土地的沙漠化。由于杀虫剂的使用、稀有的水资源的枯竭以及高产农业所需的能源投入，粮食充足的地方也存在着环境问题。

工业化大生产威胁着原材料和能源中的稀有资源，并使之日趋枯竭。区域性环境恶化问题一般都有国际后果。空气污染并不止步于各国的边界。例如，法国降落的酸雨不仅威胁着法国的人民、地下水、湖泊里的鱼类和森林的安全，也威胁着邻近的欧洲国家。冰箱、空调、溶剂和其他工业产品中使用的氯氟化碳气体（CFC）是臭氧层的主要威胁，而臭氧层是保护地球免受太阳紫外线的伤害的一个气体罩。氯氟化碳气体与臭氧层相互发生化学反应，从而会把臭氧层消耗殆尽。二氧化碳和其他化学成分阻止接近地球表面处的热量散发，进而使全球变暖，从而导致所谓的温室效应。全球变暖意味着严重的空气污染和海平面的上升，并对生活在沿海地区的近一半的全球人口构成了潜在的威胁。

如果说国际安全和全球经济是世界政治中的两大传统议题领域，那么一些学者现在就可以宣称，环境问题已经成为第三个重要的议题领域（Porter，Brown，and Chasek，2000：1）。1972年，联合国在斯德哥尔摩召开了首次人类环境会议。1992年，在里约热内卢又召开了联合国环境与发展大会，这次会议是世界历史上第一次全球环境峰会（见网络链接10.27）。

环境问题到底恶化到了什么样的程度呢？我们无法确知，因为任何论断都不得不依据某种不确定的评估和大量有关未来发展变化的有争议的假设。争议的一方是所谓的“现代主义派”（modernists），他们相信随着科学知识和工业技术能力的持续进步，我们保护环境的能力也将得到增强。换句话说，我们将以一种对环境友善的方式继续提高我们的生产和消费能力与技术。例如，我们正在减少氯氟化碳气体的排放量，工业生产对稀有原材料的消耗较之以前减少了，并且能以一种生态可持续方式生产出更多的粮食（例见 Simon and Kahn，1984；Lomborg，2001）。

争议的另一方是“生态激进派”（ecoradicals），他们认为生态系统的承载能力是有限的。这种限度“界定了在生态系统所能提供的资源未被过度消耗的情况下，合理的物种规模究竟应该是多大”（Hughes，1991：410）。“生态激进派”相信，地球上的人类社会已危险地接近了地球承载能力的极限；他们还认为，没有单一的技术办法能够解决这一问题。所以，多数“生态激进派”要求严格控制人口的增长幅度，急剧改变现代生活方式，以便塑造一种对环境更友好的、不那么强调消费和生产浪费很少的生活方式（Hughes，1991：409。也可参见世界环境与发展委员会 1987 年《布鲁特兰报告》）（见网络链接 10.28 和 10.33）（见相关链接 10—9 和 10—10）。

相关链接 10—9

环境问题

今天，地球上生活着的居民已是战后初始时期人口的两倍多。实际上，在过去 50 年间，世界人口的增长量远远超过此前 1 000 年间人口的增长量……发展中国家的人口总数已经占到世界人口总数的 78%。目前，高达 94%的人口增长也出现在这些国家……

有迹象表明：人类活动已经导致广泛的生态恶化：土壤肥力下降或遭到侵蚀，草地被过度放牧，沙漠化，鱼类减少，物种消亡，森林减少，空气和水被污染。此外，还出现了气候变化和臭氧层被破坏等更新的问题。

全球治理委员会：《我们的全球邻居》，25～29 页，纽约，牛津大学出版社，1995。

相关链接 10—10

环境问题：争论双方的主要立场

“现代主义派”

环境不是一个严重的问题，知识和技术的进步能够使我们保护好环境。

现代主义派声明：

“更多的人口和增加的收入在短期内会产生许多问题。这些问题也是机遇，它们促使人们寻求解决办法。在一个自由社会里，办法终归是能找到的，尽管许多人会在这个过程中付出代价。从长远来看，新的发展会使我们的处境变得比没有这些问题（假设其不曾产生）时还要好”。

“生态激进派”

环境是一个极其严重的问题。对生活方式的果断改变加上对人口的控制是实现可持续发展所必需的。

生态激进派声明：

“只有彻底的、以生态为中心的绿色政治理论才能为我们提供一个全面的分析框架。我们需要据此启动一个解决生态危机的持久方案……一个以生态为中心的政体。它将是一个有民主的国家司法机关的政体（它是多层次决策架构的一部分，其权力较之现有民族国家要小，却能对地方、区域和国际的民主决策机构的政治决断作出更敏捷的反应）；它能在共同体内部和共同体之间更多地分解政治与经济权力；它能对市场活动实施更广泛的宏观调控；它能使生态解放的文化大放光彩。”

Myers and Simon（1994：65）；Eckersley（1992：179，185）

让我们再回到相关链接 10—1 中提到的第二个问题。就国际关系学核心问题而言，环境问题带来了怎样的后果呢？在哪些方面环境问题可能加剧国际冲突？现实的例子就有中东地区的水资源争端。中东地区的水资源冲突已经存在很长时间了，根本就不是一个新问题。这一地区极为干旱，因水而发生的冲突可以一直追溯到公元前 7 世纪。今天，这一问题成为阿以冲突的一部分。相对狭小的约旦河谷地被叙利亚、黎巴嫩、以色列和约旦所共享，而除此之外再没有别的多少水资源。20 世纪 60 年代初，阿拉伯联盟试图使约旦河绕过以色列。而这就成了 1967 年阿以战争（以色列获胜）的重要诱因。当前，以色列 1/3 以上的水供应来自 1967 年战争以来所占领的阿拉伯的领土。如果要在该地实现永久和平，至少部分地要取决于水资源冲突的解决（Gleick，

1993；Lowi，1993）。中东地区的水资源问题是一个突出的案例，它说明了环境贫瘠是怎样加剧国家间冲突的。

正如前面有些章节所揭示的那样，国际关系学的传统关切是国际冲突，特别是国家间的战争。然而，一些学者强调，因环境问题而引发的典型的暴力冲突并不是国家间冲突，而属于国内冲突。由托马斯·霍默-狄克逊（Thomas Homer-Dixon）负责的一个研究项目强调，由环境资源稀缺引起的持续的低烈度冲突将不会导致急剧的对抗，却可能把政府拖垮（Homer-Dixon，1995：178）。例如，它可能引起城市搬迁和骚乱、经济生产率下降和种族冲突等。霍默-狄克逊以一种更为推测性的方式说："那些因为环境压力而经历着长期国内冲突的国家，要么会解体，要么会更加专制……独裁政权或许更倾向于对其他国家发动进攻，以转移公众对内部压力的注意力。"（1995：179）环境贫瘠说明了国际冲突与国内冲突之间的联系，而这正是环保主义的国际关系学者的分析重点。

但是，环境问题也能迫使国家开展力度更大的国际合作。理由是：环境恶化可以被说成一种特殊的"威胁"，它不仅威胁着各个国家，也威胁着人类本身。它威胁着作为全人类的生命保障系统的"全球公共资源"（global commons），即大洋、大海、臭氧层和气候系统。于是，一些国际关系学者才提出要以全球合作来应对这一威胁。

近年来，环境问题实际上已经推动了国际合作。在许多特殊领域，已经建立起了国际机制（international regime，见第 4 章）以处理各种环境问题。这些领域包括：酸雨、臭氧层破坏、捕鲸、有毒废弃物贸易、南极环境、全球变暖、生物多样性的丧失（Poter et al.，2000）。臭氧机制是国际环境合作中最典型的范例之一，它包括一个国际协议，规定削减直至最终停止生产氯氟化碳，目的是扭转最近几十年来出现的对臭氧层的破坏。但是，其他许多国际规制却因参与国缺乏足够坚定的承诺与切实的合作，而显得并不那么前途光明（Haas et al.，1993）。总之，环境问题既涉及为争夺诸如水等稀缺资源而引发的国际冲突，也涉及为维护全球公民的安危而进行的国际合作，比如臭氧机制。我们还不可能预知究竟是合作还是冲突将占主导地位，因为这取决于大量各不相同且不可预知的条件（见相关链接 10—11）。

相关链接 10—11

环境问题、合作与冲突

环境问题作为**国家间**冲突的根源：例如中东的水资源

环境问题作为**国内冲突**的根源：例如土壤侵蚀、人口增长、移民

环境的污染与恶化作为一种**特殊危害**要求进行国际合作：例如保障全球公共利益的国际规制

我们继续探讨相关链接 10—1 中的第三个选项：环境问题带来的理论挑战的性质。这一问题的解决是否需要有新的理路和概念？或者用传统理路就足以解释它吗？许多由环境问题引发的问题，用传统理路就能应对。对现实主义者来说，环境问题不过是导致国家间冲突的一个可以阐释的根源而已，因此把它添加到一个已经很长的根源单中就可以了。对自由主义者来说，在国际合作和国际规制形成的议程中，环境仅仅添加了一个新的议题，尽管是一个非常重要的。对国际政治经济学者来说，环境可

以被看成全球经济的一个方面。总之，用传统理路来应对环境问题，也可以让我们走得很远。

然而，环境问题的某些方面与传统理路却并不合拍。国内的社会冲突和政治冲突便属于这一类。传统理路在关注国际关系时，对环境问题在某种程度上超越了国内政治和国际政治之间的分野这一现象，并没有予以足够的重视（Hurrell，1995）。国际关系学中的环保主义者强调，需要超越传统理路对国家的关注，因为一旦涉及环境问题，其他许多行为体（比如跨国公司、非政府组织、消费者等）便十分重要。然而，作为回应，也有理由这样说，自由主义者和国际政治经济学者都惯于应对国内冲突问题与那些涉及许多不同类型的行为体的问题。

此前，我们已对“现代主义派”和“生态激进派”作了区分，正是“生态激进派”的立场对传统国际关系学理路构成了挑战。“生态激进派”要求对生活方式进行深刻的变革，包括对经济和政治组织的重大变化。他们批判《布鲁特兰报告》之类关于在持续增长的框架内保护环境的主张。“生态激进派”发现，这“不是要放弃比赛，而只是要改变比赛的技巧”（Sachs，1993：10）。对他们来说，真正的可持续发展意味着放弃工业化大生产，回归到非工业化社会的某种状况之中（Lee，1993）。这种极端思想的背后是一种根本区别于“现代主义派”人类中心说的世界观。这种人类高于自然的观点一直主导着西方的世俗思想。这种观点也主宰着犹太—基督教的思想，例如，在《创世纪》里（见相关链接 10—12），就有人类授命主宰自然环境的说法。这一观点的必然结果是：人类为实现自己的目标和发展，可以盘剥自然。“生态激进派”的世界观与此根本不同，它将人和自然视为一个统一的生态环境的一部分，从而赋予了它们同等的价值。根据这一观点，人类无权盘剥自然。他们有义务与自然和谐相处，尊重并维护总体的生态平衡（Eckersly，1992；Goodin，1992）。

相关链接 10—12

基督教观点

神说：“我们要照着我们的形象、按着我们的样式造人，使他们管理海里的鱼、空中的鸟、地上的牲畜和全地，并地上所爬的一切昆虫。”

《创世记》章一，第 26 节。选自 1962 年《牛津注释版圣经》。

“生态激进派”呼吁，我们不仅要在经济方面也要在政治组织方面进行深刻的变革。他们指出，与其说国家是解决环境问题的一种途径，还不如说它本身就是其中的一个问题。国家是现代社会的一部分，而现代社会就是环境危机的原因（Carter，1993）。但是，对国家的作用或地位问题，“生态激进派”内部也没有达成共识。有些人承认，集权化的全球政治控制有助于对全球生态系统的全面管理；另一些则认为，小的、自立的地域共同体最适合促进与特定地域条件的生态平衡相契合的非消费主义的生活方式（Hurrell，1995；Paterson，1996）。显然，“生态激进派”拒绝了那种基于国家体系之上的国际关系的常规看法。如果采纳“生态激进派”的观点，我们就将不得不抛弃许多传统的国际关系理论。人类傲慢地追逐基于高物质福利的现代生活，使得全球生态系统遭受了致命的危害。国际关系总得把这种伤害的全部新意义都呈现出来。如果我们采用“现代主义派”的观点，那么大多数传统的国际关系理论都能保留下来，因为传统理论十分适合应对联合与倾轧（包括环境问题所引发的冲突）这一类的议题。

简言之，环境议题给国际关系学所带来的挑战的性质，在很大程度上取决于人们在环境论战中所持的立场。基于不同的立场，环境问题不是在已有的议事议程上添加的一项能用传统理路来轻松应对的新议题，就是要求我们重构对国际关系的整体思考方式的一项非常特殊的议题。

战争与和平的新样式：国家属性的变化

当今的武装冲突与日俱增地发生在弱国内部。由此看来，这些虚弱的国家没有能力或者并不愿意为人民提供安全与秩序，更不用说自由、公正和福利了。但与此同时，发达国家之间，尤其是自由民主国家之间，却能够和平相处、相互合作，根本没有国家间战争的危险。

这些发展与国家属性的变化息息相关。第一、第二和第三世界之间旧有的划分正在被新的国家分类所取代。今天，发达的资本主义国家是后现代国家而非现代国家，而南方的一大批后殖民时期的弱国却正在快速地被边缘化，脆弱不堪，无法自立。处在这两类国家之间的，是为数众多的亚洲、东欧、拉美和世界其他地方的现代化国家。这些变化对国际关系研究至关重要，因为它们深刻地影响着暴力冲突、战争与和平的前景（Sørensen，2004）。

要探索国家是如何变化的，就有必要界定存在于 20 世纪中期的现代国家这一概念的基本特征。它构成了一个“基准模式”，使我们用它来刻画近来的发展。现代国家的本质是什么——也即现实的、经验的国家属性的内容是什么呢？我们可以从三个不同的方面来思考这个问题，这三个方面包括：政府、民族和经济。相关链接 10—13 罗列了现代国家的核心特征。

相关链接 10—13

现代国家	
政府：	一种基于行政、警察与军事组织之上的，得到法律秩序承认的，在确定的领土内享有合法使用武力之垄断权利的，由民主规则构成的集权体系。
民族属性：	某一领土内的居民（具有政治、社会和经济权利）组成的公民共同体和（基于语言、文化和历史联系的）情感共同体。民族属性含有以高度的凝聚力把民族和国家紧密地联系在一起的意思。
经济：	一种独立与自足的国民经济。由与它的再生产和增长有关的必要部门组成。经济活动的大部分都发生在独立国家的范围之内。

现代国家的概念与国际关系学正统理论中描绘的国家形象一致。现代国家被理解为一个可以为公民提供良好生活（包括他们的安全、自由和福利在内）的价值所在。为了安全，国家防卫领土以免除外来威胁，并通过警察和法庭来维持国内秩序；为了自由，国家把民主制度和政治秩序建立在公民与政治权利以及自由权利的基础之上；而且，国家可以靠国民经济所产出的资源来保障福利。

就上面的国家属性画面的确切程度而言，传统理论并没有什么问题。它们可以假设国内方面并没什么不好，现代国家确实能为其公民提供美好的生活（见第一章），再据此把关注的重心放到国家的国际关系方面。但是，国家是一种历史性的制度，它们很容易出现变化。现代国家的形成经历了一个从17世纪到20世纪的漫长的发展过程。差不多到了20世纪中期，它才在发达世界发育成熟。此后，它继续发展，国家属性也继续在变化。没有人知道它最终还会往哪个方向变化。但是，对这些变化进行理论思考却是可能的。有一种理论认为，国家属性正在发生重大变化。在本节，我们将对该理论的基本要素展开评论。

我们就从弱国（Jackson，1990；Sørensen，2001）的出现开始吧。第二次世界大战后，殖民主义被放弃了。许多新独立的国家，尤其是撒哈拉南部的非洲国家，成为弱国。什么是弱国？有三个特征必须提到：第一个特征是经济畸形，缺乏有凝聚力的国民经济，无法维持人民基本的福利水平，也不能为国家的有效运转提供资源。这种畸形经济常常严重依赖世界市场，因为它们是基于一种或数种初级产品出口的单一经济。处在撒哈拉南部的非洲国家，初级产品的出口占其全部出口的80%～90%。此外，这种经济极度异质化，现代部门的要素与农业中封建或半封建的结构混在一起。大部分人口，无论在城市还是在农村，都以水平很低的当地化经济为生，而并不在正式的经济部门之中。

弱国的第二个特征关涉社会中人与人之间的关系：他们之间并没有构成一个具有凝聚力的民族共同体。民族的“公民共同体”是因独立而产生的，但只是在国家颁发了身份证和护照之后才具有正式的意义。这个举措与某些分散的努力一道，开启了国家缔造计划以形成共同的国家观念。但是，新国家却在很大程度上难以提供公民权利的真实内容——法律的、政治的和社会的权利。如果国家不给予或只给予一个非常有限的程度，就会出现两个后果。第一，人们会转向他处以寻求物质和非物质需求的满足。在撒哈拉南部的非洲地区，人们主要求助于以“道德经济”为核心的种族共同体。“道德经济使个人能够在不同环境下依靠非官僚制的互助网络并回报那些属于这个社会的人们。例子包括：那些生活富裕的人帮助亲戚，以及大家族为其成员找工作或交纳学费……”（Ndegwa，1997：601）。

共同体的缺失关系到弱国的第三个特征：缺乏有效且反应迅速的国家机构。在大多数情况下，新独立国家的领导人并不热衷于强国家机构的建立，因为他们害怕国家的强大可能威胁到他们对国家权力的牢固掌控。但是，与殖民统治者相反，新的统治者并没有与社会隔绝，而是通过家族、亲属或种族的纽带与社会紧密相连。其代理人网络强烈期望通过凌驾于国家机构来获得利益，这就为委托关系、庇护关系和裙带关系打开了通道。根据杰克逊和罗斯伯格（Jackson and Rosberg），国家的非洲化就是在如下的政治文化背景中产生的：

> 就占有和消费政府的职位与资源而言，多种族社团如果从这块政府蛋糕中什么也未能得到的话，那么它们想要分享的至少是它们应得的那一份。但政客们懂得：允诺或拒绝给予政府的职位与资源，对于扩大和保有权力来说是一个决定性

的手法；当然，权力、地位和财富的替代性资源的匮乏或极度稀缺也是致命的。(Jackson and Rosberg，1994：302)

从不用面对严重的国内危机或外部威胁这个意义上讲，弱国的国家精英都很强势。在国家内部，社会分化成许多不同的团体，组织涣散，真正挑战国家权力掌控者的可能性很小。在国家外部，新独立的后殖民国家虽为虚弱实体，但由于边界的神圣不可侵犯，它们反倒变得无人问津了。超级大国支持下的联合国为这些国家上了确实有效的生命保险：不论事态如何糟糕，发展多么缓慢，国际社会都会一如既往地尊重它们新赢得的主权和正式的独立权利（Jackson，1992）（相关链接 10—14）。

相关链接 10—14

后殖民的弱国	
政府：	低效与腐败的行政和制度结构；基于强制而非法治的统治；尚未确立起对合法使用暴力的垄断。
民族属性：	当地的/部族的共同体占据优势；“公民共同体”和“情感共同体”尚未发育成人民之间的主要纽带；国家的合法性水平低。
经济：	传统农业的混合体缺乏凝聚力；一个非正规的、小得可怜的都市经济部门；一些零星的现代工业；严重依赖世界市场和外部的经济利益。

冷战期间，超级大国的干涉确实存在，但东西方的对峙同样有助于强化前殖民地国家关于主权国家属性的新的权利规范。新独立的国家可以利用这个现实，即全球竞争者正在世界范围内寻找盟友，它们不愿意看到太多的国家与敌对国家为伍。这样一来，弱国的国家精英就是强大且不受约束的。但他们同时也是脆弱的，容易让敌对集团（通常还包括想自己掌控国家权力的军方）看出破绽（Goldsmith，2004）。国家精英们往往没有资源或没有政治意愿去包容对手，通常采用高压政策来应对挑战，“这不是因为成功的可能性大，而是因为国家的虚弱使它不可能诉诸不那么暴力的手段”(Mason and Krane，转引自 Job 1992：29)。

总之，由于把自己束缚在了保护—代理关系之上，追求自我的国家精英们一开始就缺乏合法性，并且要面对以种族、宗教和社会划界的国民。他们缔造了“被俘国家”(captured states)，其中，受益者是处于领袖地位的强人和由他挑选的代理人。大多数的人都被排斥在这个体系之外。他们面对的这个国家很快就变成了他们的敌人和致命的威胁，而不是他们的保护者和发展的引领者（Job，1992）。

这就是造成弱国不安全困境（insecurity dilemma）的大致背景。它产生于一个自相矛盾的情势：相对来说，弱国可免于严重的外部威胁，但同时弱国本身却对本国大部分的国民造成了严重的安全威胁。从根本上说，无政府状态国内化了：国际体系或相关的秩序为弱国的边界和领土提供了相当安全的保护，但其内部却有着高度的不安全和冲突。从弱国民众的角度来看，这就是不安全的困境，因为他们无从知晓从国家那里能盼来些什么；更重要的是，就获得安全而言，他们无论采取反抗还是支持的战略，都可能得到相反的效果。

从理想的角度说，政府的主要任务就是为民众提供安全。但正相反，弱国政府却对其边界之内的民众构成了最大的潜在威胁。这是因为：

> 有些群体会担心别的群体控制政府并利用政府资源（军队、秘密警察、法庭、经济影响力）来反对它们。因此，如果国家不能确保中立，分裂社会中的那些活跃群体为了寻求安全，就会试图去控制国家或干脆分离出去。显然，这样做会让情势更加紧张，因为一个群体控制国家的尝试会加剧其他群体的恐惧感，并使得它们作出反应，也去争夺影响力，甚至去控制政府。（Saideman et al.，2002：106-107）

有关弱国不安全困境的早期分析，见于布莱恩·乔布（Brian Job，1992）主编的一部书中，不安全困境这一术语也出于此书。乔布提出了不安全困境区别于传统的安全困境的四个方面：（1）主要的威胁是国内威胁，它往返于掌握政权的当局；（2）国家缺乏提供国内安全与秩序的有效能力；（3）民众对当局的支持不断消失，当局的存在与安全利益不被认为是合法的；（4）首要的相同之处是不同的社团都在为各自的安全而拼争（Job，1992：17-18）。

弱国家属性是一个程度问题，表明不安全困境可以是紧迫的或不那么紧迫的。在这方面，它与安全困境并无二致。弱国家属性的上述特征可以用不同的组合方式来表示，于是，就有了衡量弱国的虚弱程度和国家崩溃或国家失败之敏感度的多种尝试（Foreign Policy，2005）。

人类已为虚弱与失败的国家属性付出了极其高昂的代价。苏丹、埃塞俄比亚和莫桑比克的三场冲突，哪一场不夺去了50万条到100万条的人命？安哥拉、卢旺达、塞拉利昂、利比里亚和乌干达的伤亡数也高得惊人。总之，随着安全困境的减弱，暴力冲突已不再主要表现为国家间的战争。2006年就没有这类冲突，而且自1989年以来国家间的年均战争数一直就徘徊在0～2次的低位。相反，在2006年发生的国内冲突（或有外部介入的国内冲突）就有32次。自1989年以来，这类冲突的年均次数也维持在了27～50次的高位（Harbom and Wallensteen，2007）。这些数据表明，当今的暴力冲突发生在虚弱和脆弱国家之内而非国家之间。

因此，当今的暴力冲突常常与后殖民时代的弱国有关。相反，发达国家常常选择合作以达成彼此的高度融合，即经济一体化、政治一体化和社会一体化。现代自由国家的一体化程度如此之高，以至于相关国家已不再坚持领土的完整性和国内政治秩序的自主性。在这种特定的意义上，国家的生存已不是首要的目标。

就欧盟来说，超国家权威的发展和跨国界自由流动造成了一个新的场景：国家在正式意义上可以是继续独立的，但同时它们也深深地融合到了跨国界的共同体之中。在某些领域，欧盟现在已可以为其成员国制定有约束力的规则。在别的场合，如在世界贸易组织（WTO）里，这样的超国家合作形式也开始出现了。治理正越发超出政府的局限，开始进入好些相互关联与重叠的领域，并向着多层治理的方向发展。某些多层的治理反映了独立国家间更加密切的常规合作，另一些则反映了朝着超国家治理的更为深刻的转变。从后者的不断发生来看，现代国家的属性也必将随之发生重大的变化。

民族属性或者民族共同体又如何了呢？根据国家属性变化理论，这方面也正在发生重要变化。公民权利（citizen rights）过去完全是由国家来赋予的，但其他一些组织现在也在这一领域积极行动。在联合国体系中，一系列的普遍人权（human rights）已经在法律上作了规定。在世界某些区域，特别是在欧洲，紧密的合作已要求赋予不同国家的公民以共同权利（common rights）。欧盟的公民在所有的成员国中都享有某些共同权利，包括受雇用权、定居权以及在当地和欧洲选举中的政治投票权。在苏格兰、北意大利、魁北克、西班牙和别的一些地方，已经出现了要求更大自治的运动，有些甚至还要求从各自的国家中分离出去。

根据国家属性变化理论，共同体情感也正在发生转变。在不同方向上，好像已经能看出两种主要的发展趋势。一种趋势是对西方政治秩序的共同的公民认同，其核心是政治民主、个人权利与基于市场和私有产权的经济（Deudney and Ikenberry，1999）。另一种趋势是沿着种族、民族和宗教分隔线而形成的破碎化，它显露的是一种更狭隘与排他的共同体观念（Castells，1998）（见网络链接 10.52 和 10.62）。这些变化似乎共同象征着现代国家的重大转变。然而，这些变化仍在进行之中，还没人能够肯定当前的变化进程正在把我们带往何处。这就是为什么建议用“后现代国家”这一标签的原因。作为一种理想类型，后现代国家（postmodern state）的特征如相关链接 10—15 所示：

相关链接 10—15

后现代国家

政府：	在许多彼此重叠的、紧密关联的领域实行多层治理。治理存在于超国家关系、国际关系、跨政府关系与跨民族关系的场合之中。
民族属性：	民族属性中有超民族的要素，与“公民共同体”（公民与国家间的权利与义务）和“情感共同体”（作为一个群体的公民之间的文化—历史关系）这两者都有牵连。集体忠诚已越来越远离国家而去。
经济：	“深度的一体化”——经济活动的主要部分已嵌入跨国界的网络之中。“民族的”经济与先前的经济相比已更难于自立。

后现代国家间的跨国界共同体不能从“无政府”概念出发去理解，因为这个共同体是由合法的国际和超国家权威紧密地编织起来的。在这一框架内，使用有组织的暴力去解决冲突已不再是一个选项。这些国家已经成为一种安全共同体（Deutsch，1957；Adler and Barnett，1998），不再以诉诸武力作为解决冲突的方式。采取非暴力的冲突解决方法就意味着安全困境的消除。国家不用担心彼此会受到经典意义上的攻击，它们之间的战争已不再有发生的可能。换言之，自由主义关于安全困境可以被超越的观点在巩固的自由民主国家（即表 10—15 中刻画的“后现代”国家）之间的关系中得到了证实。

安全共同体的概念不仅仅与欧盟有关。不错，在超国家权威的发展方面，欧盟的确很出色。但在跨大西洋关系中，在欧洲、北美与日本（东亚）的三边关系中，甚至在经济合作与发展组织（OECD）的区域内，一体化的总体水平也很高。就来看看美国吧。衡量经济一体化程度、技术关联度、政治约束度和个人联系度的全球化指数

(Foreign Policy，2004）表明，美国在这些方面位居第七位，排在了瑞典、英国、法国和德国之前。美国和欧洲在政治与经济的许多议题上意见不同，但它们都深信基本的自由价值：自由民主，开放的市场经济，公民自由与政治自由。在促进自由的政治和经济价值的基本点上，美国在主要目标上已经与欧洲巩固了的民主国家之间达成了一致。就伊拉克和其他地区的实际政策的争吵，并没有导致均势和相互恐惧之情势的回归；美国在全球军事上的独大，对欧洲安全并不构成最终的威胁（Fettweis，2004；Sørensen，2006）。

根据后现代国家属性而定义的安全共同体，在不同的国家之间其发展程度各不相同。北美和欧洲的关系比这些地区和日本的关系更加制度化；一些国家并不是完全意义上的民主国家（如土耳其），但仍然是该制度和经济网络的一部分。一些国家（如瑞士）完全是民主国家，却没有深深地融入制度化网络之中。安全共同体的核心是欧盟—欧洲，接下来是西欧和西欧/北美，西欧/北美/日本，以及经济合作与发展组织的成员国。

安全共同体的出现并没有消除后现代国家的所有威胁。一个十分重大而又惊人的后现代不安全案例是 2001 年 9 月 11 日发生在纽约和华盛顿的恐怖袭击，它清晰地揭示了开放社会的极端脆弱性。这里有一种独特的安全困境：在不中断甚至不减少其开放性的前提下，如何为开放社会提供充分的保护。开放要求在宪法限度内享有行动、言论、组织结社和一般行动的自由。然而，充分的保护却要求进行监视，获取秘密情报，控制平民、公民的行为和流动。这种困境当然不完全是新的，在冷战期间也曾有过，但在“9·11”事件之后它就变得更为真切了。

与此同时，政治和经济一体化的力量无处不在，这进一步削弱了安全困境的相关性。有两个基本因素在发挥作用。首先是民主化和自由化的总体进程。现在世界上有 90 个“自由的”（即自由民主的）国家，而在 1972 年还只有 43 个，它们几乎占到了世界人口的一半。已确立的民主国家敞开了合作和一体化的大门（Puddington，2007）。其次，正在现代化的国家（如中国），认识到通往辉煌的道路应立足于制造业的升级和深深融入经济全球化，而与领土占领和军事化毫不相干。在这种意义上，中国正走在第二次世界大战后日本和德国的“贸易国家”的道路上（Richard Rosecrance，1986；1999）。（正在现代化的国家结合了前面提及的三种理想类型的国家——现代国家、后现代国家和后殖民弱国——的特征。巴西、中国、印度和俄罗斯是正在现代化的国家的主要代表。）

这些变化伴随着对“领土完整准则”的日益尊重。该准则“禁止使用武力去变更国家间的边界”（Zacher，2001：215）。根据查彻尔（Zacher）的详尽分析，该准则出现在第一次世界大战后国际联盟的文献中。1945 年，它成为被普遍接受的联合国宪章的一个要素，并在 20 世纪 70 年代中期以后得到了强化。从 1976 年至今，“没有发生过成功的领土扩张的重大事例……”（Zacher，2001：237）。有人或许会反驳说，未来独立的科索沃将会有部分的例外，但对领土完整的普遍尊重却仍然在增强。

这些规范性和实质性的进展几乎杜绝了国家间战争的发生（这类战争被定义为至少导致 1 000 人死亡的政府间武装冲突；或作为战斗的直接或相当直接的后果，每年至少有1 000人被杀）。自第二次世界大战之后，这类战争几乎没有发生过，冷战结束后就更加少了（Harbom and Wallensteen，2007）。

总之，传统的安全困境要么毫不相干了（在后现代国家之间），要么其相干性急剧地下降了（在正在现代化和民主化国家之间）。在后一组国家中，传统的安全困境有可能再度出现，但在目前任何大国中（包括中国和俄罗斯），企图恢复军事化和对抗政策的强国集团却并没有出现。

弱国和后现代国家揭示了与现代国家属性相关的经典安全困境有明显区别的安全困境。因此，要了解国家面临的最重要的安全挑战，只分析它们的外部关系是不够的。我们还需要观察国家的内部，关注其国内发展。“国内”和“国际”紧密关联，对彼此都有重要的影响。要了解当前国际体系中最重要的安全挑战，就得把国家属性的演变纳入分析之中。

让我们回顾一下表10—1中的第三个问题。这些看法是以何种方式挑战传统的国际关系理论的（对此的全面讨论，可见Sørensen，2001）？

现实主义者对弱国和后现代国家的分析持怀疑态度。尤其是新现实主义者，他们依然聚焦于体系，认为理解国际关系以及战争与和平的样式不需要考察国家的内部。但是，弱国和后现代国家是具有独特安全困境的特殊实体。关于战争与和平、关于国际安全的新课题，正随着新的国家类型的发展而不断出现。现实主义对所有这些问题的标准解答是：这些发展与大国并无真正的关系，因此，这些大国对国际体系中发生了什么不太感兴趣。国际关系中既大且重要的事情是大国关系，而在这里，现实主义的假设依然有效。

这个回答能令人满意吗？也许不能。首先，后现代国家属性的发展实际上涉及了体系中的好几个主要国家。其次，后殖民时代的弱国家属性的特殊问题涉及那么庞大的人群，怎么也够得上“既大且重要的事情”了。

自由主义者能更好地适应国家属性从现代向后现代的转变，因为它在主要方面体现了基于自由民主、共同的国际规制和经济相互依赖的自由与民主之和平的进一步发展。而且，透过自由主义的棱镜，后殖民弱国家也可以被看成尚须进步以获取现代性的前现代国家。

如果考虑到对进步的信念，那么自由主义思想在解释为什么脆弱的后现代国家未能实现发展的问题时是不那么清楚的。自由主义者的问题是，他们所推崇的自由进步的一些核心要素（即民主化和经济现代化）在弱国并没有发挥出良好的作用。而且，如果说最近的50年中有什么事被轻易放过了的话，那这可就不仅仅是一个临时的问题了。更为普遍的是，刚提及的民主化和自由化的发展进程可能并不像许多自由主义者所说的那样保险。发展中会有挫折，而且像中国和俄罗斯这样的大国，似乎也不会很快就坚定地走上通往民主的道路（Sørensen，2007）。

此外，后现代国家属性的发展也产生了自由主义者需要反思的新问题。首先，紧密的合作会削弱一个民主政体的国家架构。许多评论家都在谈欧盟内部的“民主赤字”问题（即太官僚、太封闭、太远离公民）。其次，跨国界的紧密合作不仅带来了跨国界的“好处”，也带来了跨国界的“坏处”。疾病、污染、恐怖主义、生态失衡、犯罪、毒品、非法移民和经济危机，都是这方面的例子。概言之，自由主义者需要接受一个事实，即改变并非总是朝向更好；被当成自由、进步的事情也可能是新问题的源头。

总之，国际关系研究倾向于将自身与国内政治研究隔绝开来。传统的国际关系理论是在主权国家为其公民提供"美好生活"这一假设下进行推演的。后现代国家和弱国都对这个观点提出了重大的挑战。这些发展不仅对现实主义者和自由主义者是一个挑战，对国际关系学中的其他主要理论也是一样。

结 论

我们已关注了国际关系学中的四个当下议题，并讨论了它们对国际关系理论的影响。这些议题对国际关系学构成挑战的性质取决于人们对其实际利害的评估。例如，对环境问题持激进观点的人，要求我们重新考虑我们思考国际关系的整套方法。这些激进的解释不仅偏离了国际关系学的传统方法，其采取的概念和理论方向也并不完全相同。这使我们回想起在第二章中提到的关于三个主要因素影响国际关系思考的观点。第一个因素是现实世界发生的变化不断地提出新议题，例如本章中提出的议题。第二个因素是同一传统内以及不同传统间的国际关系学者之间的争论，这种争论有助于我们判定不同的议题带来的挑战及其对国际关系学科造成的后果。第三个因素是其他领域的学术影响，特别是广泛意义上的方法论争鸣。

这三大因素对国际关系学思考的共同塑造是一个持续的进程。因此，永远也没有可以让学者们安然落座并宣称国际关系学思考已臻于完美的终点站。历史不会停滞不前，知识的探索永无止境。总会有新的议题要面对，总会有新的方法可资利用，总会有新的洞见产生，总会有新生代学者去继续探求。学者们不是其工程总有一天会竣工的建筑师。他们面对的不是一张蓝图，而是很多张：有计划被抛弃，就有计划被采纳。学者们更像是拿着不同地图和无限制车票的旅行者。本书就是未完成的国际关系学术游记中的一种。我们知道旅行的起点在哪里，也知道迄今为止主要的参观站点，但我们并不那么肯定国际关系学将从这里走向何方。这是因为，老的和新的旅行者还将一路争论：什么是最佳的路径和合适的参观地点。本书的某些读者可能会将国际关系学带到一个我们从未听说过的目的地。

关键点

- 国际恐怖主义使有形安全威胁的幽灵再次复活于经合组织（OECD）范围内的国家和社会。尽管它不是压倒一切的生存威胁，却是一个必须认真对付的、对于公众而言实实在在的安全威胁。
- "文明的冲突"并不是后冷战时代世界秩序的决定性特征，但是身份认同和宗教问题确实在当代国际关系中发挥着重要作用。

• 环境恶化到底有多么严重？“现代主义派”相信，人类知识的不断进步将增强我们为子孙后代看护好环境的能力。“生态激进派”认为，采取简单的技术手段来解决这一问题是不可能的。因此，他们指望以革命性的变革来推行对环境友好的生活方式。

• 当今的武装冲突越发出现在虚弱国家之内，说其虚弱，在于它们不能够或不愿意提供安全与秩序，更不用说为大众提供自由、正义和福利了。与此同时，在发达国家，尤其是在自由民主国家，有的是和平与合作，却没有国家间战争的危险。这些变化发展是与国家属性的变化相关联的。

• 这些议题对国际关系学构成挑战的性质，取决于人们对其实际利害的评估。例如，对环境问题持激进观点的理论，要求我们重新考虑我们思考国际关系学的整套方法。但许多研究非传统议题的学者却并不那么激进，他们更倾向于在国际关系学的既有传统中展开推论。

练习题

• 国际恐怖主义应该是国际议程上的头等议题吗？为什么是或为什么不是？

• 环境恶化到底有多么严重？它给国际关系学带来了什么样的后果？

• 宗教问题是与国际关系学相关的新议题吗？为什么是或为什么不是？

• 列举后现代国家的特征。它是怎样挑战传统的国际关系学思维的？

• 成功应对与后殖民时代的弱国有关的问题的前景如何？

• 国际关系学中的“新议题”是否意味着该学科将不得不进行根本变革？已确立起来的思考方式（部分地或全部地）将不得不被抛弃吗？如果是，为什么？如果不是，又是为什么？

阅读指南

Diehl, P. F. and Gleditsch, N. P. (eds.) (2000). *Environmental Conflict: An Anthology*. Boulder, CO: Westview Press.

Eckersly, R. (2004). *The Green State: Rethinking Democracy and Sovereignty*. Cambridge, MA: Massachusetts Institute of Technology Press.

Goodin, R. E. (1992). *Green Political Theory*. Cambridge: Polity Press.

Hanson, E. O. (2006). *Religion and Politics in the International System Today*. New York: Cambridge University Press.

Jackson, R. (1990) *Quasi-States: Sovereignty, International Relations and the Third World*. Cambridge: Cambridge University Press.

Lomborg, B. (2001). *The Sceptical Environmentalist*. Cambridge: Cambridge University Press.

Pearlstein, R. M. (2004). *Fatal Future? Transnational Terrorism and the New Global Disorder*. Austin, TX: University of Texas Press.

Porter, G., Brown, J., and Chasek, P. (2000). *Global Environmental Politics*. Boulder, CO: Westview.

Schmid, A. P. (2005). "Terrorism and Human Rights: A Perspective from the United Nations," *Terrorism and Political Violence*, 17: 25-35.

Sørensen, G. (2004). *The Transformation of the State: Beyond the Myth of Retreat*. Basingstoke: Palgrave Macmillan.

Thomas, S. (2005). *The Global Resurgence of Religion and the Transformation of International Relations*. Basingstoke: Palgrave Macmillan.

网络链接

读者可在与本书配套的在线资源中心找到本章提到过的网络链接和附加链接。
www. oup. co. uk/best. textbooks/politics/jackson_sorensen4e/

第十一章

方法论争鸣

概　述

国际关系学的一些最重要的问题在性质上就是关于方法论的。社会科学方法论比自然科学方法论更具有多样性。早在20世纪五六十年代，政治科学领域的行为主义运动就曾强调人们应该有准确使用概念与术语的自觉性。国际关系学者，特别是美国学者，也开始用社会科学的或曰“实证主义”的方法来研究国际关系。这一尝试，引起了那些强调史学、哲学和法学的传统或“经典”方法的学者的反击。后来，好些被其他社会科学所倚重的方法论，比如结构分析，也被采用了。实证主义方法论还催生出了包括批判理论、后现代主义与规范理论在内的好几种后实证主义方法。我们只能触及每一种理论最基本的方面。本章将在讨论两派国际关系学者的根本分歧中结束。一派认为，我们可以运用客观的方法来科学地解释国际关系；另一派则认为，这是不可能的，国际关系学术研究所能达到的最多只不过是对国际关系的有见地的阐释。

方法论争鸣

在包括国际关系学在内的大部分学科中，都存在着两种最根本的争论。一种是关于实质性问题（亦即事实问题）的争论。实质性问题的例子有：导致第一次世界大战的主要原因是什么？民主能够促进和平吗？全球化究竟是阻碍了还是促进了第三世界的发展？另一种学术争论则涉及方法论，也就是内含在我们的研究之中的概念性和哲学性问题。例子有：我们可以用科学方法来研究国际关系学吗？新现实主义关于政治现实的性质的主要假设——其立论基础——在多大的程度上是有说服力的呢？我们应该接受现实主义关于人类本性基本上是竞争性的观点，还是接受自由主义关于人类本性基本上是合作性的观点呢？同样重要的是，实质性问题（包括上面所提到的）也包含着概念性问题。如："战争"是什么？"原因"是什么？是什么构成了"民主"或者"和平"？"全球化"或者"发展"的含义是什么？所以，方法论问题潜藏于国际关系学者所研究的几乎一切事情之中。

方法论争议说明，国际关系学已超出了其作为一门学科所能涵盖的范围。20 世纪后半期，国际关系学科在多数大学得以确立，这一问题也就凸显了出来。20 世纪前半期时，国际关系学还不是一门学科，而只是一个研究领域。那时，非学术的评论家作出的贡献往往与学者们同样多，甚至比他们还要多。在 20 世纪 20 年代，理想自由主义囊括了许多非学术的或非大学院系出身的知名作家（见第二章），他们中的许多人在政治上都很活跃。他们就战争与和平、自由和进步等政治上有争议的问题展开讨论并发表看法，希望（尽管有些天真）他们的论著会影响到政治领导人或者外交决策者。他们就这些问题进行写作并发表论著，以期在建立一个更美好的世界方面能有所作为。但是，他们这样做却并不是为了更好地理解这个世界，因为他们认为自己对这个世界已经完全了然于心了。就连现实主义对自由理想主义的反驳，也基本上不涉及方法论。现实主义者只顾去纠正他们所认定的理想主义者及其观念中的那些根本性错误和危险。他们也想要影响政策。因此，国际关系学中自由理想主义者和现实主义者之间的第一次大辩论，是围绕着战争与和平这一实质性议题而展开的。

方法论问题上升为主要问题，是与美国政治科学在 20 世纪五六十年代所发生的"行为主义革命"联系在一起的。正如第二章所指出的那样，发生在行为主义者和传统主义者之间的第二次大论战是关于方法论的。行为主义者想把国际关系学建立在"科学"分析的基础之上。他们的主张在汇聚着大量国际关系学者的美国特别有影响力。因此，传统主义者也就成了少数派。在冷战的大部分时期里，方法论与新现实主义一起成为国际关系学的主流。这种对待方法论的新态度，后来以"实证主义"而闻名于世。这种信念认为，国际关系学术活动是一种揭示世界政治中那些可被证实的事实或规律的探索活动，它应该以可靠的科学研究技术为基础（见网络链接 11.02）。在当时，实证主义的方法论在大多数国际关系学者中并没有引起什么争议。

然而，冷战结束后，实证主义与后实证主义方法论的争鸣又使方法论问题回到论战的中心。后实证主义者就国际关系学方法论提出了新的、复杂的问题。肯尼思·沃尔兹的新现实主义理论，就是经常遭受后实证主义者抨击的实证主义国际关系学方法论。

行为主义革命

在讨论任何国际关系学方法论理路时，很重要的一点就是既要从这些理路本身也要从批评家评论它们的那些角度来考虑。较之任何其他的方法论，这一点尤其适用于行为主义方法论（见网络链接 11.08）。正如前面所说的，从 20 世纪五六十年代开始，很多政治学家都为行为主义方法论所折服。在政治科学中，行为主义的说服力究竟是什么呢？从根本上看，它是这样一种学术信条：国际关系学可以成为一门日趋成熟的、精确与简约的、更具预见性和解释力的、能在积累中不断进步的科学。行为主义者相信，科学具有同一性：社会科学与自然科学并没有本质上的差别；同样的分析方法——包括量化方法——在两个领域中都可以适用。他们还相信，在社会科学中跨学科的研究是可行的。

政治行为主义者询问：为了科学地进行研究，我们应该怎样观察政治呢？他们的答案是：应该聚焦于涉及政治与政府之活动的人类行为。这种方法的关键要素是：作为个体的人是分析的基本单位；政治只被认为是人们行为的一个方面；政治行为需要从不同的分析层次（包括个人的、社会的与文化的层次）来加以考察。研究政治行为的核心关注点是人们在社会结构中的角色，而社会结构的中枢就是政治体系。

如已表明的，行为主义方法试图通过采纳自然科学的科学标准，把政治科学转变为一门真正的社会科学。它的目标就是收集可以推导出科学解释的资料。这就要求研究者要有科学的方法论和科学的态度，这样才可能就政治行为作出经验解释，推定“为什么人们要政治地来行动，像他们本来所做的那样；为什么政治进程和系统功能会这样来发挥作用，如其结果所显示的那样”（Eulau，1963：25）。对政治行为进行科学研究，要求有严格的研究设计、精确的分析方法、可靠的分析工具、合适的验证标准等，所有这些对于建立一套有关政治的、可以验证的经验命题——即经验理论——都是必需的。

莫顿·卡普兰的研究（Morton Kaplan，1964：21-53）是将行为主义方法应用到国际关系中的一个著名的早期例子。卡普兰运用“系统分析”方法区分了不同种类的国际性的国家体系：“均势”体系，松散的两极体系，紧密的两极体系，普遍性的国际体系，等级性的国际体系，以及单位否决的国际体系。根据卡普兰的说法，不同国际性的国家体系具有不同的行为特征。相关链接 11—1 概括了卡普兰关于在“均势”体系下国家将如何行动的观点。国家的这些行为将使体系内出现在理论上可以预见的某种联盟模式。

相关链接 11—1

卡普兰的均势体系

1. 行为的目的是增强实力，但宁靠谈判而不靠战斗。
2. 宁愿打仗，也不愿坐视对手增强实力。
3. 宁愿停战，也不去毁灭一个必不可少的国家行为体。
4. 反对任何企图在体系内取得支配地位的国家集团或单个的行为体。
5. 对那些赞同超国家组织原则的行为体施加限制。
6. 允许被打败的或被限制住的基本国家行为体作为可以接受的任务伙伴重新回到体系之中……将所有的基本行为体都视为可以接受的任务伙伴。

Kaplan (1964, 21-53)

卡普兰（Kaplan，1964：25）曾这样问过：在“均势”体系历史的任何时段内，是否发生过“如理论所没有预见到的那种联盟变动呢”？如果真有这样的事例，那么，“就肯定有别的一些因素在左右着这种模式”。换句话说，其他变量或许已经介入并导致了那样的结果。于是，考察并成功地发现这些干扰变量，进而相应地修正系统理论，就成为一个重要的研究课题。这个例子，以及国际关系学与更宽泛的政治科学中的行为主义方法都告诉我们：在解释国际政治和国内政治时，需要明辨其中所包含的自变量（independent variables）、因变量（dependent variables）和干扰变量（intervening variables）。

卡普兰对国际关系学的系统分析在某些方面被证明是有缺陷的。它没能很好地满足、甚至在很多方面根本就没有满足表 11—5 中肯尼思·沃尔兹对经验主义理论所提出的验证标准。最明显的困难或许是：这些规则既是描述性的（经验性的），也是指令性的（规范性的）。它们不仅要说明国家行为体在“均势体系”中将会如何行动，还要说明它们为何必须（ought to）这样行动。但是，如果它们以预测的方式行动，就没有必要再告诉它们必须那样去行动了。指令是用来告诉人们按照什么方式去做，否则他们就可能不做或者根本就不会去做。休谟，一位 18 世纪杰出的经验主义哲学家，有一句名言：“你不能从‘是’中推导出‘本当’。”① 换句话说，事实并不是规范，把事实和规范混淆是一个致命的错误（见网络链接 11.03）。表 11—1 中的命题就显示出了这种混淆。据此，沃尔兹对卡普兰的“均势体系”予以了大概是最严厉的科学批判（Kenneth Waltz，1979：50-59）。

自从 20 世纪五六十年代行为主义者把经验分析方法引入政治科学以来，它的逻辑、语言与气质就在国际关系学者中广泛地传播开来了。行为主义得以建立的假设是：存在一个外部的或“真实的”国际关系世界，它按照自身的客观规律或模式运转，而这些规律或模式是能够通过经验模式或理论来察觉与解释的。对于探寻客观知识的学者而言，这个假设是很合其胃口的。它很可能提高了政治科学和国际关系学的自尊，或许还提升了其地位，这在科学文化氛围更为浓厚的美国尤为如此。自从 20 世纪 50 年代以来，这种学术取向就以实证主义方法论的名义而为人所知。现在，在行为主义革命的影响下，一大批国际关系学者（特别是美国学者）都成为了实证主义

① 该句名言中的单引号为译者所加。——译者注

者。但是，就像其他任何的方法论一样，实证主义也受到了批评。即使在美国，它也没有得到所有国际关系学者的遵从。

经典方法

在国际关系学中，对行为主义革命的第一次重大反击来自传统的或者“经典的”方法，而行为主义者从一开始就把这种“经典的”方法锁定为在政治研究中创建真正科学的学科的主要障碍。对经典方法最头头是道也最沉稳老练的捍卫者，当数赫德利·布尔（Hedley Bull，1969；1972；1975）。本节主要阐释他捍卫这种方法的主要观点。

不同于行为主义和它的实证主义继承者，也不同于此二者的某些后实证主义批判者，国际关系学中的经典方法并没有一套清晰的方法论（从这一术语的科学含义来说）。它并不先形成假设，再加以验证；不采用正规的研究手段，如模型、统计学方法与分析工具等；也不收集或者组织数据。与之相反，它坚持的是一种对学术的态度，从某种意义上讲也是一种学术道德。它认为国际体系高度复杂，跌宕起伏，扑朔迷离，因而让人难以理解。它拒绝国际政治只能有一种有效或正确的科学分析方法的观点，对国际关系学者能够从他们的研究项目中符合预期地提出经验知识持保留态度，对国际关系学能成为一门日趋成熟、准确、简约并具有预见力和解释力的不断累进的科学表示怀疑。相反，它把理论看成有限的，要受历史（时间）和文化（空间）的限制。

经典方法坚持认为：扎实的学术是一个实践经验或学术才能的问题，也就是对国际关系的观察、阅读、质疑、反思与写作的问题。好的国际关系学术并不取决于技术培训（即靠正确的方法、模型与统计技能来进行培训）。它要求研究者沉浸在课题之中，并成为对过去与现在之世界政治的很仔细、善思考与有批判的观察者。经典方法将探究精神（即好奇心、辨别力与判断力等）置于研究活动的首位。对于赫德利·布尔而言，研究活动基本上是一个从设想出要加以研究的重要课题一直到探究出结论（哪怕是一些初步的结论）的过程。“思考也是研究”，这就是布尔最喜欢的格言之一（Holbraad，1990：193）。他探究大题目：国际安全、国际秩序、国际正义。一个可以做好小题目的人同样也能做好大题目。但是，不论题目大小，开展研究时最重要的却并不是科学的方法论，而是实质性知识，特别是历史知识。

国际关系学是一个复杂的人文类研究领域。在布尔看来（Hedley Bull，1969），国际关系学从三个早已完备的学科——历史学、政治理论或哲学和国际法——中汲取了大量的营养。历史之所以重要，在于它是从时间上把握国家特性与它们的关系的唯一学术途径：所有的国家都是与众不同的，国家具有各自不同的历史并处于特定的地方，因此，我们对国家体系的归纳能力肯定也就是有限的。历史不但是研究国际关系的起点，也是国际关系理论必不可少的指南和矫正器，因为它会不断地提醒我们：对世界政治的经验归纳是有局限的（见网络链接 11.10 和 11.11）。

传统方法是哲学的而且特别关注道德问题，它认为道德问题是不能同政治和法律问题分开的。它提倡以一种公允与超然的态度来考察国际政治和国际法的道德基础。国际社会学派对“北大西洋公约的伦理基础是什么”的询问，就是传统方法在这方面的一个实例。这个问题的答案，在公约关键条款5中有明确表述：联盟的所有成员都有军事互助的义务。国际法是重要的，因为它是关于威斯特伐利亚国际社会的基本准则和规范的一种历史与当代知识的综合体。忽视国际法，就等于忽视了国际关系中的一个基本方面。相关链接11—2总结了行为主义方法与传统方法或经典方法之间的根本区别。

相关链接 11—2

传统方法和行为主义方法

传统方法：一种源于哲学、历史学和法学的理论化方法。它的首要特征就是明确地依赖判断的运用，并明确地假设：如果我们把自己局限于严格的求证标准之中，那么我们对国际关系就几乎什么也说不出来。所以，关于该领域的一般命题必定来源于在科学上并不完美的理解和直觉过程，而且这些一般命题至多只能被赋予与其可疑的来源相称的、尝试性的和非确定性的地位。

行为主义方法：关注解释性理论而**非规范性理论**；关注重复性的模式而非单一的事件；关注那些含有可度量的经验参数的可操作性概念而非那些极为微妙的概念；关注概念框架；关注关于数据收集、度量和表述的精确技术。

转引自 Finnegan（1972：42，52）。

经典主义学者对知识持一种怀疑论的态度，并要求人们注意国际关系学术的局限。他们把它看成一个并不完美的研究领域：人们可以从中找到某个问题的部分答案，却无法给出确定无疑的答案。国际关系中复杂的历史、法律或哲学问题是不会有确定答案的。传统主义者对国际关系学术活动中的言过其实与过分自信持批判态度。赫伯特·巴特菲尔德（Herbert Butterfield，1973：51）在其一部名著中捕捉到了这一经典视角。他既是一位杰出的历史学家，也是国际关系学中的“英国学派”的成员。他指出：

> 历史学家与其他任何专家一样，也急于迈出他自己的学科并从历史中引出历史所不能真正给出的答案。他无止境地想要使其叙事臻于完美并使其判断达到极限，而这又是其材料或研究过程所保证不了的。

这种对国际关系学的真理声称问题的怀疑论，预示着一个类似的立场——后实证主义立场——的出现。我们将在本章后面对其展开讨论。

值得强调的是，经典方法不同于两次世界大战之间的自由理想主义方法（见第二章）。赫德利·布尔排斥自由理想主义，因为这是一种显现了浓厚教条主义和天真色彩的政治与意识形态方法。它试图按照自己的政治价值来改变世界。它既不试图理解这个世界、了解这个世界的意义，也不试图使世界政治变得更易于认识并把国际关系学建立在一个更有学理的基础上。而且，它也不准备仔细审视自己的价值。尽管布尔没能活着看到国际关系学中的批判理论和其他各种后实证主义理论的兴起（下面要讨论），但我们仍然可以明确地推断：他也会断然反对某些批判理论学家（这些人相信：

国际关系学理论原本就是政治的，而不论理论家是否意识到或者承认这一点；学术活动就是一种合法的政治参与）。赫德利·布尔大概会把批判理论学家看做再生的理想主义者——他们想建立一个更加美好的世界，但对国际关系的既有条件却没有足够清醒与非主观的分析。

相关链接 11—3

布尔论传统方法

我相信，政治学研究中不带偏颇与好恶的传统，就如同一棵脆弱的植株。它要是真有，也仅见于为数甚少的几个国度；而且，即使在这里，它也处在风雨飘摇之中。其幸存靠的是一种执著，一种并非政治的、而是智识与学术的执著，即一种把它视为具有自身道德与自身选择等次的独特的人类活动来加以探究的执著。

H. Bull（1975：284）

经典方法也遭到了相当多的批评。布尔之所以一开始就站出来捍卫它，就是因为有来自政治行为主义者的激烈批判。他们从几个方面批判了“传统主义者”：致力于历史主义而非经验主义（Easton，1971：234-265）；提供具有特性（描述性的和个别性的）的研究成果而非具有普遍性（解释性的和归纳性的）的成果；满足于从未接受过事实检验的象牙塔理论；采纳“把理论与知识混为一谈的随便的假设”，而不是把理论仅仅视为一种工具。但是，传统方法和行为主义方法之间也有一些相似之处。这两种方法都欣赏谨慎的分析并厌恶给意识形态戴上学术研究的面具（见网络链接 11.04）。

总之，在行为主义者和传统主义者之间既有不同之处也有相同之处。一方面，如果我们强调行为主义和传统主义的不同之处，我们就会发现它们之间存在着深刻的对立。这两种方法可以说持有完全不同的关于世界的观念（本体论），并且在对如何才能更好地获取关于这个世界的知识（认识论）上有着大相径庭的想法（见网络链接 11.01）。另一方面，如果我们强调相同之处，那么这两种方法“与其说是两种完全不同的学术方略，倒不如说是连续性的学术过程的不同端点，每一方的努力都能启发和充实另一方，同时也能抑制另一种方法过于严重的流弊”（Finnegan，1972：64）。在争辩达到白热化时，争议者都倾向于划清界限并强调双方的不同点；而烟消云散之后，双方又都会发出强调共识领域的更为温和的声音。如我们将看到的那样，国际关系学的方法论争鸣所揭示的就是它们双方的立场。

国际关系学中的实证主义方法论

实证主义（positivism）是国际关系学中一种重要的方法论。大量的国际关系学研究都采用了基于实证主义原则的方法论。《国际研究季刊》（*International Studies Quarterly*）、《冲突解决月刊》（*Journal of Conflict Resolution*）和《美国政治科学评论》（*American Political Science Review*）等杂志上所发表的很多文章，都是基于实证主义方法论的。实证主义有好几个版本，我们不能全都讨论。这里介绍的只是一种“温和的实证主义”（Nicholson，1996a）。

政治科学（包括国际关系学）中的实证主义方法论是行为主义的遗产。它虽然在好些方面更为精细，但也确实继承了行为主义的大部分假设和观点。它认为社会与政治世界（包括国际世界）都是有规律和模式可寻的，如果方法论运用得当，我们就可以对其加以解释。它与行为主义一样，也假设包括社会科学在内的所有科学都具有一致性。在这方面，社会学家无异于其他任何科学家。政治科学认为，观察和经验是建构与判断科学理论的关键。它坚信，我们可以找到客观的世界知识，或者至少可以达成“大量的主观间一致”（Nicholson，1996a：131）。它强调经验命题的中心地位，也就是说，接受假设的理由显然要源于对现实的仔细观察。“我们观察事件，并且希望能在观察的基础上预见到某些现在已经采取和将要采取的行动的后果”（Nicholson，1996a：132）。

相关链接 11—4 归纳了一种好的科学（实证）理论的首要科学哲学标准。根据这一观念，国际关系理论应当由经验命题构成，这些命题在逻辑上要相互关联，而且可以用证据来检验，以至于“整个理论的取舍都要取决于（对数据的）观察”（Nicholson，1996a：132）。

相关链接 11—4

一种好的经验理论的七条标准

1. 精确并且有限的。
2. 非相对主义（普世性）的。
3. 可证实的或者可证伪的。
4. 解释力强的。
5. 经得起改进的。
6. 与已确立的知识相一致的。
7. 简约的。

出自 Vasquez（1995：230）。

这种理论是精确的：实证理论是有限的，也是具体的。这种理论是非相对主义的：只要具备特定的条件（自变量），它在任何场合都可以成立。实证主义的内核是一种信念，即学者们可以对社会世界进行经验归纳。实证主义理论相信命题是以（或努力要以）符合逻辑的方式联系在一起的：“某些命题暗含着其他的命题。”（Nicholson，1996a：129）这种理论寻求与相关研究领域中已经完善的知识相吻合。这使人回想起了行为主义者关于自然科学与社会科学具有内在一致性的观点。最后，实证主义的命题要力求简约：它们必须以清晰明了的方式来表达。最简单的理论，通常也就是最好的理论。

实证主义方法通常并不以挥舞“实证主义”大旗来彰显自己。那么，我们如何才能从实证主义的角度来说某个理论是科学的呢？按照肯尼思·沃尔兹的观点（Kenneth Waltz，1979：13），某种国际关系理论是否是一种经验理论，即实证主义理论，可以由相关链接 11—5 中提出的问题来加以检验。

相关链接 11—5

沃尔兹验证法：这是一种经验理论吗？

1. 陈述被检验的理论。
2. 从理论中推导出假设。
3. 通过实验或观察来检验这些假设。
4. 在进行步骤 2 与 3 时，使用那些在理论检验中出现的术语的定义。
5. 设计一些各不相同但又需要的检验。
6. 如没有通过检验，则须盘问理论是否完全失败，或需要修改与重述，或缩小其宣称的解释范围。

出自 Waltz（1979：13）。

这个测试给出了最重要的一些检测条件，国际关系学中的理论只有满足了这些条件才能被视为科学的或是经验的。沃尔兹认识到，相关链接 11—5 中的步骤太过严格，有“实验室的味道”，因此操作起来也许是有难度的。例如，在测试中想要排除或控制不相干的扰乱性变量就有困难。真实的世界毕竟不是一个能够任意排除或控制变量的实验室。作为一个次优的选择，沃尔兹提出了一个不那么严格的程序（总结在相关链接 11—6 中）。

相关链接 11—6

不那么严格的理论检验

根据将要检验的理论……简单调整这七个步骤［见表 11—5］。盘问理论究竟能让我们预期什么，而不是武断地盯住我们的数据和方法所能得出的那些预期。在尝试对理论进行精细的改进并使用复杂的方法之前，应该首先用我们的观察（通常是历史的）来检验我们的预期。

出自 Waltz（1979：16）。

在国际关系学中，人们通常在新现实主义和实证主义之间画等号。但是，“等式”的两边却并不相等：实证主义的界定比新现实主义要宽泛得多。在尼科尔森（Nicholson，1996b）看来，国际关系学中的实证主义有两种总的研究方案：（1）定量研究方案，其中的一个重要分支与和平研究有关联；（2）理性选择分析方案，比如博弈论（见网络链接 11.05，11.06 和 11.07）。实证主义者试图得到可以证实的经验概括，从而最终建立经验理论，因此他们倾向于使用量化方法，包括使用数学模型。“当人们试图检验理论时，量化便开始发挥作用”（Nicholson，1996b：136）。相关链接 11—4 和 11—5 中所列出的标准与测试方法，都适用于基于定量研究的那些理论。理性选择研究方案是逻辑的而非严格定量的，并具有经济分析的特点：它基于某些假设，如行为体是理性的、行为体追求利益最大化等。它采用逻辑分析法——如果 X，那么得出 Y；如果需求增加而供给不变，则价格上涨（参见第九章对外交政策中对理性分析的简要讨论）。

后实证主义方法论

实证主义激发了包括批判理论、后现代主义和规范理论在内的好几种后实证主义方法论的回应。这些理论都不接受实证主义的科学方法。相反，所有这些方法论都以不同的方式把人类设定为一种独特的生灵：他们必须与其他人共同生活在社会里，才能过上人的生活。后实证主义方法论立基于这样一个命题：人们能够设想、建构、组成他们生活于其中的世界，包括完全由人类安排的国际世界。后实证主义（post-positivism）有好几个不同的版本，我们只能讨论那些被采用得最广泛的方法论。但在它们中被采用得最多的，是已在第六章讨论过的建构主义。

批判理论

这种方法论理路主要是马克思主义思想的一种发展，因而也可以称为新马克思主义（见网络链接 11.16）。它由一小群德国学者发展起来，他们中的好些人都曾因被驱逐而生活在美国。“法兰克福学派”（the Frankfurt School）就是他们的集体称谓（见网络链接 11.17 和 11.18）。国际关系学的批判理论与马克思主义的政治经济学（见第七章）联系最为紧密。罗伯特·考克斯（Robert Cox，1981；1996）和安德鲁·林克莱特（Andrew Linklater，1990；1996）是批判理论的两位主要的理论家。批判理论家反对实证主义的三个根本假定：客观的外部现实，主体和客体的明确界分，以及价值无涉的社会科学。在批判理论家看来，与不可逆转的社会规律相一致的世界政治或全球经济是不存在的。社会的世界（social world）是一种时间和空间的构造，国际体系则是最强大的国家的一种特殊构造。凡是社会的事物（包括国际关系），都是可变的，因而也就都是历史的。世界政治是建构起来的，而不是被发现的，因此也就不存在主体（分析家）和客体（分析目标）之间的根本区别。

相关链接 11—7

罗伯特·考克斯论作为历史乌托邦主义的批判理论

批判理论为人们作出一种有别于压倒性的社会政治秩序的规范选择留下了余地，但它又把范围限制在了那些可以改变现存世界的秩序选项之内……因此，就其能展现一种新秩序的完整图景而言，批判理论（critical theory）包含着一种乌托邦主义的成分。但是，它的乌托邦主义是受制于它对历史进程的理解的。就像它拒斥现存秩序的永久性一样，它必定也排拒没有可能性的秩序选项。

Cox（1996：90）

对于批判理论家来说，知识，不论从伦理上、从政治上还是从意识形态上，都不是也不可能是中立的。所有的知识都反映着观察者的利益。知识总是有偏见的，因为它源于分析者的社会视角，总会在有意或无意间显露出对于某些利益、价值、集团、政党、阶级、民族等的倾向。所有的国际关系理论也都是有偏见的。“理论总是为某些人与某些意图服务的”（Robert Cox，1981）。罗伯特·考克斯的这句被人广泛引用的话就表达了这样的看法。考克斯在实证知识（或“问题—解决”知识）与批判知识（或“解放”知识）之间做了区分。“问题—解决”知识是保守的，因为它力图认识现存的事物。它偏向于维持基于不平等的权力并把许多人排除在外的国际现状。它无法形成能指引人类进步和解放的知识，而这种知识正是批判理家所要提供的。在罗伯特·考克斯（Robert Cox，1996）看来，批判理论包含着某种历史乌托邦主义的要素。

批判理论不仅限于考察国家和国家体系，也专注于更为广泛的权力和一般的世界支配。批判理论家寻求知识是为了政治目的，也就是要把人类从被霸权国家特别是资本主义美国控制下的世界政治和世界经济的“压迫性”结构中解放出来。他们试图揭穿北方富国对南方穷国的全球性支配。在这方面，批判理论家与马克思主义的政治经济学家几乎毫无二致。他们对进步性变革的追求及其借助理论来实现这种变革的愿望，又有一些像理想主义。批判理论家从不掩饰其政治性。他们公开倡导并推进他们先进的（通常是社会主义的）解放意识形态，因为他们相信保守派学者和自由派学者也都在捍卫与促进各自的政治价值。因此，批判理论家相信理论争鸣基本上就是政治争鸣。就像两次大战期间的理想主义者一样，批判理论家们也力图按照他们的意识形态主张来引起社会与政治的革命。

批判理论家的知识观所固有的政治性，使他们与行为主义者、不屑于将科学知识用于政治目的的实证主义者以及传统理论家们区别开来。在批判理论家看来，国际关系学者不可能置身于他们正在研究的主题之外，因为研究者与主题之间有着许多微妙的和并不那么微妙的关系。他们是他们正在研究的人类世界的一部分。他们置身于这个世界。无论他们是否意识到了这一点，社会学家和社会科学都是权力的工具。批判理论家试图揭示不同的国际关系理论和理论家所服务的政治利益。但是，远不止于此，他们还力图用他们的知识来实现他们所信奉的一切知识的终极目的，也就是要实现把人类从依然盛行于相对少的世界人口并以损害世界上大多数人口的利益而牟利的全球社会结构中解放出来这个伟大目的。故此，人们可以把批判的国际关系理论理解为一种明确与公开的革命理论：它致力于推翻现存的世界政治与经济体系。

这一观点的主要问题，是它给学术独立以及学术和科学研究的整体性造成了麻烦。如果“理论总是服务于某些人与某些意图”，那么人们又怎么能够从纯学术的角度来判定它是不是一种好理论呢？如果任何理论的价值都将基于政治价值，那么它是否能促进我的政治或意识形态信仰呢？如果它将不再基于学术价值，那么它又如何能给世界以光明，如何能丰富我们关于世界的理性知识并最终使它不再那么神秘呢？如果国际关系理论真是政治性的而不是科学性的或学术性的，也就没有公允的办法来判定哪种理论在学术上是最好的。果真如此，也就不可能有真正的学术分歧和争鸣了。学术争鸣就会真正成为戴着面具的政治争鸣。但是，如果国际关系理论与其他所有的社会科学理论一样在本质上都确实是政治的，那么我们怎样才能证明把它们视为人文学科是正当的呢？如果批判理论和任何国际关系理论都是对政治的一种陈述，那么为什么还要把它们当成一种对知识的陈述呢？如果理论总是对政治利益而非对学术好奇心的一种表白，政治科学也就既不是科学的又不是学术的——它就是政治。当然，所有这些都可能是真的。但果真如此，我们也就很难从纯学术的角度来证明包括本书在内的国际关系学术的正当性了。

批判理论的一个温和的版本认为：全然价值无涉的知识是没有的，但即便如此，进取的国际关系理论家所追求的知识与纯粹的党派政治也是不同的。学术事业不可能在完全脱离或无视政治的情况下来进行，但系统与公允的分析才是它要勉力提供的。罗伯特·考克斯就是一个范例。他是一位倡导激进变革的政治鼓动家，但也是一位在国际关系学术界得到广泛认可的著作家。

后现代主义

这一方法论理路是在战后由一群法国哲学家首创的一种社会理论。这些人反对 20 世纪 40 年代末 50 年代初盛行于法国的存在主义哲学。但直到 80 年代，后现代主义才进入了国际关系学界。在国际关系学中，后现代主义的主要理论家是理查德·阿什利（Richnard Ashley，1996）。与批判理论家一样，后现代主义者试图使学者们意识到自己是概念的囚徒（Vasquez，1995）。最重要的概念囚笼是现代性这一概念本身，以及现代化能导致人类进步并为所有人带来更美好的生活的思想（有关这一思想见第四章）。后现代主义者质疑存在着关于社会现象的客观知识这一现代信仰。他们批判那些信奉“启蒙”的经典自由主义者，如康德。他们也批判那些信奉“科学”的当代实证主义者，如沃尔兹。后现代主义者认为，人类可以在知识上取得进步是错误的和缺乏依据的，而康德和沃尔兹却都对此深信不疑。

后现代主义者把新现实主义看成智识错误和学术自负的缩影，看成智识囚笼的典型，而打破这一智识囚笼就是后现代主义者为自己设定的任务。后现代主义者对这样一种信念大泼冷水，即知识可以扩张和完善，因而能不断地增强人类控制自然世界和社会世界（包括国际体系）的能力。他们也深深地怀疑这样一种思想，即人们可以塑造出对全人类——世界各地的男男女女——都一样公平和正义的制度。他们驳斥普遍的人类进步观念。

后现代主义被界定为“对元叙事的不相信”（incredulity towards metanarratives）（Lyotard，1984：ⅩⅩⅰⅴ）。凡是宣称自己发现了关于社会世界的真理的理论，如新现实主义或新自由主义，都可以被算作元叙事。后现代主义者把这样的声称都当成牵强附会与不可置信的。国际关系学中最主要的理论构造都是纸牌做的房子，解构批判主义（deconstructive criticism）刮起的第一阵微风就可以将其吹倒。后现代主义者举例说，新现实主义者所宣称的永不变化的国际政治无政府结构就站不住脚，因为我们并没有独立与公允的依据来判断其真伪。这样的依据是没有的，因为社会科学并不是中立的，相反，它是历史的、文化的与政治的，因而也就是有偏见的。经验理论是神话。任何理论，包括新现实主义和新自由主义，都可以自行决定把什么当成“事实”。换句话说，并不存在客观的现实，涉及人类的一切事物都是主观的；知识和权力紧密地联系在一起，知识根本不可能“不受权力运作的影响”（Smith，1997：181）（见相关链接 11—8）。

相关链接 11—8

后现代主义对于知识和权力的看法

所有的权力都需要知识的支撑，而所有的知识又都依赖并强化着已有的权力关系。因此，也就不存在游离于权力之外的“真理”之类的东西。基于对福柯（Foucault）的解读，如果真理有历史，那么历史又怎能有真理呢？真理不是社会环境之外的某种东西，而恰好是它的一部分……后现代的国际理论家就用这一洞见来审视国际关系的“真理”，以查明在事实上主导着这一学科的概念和知识—声称是怎样高度地依赖特定的权力关系的。

Simth（1997：181）

后现代主义者是把理论说成“叙事”或“元叙事”的解构主义者。叙事或元叙事总是由某一理论家来构建的，因此总是混杂着他（或她）的立场与偏见。因此，它们可以被解构，即剖析它们，以揭示其臆断的成分和带有偏见的意图。在国际关系学中，新现实主义就是后现代主义者解构的主要目标。这种理论宣称，只要我们掌握了关于无政府国际体系中主权国家的几个信息要素，就可以知晓我们需要从国际关系中知道的大多数重要的事情。这一理论甚至还宣称，它能有效地解释“我们所能凝望到的所有世纪的”国际政治（Kenneth Waltz，1993：75）。

后现代主义者对新现实主义的批判直指其无政府结构及其理论的非历史偏见（Ashley，1986：289；Walker，1993：123）。这是因为该理论是非历史的，而这又造就了一种具象形态（a form of reification），在其中历史形成的社会结构就被描述成了由自然赋予的不可变更的制约因素。它强调的是“连续性和循环性”（Walker，1995：309）。单个的行为体“最终缩小为注定要参加整体再生产的纯粹客体，或沦落为历史的旁观者”（Ashley，1986：291）。接着要说的是，新现实主义在面对国际关系变革时有很大的困难。关于未来景象的其他思考都处于尘封之中：要么是国家的国内主权属性加上国际无政府状态，要么是（不大可能的）主权国家属性的废除加上世界政府的建立。除这两种僵硬的景象之外，我们别无选择。

什么是后现代主义对国际关系学方法论的贡献呢？一个好处是对学术自大与自负的消解。学者们往往都会过分地肯定自己的理论，新现实主义是这方面的一个好例子。它实际上并不如理论所说的那么好；它所提供的国际关系学知识，也比它所宣称的要少一些。另一个好处是怀疑主义：后现代主义质疑存在着不以时间和地点为转移的普遍有效的真理这样一种观念。现实主义是这一真理观的典型，许多自由理想主义也有同样的观念。对学术或科学上的自命不凡泼冷水可能是一件好事。

但是，后现代主义也有消极的一面。如果理论在某些方面总是有偏见，那么我们为什么还应该接纳后现代主义的分析呢？我们为什么应该更相信解构（deconstruction）而非原构（original construction）呢？如果对社会世界的任何阐释都是武断的和有偏见的，那么后现代主义也不能例外：它的批判也可反过来针对它自己。后现代主义者理查德·阿什利指出，不存在“基点”（positionality），也就是说，不存在社会言论、著述和行为赖以立足的稳定平台或确实性。具有讽刺意味的是，是什么使得后现代主义的智识，包括阿什利的著作，具有可理解性呢？难道不正是它遵从了作为所有知识（包括社会知识）基础的智识与学术探究的基本常规了吗？比如，阿什利自己的著述就符合英语语法和词汇方面的常规，而且他自己的生活无疑也像我们的生活一样，都遵从着人际关系方面以日历、时钟、英里、公里等来标记和度量的时间与空间等的规定。在国际法、政治和经济中，也有着相似的常规。这些尺度与标准正是现代世界的一些最基本的要素。

更为令人担忧的是，后现代主义可能会因为自身的否定主义而沦落到虚无主义的境地（见网络链接 11.19）。批判可以仅仅是为了批判而批判。叙事可以被剖析得干干净净，却毫无建树。最终，后现代主义者可能与他们力图要理解的社会世界和政治世界相疏远。一个充满不确定性和偶然性的世界（Ashley，1996）而非选择和理性的世界，也许就不再是一个可以理解的或有意义的世界。总之，可以找到一些后现代主义诉诸虚无主义的迹象。但是，虚无主义不能作为任何知识的基础，因为它否定可能性，也不承认知识的价值。

当然，也有温和的后现代主义。作为其前提的观念是：我们关于世界的思想和理论总是包含着客观与主观这两方面的种种因素。主观因素与我们所坚持的不同价值和观念为友，与我们每一个人都站在自己的立场来观察世界这一无法回避的事实为伴。客观因素则依赖这一事实，即为国际关系学者所念念不忘的关于现实世界的那些看法，那些看法在他们之间有着非常广泛的共享性。他们使用着相同的话语。他们以差不多相同的方式来使用诸多相同的概念。他们也以相同的重量和度量单位来计算。处在这一中间地带核心的是知识可以在主观间相互传播这一观念（Brecht，1963：113-116）。这种知识是由标准的文本和清晰的说明凝聚起来的。换一种说法，这种知识必须表现出：它不是愿望性思考、猜测或臆断的结果；它所包含的必须比纯粹的主观评价要多。温和的后现代主义接近于以主观互证（intersubjectivity）为基础的建构主义立场（见第六章）。

规范理论

这一方法论理路是政治思想史的一部分，可远溯到古代的欧洲思想家如修昔底德的著述。在当代，国际关系学的规范理论主要出自克里斯·布朗（Chris Brown，1992）、默文·弗罗斯特（Mervyn Frost，1996）和特里·纳尔丁（Terry Nardin，1983）的论著，以及布朗、纳尔丁和伦格尔（Brown，Nardin and Rengger，2002）的近作。克里斯·布朗（Chris Brown，1992：3）简明地界说了这一理路：

> 规范的国际关系理论指的是阐述国际关系的道德方面与该学科产生的更广泛的意义性和阐释性问题的一组著述。从最根本的意义上说，它要阐述共同体/国家之间关系的伦理性质。

国际政治包含着人类在生活中永远会遇到的一些最根本的规范问题，如不稳定和秩序问题、战争与和平问题、正义和非正义问题、人权和国家主权问题、环境保护问题，以及其他类似的基本伦理问题（见网络链接 11.24 和 11.25）。在许多方面，尽管不是在所有方面，规范理论（normative theory）都是经典理路的同义词。但是，它更深刻地触及了政治理论和伦理哲学，并需要大量地援引这些领域的新进展。“规范理论”实际上是政治理论或国际关系伦理哲学的另一种称呼。

大多数实证主义国际关系学者都要从根本上区分经验理论与规范理论。他们认为后者完全是劝导性的（prescriptive）。换言之，（实证主义的）经验理论是一种关于事实的理论，一种关于实际发生了什么的理论；规范理论则是一种关于价值的理论，一种关于非实在的观念世界的理论。大多数规范理论家反对这种区分，认为这是误导。在规范理论家看来，规范理论既是关于实事的，也是关于价值的。规范理论的“实事”是存在着的规则、制度与含有规范内容的惯例。例如，关于进行战争或人权或国际商务的规则。规范理论的重点就在于从理论上说明那些能够被置于过去或现在的国家体系之内的规则、制度和惯例。理论家们力图把包含在外交政策行为和其他国际活动中的规范性问题、冲突与困境都说清楚。换言之，规范理论也是经验性的，如果从它自己的角度来看的话。此外，规范理论家指出，所谓的非规范理论也是基于价值的，只是其理论家们完全弄不明白它们的规范前提与价值罢了。

规范理论家试图澄清国际关系中的基本伦理问题。克里斯·布朗曾进行过一个有价值的尝试（Chris Brown，1992）。他把世界政治中主要的规范性分歧（这些规范性问题也曾被国际社会学派提及，见第五章）（见网络链接 11.30 和 11.31）归结为两种对立的伦理视野：一种用“世界大同主义”（cosmopolitanism）来表示；另一种用“共同体主义”（communitarianism）来表示。世界大同主义是一套规范原则，它聚焦于人类个体和整个人类共同体，并将其视为世界政治中的基本权利和义务的载体。共同体主义是一种与之对应的规范理论，它聚焦于政治共同体，特别是民族—国家，并将其视为世界政治的基本规范单位：其权利、义务与合法利益要优先于其他所有的规范类别和机构。

在布朗看来，当代规范理论中的大部分都很注意对这两个相互竞争的伦理原则的评价。规范理论的任务之一就是要决定这两套重要原则中的哪一套可以被置于首位和应该被置于首位。下面这些问题都很复杂：主权国家的权利有哪些？应该允许它们拥有对人类构成威胁的大规模杀伤性武器吗？个人究竟拥有哪些权利？如果从人的内在本性出发，个人权利就可以高于国家的权利吗？进而言之，个人的这些权利是由国家与国家体系来创设和承认的吗？这些问题都没有简单的答案。许多理论家都满足于这样的命题，即世界大同主义和共同体主义之间的规范冲突不可能一劳永逸地得到解决；它只能被理解，并有望以明智的方式来加以把握。

布朗所表达的是目前国际关系学中流传最广的规范理论观点，默文·弗罗斯特（Mervyn Frost，1996）则提出了尽管不那么流行但在某种程度上更具根本性的问题。弗罗斯特要质问的是个人伦理与政治共同体伦理：

> 规范理论首先应当指向这个问题，即我作为公民（或我们作为政府，或我们作为民族，或我们作为国家的共同体）应做些什么？但是，这类问题的答案却通常要取决于一个很不相同且需要优先找到答案的问题。这个需要优先解答而且也更为重要的问题关系到我们得以从中找出我们自己是谁的那些机构的伦理立场

（和他人得以从中找出他们自己是谁的那些机构的伦理立场）。

根据弗罗斯特的理论，如果我们发现国家比其他机构更为重要，我们或许就能得出结论：在某些情况下，公民有义务冒着生命危险来保卫国家。规范理论的目的就是要找出有关“机构的伦理立场”（Frost，1996：4）。

规范理论的第三种理路与国际社会学派有关（见第五章），并以国际法伦理（Nardin，1983）和治国伦理（Jackson，2000）为重点。该理路要探讨的问题有：哪些人类群体才具有被承认为主权国家的资格？所有国家的国际责任都相同吗，或者某些国家的确有特殊的国际责任吗？是否存在任何可能的条件，在这种条件下一个主权国家的自卫权可以被合法地加以侵犯？是否存在任何有效的规范性准则以拒绝一国进入核俱乐部？国际社会是否有责任提供个人安全或者这是否完全是主权国家的国内责任？国际社会有责任来治理那些其政府已完全停止履行其职责的独立国家吗？“种族清洗”必定总是遭谴责吗？维护或促进民主的目标能证明对一国的军事干预和占领是合法的吗？国际社会能合理地期望各国领导人为保护外国的人权而置他们本国战士的安危于不顾吗？有规范依据可用以证明使用武力变更国际边界是正当的吗？是否存在任何可能的条件，在这种条件下出于全球环境保护的需要，国家的主权可以被正当地加以干涉？

第三种理路试图对国家和国家领导人的规范实践进行理论化。它强调，国际伦理的核心就是政治人物的道义选择。因此，如上面列举的国际规范问题的答案，首先就应该由规范的实践者来提供。规范理论的主要任务是去质问这些答案，以便说明、澄清和审视实践者所公布的论证结构。该理路强调，国际伦理问题与其他任何人类活动领域中的伦理问题一样，都是在活动本身（在这里指治国活动）的范围内出现的，因而也就与那个领域人类行为的特征和界限相适应（Jackson，2000）。依据规范理论的第三种理路，学者们必须依据政治人物所普遍接受的标准来评价政治人物的行为。否则，理论不仅会误判实践并疏离实际，还会误解与歪曲国家领导人必须在其中运作并从中得到评判的道义世界。

规范理论反对实证主义，认为它是一种有缺陷的方法论，不能阐明规范理论家所看重的国际关系中的最根本的问题，即道德决定与伦理困境。然而，规范理论，与那些排斥政治理论与道德哲学之经典传统的后实证主义者也不很合拍。这意味着，规范理论与建构主义一样，也暴露在双重的攻击之下。实证主义抨击它不能作出任何科学意义上的解释；后现代主义则批评它沉迷于对那些据说早已过时了的传统价值的神思、妄想和诓骗之中。规范理论家和建构主义者都用同一种方法去关注主体间的观念与信仰（见网络链接 11.21 和 11.22）。但是，大多数建构主义者希望能缔造一门适切的社会科学（见第六章），而多数规范理论家却满足于维护、传承和光大国际关系学中的经典政治理论（Brown et al.，2002；Jackson，2005）。

解释还是理解国际关系学

国际关系学方法论的根本分野涉及人们对于社会世界的本质（本体论）和我们的

知识同社会世界的关系（认识论）问题的不同考虑。本体论（ontology）议题产生于下述问题：是否存在一个“外在的”（out there）的客观现实，或世界是否仅仅是经验性的，即人们的一种主观创造（Oakeshott，1966）？极端的客观主义立场是纯粹自然主义和唯物主义的。它认为，国际关系基本上是一种事物、一个客体、一个“外在”之物。极端的主观主义立场纯粹是唯心主义的。它认为，国际关系基本上是人们共享的一种观念或概念，即关于他们应该如何在政治上组织起来并相互联系的观念或概念，它完全是由语言、思想和概念构成的。

认识论（epistemology）问题涉及如下问题：我们能以什么方式来获得关于世界的知识？一种极端的意见主张要科学地解释世界，并认为科学解释的任务就是要在可以证实的经验命题的基础上建立起堂堂正正的社会科学。另一种极端的意见则坚持要理解世界，并认为理解的任务就是去领会和阐释正在研究的实质性论题。根据这种观点，除非加以曲解，否则世界政治中的历史、法律和伦理问题是不能用科学术语来表达的。

此前，我们已多次暗示，对于客观主义与主观主义在本体论上的分野，以及解释与理解在认识论上的分歧，人们有“对抗主义”与“合作主义”这两种看法。行为主义者和某些实证主义者持一种极端的立场。基于世界是一种客观现实的观点，他们力主建立科学的理论。而那些认为现实是人类的主观构造的后现代主义者，则采取另一种极端的立场。在认识论方面，某些后现代主义者发现，对社会与政治世界给出一种令人满意的阐释是可能的；而另一些后现代主义者连这一点也反对（见上面有关后现代主义中的虚无主义倾向的论述）。在一些学者看来，唯有坚持极端的立场，才能保持智识上的连贯性。我们不得不在“实证主义”和“后实证主义”方法论之间作出选择。我们不能把这两者结合起来，因为它们是关于国际关系世界的“相互排斥的假设”(Smith，1997：186)。

然而，另一些国际关系学者却竭力避免在方法论论战中采取极端的立场。他们试图寻找一个中间地带，以避免非此即彼的抉择：不是客观主义就是主观主义，不是纯粹的解释就是纯粹的理解。马克斯·韦伯（Max Weber，1964：88）的“社会学”定义就体现了他采取中间立场的意愿。他说，社会学是“一门试图对社会行为进行阐释性理解以达成对社会行为之过程和结果的因果解释的科学”（见网络链接 11.32 和 11.33）。韦伯是在说，学者们无疑必须理解世界，以便把他们对社会现象的探索贯彻到底。然而，他也是在说，这并不妨碍学者们进而提出假设以验证那些力图解释社会现象的经验理论。基于这一观点（Sørensen，1998），国际关系学无须在实证主义或后实证主义的极端版本中作出痛苦的选择。我们可以在主观主义和客观主义之间，在解释和理解之间，开辟出一个方法论的中间地带。换句话说，在实证主义方法论的与后实证主义方法论的极端之间并不存在一条不可逾越的鸿沟。在这个问题上，与其说“不是/就是”（either/or），还不如说“既是/也是”（both/and）。这与其说是一个必须在上述两个维度的不同端点（客观对主观，解释对理解）之间作出选择的问题，还不如说是一个要在这些不同的端点之间找出某一交汇带的问题。

图 11—1 给出了各种方法论理路在这两个维度中的合适位置。打在后现代主义之

后的那个问号，反映了我们对这一理路在解释/理解轴线上所处位置的怀疑立场。后现代主义，在其对既有理论展开批判时，属于“理解”的范畴；但如前面提到过的，它也有虚无主义倾向。这就不能不使人怀疑该理路到底属于解释/理解轴线的哪一端。虚无主义既不属于解释，也不属于理解，而是一个不同的范畴。

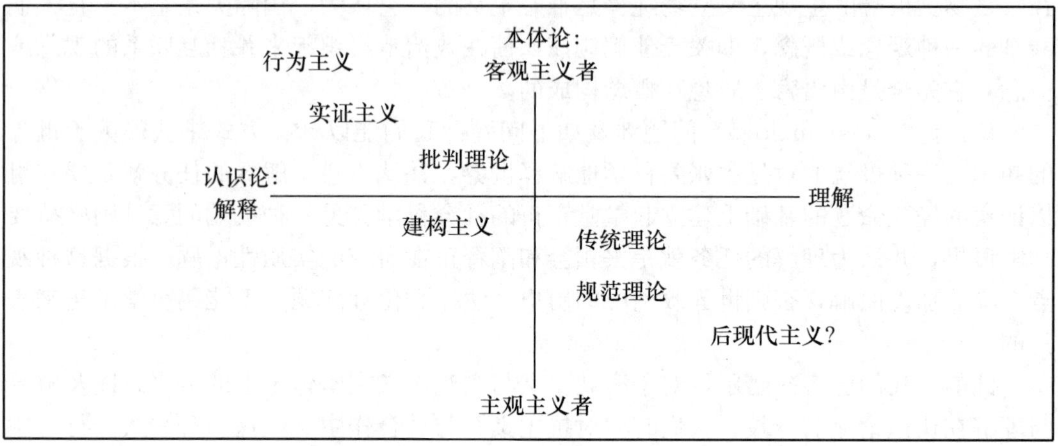

图 11—1　方法论争鸣概览

结　论

某些方法论理路，如建构主义和批判理论，以及经典理路与规范理路等，定位于更靠近中间的地带，而不是指向任何端点。值得注意的是，在既有的国际关系理论传统之间的某些重大论战所关注的，正好也是如何适当定位的问题。例如，这一议题在经典现实主义和新现实主义的论战（见第三章）中，在国际社会学派内部不同派别之间的论战（见第五章）中，在自由主义内部各个学派的论战（见第四章）中，都处于核心地位。本章介绍了这场论战如何在后实证主义派别之间以及每个派别内部的不同理路之间继续进行。不论我们如何看待这个问题，但毫无疑问，它就是国际关系学中最根本的方法论议题。

关键点

● 某些最重要的国际关系学问题在本质上是方法论的。这类问题随着 20 世纪五六十年代的“行为主义革命”而变得突出了起来。自从冷战结束以来，在实证主义和后实证主义关于方法论的论战中，方法论议题又回到了争论的中心。

● 行为主义方法和实证主义方法：关注解释性理论而非规范性理论；关注重复性的模式而非单一的事件；关注那些含有可度量的经验参数的可操作性概念而非那些极其微妙的概念；注重概念框架；注重关于数据收集、量度和表述的精确技术；关注总体上有效之陈述的精确性；最后，注重简约。

- 传统的或经典的方法：一种源于哲学、历史学和法学的怀疑论方法。其特征是明确地依赖辨别力和判断力的运用。任何关于人的学科的知识都来源于在科学上并不算完美的感觉和直觉过程。对国际关系的归纳，往最好处说，也只是尝试性、暂时性与不充分的。
- 后实证主义理路包括批判理论、后现代主义和规范理论。
- 批判理论是马克思主义思想的发展，它试图揭露北方富国对南方穷国施加的全球性支配。批判理论认为知识本来就是政治性的；社会学家和社会科学是权力的工具。
- 后现代主义质疑关于现实、关于真理的观念，质疑关于人类世界的知识是或者可以是一个无休止的扩展进程的思想。叙事，包括元叙事，总是由某一位理论家建构起来的，因此总会受到他或她所持之立场和偏见的玷污。叙事因此可以被解构，即把它剖析开来以便揭示其武断的要素和有偏见的意图。
- 规范理论试图澄清国际关系中的基本道德问题。主要的规范观点是世界大同主义和共同体主义。由这些观点提出的问题是复杂的。比如，国家享有哪些权利？个人享有哪些权利？个人权利要先于国家权利吗？国际伦理关注政治人物的道德选择。甚至更为根本的，规范理论要阐述诸如什么是“权利”和“个人权利”如何近似于或区别于“国家权利”等等的哲学问题。
- 国际关系学的两种基本的方法论维度是：社会世界的本质（本体论）和我们的知识与社会世界的关系（认识论）。本体论维度关注社会现实的本质：它是一种“外在的”客观现实吗？或者它是人们的一种主观创造吗？认识论维度关注我们获得关于世界的知识的方法。我们能对它进行科学解释还是我们必须阐释性地来理解它？
- 在方法论上存在“对抗主义”和“合作主义”之分。对抗主义发现，在实证主义和后实证主义方法论之间存在一条不可逾越的鸿沟。合作主义则发现，我们可以在不同的理路之间找到中间地带。

练习题

- 找出一个具体的问题，比如冷战结束时世界上的权力分配，并说明：对于这个问题，行为主义方法和传统方法之间有什么不同？
- 科学地解释某种国际现象与历史地说明某个国际事件或情节，这两者在方法论上有什么区别？
- 概括出实证主义和后实证主义之间论战的主要议题。你更支持论战中的哪一方？为什么？
- 辨别至少两种主要的后实证主义理路。它们在方法论上表现出来的最主要的相似之处与不同之处是什么？
- 用哪一种方式来考察国际关系方法论要更好一些呢：它们在范畴上绝不雷同，

还是在概念上部分契合？

- 简述经典理路与规范理论的方法论观点。它们之间存在重大的差异或它们基本上就是同一理路吗？

阅读指南

Brown，C.，Nardin，T.，and Rengger，N.（2002）. "Introduction," in C. Brown，T. Nardin，and N. Rengger（eds），*International Relations in Political Thought*. Cambridge：Cambridge University Press，1-15.

Bull，H.（1969）. "International Theory：The Case for a Classical Approach," in K. Knorr and J. N. Rosenau（eds），*Contending Approaches to International Politics*. Princeton，NJ：Princeton University Press，20-38.

Jackson，R.（2005）. *Classical and Modern Thought on International Relations：From Anarchy to Cosmopolis*. New York：Palgrave Macmillan.

Kaplan，M.（1964）. *System and Process in International Politics*. New York：Wiley.

Nicholson，M.（1996a）. "The Continued Significance of Positivism? " in S. Smith，K. Booth，and M. Zalewski（1996）. *International Theory：Positivism and Beyond*. Cambridge：Cambridge University Press，128-149.

Nicholson，M.（1996b）. *Causes and Consequences in International Relations*. London：Pinter.

Reus-Smit，C. and Snidal，D.（eds）（2008）. *The Oxford Handbook of International Relations*. Oxford：Oxford University Press.

Smith，S.，Booth，K.，and Zalewski，M.（eds）（1996）. *International Theory：Positivism and Beyond*. Cambridge：Cambridge University Press.

网络链接

读者可在与本书配套的在线资源中心找到本章提到过的网络链接和附加链接。

www. oxfordtextbooks. co. uk/orc/jackson_sorensen4e/

专业术语

“无政府社会”（anarchical society）

赫德利·布尔用以描述由独立国家构成的那种世界秩序的术语。他认为，这些国家彼此分享着共同的利益和价值，并在它们的相互关系中遵从一系列共同的规则和制度。“无政府社会”这一概念，既接纳了现实主义关于在主权国家之上没有统治世界的“政府”的主张，又沿用了理想主义对国际体系中存在着共同的关切、价值、规则、制度和组织的强调。

行为主义（behaviouralism）

这是一种力求增进国际关系理论的精确性、简约性以及预见力和解释力的研究方法。行为主义者相信，科学具有同一性：社会科学和自然科学并没有本质上的区别；相同的分析方法（包括定量分析方法）在两个领域中都同样适用。他们还信奉在社会科学中的跨学科的研究。

布雷顿森林体系（Bretton Woods）

也即国际经济管理体系。它制定了世界上主要工业国家相互之间进行贸易往来的准则。1944 年 7 月，同盟国在美国新罕布什尔州的度假小镇布雷顿森林建立了这一体系。

外交政策的官僚结构与过程分析法（bureaucratic structures and processes approach to foreign policy）

一种强经验的（基于证据的）研究外交政策的社会学方法，它主要聚焦于使决策过程得以发生的组织（或官方）场合。“官僚”结构方法的支持者认为，该方法优于别的方法，这完全是因为它可以对决策过程和组织结构之间的关系作经验分析。因此，这种方法对特定场合的强调，要胜于对任何外交决策之内在合理性的重视；它力图澄清个别外交政策的基于场合的原因，却没有强规范性和强劝导性的要素。

经典现实主义（classical realism）

一种与众多思想家（比如修昔底德、尼古拉·马基雅弗利、托马斯·霍布斯和新经典现实主义者汉斯·J. 摩根索）相关联的国际关系理论。他们相信：目标、手段与权力的使用是国际关系的首要事务；国际关系是一个充斥着国家间的持续竞争和潜在或真实冲突的角斗场；在这里，国家不得不以追求安全和生存为目标。与极度轻视国际关系中的道德和伦理考虑的新现实主义相比，经典现实主义具有一套规范色彩浓厚的学说。

认知过程与心理分析法（cognitive processes and psychology approach）

与“官僚结构与过程”方法和别的社会学方法不同，这种方法聚焦于个人决策者，并特别关注决策行为的心理方面。罗伯特·杰维斯研究过国家领导人固有的错觉和对于他者的错误“意象”的建构。玛格利特·赫尔曼在研究了许多政府领导人的个性后指出：诸如个人经历、政治风格和世界观等因素都会影响到领导人指导外交政策的方式。

共同体主义（communitarianism）

一种规范性的学说聚焦于政治共同体，特别是主权国家，并将其视为世界政治中的基本施动者和有关方。依照这种观点，国家利益通常要优于个人利益或人类利益。

外交政策的比较方法（comparative approach to foreign policy）

受政治科学领域内的行为主义运动的启发而形成的政策分析方法之一。外交政策分析的传统方法往往只谋求单个国家的政策信息；与此不同，比较方法则要求积累多个国家外交政策的内容与环境的大量资料。比较方法的目标，不是对特定环境中的特定国家的行为的单纯描述，而是要提出外交政策过程的系统理论和总体解释。

世界大同主义（cosmopolitanism）

一套规范性原则。它聚焦于作为个人的人类与作为整体的人类，将其视为世界政治中的基本施动者和有关方，同时认为人类的需要应该被置于国家利益之前。

批判理论（critical theory）

一种在马克思主义思想影响下、由“法兰克福学派”提出的后实证主义国际关系理路。批判理论反对实证主义的三个基本假定：客观的外部现实，主体和客体的明确界分，以及价值无涉的社会科学。批判理论强调，知识从根本上说具有政治性。他们力图把人类从霸权的（美国支配的）世界政治与全球经济的保守力量和“压迫性”结构中解放出来。在追求进步性变革与借助理论来促成这种变革方面，批判理论家与理想主义者相似。

“防御性现实主义”（defensive realism）

根据肯尼思·沃尔兹的理论，“防御性现实主义者”承认国家为安全和生存而追求权力，但争取过度的权力则会产生反作用，因为这样会刺激别的国家组成敌对的联盟。

依附论（dependency theory）

援引经典马克思主义的分析，但在一个根本方面又与经典马克思主义有区别。与马克思不同，依附理论家并不期望资本主义以一种其首先在西欧和北美产生那样的方式在第三世界扎根并扩展。依附论的主要目的是批判在第三世界出现资本主义发展的依附形式。简言之，依附论是对晚期资本主义的一种抨击，它试图提供一种第三世界国家可以用来反对全球资本主义以保卫自己的理论工具。

经济自由主义（economic liberalism）

经济自由主义之父亚当·斯密相信：市场会自发地扩张以满足人类的需要，倘若政府不进行干预的话。他立论于第四章总结过的一套自由主义的理念。这些核心理念包括：理性的个人行为体、对进步的信仰以及从自由交换中相互获利的假设等。然而，斯密也添加了一些他自己的自由主义思想成分，包括市场经济是进步、合作和繁荣的主要源泉这一核心观念。相反，政治干预与国家调控则是非经济的、倒退的和可能导致冲突的。

"生态激进派"（ecoradicals）

那些相信环境问题十分严峻的人。他们认为，要促进可持续发展，就必须大力改变人类的生活方式并实施人口控制。

解放理论（emancipatory theory）

为了反击现实主义，解放理论家如肯·布思和安德鲁·林克莱特等指出：国际关系学应该设法理解男人和女人是如何成为现存国家体系的囚徒的，以及他们如何才能从国家与当代世界政治中其他的"压迫性"结构中获得解放。在他们看来，这些结构是可以沿着普世的社会连带主义路线来加以重构的。

"经验意义上的"国家属性（'empirical' statehood）

作为国家主权的外部基础的一部分，是就一个国家履行其作为一个实质性的政治—经济组织的作用来说的。从经验的国家属性来看，一个成功的国家是已经确立了有效的政治制度、坚实的经济基础和实质性的民族凝聚力（国家得到了国内民众的普遍支持）的国家。

认识论（Epistemology）

关于人们如何"知道"事物以及什么才是终结意义上的"可知"的哲学研究。一种立场认为：通过对经验命题的社会科学检验，世界是可以从外部来加以"解释"的。这种观点在美国国际关系学者中特别普遍。相反的立场则坚持认为：世界只能从内部通过历史的、法律的和哲学的分析去"辨识"、"领悟"与"阐释"。这种观点在美国刚刚赢得地位，但在英国和欧洲大陆的国际关系学者那里却依然随处可见。

治国伦理（ethics of statecraft）

确保国家安全和国家生存是治国的根本责任，也是经典现实主义的核心规范原则。国家被认为是保证公民美好生活的基础，因此国家也被视为其领土、人口与自身独特且可贵之生活方式的保护者。国家利益是判断外交政策好坏的最终标准。

"失败国家"（failed states）

在建立国内秩序方面无能为力的弱国。国家失败是国内秩序近乎彻底崩溃、国家极其虚弱的情形。索马里、卢旺达、利比里亚和苏丹就是如此。

外交政策（foreign policy）

国家与别的国家、国际组织和外国的非政府行为体（例如 NGO、跨国公司和恐怖组织等）相互作用的方式。因此，外交政策包括一国用以处理国际关系的所有竞争性与合作性的战略、措施、目标、方针、训令、谅解和协定等。由于国家相互分离的国际存在，各国都得对别的国家和国际组织开展与实施外交政策。那些关键的政策制定者通常就是政府要员，即总统、首相、外交部长和国防部长等。在处理从战争发动到进口货物管理在内的一应事务时，政策制定者往往要用手段—目标法和成本—收益法来分析实际的目标与达成这些目标的可用手段。

外交政策分析（foreign-policy analysis）

其内容涉及外交政策解读和将外交政策置于更广阔的学术知识背景之下来考虑。分析外交政策的方法很多，每种方法都有不同的描述性和规范性目标并关注着政策制定过程的不同方面（如社会的、心理的、历史的背景等）。外交政策分析常常涉及手段分析，旨在研究达成适当目标的最佳工具；它也可以包含指令性的成分，即推荐应该遵循的最佳路线。

关于一体化的功能主义理论（functionalist theory of integration）

由戴维·米特兰尼新创的一种理论。他指出，国家之间以跨国联系形式出现的更大的相互依赖可以导致和平。米特兰尼甚至有些天真地相信，合作应该由技术专家而非政治家来安排。专家们会在不同的功能领域（如运输、通信、金融等）中针对共同的问题来设计解决方案。当参与者发现他们在其中可以实现互利时，技术与经济的合作就会扩展。当公民看到国际组织中的有效合作能改善他们的福利时，他们就会把对国家的忠诚转移到国际组织的身上。

性别问题（gender issues）

性别问题通常是在人们围绕男女不平等以及这种不平等对世界政治的后果而展开的论战中被引入国际关系学的。与男性相比，女性在世界上属于弱势群体。她们大约只拥有全世界财富的1%，其所占据的国家首脑和内阁部长职位还不到5%。女性付出了全部工作时间的60%，却只能向家里贡献全部收入的10%。女性（包括她们的小孩在内）还占到了全世界文盲人口的60%和难民总数的大约80%。

全球化（globalization）

全球化是指经济、社会和文化关系跨越国界的扩散和强化。

“硬”革命主义（‘hard’revolutionism）

革命主义的一个版本。它寻求用暴力摧毁主权国家的体系或社会，并代之以一种全新的、基于某种排他性意识形态的全球秩序。列宁就是“硬”革命主义者中的一位。

霸权稳定论（hegemonic stability theory）

一个霸权国家，即一个支配性的军事和经济大国，它对于一个自由的世界市场经济的创建和充分发展是不可或缺的。这是因为：如果没有这样一个大国，自由贸易的规则就无法在世界范围内施行。这就是霸权稳定论最简单的形式。霸权稳定论得益于重商主义者关于政治主导经济的思想。

霸权（hegemony）

国际关系学中的一个概念，用来表示一个国家相对于其他国家的实力。如果一个国家的实力在经济上和军事上强大到足以对其他国家的国内外政策产生支配性影响，这个国家就可以被看成霸权国家。根据国家实力水平的不同，一个国家可以是一个地区性霸权（例如，第二次世界大战之前和之中的德国），或者可以是一个全球性霸权（例如，为许多人所同意的，20 世纪晚期和 21 世纪早期的美国）。

观念至上观（ideational view）

按照社会建构主义者所持的观念至上观，观念始终是重要的。物质世界不是决定性的，它需要被阐释。如果没有观念，就不可能有更大的意义背景。物质权力的含义是由观念来界定的。

帝国主义（imperialism）

一个政治实体的以扩张领土和获取超越其原先边界的政治、经济影响力为宗旨的权力谋划。大部分的历史都打上了帝国扩张与灭亡的印记。罗马帝国、蒙古帝国、大英帝国、奥斯曼帝国，只是其中耳熟能详的几个。第二次世界大战后，最后一个大帝国也瓦解了。

制度自主主义（institutional liberalism）

自由主义的一个分支。它拾起了早期自由主义关于国际制度具有良好效应的思想。早期自由主义的愿景是把国际关系从混乱的权力政治“丛林”转变为有规制与和平交往的“动物园”，而这一转变需要通过国际组织（最重要的是国际联盟）的建立来实现。当今的制度自由主义者不像他们的理想主义前辈那样乐观。他们确实同意国际制度可以使合作的可能性大增，也可以使合作更为容易一些。但他们并不认同这些制度本身就能够保证国际关系出现从“丛林”到“动物园”的质变。强大的国家是不会轻易被完全限制住的。不过，制度自由主义者并不同意现实主义关于国际制度不过是“一堆废纸”（即它们的存在完全取决于大国的恩赐）的观点。国际制度具有独立的地位，它们能够促进国家间的合作。

相互依赖自由主义（interdependence liberalism）

自由主义思想的一个分支。它认为，国际经济中高度的分工能够增强国家间的相互依赖，而这又能够阻止和削弱国家间的暴力冲突。尽管现代国家退回到军事选项并重返军备竞赛与暴力对抗的危险依然存在，但那样的前景毕竟已经不是很大了。在欠发达国家中，战争仍有发生，因为它们的经济发展还处于较低阶段，土地仍然是其生产的主要因素；它们的现代化与相互依赖水平也低了很多。

国际正义（international justice）

国际社会传统中除国际秩序之外的一个根本的规范价值。这一传统理路辨别了国际关系中的两种正义趋向：交换正义（如在外交实践中那样）和分配正义（如在提供发展援助时那样）。

国际秩序（international order）

一种存在于国际体系或国际社会中的国家间秩序。同国际正义一道，国际秩序也是国际社会传统的一种根本的规范价值。赫德利·布尔划分了国际秩序的四个必备目标：维护国家的社会；支持成员国的独立；维持和平；遵守在战争、外交和主权中的规范。对国际秩序的追求和保持属于大国的责任。在布尔看来，大国的根本义务就是保持“均势”。

国际政治经济学（International Political Economy，IPE）

IPE 探讨国际财富和国际贫困以及谁能从国际体系中得到什么的问题。如果说经济学是关于如何追求财富的，而政治学是关于如何追求权力的，那么这两者的互动就是以一种极为复杂且令人迷惑的方式来展开的。正是国际环境中的这种政治和经济、国家与市场的复杂互动构成了 IPE 的核心。

国际关系学（International Relations，IR）

IR 是国际关系学科的简称。国际关系学的传统核心，与主权国家属性在更大的国家体系或国家社会背景下的发展和变化方面的问题相关。当代的国际关系学不仅关注国家间的政治关系，还关注许多别的主题，如经济的相互依赖、人权、跨国公司、国际组织、环境、性别、不平等、发展以及恐怖主义等。

国际社会/国际社会学派（International Society/International Society School）

这一研究国际关系的理路强调国际社会中现实主义和自由主义两种要素的同时存在。国际社会中既有冲突也有合作，既有国家也有个人。这些不同的要素不能被简化与抽象为一种只强调其中一种抽象要素（例如权力）的单一理论。国际社会学家力主采用一种能够承认所有这些要素一并存在的方法。

国际自然状态（international states of nature）

这是主权国家之间长久存在的一种现实的或潜在的战争状态。战争，作为解决国家间不能达成一致又不愿意勉强妥协的纷争的最后手段，是必需的。人类的社会和道德仅以主权国家为限，并不扩展到国际关系之中。国际关系是一个有着大量的国家间骚动、不和与冲突的政治舞台，在那里大国主宰着所有别的国家。

“司法意义上的”国家属性（‘juridical’statehood）

国家主权的对外基础的一个部分。一个国家必须被其他国家视为一个形式上的或法律上的机构——事实就是，例如，魁北克除非得到加拿大、美国和其他国家的承认，否则永远都不是一个国家。除主权本身之外，国家属性的这个方面还包括成为国际组织成员的权利与对种种国际权利和责任的拥有。

自由放任（laissez-faire）

早期经济自由主义者所支持的关于市场应该免于任何政治限制和管制的观念。然而，即使是这些自由主义者也意识到，市场需要以一个在政治上建立起来的法律框架为基础。自由放任并不意味着任何政治管制的完全缺失，它的意思是：国家只需建立使市场得以有效运行的那些最低限度的支撑结构就可以了。这就是经济自由主义的经典版本。在现阶段，这一观点仍然在诸如“保守主义”或“新自由主义”的名义下被提出，但其内容却基本上是相同的。英国的玛格丽特·撒切尔和美国的罗纳德·里根的“保守主义/新自由主义”的经济政策，都建立在经典的自由放任学说的基础之上。

“层次分析”方法（‘level-of-analysis’approach）

种种外交政策理论往往都从肯尼思·沃尔兹首先概念化的三个不同的层次来进行分析。其中：体系层次涉及国家间的权力分布；民族—国家层次涉及政府类型、国家间关系、社会团体以及国家机器的官僚结构；个人决策者层次涉及他（或她）的思考方式、基本信念与个人的优先考虑等。

自由主义分析法（liberal approach）

外交政策理论家倾向于采取自由主义方法来解决他们所关注的多边问题。他们强调以国际组织（例如联合国或世界贸易组织）作为减少国际冲突、促进相互理解和增进共同利益的工具或手段。

自由主义（liberalism）

国际关系中的自由主义传统强调人类在现代社会和资本主义经济中所具有的巨大的进步潜力，指出这二者都可以在那些保障个人自由的国家中繁荣起来。现代自由国家召唤着一个能够带来和平与繁荣的政治和经济体系。自由国家之间的关系必定是协同与合作的。

马克思主义（Marxism）

19世纪的德国哲学家、经济学家卡尔·马克思的政治经济学，在许多方面都代表着对经济自由主义的彻底批判。经济自由主义者将经济视为人人皆可获益的正和游戏。马克思反驳了这种观点。相反，他把经济视为人剥削人与阶级不平等之所在。可见，马克思采取了重商主义者关于零和游戏的观点，却把它运用于阶级关系而非国家关系之中。马克思主义者同意重商主义者所持的政治与经济紧密交织的观点，且二者都反对自由主义者关于经济领域是按照自身法则运行的观点。但是，重商主义者将经济看成政治的工具，马克思主义者则将经济置于政治之前。对马克思主义者来说，资本主义经济是建立在两个敌对的社会阶级之上的：一个是资产阶级，掌握着生产资料；另一个是无产阶级，仅仅拥有劳动力并且只得出卖给资产阶级。但是，劳动所得却低于它应得的回报；剩余价值被资产阶级剥夺去了。也就是说，资本家的利润来自对劳动力的剥削。

物质至上观（materialist view）

根据物质至上观，权力和国家利益是国际政治的驱动力。权力在最终意义上是由经济和其他资源支撑起来的军事能力。国家利益是国家追求权力、安全和财富的利己的欲望。权力和利益被视为“物质的”因素。由于无政府状态，国家被迫执著于权力和利益，从这种意义上说，权力和利益就是一种客观实在。按照这种看法，观念通常是被用来理想化那些由物质利益驱动的行为的，因此也就没有什么重要性可言。

重商主义（mercantilism）

这是那些处于建立现代国家最前沿的政治精英们的世界观。他们主张，经济活动是并且应该是从属于建立一个强大国家这一首要目标的。换句话说，经济是政治的工具，是政治权力的基础。这就是重商主义思维的一个确定性特征。重商主义者将国际经济视为一个相反的国家利益相互冲突的舞台而非彼此合作和共赢的场所。简言之，国家之间的经济竞争是“零和游戏”，一国之所得必为他国之所失。

“现代主义派”（modernists）

这是指那些相信环境问题对于发达社会不是一个严峻挑战的人。他们认为，知识和技术的进步会增强我们保护环境的能力。

现代化理论（modernization theory）

这是一种关于发展的自由主义理论。其基本观点是第三世界的国家应该采取西方发达国家早先采取过的相同的发展路线，即由传统的、前工业的农业社会发展成为现代的、工业的、大众消费的社会。发展就意味着对阻碍经济增长与现代化进程的前工业生产、落后制度和狭隘价值体系的克服。

国家安全（national security）

国家为应对现实的或潜在的国内外威胁并确保其公民的安全而采取的政策和行动。这是国家对其国民履行的最根本的责任之一；同时，根据国际关系学中的现实主义观点，这也是最根本的国家责任。在国家和国家体系出现之前，安全是由诸如家庭、部落、军阀和别的以本地为基础的实体提供的。随后，安全责任才慢慢地转移到了国家的身上。

新自由主义（neoliberalism）

这是一种更新了的自由主义理路。它力图避免早期自由主义理论的乌托邦思想。新自由主义者分享了经典自由主义者关于进步与变化是可能的观点，但他们却抛弃了理想主义。他们还力图应用科学的新方法并提出简洁的理论。

新现实主义（neorealism）

这一由肯尼思·沃尔兹提出的理论旨在分析国际体系分权化和无政府的结构，而国家权力的相对分布则是该分析的核心焦点。结构或多或少地决定着行为。当有大国兴起与衰落且均势也发生相应变化之时，国际变化就出现了。这种变化的典型方式就是大国之间的战争。行为体是不那么重要的，因为结构会迫使他们按照一定的方式行动。治国伦理因而是不必要的。

规范理论（normative theory）

它可以被看成深嵌于国际关系学中的政治理论或道德哲理。规范理论的主旨是理解国际生活中的根本价值、国际关系的道德方面以及治国伦理的地位。尽管规范理论聚焦于价值、规则与惯例等，但它并不一定就是一种要给国际关系学以劝导的理路。

北大西洋公约组织——北约（North Atlantic Treaty Organization，NATO）

这是成立于1949年的一个国际性防御组织，其目的是为每个成员国提供有保证的协同防御。北约（其主要成员国过去和现在一直是美国）与华沙条约的签署国（其主要成员国是苏联）是冷战时期和两极世界秩序中的两大敌手（尽管从根本上讲是美国和苏联）。北约在华约解体后继续存在，并于2004年接纳了七个新的成员国，其中包括六个前华约成员国。

“进攻性现实主义”（offensive realism）

由约翰·米尔斯海默提出的与“防御性现实主义”相对的一种理论。根据这一理论，为了实现霸权这一终极目标，大国总是在想方设法地寻求超过对手的权力。

本体论（ontology）

这是对世界的本质（现实）及其构成要素的哲学思辨。国际关系学中关于方法论的分野和争论常常反映出不同的甚至完全相反的本体论，例如，是否只存在一个外在于人类经验的“客观”世界，还是只存在一个由人类经验建构起来的“主观”世界？对此，一种观点认为，国际关系是一个外在的“事物”、“客体”或“现实”，这种主张与行为主义和实证主义（例如新现实主义）理路联系在一起；另一种观点则认为，国际关系是由人类经由语言、观念和概念来表达的共享性理解构成的，这种主张与国际社会学派、规范理论、建构主义和后现代主义联系在一起。

多元主义（pluralism）

同社会连带主义一起，构成了国际社会学派研究国家主权承认和尊重人权之间的潜在冲突的两种方法。国家体系的多元主义观强调国家主权的首要性：不干涉政策是必须被坚持的，即使另一个国家在它的国境内正在经历着（或参与着）一场人道主义危机。（国家内部的）公民权优先于（国家之间的）人权。

实证主义（positivism）

国际关系学中的一种方法论。它采用了行为主义的大部分假设和观点，但在很多方面却更加精细。实证主义从根本上说是一种科学方法。它的倡导者和坚持者相信：世界上存在着关于社会与政治的客观知识，这种知识可以通过小心立论和仔细检验经验命题来获得。在这个方面，社会学家无异于任何其他的科学家。

后现代国家（postmodern states）

指跨国一体化水平很高的国家。其经济，是全球化的经济而非“民族”的经济；其政体是以超国家、国家和次国家层次的多层治理为特征的；其集体忠诚正越来越远离国家而去。

后现代主义（postmodernism）

这是一种国际关系学中的后实证主义理路。它反对这样一种现代的启蒙性观念：不断扩展的人类知识必将改善人们对国际体系的理解和掌控。怀疑论取向，是国际关系学中的后现代主义的一个显著特点。其抱负在于揭穿和解构那些被认为放之四海而皆准的“普遍真理”，诸如康德、马克思或沃尔兹提出的。

后实证主义（post-positivism）

在很大程度上，这是一种在反击实证主义主张的过程中发展起来的方法论。后实证主义以承认人类之所以为人类的独特性来作为推理的前提，即：人类是一种为了过上人的生活必须彼此生活在一起并处于相互关系之中的生灵。后实证主义方法论立基于这样的命题：人们能够设想、建构、组成他们生活于其中的世界，包括国际世界；国际世界完全是一种人类安排，除此之外，别无他物；社会科学的方法论不同于自然科学的那种方法论。

后实证主义理路（post-positivist approaches）

这是一组研究国际关系学的不同理路，包括批判理论、后现代主义和规范理论。这些方法不仅怀疑行为主义者关于世界可以被科学地加以解释的看法，也怀疑那种把国际关系视为一个“外在的客观现实”的观点。在他们看来，国际关系本来就是人们的一个主观产物。

公共物品（public goods）

这种物品具有非排他性的特征，不能排除其他人对它的享用。我们所呼吸的空气就是这种物品的一个例证，灯塔是公共物品的另一个例子，道路或人行道也一样。自由世界经济之要素，诸如为方便国际支付而建立的货币体系或在自由市场进行贸易的可能性，都是公共物品的例证。它们一旦被建立起来，就会使所有人受益。

准国家（quasi-state）

这是指一个国家虽然具有司法意义上的国家属性，却严重缺乏经验意义上的国家属性。据此，大多数第三世界的国家都可以被看成这样的国家。这些国家，虽然被承认为国家并参与国际体系，但它们的政治机构是虚弱或腐败的，国民经济是欠发达的，而且几乎没有什么民族团结可言。

理性行为体模型（Rational Actor Model，RAM）

这是一种立足于系统层次的外交政策分析方法。它把主权国家视为一个在本国国家利益增进动机驱动下的不可分割的行为体，并假定国家所作出的决定建立在理性选择的基础上。

理性选择理论（rational choice theory）

新古典经济学为个体及其基本行为提供了一个简单的模型，称之为理性选择理论。依经济学家所言，该模型不仅适用于经济领域，也适用于任何与人类行为有关的领域。理性选择的起点是个人。社会生活（包括国际关系）中发生的任何事件，都可以通过个体的选择来加以解释。一个国家或者任何其他组织的行为也可以通过个体作出的选择来加以解释。这种观点被称为方法论个人主义。此外，单个行为体无不是理性和利己的，他们都想使自己的处境更好。人皆如此，不单是经济市场中的卖方和买方，官僚和政客也一样。最后，当个体以这种理性和利己的方式行动时，对国家或体系来说，总体的结果或最终的结局就将是所有可能中最佳的那个。一如自由经济中那只“无形之手”引领个体贪求所有可能的经济结果中之最佳结果那样，官僚和政客的个体行为也会指向最佳的结果。因此，如果我们想要理解政府会做什么，我们首先就得理解政府官员的偏好，即他们的目标。他们寻求的是个人私利：再次当选、升迁和声望等。一旦我们理解了这些偏好如何影响着他们的行为，我们就会知道国家政策是怎样受其影响的。这就是理性选择理论的一个基本主张。

理性主义（rationalism）

根据马丁·怀特，它是三种相互影响的哲学思想（与现实主义和革命主义一起）之一。怀特认为，此三者的对话对于充分理解国际关系学是十分必要的。理性主义者，例如格劳秀斯等，在关于人类本性的看法上要比现实主义者更为乐观。理性主义把国家设想为一个按照国际法和外交惯例来运作的法律机构；因此，国际关系就是基于对主权国家权威之交互承认的、受规范支配的政策与活动。

现实主义（realism）

国际关系学中的现实主义传统的基本出发点是：（1）对人类本性持悲观的看法，并认为人类是自私自利的；（2）确信国际关系必然是冲突性的，并且总是导致战争；

(3) 高度关注国家安全与国家生存这些价值；(4) 深刻怀疑国际政治能够取得进步。

共和自由主义 (republican liberalism)

这是自由主义的一个分支。它建立在自由民主制比其他政治制度更为和平与更守法律的主张之上。这一论点并不是说民主国家永远不会诉诸战争，民主国家与非民主国家参与战争的频率是一样的。它的意思是，民主国家不会彼此开战。这个言论是伊曼纽尔·康德在18世纪晚期首先提出来的，不过他所指的国家是共和国家而非民主国家。1964年，迪安·巴布斯特复活了这一观点，此后的海量研究又发展了它。

革命主义 (revolutionism)

根据马丁·怀特，它是三种相互影响的哲学思想（与现实主义和理性主义一起）之一。怀特认为，此三者的对话对于充分理解国际关系学是十分必要的。革命主义者，例如康德和马克思，是社会连带主义者，都相信超越于国家的人类“道德一致性”。怀着创造一个更加美好之世界的期待，他们都持有改变（甚至根除）现存国际体系这一进步目标。革命主义者对于人类本性的看法要比理性主义和现实主义更为乐观，他们都相信人类完美的可达成性。

“安全困境” (security dilemma)

指国家体系内的一种重要的内在悖论。国家存在的一个根本理由是为其国民提供免于国内外威胁的安全。然而，这些武装国家的存在又威胁着为国民所期待的要由国家来加以维持的安全本身。

社会建构主义 (social constructivism)

建构主义者认为，国际关系中最重要的方面是社会的，而不是物质的。另外，他们还指出，对于国际事务观察者来说，这种社会现实并不是客观的或外部的。社会与政治的世界，包括国际关系的世界，并不是一个外在于人类意识的物理实体或物质上的客体。所以，研究国际关系，必须聚焦于那些指引着国际舞台上的行为体的观念和信念以及它们之间共享的那些理解。

社会建构主义分析法 (social constructivist approach)

一种视外交政策制定过程为一个主体间世界的外交决策理论，它认为要达成对这一过程的更好的理论阐释，就得详细审视其中的观念和话语。决策者的观念和话语似乎可以塑造政策制定过程，因为政策是通过演讲和书写来传达的。一些建构主义者声称，根植于观念和话语之上的身份是界定利益的基础并因而存在于任何外交政策的背后。

社会自由主义 (sociological liberalism)

作为自由主义思想的一个分支，它强调国际关系学不仅是关于国家与国家的关系的，而且也是关于跨国关系（即分属不同国度的人们、团体与组织之间的关系）的。这种同等重视社会与国家，并强调各类不同的行为体而不仅是国家的政府的做法，已经使一些人将自由主义思想称为“多元主义”。

软实力 (soft power)

也称“同化力”。根据约瑟夫·奈，软实力是那种通过构筑情势，使其他国家在形成偏好或界定自身利益时与本国的偏好和利益一致起来的能力。

“软”革命主义（‘soft’revolutionism）

作为革命主义的一个版本，“软”革命主义力图通过观念上的和平革命来废除现存的国家体系。伊曼纽尔·康德、莫汉达斯·甘地、基督教和平主义者以及世俗的人文主义者就是“软”革命主义者的范例。

社会连带主义（solidarism）

同多元主义一起，构成了国际社会学派研究国家主权承认和尊重人权之间的潜在冲突的两种方法。社会连带主义观强调国际社会的最终成员是个人而非国家；国家有权利也有义务以缓解人类之极端不幸为理由，对外国实施干涉。

主权/主权国家（sovereignty/sovereign state）

当被应用于一个国家时，主权同时包含着绝对的内部权威和外部的承认这两个方面。对内，当一个国家对在其领土范围内的事务和人民行使最高权威时，它就是一个主权国家；对外，当一个国家被国际社会承认为国家时，即当它的领土完整和内部主权得到尊重与确认时，它就是一个主权国家。当前，主权面临的最大威胁是政府间组织、非政府组织和全球经济（或通常称为“全球化”）的勃兴，所有这些都强化了国家间的相互依赖和国家的责任。

国家（state）

国际关系中的主要行为体，有时被称为“国家”（country）或“民族国家”（nation-state）。这一术语既可以表示为国家所拥有的由国民居住的领土，也可以表示统治那片领土的政治实体。作为一个基于领土的社会政治组织，国家被委以保卫基本的社会条件和价值（包括安全、自由、秩序、正义和福利）的责任。由于其安全保护者的角色，国家垄断了进行战争的权威和权力。尽管不同的国家在护卫前述价值上的成就大小不一，但国家仍然被认为拥有对本国事务和人口的司法管辖权（主权）。根据主流的看法，三十年战争之后于1648年签订的《威斯特伐利亚和约》，标志着现代主权国家和现代国际关系的正式开始。

“自然状态”（state of nature）

托马斯·霍布斯对原始的、前文明的人类存在状态的著名描述。在这种状态中，人类的生活是“孤独、贫穷、龌龊、野蛮和短促的”。在自然状态中，所有的人都受到其他人的威胁，没有人能够确保他或她的安全和生存。根据霍布斯，这种相互恐惧和不安全正是主权国家得以产生的推动力。

国家体系（state system）

这是一种由独立国家构成的团体，在其中相互的主权都得到承认。国家间关系都受控于国际法和外交惯例。国家之间存在着均势。从历史上说，第一个（尽管只限于欧洲）现代意义上的国家体系，是《威斯特伐利亚和约》造成的地理政治结果。我们现在所说的是一个全球国家体系，因为世界上的可居住地都被国家和它们的领土所完全覆盖了。随着苏联的解体、南斯拉夫和捷克斯洛伐克的分裂以及冷战的结束，当前的国家体系已拥有近200个国家。

战略现实主义（strategic realism）

这一由托马斯·谢林提出的理论，旨在分析一国如何运用权力去迫使对手做本国所希望的事情。也就是说，要用威胁来代替往往既危险又无效的暴力。与经典现实主义和新经典现实主义不同，战略现实主义并不阐述规范主张。在分析过程中，价值是不被考虑和衡量的。相反，这一理论力图为外交和外交政策提供分析工具。外交和外交政策都被看成可以通过博弈论分析来获得最佳理解的工具性活动。

“强自由主义者”(strong liberals)

指那些坚持质变已经发生的自由主义理论家。当今的经济相互依赖把国家更紧密地联系到了一起；经济已经全球化了；生产和消费也已经在世界规模的市场上进行。如果国家要退出这个体系，那么它们在福利方面付出的代价就将是极为高昂的。此外，现在已经有一些稳固的自由民主国家了。对它们来说，向专制主义倒退几乎是不可想象的，因为民主已得到社会中所有主要团体的支持。这些国家都以新的和更为合作的方式来处理它们之间的国际关系。

结构性暴力（structural violence）

人们因政治和经济结构所厘定之不平等地位而遭受的压迫和苦难。这个概念由约翰·加尔通（Johan Galtung）首创，旨在分辨出不同于直接暴力的暴力类型。

结构化（structuration）

这个概念，作为一种分析结构与行为体之间关系的方法，是由安东尼·吉登斯提出的。结构（也即指导社会行为的规则和条件）并不决定行为体用任何机械的方式来行事，这或许会让人想到新现实主义关于无政府状态的结构如何约束国家行为体的观点。结构和行为体之间的关系包括主体间的理解与意义。种种结构确实约束行为体，但行为体也可以通过思考它们并用新的方式影响它们来改变结构。因此，结构化的概念能够导致对结构与行为体相互关系的一种不那么严格及更为动态的看法。国际关系学中的建构主义者以此为起点，就是在提出一种不那么僵硬的关于无政府状态的看法。

恐怖主义（terrorism）

这是为了达到政治、宗教或其他类似目的而对平民非法使用或威胁使用暴力的行为。国际恐怖主义通常会涉及不止一国的领土或公民。恐怖主义并不是新鲜事物，自从人类社会开始控制暴力的使用时起，它可能就已经存在了。在纽约和华盛顿发生的、规模和程度不同于以往的“9·11”恐怖袭击，以及随后在安卡拉、马德里、伦敦和其他地方发生的恐怖袭击，使国际恐怖主义成为首要的议题之一。

“智库”(think tanks)

指那些通过传播有用信息和提供专家意见以求影响政府政策的私人研究机构。它们首先是在美国发展起来的。其发起人是那些认识到演讲、辩论的重要性和希望为美国解决棘手的外交政策问题（特别是战争问题）的慈善家和公共知识分子。随后，在许多国家都相继建立了“智库”。美国政治家积极征求这类机构的意见，这使得美国“智库”不同于它们的外国同行。

外交政策的传统分析法（traditional approach to foreign policy）

其倡导者包括马基雅弗利、格劳秀斯和亨利·基辛格。这种传统方法以特定国家在特定历史时期的外交政策为关注点，旨在分析实践过程中的外交政策本质，与体系理论和科学解释——得自更具分析性和科学性的外交政策研究方法——正好相反。

“理解”(verstehen)

马克斯·韦伯强调，社会世界（即人类互动的世界）与由物理现象构成的自然世界根本不同。人类靠的是对相互行为的“理解”并赋予这些行为以“意义”。为了领悟人类的互动，我们就不能仅仅像描述物理现象（例如，石砾从峭壁滚落）一样去描述它；我们需要一种不同的阐释性认识或“理解”。拍他人的脸是一种惩罚还是爱抚？答案只能是在我们给这种行为赋予意义后才能知晓。韦伯总结说：“主观性理解是社会学知识独具的特色。”建构主义者就是依据这样的洞见来强调“意义”和“理解”的重要性的。

“弱自由主义者”(weak liberals)

指那些大量接纳现实主义对自由理论之批评的自由主义理论家，尤其是指那些接受了“无政府状态在持续，因而自助和安全困境无法避免”这一观点的自由主义者。

世界体系分析（world system analysis）

伊曼纽尔·沃勒斯坦提出的一种方法。世界体系是以彼此相互依赖的某种政治结构和某种经济结构为特征的。在人类历史上，存在过两种基本的世界体系：“世界帝国”和“世界经济”。在世界帝国里，例如在罗马帝国，政治和经济的控制权集中于一个大一统的中心。世界经济则恰恰相反：在经济上，单一的劳动分工使世界经济联系在一起；但在政治上，权威却分散于国家体系，即分属于许多政治体。沃勒斯坦所要侧重分析的，就是以资本主义为特征的现代世界经济。

图书在版编目（CIP）数据

国际关系学理论与方法（第四版）/（加）杰克逊，（丹）索伦森著；吴勇，宋德星译. —北京：中国人民大学出版社，2012.9
ISBN 978-7-300-16217-1

Ⅰ.①国… Ⅱ.①杰… ②索… ③吴… ④宋… Ⅲ.①国际关系学-高等学校-教材 Ⅳ.①D80

中国版本图书馆 CIP 数据核字（2012）第 226091 号

国际关系学理论与方法（第四版）
［加］罗伯特·杰克逊
［丹］乔格·索伦森 著
吴 勇 宋德星 译
Guojiguanxixue Lilun yu Fangfa

出版发行 中国人民大学出版社
社　址 北京中关村大街 31 号　　**邮政编码** 100080
电　话 010－62511242（总编室）　010－62511770（质管部）
010－82501766（邮购部）　010－62514148（门市部）
010－62515195（发行公司）　010－62515275（盗版举报）
网　址 http://www.crup.com.cn
经　销 新华书店
印　刷 涿州市星河印刷有限公司
规　格 185 mm×260 mm 16 开本　　**版　次** 2012 年 11 月第 1 版
印　张 19 插页 1　　**印　次** 2021 年 11 月第 4 次印刷
字　数 415 000　　**定　价** 56.00 元